契約法講義

契約法講義

半田吉信著

信山社

はしがき

信山社の袖山貴さんから契約法のテキストの執筆依頼を受けてからもうかれこれ六～七年になるだろうか。もっとも、執筆を依頼された頃は学位論文の執筆中で、本書契約法講義の執筆に取り掛かったのは、平成一一年（一九九九年）の八月である。しかし、執筆作業は、その間にドイツで大掛かりな民法典の改正が、またヨーロッパ全域でも統一契約法制定の動きがあり、それらの翻訳、紹介の作業を行ったために一時中断を余儀なくされたし、わが国でも、この間に消費者契約法その他の消費者保護関係法の制定、改正が相次いで行われたり、電子商取引に関する新たな法規制の導入、幾度にもわたる賃貸借法や労働契約法の改正が重なったりしたため、それらをテキストに反映させるための作業が必要となり、難航を重ねた末執筆開始から五年近く経ってようやく脱稿の運びとなった。

もともとわが国の債権法に関する教科書は、債権総論の分野は充実しているが、契約法の分野は手薄だといわれる。これは私が学生であった時代（昭和四〇年代）と変わらない。これは、契約法の分野が、大部で、かつ契約総論、売買法、賃貸借法といったそれぞれ固有の内容を有する部門を包含するうえ、現実の契約ないし契約法が日進月歩の進化を遂げつつあることを反映しているように思われる。筆者もまた、各種契約の総てに通暁しているわけでもなく、契約法の体系書を執筆することにためらいがないわけではなかったが、学生のための講義案を執筆するつもりで引き受けることにした。

本書を執筆するに際して強く感じたことがある。それは、現在我々が際会している千年紀の変わり目は、人間の社会、経済生活の歴史的な大きな変わり目でもあるのであり、科学、技術、文化、制度の急激な発達、変遷が、法制度、法体系にも急激かつ根底的な影響を及ぼしているということである。これは、民法の分野では、契約法に最も強く現れているように思われる。例えば、現在ヨーロッパや日本の民法で問題になっている事業者と消費者の対立構造や電子商取引の導入、雇用状況の変化などは従来の契約法を大きく塗り替えるものであり、古い教科書は捨てて、新しい教科書を携えなければならない時代が到来しつつあるのである。しかし、本書では、基本的に古い教科書の体裁、内容に依拠しつつ、新しい制度ないしルールを付け加えるだけにとどまっている。これは現行実定法を前提とする以上やむをえないところもあるが、わが国でも新しい契約法の制定の機運が高まっていることを如実に示すものといえよう。この意味で新しい契約法制定に向けての（予備）作業、わけても、新しい法的ルールであるアメリカ統一商事法典、ユニドロワ契約法原則、ヨーロッパ契約法原則、二〇〇一年ドイツ債務法現代化法における契約法ルールとわが民法における契約法ルールとの比較研究が焦眉の急になっているのである。

わが国では、平成一六年の夏になってから、法務省が、基本的に民法の各ルールの内容にまでは立ち入らない民法典の口語化案を打ち出し、平成一六年一一月にはその制定法化が予定されている。本書の校正の段階でその法案に接したため、まだ制定、施行されていないことを厭わず、それを本文にできるだけ反映させることに努める。

平成一六年（二〇〇四年）八月

筆者記す

目　次

第二部　契約各論

契約法講義

第一部　契約総論

第一章　契約法の原理と現代的修正

第一節　契約法の基本原理

一　契約の意義と歴史

(1)　契約は、相対立する二人以上の者の意思表示の合致によって成立する法律行為である。したがって、契約と合意とはしばしば区別なく用いられる。契約が成立するとその効果として債権(債務)が発生する。契約は当事者間で締結されるものだから、当事者間でのみ効力が生じるのが一般である。債権の発生は、契約による場合と法律上の規定により当然に生じる場合の二つに大別されうる。

契約によってどうして当事者が債務を負担することになるのか、その論拠は、近代社会では個人が自ら任意の相手方との間で自由な内容の合意をなすことによって社会、経済生活を形成、展開していくべきものとされており、その反面において相手方に対して自らの責任で一定の内容の義務を負担した場合は、その義務を尽くさせることによって社会的経済的な信用を保持し、国家社会の健全な維持、成長に資さんとすることにある。今日人は、法律、命令等による場合を除いて、自らの意思による場合にしか他人に対して責を負わない。今日では自分の活動については自ら責任を負わねばならないという自己責任の考え方が一般的であり、かような意思自治の原則がもつ実際上の意味は極めて大きい。

(2)　各個人が契約を通じて自己の身分、生活関係を自律的に形成、展開していくという考え方は、歴史的には一七〜一八世紀の市民革命を契機として登場したものであり、それ以前は個人の身分的、共同体的拘束を特徴とする封建制度が支配的であった。市民革命により市民が社会、経済の展開の担い手として前面に出てくると、契約は総ての私的経済活動を媒介する普遍的な法形式となるとともに、社会契約論を通じて国家の存立を正当化する理論としても用いられた。なかんずく市民革命後は土地が市民の私的な支配＝所有の目的となり、契約を通じて市民の間で流通するものとされた。そしてこのことによって、土地を失った農民が雇傭契約を通じて工場労働者の地位に転化していくという資本主義社会に固有の状況を生じた。

被傭者と使用者との間の雇傭契約関係は、近代社会では労働者の使用者に対する人格的な服従ではなく、双方の自由な意思による対等、平等の関係に転化したはずであるが、現実はそうではなく、一九世紀において使用者による労働者の搾取の実態が顕著になっていく。また市民社会の生成期においては、誰もが契約関係のいずれの当事者にもなりうるものと考えられていたが、右の雇傭関係を初めとして契約上の給付の与える側と受ける側が固定化し、当事者の地位の互換性が失われる傾向が生じた。

二　契約の自由

(1)　今日各人が自己の責任において自己の生活関係を維持、展開することが当然のこととされている。かような目的を最大限に発揮するためには、各人が契約を任意の相手方との間で、任意の内容においてかつ原則として自由な形式で締結することが確保されていなければならない。この契約の自由は、契約を締結するかしないかの自由である契約締結の自由、相手方選択の自由、内容決定の自由及び方式の自由に分説されうる。

⑵　契約締結の自由

自己の生活関係を形成し、生活に必要な資を得る等のために各人が契約を締結するか否かは原則として各人の自由に属し、その締結を第三者、なかんずく国家によって強制されない。また任意の契約の締結を第三者によって妨害されることもない。契約締結の自由は、更に、申込の自由と承諾の自由に分けることが可能である。申込の自由は、各人が契約の締結を任意に申し込むことができ、それを強制も妨害もされないことを意味する。承諾の自由は、誰かから申し込まれた契約の締結を承諾するか否かが各人の任意に属するとの意味である。

⑶　相手方選択の自由

各人は契約を締結するに際して自ら任意の相手方を選ぶことができ、第三者からの強制や干渉によって相手方の選択を強制されたり、妨害されたりすることはないという趣旨である。

⑷　内容決定の自由

各人は、その締結する契約の内容を原則として相手方の承諾の下に任意に形成、決定しうる。契約は、当然には第三者に対して効力を生じないが、当事者間では法律に代わる効力を生じることを反映したものである。但し、契約の内容が社会公共の秩序や人倫に反する場合は、当事者の決定した契約内容に効力が認められない場合もある。

⑸　方式の自由

古代ローマではもともと合意が法律行為としての効力を生じるためには、当事者が一定の伝統的な方式を践むことが必要であり、裸の合意には法的効力が認められなかった。しかし、ローマが対外的に発展し、異民族をとり込むようになるとこのような方式主義は捨てられていった。しかし、使用貸借、消費貸借などでは要物主義が維持され、近代民法に伝えられていった。

近代社会では当事者は可能な限り多様な契約についてその締結を任意の方式でなしうるものとされている。日常生活上頻繁に行われる契約についても様式が必要だということになると、当事者に不便を強いることになるからである。もっとも、紛議を避ける必要性の大きい場合や契約関係が複雑な場合、契約内容の画一性を図る必要性の大きい場合は、書面または一定の事項を記載した書面の作成が要求される。

三　契約の効力

(1)　契約の相対的効力

(イ)　契約は、契約を締結する当事者間でのみ効力を生じるのが原則である。フランス民法には契約は当事者間では法としての効力を有するという法文がある（一一三四条一項）。契約当事者でない第三者に対しては契約の効力が及ばないのが原則であるが、当事者の一方が契約中に第三者に対して給付をなすべきことを約したときは（第三者約款）、その第三者が債務者に対して受益の意思を表示したときに、債務者に対する直接的な権利が発生するとされている（第三者のためにする契約）（日民五三七条）。この規定は、契約の相対効の例外である。

(ロ)　契約の相対効から、債務者が債権者Aに給付を約束した物について他の債権者Bに給付を約束することも可能となる。この場合債務者がAに目的物を給付するとBへの給付は不能となるが、債務者はBに対して債務不履行責任を負担する（日民四一五条）。したがって、その限度でも不能になった給付を発生させた契約は法的効力を有するといいうる。

⑵　契約不履行者の責任（契約責任）

(イ)　契約を締結した当事者は、契約に基づいて負担する義務を（相互に）履行する責任を負い、これに違反した場合は債務不履行責任を負う（民四一五条）。英米法では伝統的に相手方に対して約束をした者は無過失で責任を負うが（breach of contract）、大陸法系諸国の民法では、この場合も債務者は帰責事由（故意、過失）のある場合にのみ債権者に対して責を負うものとされている。わが民法も同様である（通説、判例）。但し、契約責任では不法行為責任とは異なり、契約に基づく債務の不履行の事実がある場合は、債務者の側でそれにつき帰責事由のない旨を立証しない限り責任を免れない。

(ロ)　今日では狭義の債務不履行責任のみならず、判例は、契約が締結されないまま商議の段階で中途挫折したような場合にも、相手方に対する契約の一方当事者の責任を認める（契約締結上の過失責任）。この責任はドイツでは契約責任と解され（ド民三一一条二項）、わが国でも同様に解する者が少なくないが、わが国の判例は、これを契約上の責任とは認めていない。

(ハ)　今日ではまた、契約関係に入った当事者は相互に相手方に対して主たる義務の他にそれをいわば補助する関係にある、債権者が契約を締結した目的をより完全に果たすための付随義務をも負担すると解されている。付随義務に違反した当事者は相手方に対して契約責任を負担する。この付随義務と主たる義務との区別は困難な場合が多い。例えば、不動産売買における買主の移転登記協力義務や雇傭契約において認められている使用者の労働者に対する安全配慮義務は、付随義務に属すると解されている。

今日では更に、主たる給付の履行後においてもなお、当事者がいわば契約の余後効として相手方の利益を保持、保護する義務が知られている。このような義務が契約上の義務として認められれば、その違反に対して契約責任が認められうる。

(二)　契約関係にある当事者の一方が契約上の義務を履行せずまたはそれを不完全に履行した場合で、それによって相手方が生命、身体、健康、財産等に損害を被った場合は、相手方は債務者に対して契約責任を追求しうる場合でも、不法行為上の責任を追求しうるとするのが今日の判例である（請求権競合説）。このような問題は医療契約や運送契約において生じることが多い。不法行為責任の併存の承認は、法律関係の二重評価の許容であり、契約条項や契約法の規定を不当に回避するものでなければ、一般的には許容すべきであろう。

四　契約法の任意法規性

契約関係は本来的には当事者が任意にその内容を形成、確定しうる（契約自由の原則）。したがって、民法典の定める契約規定（五二一条〜六九六条）の多くは、当事者が特にそれについて合意をしていない場合に適用されることを前提としており、当事者が合意したことは、たとえその内容が民法の定める契約規定に明示的に反する場合でも優先的に適用される（民九一条）。しかし、借地借家法や労働基準法、私的独占禁止法のような社会経済法規に反する場合は、当事者間の合意の効力が認められない場合が多いし、近時はこのような経済、社会法上の規定に明示的に反しない場合でも、当事者間の合意を絶対視しない考え方が提唱されている（任意規定の標準化機能）。

第二節　契約法の現代的修正

一　契約の現代的特徴

(1)　売買契約

現代では取引の大量化、迅速化に伴う様々な現象が生じている。近代までは特定物売買が主流であり、種類物売買はようやく近代になって認められたものである（多数説）。しかし今日の売買契約法には、種類売買を念頭に置いて作られた規定もあるが（民五三四条二項など）、ローマ法以来の特定物売買を念頭に置いた規定が大部分を占めている。そのため、例えば、不特定物売買における瑕疵担保責任や危険負担のように解釈上難問を形成している領域も少なくない。前者では新たな法理（不完全履行）の援用を仰いでいる。一般的に不特定物売買を念頭に置いた売買規定を設け、特定物については個々的に例外的ルールを規定するウィーン統一売買法（一九八〇年）やアメリカ統一商事法典（一九五二年）が参考となろう。

大量の商品の反復、継続的な売買、例えば、米穀や大豆、油の売買では、特別の取引所（取引市場）が設けられ、そこでのみ取引を行いうるものとされている場合がある。この場合は個々の需要者は、仲買業者を通じてのみ取引に参加しうる。この分野では、複雑な数学的計算を駆使して行われる商品先物取引及びその派生的取引が高度に発達し、世界的な投機の対象となるとともに、特にわが国では消費者保護対策が急がれていることが特徴である。

次に、商人間の反復、継続的な取引であると商人と消費者の間の取引であるとを問わず、特に製造された商品が独占、寡占市場を形成している場合やこれとは逆に買い手の数が限られているような場合は、同一商品の売手または買手の間で販売または購入についての競争を排除する目的でカルテルが形成されることが多い。この場合には市場原理は排除され、実質的な価格に関する競争が行われないため、相手方は不利な条件で契約を締結することを強いられる。そこでこのような不公正を防止するため私的独占禁止法が制定され、相手方の保護にあたっている。

(2)　雇傭契約

使用者と被傭者との間には大きな社会的、経済的な較差があるため、双方が自由な立場で雇傭契約を締結すると使用者が一方的に不利な労働条件を被傭者に押しつけることが一般化する。そこで雇傭労働者及びその家族の生活を保持し、労働者の労働環境を整えて、良質の労働力を確保するために、労働条件の改善に努めることを国家は余儀なくされた。わが国でも戦前既に工場法が制定され、労働者の労働条件の改善が図られたが、戦後は昭和憲法のもとで労働者の権利が確立され、それに基づいて労働基準法を初め一連の労働保護立法が制定された。これらの法律は、使用者と労働者との間の労働契約の内容が労働者に不利に一方的に切り下げられないという趣旨を含む、数多くの規定から成っている。

労働者が単独で使用者との個別的な交渉に臨むと不利な契約内容を甘受させられるため、労働者は団結してその代表者を通じて使用者との間で雇傭条件を決定すべきものとされた。西欧では既に一九世紀に労働者の団結権が認められていたが、わが国ではようやく戦後になって憲法二八条が勤労者の団結権及び団体交渉権を保障し、それに基づいて労働組合法及び労働関係調整法が労働者のこれらの権利に関する規定を置いた。労働者の代表者が使用者との間で締結する労働協約及び雇傭協定は、団体交渉権を与えた労働者と使用者との間で締結される労働契約の内容となる。もっとも労働協約に基づき使用者によって作成される就業規則は、単なる職場規律以外にしばしば労働条件に関するルールをも含み、実際上労働者に労働強化を強いるものになっているといわれる。

平成元年頃に起こったいわゆるバブル崩壊以後日本経済の不振と呼応して、これまでわが国で一般的に認められてきた終身雇傭制の見直し、パートタイム労働などの短期間雇傭契約の増加、昭和六〇年の民間業者による就労の斡旋の解禁を契機とした労働者派遣業の隆盛、労働関係法の適用除外をねらった、請負、委託、個人事業契約という形式を用いた実質的な労働契約関係の増加が広くみられるようになっている。これは正規社員の数を減らし労働コストを引き下げたいという使用者側の要求に基づくものであるが、戦後築き上げられてきた労働者保護立法の保護範囲の縮少をもたらすものであり、立法、行政指導等による労働者保護の維持が図られようとしている。

(3)　賃貸借契約

個人の生活を維持したり営業を営んだりするためには、不動産の賃貸借が重要になってくる。企業が工場、店舗を構えるにあたって土地を購入しないで、賃借する形式を採用することも少なくない。この場合は土地購入資金が節約できるという利点がある。賃貸借契約がなかんずく賃借人の居住のためになされるときは、賃貸借契約の内容を契約当事者に委ねることには問題が多い。日本に資本主義経済が勃興した当初から、工業都市に集まってきた労働者とこれら労働者に土地、建物を提供する地主、家主との間で借地借家をめぐる問題が一の重要な社会問題となり、明治の末から大正時代にかけて借地借家人を保護するための諸立法（建物保護に関する法律、借地法、借家法）が成立した。これらの法律は、地主、家主が自分にとって一方的に有利な内容の契約条件を借地、借家人に強いることを防止することを目的とする（片面的強行規定）。借地、借家人の保護は、昭和四一年の借地法、借家法改正で頂点に達したが、昭和六〇年代に入ると地主、家主及び不動産業者からの揺り戻しが始まり、平成三年にはそれを受けて新借地借家法が制定された。また平成一一年末には定期借家権の制度が導入され、家を持たない層にとっては苛酷な事態も予想されている。

地主から農地を借りて耕作する小作の形態はわが国で戦前に数多くみられ、地主、小作人間の紛争は社会不安の要因の一つとなっていたが、戦後は自作農創設特別措置法により多くの小作人が自作農となり、農地の賃貸借の比重は低下した。自作農創設特別措置法の後を継いだ農地法は、農地の賃貸借につき都道府県知事または農業委員会の許可を要するものとし（三条）、農地の恣意的な他用途地への転用や農地の荒廃を防いでいる。

戦後は特に自動車や工事用機械についてレンタル業が盛んとなっている。レンタルは動産賃貸借に他ならない。今日ではその他各種動産、機械類についてリース産業が普及を遂げている。リースも融資的要素が強いが、賃貸借的要素も含んでいる。レンタルやリース契約は、業者が不特定多数の顧客（賃借人）との間で締結するものであり、内容が画一化、定型化される傾向が強い。したがって後述する約款規制の問題が生じる。

二　契約自由に対する制限

(1)　今日でも契約自由の原則が一般原則として採用されている。ベンチャー企業の育成が奨励され、国民生活の凡ゆる部門において自由競争が標傍されているのはその証左である。しかし、これまで一九世紀における契約自由の原則の無制限な適用から生じた経済的弱者の窮状に鑑みて、公益ないし経済的弱者救済等のための契約自由の原則の制限が多方面にわたって主張されてきた。以下にはこのような契約自由の原則の制限を契約締結の自由、相手方選択の自由、内容決定の自由、方式の自由の各々について明らかにしよう。同様に一九世紀末に議論され始めた付合契約の理論も、企業が一方的に作成する契約の内容を規制しようとするものである。

(2)　契約締結の自由に対する制限

事業が公益的でありかつ数社または一定の資格を有する者にのみ許容されているときは、これらの者が顧客の申込に対して任意に契約締結を拒絶しうるものとすることは公益に反する結果を招来するため、法律はこれらの者が顧客からの申込を拒絶することに制限を加えた。現行法上承諾義務が課されているのは、医師（医師一九条一項）、歯科医師（歯科医師一九条一項）、薬剤師（薬剤師二一条）、公証人（公証三条）などの公益的、公共的業務に従事している者や電気、ガス、鉄道、バスなどの独占的事業者である（電気一八条、ガス一六条、鉄営六条、道運一五条）。したがって、医師、薬剤師、公証人が診療ないし治療、薬の調合、公証職務の提供の申込を受けたとき、または電気、ガス事業者、鉄道、バス事業者が電気、ガス、電車、バスへの乗車の申込を受けたときは、正当な理由のない限り、それを拒絶することはできない（締約強制）。但し、これらの場合違反者には罰則が課せられるにすぎない。もっとも医師についてはそれに違反しても罰則の制裁規定がない。

これに対して国の主催する文化的事業などの場合は、国民に国等に対する契約の申込義務が課されることがある。一種の契約の締結強制である。現在でもテレビ受像機の持主に課される日本放送協会に対する受信契約の申込義務（放送三二条）、埋蔵文化財を発見した者に課される国への売渡申出義務（文化財四六条）などがこれに属する。食糧管理法による米穀の政府への売渡義務も申込の自由に対する制限であるが、現在では予約売渡制、自由流通米の承認等により緩和されている。

(3) 相手方選択の自由の制限

契約の相手方が独占、寡占企業である場合は、申込者の相手方選択の自由は当然にそれに応じて事実上制限される。この場合は独占、寡占による自由競争の制限が問題になる。これに対して、労働組合員を契約の相手方から排除する、組合員を雇傭しないという労働契約は、不当労働行為となる（労組七条）。他方、企業と労働組合との間の契約で、一定の労働組合に属している労働者以外は雇傭しない旨の合意をすることがある（いわゆるクローズドショップ条項）。相手方選択の自由の制限はこの場合にも認められるが、わが国ではこのクローズドショップ条項はほとんどみられない。

⑷　内容決定の自由の制限

(イ)　資本主義経済の展開に伴って経済的強者による経済的弱者の支配、搾取が顕著になってきた。その是正のために国によってとられてきた措置が、社会、経済立法による契約内容の規制である。雇傭契約に関する旧工場法、労働基準法、借地、借家契約に関する借地借家法、農地賃貸借に関する農地法などがこれに属する。これらの法律は、いずれも使用者、賃貸人が被傭者、賃借人に強いる後者に不利な内容の契約の効力を制限することによって被傭者、賃借人の保護を図っている。

他方において資本主義が進行していくと同種企業間で淘汰が行われ、弱小企業が消滅して独占、寡占企業の出現をみ、自由競争が制限されるに至る。かような独占、寡占企業は価格をつり上げて消費者の犠牲で不当な利益をあげることが往々にしてみられるほか、かかる独占、寡占企業が単なる消費財の生産ではなく、大量のないし反復、継続されるサービスの提供を業務の内容とするときは、顧客との契約内容は、企業によって定型的に定められ、その反面顧客はほとんどその内容に関与する機会は与えられず、単にそれに全面的に同意するか、契約の締結を断念するかの自由しか残されていないのが一般である（付合契約、普通取引約款）。電気事業者やガス事業者のような公共的事業体の場合は、事業免許を与えるのと引き換えに契約内容が予め公的監督に服せしめられているが（電気一九条、ガス一七条）、保険、銀行取引、運送事業等の場合も主務官庁の許認可に服せしめられている。しかしそれだけでは顧客の保護にとって十分でないことが少なくない。その他今日では、独占的事業や不公平な取引方法を用いる事業に対しては独占禁止法や不正競争防止法が消費者のために規制を加えている。

また近時においては、増加してきた消費者の無知、無経験に乗じて事業者が不要な商品を買わせたり、無謀な投資をさせたりする事態に鑑みて、消費者保護のために平成一二年消費者契約法、金融商品販売法といった特別法が制定されるとともに、戦後登場した割賦販売法、特定商取引法（旧訪問販売法を発展的に解消したもの）等も、新しい消費者被害の類型に対応して新たな法規制を次々と加えている。この中でもとりわけ消費者契約法は、いわゆる誤認、困惑類型では消費者に契約の取消権を付与し（四条）、事業者の責任減免条項や損害賠償額予定条項を一定の場合に無効とする（八条、九条）。消費者の権利の制限または義務加重条項で、信義則に反して消費者の利益を一方的に害するものを無効とする一般規定も置かれている（一〇条）。

(ロ)　付合契約

前記のような付合契約は、本来大量の定型的な契約を迅速に締結するために生み出された取引慣行としての側面が強いが、既述のように電気、ガス、水道、運送、電話など人間の日常生活に不可欠の物資やサービスを提供する場合はもとより、保険や銀行取引のように日常生活に不可欠といえないまでも重要な便益を提供する契約類型では、顧客は事実上契約締結を拒絶する自由すら有さず、企業の作成した約款に一方的に服従するしかない。そのため企業の作成する約款は、主務官庁の認可を受けることになっているが（行政的規制）、更に個別事件の審理を通じて約款内容を裁判所の審理に委ねることもできる（司法的規制）。

約款の妥当性の根拠については、企業が規範を設定したものとみる自治法規説、普通取引約款によることが商慣習として認められているとする白地商慣習説もあったが、今日では約款を契約法理論の中で捉え、契約法を支配する原則が約款を用いる場合も本来的に妥当するとする契約説が一般的である。そして近時、当事者が契約書面に署名するのは、重要な基本的事項については了解があったと考えてよいが、契約書面の細部までは読んでいない場合が多く、これらについては、当事者はどのような内容のものでもそのリスクを引受けるというものではなく、合理的なものである限りにおいて読まないで契約してもそのリスクを引受けるというものだと解すべきことが提案されている（平野裕之・契約法［第二版］一六頁）。

今日では欧米諸国では一般的な約款規制法を設けた国も多く（ドイツ（但し、二〇〇一年の法改正で民法典の中に編入された）、イギリス、スウェーデンなど）、わが国でも包括的な約款規制法を制定して消費者の保護にあたるべきことが説かれた（立法的規制）。包括的な約款規制法が導入されていないわが国の現在の約款解釈においても、前記のような約款の特性に鑑みて、約款の制限的解釈、すなわち、欧米諸国で認められている、予想できないような条項の効力を認めない不意打ち条項禁止の原則や事業者がその経済的地位を利用して消費者に押しつけた不当に不利な条項の効力を否定する不当条項禁止の原則、更には、不明確条項準則、すなわち、解釈上疑いのある条項は作成者である企業に不利に解釈するという原則の採用が学者によって説かれている。平成一二年の消費者契約法は、不意打ち条項禁止の原則や不明確条項準則については明確な規定を置いていない。

(5)　方式の自由の制限

従来から法律行為の中には、法律関係の明確化や紛争予防、取引に対する規制の観点から、一定の方式を履践しなければ有効な成立が認められないものがあった。定款や寄付行為（民三七条、三九条）、遺言（民九六七条）がその例である。沿革上要物契約とされてきた消費貸借（民五八七条）や寄託（民六五七条）も方式の自由に対する制限の一場合といいうる。今日では特に取引内容が複雑化している場合が多く、単なる合意では紛議を生じる場合が少なくない。そのため工事期間が長期にわたる建設請負契約のような場合は、契約書面の作成が義務づけられている（建設業法一九条）。但し、その違反の場合契約は当然には無効とならず、過料が当事者に課されるにすぎない。また手形、小切手のような有価証券（手一条、小切手一条）や株券（商二二五条）は、その記載内容が法定された証券の形式を要求することによって流通に便宜が図られている。その他契約当事者間に経済的力の上で較差がある場合も、契約内容を明確化し、経済的弱者を保護するために一定の事項を記載した書面の作成が義務づけられる場合が多い（小作契約（農地二五条）、割賦販売契約（割賦四条）など）。

三　信義則の現代的適用

(1)　信義則の意義と作用

古代ローマでも法律学上誠意（bona fides）という概念があったが、これは古代ローマ法上当初法務官等の定めた厳格な要件を備えた場合にのみ訴権が認められたのを、その場合に劣らず当事者の権利を認めるべき場合に、誠意を論拠として訴権を拡大していったものである。これに反して近代法では、古代ローマ法の誠意に相当する信義則は、一般的な当事者の行動原理、契約の解釈原理として作用している。これは古代ローマ法が訴権の体系であったのに比し、近代法では実体法が訴訟法から分離していることを反映している。

近代法では当初信義則は、債務者が債権者に対する義務の履行をなすにあたっての行動準則として法律上宣明された（フ民一一三四条三項、ド民二四二条）。これは、契約上定められていなくても、当事者の置かれた状況、債務の種類、内容等から信義誠実の原則に従って債務者が履行のためになすべき行為の範囲、方法が導かれることを意味する。この信義誠実の原則は、その後契約内容を解釈するための準則に拡大され、次いで債権者の債務者に対する権利行使の方法を規制するための準則としても用いられるようになった。わが民法は、権利の行使及び義務の履行は、信義に従い誠実に行わなければならないと定め（一条二項）、信義則の適用範囲に関する法の発展段階の最終局面に達しているが、これは同規定が昭和二二年に作られたためであり、今日では諸外国でも明示の規定がなくても同様に解されている。なお、わが国でも信義則が契約解釈の基準となりうることは当然のこととされている（判例としては、最判昭三二・七・

五民集一一巻七号一一九三頁（和解条項の解釈に関する））。

その他、市販の契約書に印刷された条項が当事者を拘束しないとする例文解釈も、信義則による解釈の例だとされている。もっともこの場合は当事者が真摯に契約内容ないし契約条項を合意していない場合だとすることもできる。

⑵　信義則の補充的作用

信義則は、今日債権者の権利の行使、債務の履行、更には契約の解釈に際して契約を締結した当事者の目的を最もよく果たすとともに両当事者にとって衡平になるようにその内容や方法を具体的に定める場合の指針として用いられる。例えば、債務の履行の場所が特定していない場合に、債務者に債権者に対する問合せ義務を課したり、履行の方法について目的物の種類、品質に応じた発送の方法を選択する義務を債務者に課したりすることは信義則に適う。その他買戻契約で買戻権者によって提供された代金と費用が買戻権者の責に帰すべからざる事由によって些少の不足をきたした場合も、信義則上買戻の意思表示が有効とされる場合もある（大判大九・一二・一八民録二六輯一九四七頁）。現金の代わりに銀行の自己宛小切手の提供をしても債務の本旨に適った履行の提供となるとされるのも（最判昭三七・九・二一民集一六巻九号二〇四一頁）、信義則の補充的作用の一つということができよう（法規範の具体化）。

⑶　信義則の修正的作用

信義則は、場合によっては制定法の規定の適用を制限するためにも用いられる。これは制定法の適用が当事者の一方にとって苛酷となる場合にそれを緩和するために作用する場合といえる。その代表例として挙げられるのが賃貸人の解除権の制限である。

わが民法は、賃借人による賃借権の無断譲渡、転貸の場合、一般的に賃貸人に解除権を付与している（民六一二条）。賃貸借が当事者間の信頼関係を基礎としている以上これは当然の規定といえる。しかし、戦後の極端な住宅難を背景に形式的な賃借権の無断譲渡、転貸の場合でも、信義則に基づいて賃貸人の解除権を制限する判例法理が登場した。それによれば、賃借人の行為が形式的には賃借権の無断譲渡、転貸にあたる場合でも、それが当事者間の信頼関係を破壊するに足ると認められない特段の事由の存するときは、賃貸人は賃貸借を解除することができない（最判昭三〇・九・二二民集九巻一〇号一二九四頁など）。この信義則に基づいて居住目的の賃借人保護を図った判例法理は、賃料不払や用法違反を理由とする解除の場合にも拡大されている。すなわち、長期間の存続が予定されている建物居住目的の賃貸借では、通常一回だけの賃料不払で契約を解除することは信義則に反すると解されているし、数ケ月分の賃料が不払になっている場合でも、それまで二〇年近く賃料の延滞なしに居住を続けてきたうえ、不払賃料を供託しまたは建物の破損を自ら修理したのにその費用の償還を賃貸人から受けていないような事情があるときは、信頼関係を破壊するに足る程度の不誠意があるとは断定できないとする判例もある（最判昭三九・七・二八民集一八巻七号一二二〇頁）。また土地の賃借人が敷地上建物に無断増改築を施した場合でも、その増改築が借地人の土地の通常の利用上相当であり、賃借人に対する信頼関係を破壊するおそれがあると認めるに足りないときは、解除権の行使は信義則上許されないとされている（最判昭四一・四・二一民集二〇巻四号七二〇頁）。これらの場合の信義則は、厳密には法規定の修正的な作用を営んでいるといえよう。

(4) 信義則の法創造的作用

(イ) 実定法規が不備な分野、なかんずく新しい社会、経済的問題が生じた場合に、これを規律する実定規定が定められていなかったり、実定規定があってもそれが必ずしも実態に適合しないときは、新しく法律が定められる前に解釈学がその場合に適切な法理論を創出することが時折みられる。このような場合に窮極的ないし実定法上の論拠として信義則が援用されることが多い。わが国でこのような場合の代表例として挙げられるのは、事情変更の原則、契約締結上の過失の理論などである。

(ロ)　事情変更の原則

(a)　近代社会では当事者が一旦合意ないし約束したことは遵守するのが正当だと考えられるが、契約締結後に契約締結時に当事者が予想していなかった貨幣価値の著しい下落のような著しい事情の変更が生じ、当事者に履行を強制することが苛酷だと考えられるときは、それによって不利益を受ける当事者に信義則上契約解除や契約内容の改訂要求が認められるべきである。このような制度は、収益を目的とする土地の賃借人が不可抗力によって賃料より少ない収益しか得られなかった場合（民六〇九条、六一〇条）や居住目的の土地、建物の賃貸借で賃料が公租公課や地価、近傍類地の賃料に比較して不相当になった場合（借地借家一一条、三二条）などで個別的に法律によって定められているが、一般的な事情変更の原則は民法に規定されていない。もともと近代法は契約が遵守されるべきこと（pacta sunt servanda）を理想としており、その反対命題を一般的に法律によって明示することは立法政策として妥当でないと考えられたためと考えられる。歴史的には中世の教会法で事情変更の原則（clausula rebus sic stantibus）が最初に登場したといわれるが、第一次世界大戦直後のドイツで未曽有の悪性インフレーションが発生し、学問上の論争を巻き起こした（ドイツの行為基礎論、フランスの不予見理論、英米のフラストレーション法理）。

わが国でも第二次世界大戦後悪性インフレが生じたが、わが国では第一次世界大戦後のドイツとは異なり、政府、裁判所は、原則として事情変更の原則を適用しないとの立場をとった。わが国の最上級審で事情変更の原則を適用した事例としてよく引用されるのは、戦争直前に行われた土地の売買で宅地建物等価格統制令が施行され、目的土地が区画整理事業地区に属していたため、区画整理事業の延引により価格認可が数年後になる見通しとなった場合に、売主からの事情変更による契約解除を認めた戦前の判例である（大判昭一九・一二・六民集二三巻六一三頁）。その後の下級審判例にも、売買代価が目的物の価値の何十倍にもなった事例で事情変更の原則の適用を認めたものはあるが、金銭消費貸借契約などで返還時の貨幣価値が大幅に下落した事例では、わが国の判例は一貫してその適用を否定する（最判昭三六・六・二〇民集一五巻六号一六〇二頁（昭和九年発行の割増金付割引勧業債券）、最判昭五七・七・一五判時一〇五三号九三頁（石油ショックによる郵便貯金目減り訴訟））。

(b) 今日の学説によって認められている事情変更の原則の適用要件は、①契約成立当時その基礎となっていた事情が履行までの間に著しく変更すること、②かような事情の変更を当事者が予見しえなかったこと、③事情の変更が当事者の責に帰しえない事由によって生じたこと、④事情変更の結果当初の契約に当事者を拘束することが信義則上著しく不当と認められることである。戦時中締結された建物売買契約の履行が戦後問題となった事例で、最高裁は、売主の自宅が戦災で焼失しただけでは①の要件を満たさず、また契約が締結された昭和一九年末には目的物のあった福井市の戦災は予見可能であった（②の要件も満たさない）とした（最判昭二九・一・二八民集八巻一号二三四頁）。また近時ゴルフ会員契約でゴルフ場の当初からの施行不良に長雨が加わって大規模なのり面の崩壊が生じたため、改良工事のために巨額の費用を要した事例で、ゴルフ場経営者が追加預託金の請求をした場合に、最高裁は、「自然の地形を変更し、ゴルフ場を造成するゴルフ場経営会社は、特段の事情のない限り、ゴルフ場ののり面に崩壊が生じ得ることについて予見不可能であったとはいえず、また、これについて帰責事由がなかったということもできない」とする（最判平九・七・一民集五一巻六号二四五二頁）。この判決はまた、ゴルフ場の経営者が交替した場合、右の予見可能性や帰責事由の存否は、契約上の地位の譲渡があった場合でも、契約締結当時の契約当事者についてこれを判断すべきだとする。

③の要件との関係で問題となるのは、債務者の履行遅滞中に生じた事情変更である。通説はこの場合事情変更の原則の適用を認めない。

次に、事情変更の原則の効果として認められうるのは、①履行拒絶権、②契約内容改訂権、③契約解除権である。学説上は契約内容の改定の主張（②）が認められない場合に始めて契約解除権（③）が許容されうるとするものが多い。但し、加藤（雅）教授は、私的自治に対する裁判官の過度の干渉になるという理由で②の権利を認めない（加藤雅信・民法総則二七五頁）。また今日では日独を通じて事情変更の原則の第一次的効果として契約内容の改定に関する交渉義務が当事者に課されるとする見解が有力である（石川博康・法協一一八巻二号二三四頁以下、四号五二〇頁以下など）。しかし、再交渉による契約の調整が事実上一方当事者による優越的地位の濫用につながる可能性を含むことが指摘されている（小粥太郎・民法判例百選Ⅱ［第五版］九九頁。同旨：加藤（雅）・民法総則二七五頁（法規範としてはその機能に限界がある））。一九九八年のヨーロッパ契約原則では、事情変更の場合の当事者の再交渉義務が定められたが（六：一一一条二項）、二〇〇一年のドイツ債務法現代化法では、このような事情を考慮して当事者の再交渉義務は規定されなかった。

(ハ)　契約締結上の過失

(a)　一九世紀の半ばにドイツのイェーリングが、契約締結時には既に履行不能であった給付を目的とする売買契約で、当事者の一方にかような契約の締結について過失があれば、相手方が契約の有効な締結を誤信したことによって被った損害の賠償を請求しうるといういわゆる契約締結上の過失責任論を提唱し、一八九六年のドイツ民法典に導入された（旧三〇九条）。わが国の学説上も古くからこれが認められた。この場合相手方の善意、無過失を要件とするのが当初一般的であったが、単に過失により知らない場合は過失相殺の問題としようとする見解が有力化した。わが国の通説も、ドイツの学説に従って契約締結上の過失責任を契約責任に準じた責任として捉えたが、実定規定がないことからその論拠は信義則に求められた。しかし、当事者の一方の不注意によって原始的に不能な給付を目的とする契約を締結するという事例そのものが極めて稀なため、実務上問題とされることはなかった。戦後特に昭和四〇年代になってわが国の下級審判例が、当事者が単に商議の関係に入っただけで結局契約が締結されなかった場合でも、一方が相手方に契約が締結されるかの如き信頼を惹起し、相手方が無駄な費用を出捐したときに、契約締結上の過失を理由とする損害賠償請求を認め始めた。この契約の中途挫折による当事者の責任は、建設途中のビルのオーナーに二階の全フロアーを歯科医院経営のために賃借する旨申し向け、オーナー側の部屋の設計変更等になんら異議を申し立てなかったテナント希望者が、高額の賃料を理由に結局借り受けを断ったという事例で、最高裁によっても是認された（最判昭五九・九・一八判時一一三七号五一頁）。この場合の契約締結上の過失責任は、契約が不成立に終った以上、当事者に契約責任または債務不履行責任の成立の余地はないが、それに準じる場合として信義則上当事者に責任を認めるものである。

(b)　取引を開始し、契約準備段階に入った者は、一般市民間における関係と異なり、信義則の支配する緊密な関係に立つのだから、相互に相手方の人格、財産を侵害しないようにする信義則上の義務を負い、これに有責に違反した場合は契約の有効な成立の有無を問わず責任を負うという点については、今日一般的な理解が存在している。この場合の責任の法的構成としては、既述のように従来学説上契約責任（に準じた責任）とする見解が多数であったといえるが、最高裁は契約締結上の過失責任の法的性質については立場を明らかにしていない。むしろ原告が不法行為責任を追求する場合は、信頼関係の破壊を理由として取引的不法行為責任を認めるのが一般である（最判昭五六・一・二七民集三五巻一号三五頁（工場誘致契約が村長の交替により挫折した事例））。他方学説上は、契約責任説のほか、契約責任と不法行為責任の中間的領域に位置づけられる第三の責任説（信義則に基づく法定責任説）（森泉章・民事研修二九〇号五頁）や場合によって不法行為責任としたり、信義則上の責任としたりすることを認めるべきだとする見解もある（円谷峻・契約の成立と責任〔第二版〕三三三頁）。

思うに、契約締結上の過失では契約は成立しておらず、当事者は債務を負っていないのだから、契約責任を認めるのは過ぎたものだともいえる。他方において今日のように不法行為責任が多様化し、その認められる範囲が拡大してくると、このような場合も不法行為責任を認めることにさほど異和感はないであろう。このような立場からは、この場合の当事者の責任は信義則によって当事者の保護義務の範囲が拡大したもので、これを不法行為責任に分類することは不当とはいえないことになる（同旨：潮見佳男・新版注民(13)一三五―一三六頁）。時効や過失、因果関係の挙証責任も原則として不法行為に関するルールに服すると解すべきであろう。但し、潮見教授は履行補助者論については契約法理の仮託を肯定される（潮見・新版注民(13)一三六頁）。損害賠償の範囲は原則として信頼損害ないし無駄になった出費の賠償に限られるが、これはそれが当事者の通知義務ないし説明義務違反によって相手方の被った損害だからである。

(c)　ドイツでは判例が、原始的不能、契約の中途挫折、契約の方式上の瑕疵の場合以外に、契約が有効に成立した場合でも、当事者の一方の通知義務違反、説明義務違反により相手方が不測の損害を被ったときに、契約締結上の過失責任を認めた。しかもこの場合の責任の効果は、相手方の契約解除権を含むものとされた。二〇〇一年の債務法現代化法ではこのような判例法理が明文化されるとともに、場合によっては自らは契約当事者にならない人についてもこのような責任が生じうることが明示された（ド民三一一条）。但し、ドイツでは同法のもとでも契約の商議開始等とともに当事者に課される義務の違反は、契約の成立の如何を問わず契約責任の問題とされている。
わが国では一部の学説が契約が有効に成立した場合への契約締結上の過失責任の適用を認めるが（本田純一・現代契約法大系一巻二〇五頁以下）、判例、通説は、従来割賦販売法や特定商取引法の定めるクーリングオフ規定や詐欺取消規定（民九六条）がある以上それによらせるという趣旨か、適用を認めてこなかった。販売員のセールストークに乗せられて不要な物を買ったり、不利な内容の保険契約等を締結させられた場合、現在では買主は消費者契約法や金融商品販売法によって保護される場合もありうるが、これらの法律の適用要件を満たさない場合でも、買主の年齢、職業、その物に関する知識の有無、目的物の種類、価額、用途、取引の目的、態様等によっては信義則上説明義務を肯定して、義務違反が認められれば、契約解除権、損害賠償請求権を付与して買主を救済すべきことも考えられる。この場合の契約締結上の過失責任は、当事者間で契約が締結されている以上契約上の義務に吸収され、相手方は義務者の契約上の義務違反として責任を追求しうると解すべき場合が多いと思われる。当事者の一方に説明義務違反、告知義務違反があったにもかかわらず契約が締結されたときは、契約締結上の過失によって影響を受けた契約ないし義務が発生しているからである。近時マンション購入後その南側隣地に高層マンションが建築されることになった場合に、売主（不動産業者）がしばらくは何も建たないはずだなどと説明して購入を勧誘したことが告知義務違反の債務不履行になるとして代価の一割相当の損害賠償義務を認めた下級審判例がある（東京高判平一一・九・八判時一七一〇号一一〇頁）。

㈡　契約上の義務の範囲の拡大

債務者には本来給付義務が課されるのみであったが、ドイツ民法学で債務者にそれ以外の義務、すなわち付随義務を課して、債務者の行為等によりその権利、利益を侵害されることから債権者を保護する考え方が導入され、それが昭和四〇年頃にわが国に紹介された。かような債務者の義務の範囲の拡大の論拠としても信義則が用いられる。今日ではかような契約関係に入った相手方の損害の発生や拡大を防ぐために一当事者に信義則上課される一定の作為義務や不作為義務のほか、保険契約、金融商品販売契約、新種の銀行預金契約等の締結につき相手方に正確で十分な情報を提供したり助言したりする義務の存在が広く認められている。前者の契約当事者に課される付随義務は、ドイツ民法では慣習法上認められる義務とされていたが、債務法現代化法では「債務関係がその内容及び性質の顧慮のもとに各当事者に相手方の権利及び法益を顧慮する義務を負わせる」ことが明記された（ド民二四一条二項）。今日では契約関係終了後（例えば、履行完了後）にいわば契約の余後効（Nachwirkung）として当事者に保護義務、説明義務が課される場合もありうることが日独を通じて認められている。

後者のいわゆる情報提供義務は、法令上根拠を有しなければ信義則上認められる義務となる。もっとも、債務者（業者）に課される情報提供義務は、一定の事項に関するものにつき近時は法律上明記されるほか（金融商品販売法三条等）、消費者契約法は、消費者契約の内容につき消費者に対して必要な情報を提供する努力義務を課している（三条）。ドイツでは前記ド民二四一条二項の義務が契約締結上の過失の場合にも一般的に当事者に課されることが明記されており（ド民三一一条二項）、両義務の境界は明瞭でない。なおドイツでは消費者保護のための情報提供義務の個別的な内容は、規則（Verordnung）で定められていることが多い。

(5)　関係的契約の理論

一九七〇年代から一九八〇年代にかけてアメリカのマクニールが関係的契約の理論を展開した。この理論では契約関係の継続性が尊重され、また契約内容も、当事者間の関係や事情の変化に対応して柔軟に変動することが予定されている。そして当事者の義務の根拠は、契約締結時の意思というより、当事者が形成した関係そのものにあるとでもいうべきことになる。関係的契約という観念を想定することによって、信義則によって吸い上げられる内在的契約規範は、もはや給付義務の付随物でもなければ、裁判官の恣意的な判断の産物でもなくなり、それは契約のパラダイムが要請する契約原理そのものとなる。それらの契約原理は、個別事案の事実関係の中で具体化されなければならない。それは事実審裁判官によってなされる実践的な判断である（内田貴・契約の時代（平成一二年）八五―八六頁）。このような契約理論は、信義則の適用という範疇を越えて、これまでの意思中心の契約理論から裁判所の後見的判断の要請を常態とする契約理論への転換や契約をプロセスとしてみる法社会学的な視点を内在するものであるが、これまで一般的には、信義則による新しい法規範の創造は、新しい立法がなされるまでのつなぎとして理解されることが多かったように思われる。裁判官の恣意的な法の解釈を掣肘するためである。この関係的契約の理論は、裁判官の解釈をしばる法的ルールから裁判官の裁量の余地の大きい法的規範への転換をも企図するものである。

四　消費者保護立法

(1)　はじめに

消費者保護のための立法としては、既に売買契約につき戦後割賦販売法や訪問販売法が制定され、実社会に新たに生じた問題に適合させるために幾度かの修正を経てきたが、平成一二年には規制緩和、経済、市場のビッグバンが標傍され、それに伴って公正、公平な市場を形成するために、市場への参加者の能力、知識、経験の偏りを是正すべく、様々な消費者保護関係法規が制定された。

(2)　消費者契約法

(イ)　平成一二年四月二八日には、事業者、消費者間の取引一般を規制するために消費者契約法が制定され、平成一三年四月一日から施行された。市場参加者には本来自己責任の原則が適用されるが、変額保険や外貨建預金をめぐる裁判にみられるように、詳しい商品知識、専門知識をもたない一般の消費者が業者によってリスクの大きい複雑な取引に巻き込まれるという切実な問題が広範に生起したため、本法はこれら能力、知識、経験に乏しい消費者を保護することを目的としている。

(ロ)　消費者契約法は、①消費者と事業者との間で締結される契約（消費者契約）全般を適用対象とする（但し、労働契約を除く）。事業者となるのは、法人その他の団体及び事業としてまたは事業のために契約の当事者となる場合における個人である。これに対して本法における消費者とは、事業としてまたは事業のために契約の当事者となる場合を除いた個人である（二条）。②本法は、消費者契約において消費者が契約の取消を主張できる場合を民法の規定より拡大し、事業者の一定の行為により消費者が誤認しまたは困惑した場合についても、契約の申込、承諾の意思表示の取消を認め（四条）、また③事業者の損害賠償責任を免除する契約条項その他の消費者の利益を不当に害することとなる契約条項の全部または一部を無効とする（八条～一〇条）。

(ハ)　四条の誤認類型とは、事業者の不実告知、断定的判断の提供、故意による不利益事実の不告知を指す。すなわち、事業者が消費者契約の締結について勧誘をするに際し、①重要事項について事実と異なることを告げ（四条一項一号）、②物品、権利、役務その他の当該消費者契約の目的となるものに関し、将来におけるその価額、将来において当該消費者が受け取るべき金額その他の将来における変動が不確実な事項につき、断定的判断を提供し（四条一項二号）、または③当該消費者に対してある重要事項または当該重要事項に関連する事項について当該消費者の利益となる旨を告げ、かつ当該重要事項について当該消費者の不利益となる事実(当該告知により当該事実が存在しないと消費者が通常考えるべきものに限る)を故意に告げなかった場合に(四条二項)、それによって消費者が誤認して消費者契約を締結したときに契約を取り消しうる。重要事項とは、消費者が当該消費者契約を締結するか否かについての判断に通常影響を及ぼすべきもの、すなわち、①物品、権利、役務その他の当該消費者契約の目的となるものの質、用途その他の内容、②当該消費者契約の目的となるものの対価その他の取引条件を指す(四条四項)。南側に隣接する土地が空地で眺望、日当たり良好という業者の説明を信じてマンションの一室を買ったところ、ほどなくして南側隣接地に建物が建てられて眺望、日照がほとんど遮られるようになった場合において、業者が隣接地に建設計画があることを知っていたときは、本条二項により買主は取消しうる(経企庁国民生活局消費者行政第一課編・逐条解説消費者契約法[補訂版]八〇頁)。

次に困惑類型は、不退去類型と監禁類型を含む。すなわち、①事業者が消費者契約の締結について勧誘をするに際し、当該消費者が当該事業者に対しその住居またはその業務を行っている場所から退去すべき旨の意思表示をしたにもかかわらず、それらの場所から退去せず、または②当該事業者が当該消費者契約の締結について勧誘をしている場所から当該消費者が退去する旨の意思を示したにもかかわらず、当該事業者がその場所から当該消費者を退去させないことにより困惑し、それによって消費者が消費者契約を締結したときは、当該消費者は契約を取消しうる(四条三項)。困惑による取消の類型は、事業者の不退去と消費者の監禁を含むのみである。しかしこれについては、例えば、事業者の威迫により消費者が畏怖した場合や職場にしつこく電話するなど、消費者の私生活、業務の平穏を害する勧誘をした場合等に取消権を認めることが明示されていないのは問題だと指摘されている。

四条の規定は、消費者が事業者から消費者契約の締結について媒介の委託を受けた第三者(及びその第三者から委託を受けた者）との間で消費者契約を締結した場合にも適用される（五条一項）。また四条一項から三項までの取消は、詐欺取消（民九六条）における善意の第三者には対抗できないと規定されている（四条五項）。なお本条の取消権は、消費者が追認をなしうるときから六ケ月、消費者契約締結のときから五年間のみ行使しうる（七条一項）。しかし四条の規定は、民法九六条（詐欺、強迫）の適用を妨げるものではない（六条）。

(ニ)　消費者契約法八条は、事業者の債務不履行による責任の全部を免除する条項、事業者の故意または重過失による債務不履行責任の一部を免除する条項、事業者の債務不履行に際してされたその不法行為責任の全部、事業者の故意または重過失による場合はその一部を免除する条項、及び、契約の目的物または仕事に瑕疵がある場合（有償契約）において瑕疵による損害の賠償責任を免除する条項（事業者が代物給付義務または瑕疵修補義務を負い、または、事業者の委託を受けた他の事業者が損害賠償責任等を負う場合を除く）を無効とする。消費者が支払う損害賠償額を予定する条項も、一定の場合には制限を越える限度で無効となる（九条）。また任意規定による場合に比し、消費者の権利を制限しまたは消費者の義務を加重する消費者契約の条項であって、信義則（民一条二項）に反して消費者の利益を一方的に害するものは無効とするという包括的規定もある（一〇条）。この一〇条の規定の活用は消費者保護のために期待されているところであり、現に本条に基づく私立大学に支払った入学金等の予納金の返還訴訟が原告勝訴をもたらしている。

(3)　金融商品販売法

公正な市場確保の目的で消費者契約法と軌を一にして「金融商品の販売等に関する法律（金融商品販売法）」が平成一二年五月二三日に成立し、平成一三年四月一日から施行された。本法制定の背景となったのは、今日では人々の日常生活における貯畜、年金、保険などの重要性が高まり、また国境を越えて行われる金融取引の活発化や情報技術の急速な高度化等によって極めて多様で複雑な金融商品が登場している一方では、顧客の金融商品に関する知識の不十分さ等から近年ワラント（新株引受権）や変額保険に関する取引にみられるように金融取引をめぐるトラブルが増加してきたという事情である。

本法は、①預貯金の受入からデリバティブ取引に至るまで法律に列挙された金融商品の販売行為を幅広く適用対象とするものであり（二条）、②金融商品販売業者等に対し、元本欠損を生ずるおそれやその原因等の重要事項を金融商品の販売の際に顧客に説明する義務を課し（三条）、③金融商品販売業者等は、説明義務違反によって生じた顧客の損害を賠償する責めに任ずる（四条）。本法の義務違反は無過失責任とされるが、販売業者等の債務不履行責任ではなく、不法行為責任として構成され、民法七〇九条の特則として位置づけられている（岡田ほか編・逐条解説金融商品販売法二四―二六頁）。損害賠償を請求する場合には、元本欠損額は金融商品販売業者等の説明義務違反によって生じた損害の額と推定される（五条）。また本法は、勧誘の適正を確保するため、金融商品販売業者等に勧誘方針を定め、公表することを義務づける。違反に対しては過料の制裁が設けられている（九条）。本法についても、業者に金融商品そのものの特性や仕組みの説明義務が規定されていない、説明義務違反の立証責任が依然として顧客側にある、勧誘の適正化が業者任せである等不十分な点が多く、実効性に疑問があると批判されている。

五　契約法の統一化の動き

(1)　はじめに

一九世紀までの国民国家の時代には、契約法を含む民法は、各国の国内法として制定され、施行された。ヨーロッパ各国の多くの民法典がローマ法の影響を受けていたとしても、それは比較法や法史学の対象となるにすぎなかった。これは二〇世紀に入ってからも基本的には同様である。もっとも動産売買法の分野では、国際取引において適用される統一売買法制定の動きが国際連盟のもとで始まったし、契約法を含む民法が州法に委ねられているアメリカでは、各州によってルールが異なることから生じる不便を解消するために、一九五三年に統一商事法典（UCC）がアメリカ法曹協会によって作成された。また戦後ヨーロッパでは政治経済的な国家の統合（EC）の動きが活発となり、法の分野でもEC理事会によって採択されたEC指令の加盟各国における国内施行が重要な課題として登場した。それを通じてEC加盟国間の法の統一が促進されるが、それとは別に、二〇世紀の末にはヨーロッパ諸国を中心として国家の統合を前提とした統一的な契約法ひいては民法典の編纂作業の動きが始まった。

(2)　ヨーロッパ統一契約法への歩み

一九八〇年代には国連の下部機関のユニドロワの肝入りで国際商事契約原則（ユニドロワ契約原則）の制定が企図され、一九九四年に採択された。これは、一般規定、契約の締結、契約の効力、契約の解釈、契約内容、履行、不履行の各章より成るもので、各国語に翻訳され（わが国では、曽野ほか訳・ユニドロワ国際商事契約原則（平成一六年、商事法務））、現在各国に採用を義務づけるものではないが、当事者が任意にこれを採用しうるいわゆるソフトローとして、主に仲裁裁判所で裁判規範として適用されることが多い。

次にユニドロワ契約原則と同時期に、ヨーロッパ契約法委員会（ランドー委員会）がヨーロッパ統一契約法制定のために組織され、二〇世紀末にその成果がヨーロッパ契約法原則として日の目をみた。これは現在、一般規定、契約の形成、代理、契約の有効性、契約の解釈、内容と効果、履行、不履行と救済一般、不履行に対する特別の救済の各章より成る第一部、第二部と二〇〇三年に発表された、当事者の多数、請求権の譲渡、債務引受と契約移転、相殺、時効、違法性、条件、利息の組入れの各章より成る第三部を含む。本委員会は今日では売買及びサービス供給、不法行為、保険契約、事務管理などの各部会に分かれて継続的に統一法の制定作業を行っている。

いずれの契約原則もいわゆるソフトローとして各国の国内民法を拘束するわけではないが、各国の国内法上のルールとどのように関わるかが今日重要なテーマとなっている（バセドー編（半田ほか訳）・ヨーロッパ統一契約法への道（平成一六年、法律文化社）参照）。更に現在では、ヨーロッパ統一契約法ないし統一民法制定へ向けての動きは、上記以外にも幾つか存在するに至っている。

第三節　契約の種類

一　契約の分類

契約は当事者間で自由になされる合意によって任意にその内容、効力を定めることができるのが原則である。そのため理論的には契約の種類、内容は無数に存在すると考えることができる。しかし現実には、物を売る、買う、物を貸す、借りる、建物の建設を請負う、事務の処理を依頼する、他人の物を預かる、人を使用する、雇われる、金を借りる、交通事故の示談をするというような人間の社会、経済生活で日常的に利用される契約の種類ないし類型はそう数多いものではなく、しかもパターン化して、当事者はこれらいずれかの契約類型によりつつ、その上で目的ないし対象の選定、履行期日、対価の額その他の付款を定めるのが常である。社会経済の進展や外国制度の移入によって新たな契約類型が登場する場合もあるが、上記の伝統的な契約の要素が複合したり、新たな展開を遂げたものが大部分である。そのため契約ないし契約法を考究するにあたっては、従来伝統的に行われてきた契約類型をパターン化して分類しておくことが便宜である。個々的に締結された契約の内容を理解するためにもかような作業は有益だと思われる。他方において、当事者が契約を締結する場合、必ずしも契約内容を個々的に詳細に定めておくのではなく、様々な契約上の細目には触れないで契約を締結する場合が多い。このような場合に後日紛争が生じたり、不明な箇所が出てきたりすると、当該契約類型では通常の場合どのように処理されているかを確定して、通常の場合にとられているルールを適用するのが合理的だと考えられる。民法典の定める契約法に関する規定の多くは、このように各種契約類型において通常とられているルールを定めるものである（任意規定の補充的機能）。

ところで総ての契約類型は、債務者のなすべき給付が物の移転か、サービスの提供か、対価の支払が約されているか、契約の締結がなんらかの方式を必要とするか、契約が一回的給付を目的とするかそれとも長期間を予定しているか等によって大分類をなすことが可能である。このような契約の大分類は、それらの大分類に属する契約に共通の性質、効力を抽出することにより各々の契約類型に関する理解を容易にする、なかんずく、各契約類型に属する契約の法的性質や効力の判別基準を提供するという意義を有する。以下にはこの大分類として一般に行われている双務、片務契約、有償、無償契約、一回的、継続的契約等に関する議論を概説しよう。

二　典型契約と非典型契約

⑴　意義と実例

物を売ったり買ったりする場合や物を貸したり借りたりする場合のように、洋の東西を問わず人々が日常生活において一般に用いる契約類型は、民法典がその基本的意義、要件、効力などを定めているのが普通である。これを典型契約または有名契約と呼び、わが民法は五四九条以下に贈与、売買、交換、消費貸借、使用貸借、賃貸借、雇傭、請負、委任、寄託、組合、終身定期金、和解の一三種類を定めている。商法典には商人間の売買に関する特則のほか（五二四条以下）、商人が通常業務において用いている交互計算、匿名組合、仲立営業、問屋営業、運送取扱契約、運送契約、倉庫契約、保険契約についての規定がある（五二九条以下）。これらの規定の多くは、民法の定める請負、委任、寄託契約の商事的な変容といって差し支えない。

これに対して実際社会では民法典に定められていない契約も行われている（非典型契約、無名契約）。これらの契約の中には民法の定める典型契約が混合しているとみられるものがある（混合契約）。請負人が注文者からの注文に基づき自ら調達した原材料を用いて製造した商品を注文者に供給することを内容とする製作物供給契約は、請負と売買の混合契約といわれているが、その範囲、債務者の義務の内容、なかんずく請負に関する規定と売買に関する規定のいずれが適用されるかについては議論がある。近年盛んになってきた旅行契約、なかんずく主催旅行契約も、委任と請負の中間的契約だとされている。他方において、二当事者間の契約関係において複合的給付が生じ、契約の個数が問題になる場合や二当事者間の契約関係に第三者を当事者とする契約関係が不可分に結合する場合も実際上生じている（複合契約）。リゾートマンションの区分所有権の売買契約とスポーツクラブ会員権契約が密接不可分なものとされている場合（最判平八・一一・一二民集五〇巻一〇号二六七三頁）やクレジット契約、ローン提携販売、デビッドカード取引、ファイナンスリース、割賦購入斡旋契約などがこれである。

非典型契約には、上記のような典型契約の混合型、複合型とみられるもののほか、典型契約から出発しつつその内容を大きく変更したもの、更には従来の典型契約のいずれにも類似していないものもある。宿泊契約、出演契約、出版契約、有料老人ホーム契約などがこれに属する。これらの非典型契約にも性質の許す限り典型契約に関する規定を準用すべきであるが、当該契約を締結した当事者の経済的目的、取引慣行を考慮して妥当な法律効果を定めるべきであろう。なお非典型契約は経済、社会の進展や文化、習俗の変遷に伴って新たに創造されるのが一般であるが、その反面民法の定める典型契約の中には今日ではほとんど行われなくなったものもある。

⑵　典型契約類型の再評価

今日では非典型契約が数多く行われているが、そのような状況の中で典型契約類型がこれらの契約の解釈、適用に際しても重要な役割を果たすことが再認識されている。近時の研究によれば、①典型契約は契約解釈にあたり、契約内容を法的に構成するための共通の準拠枠、すなわち現実の事実を法的に構成するための枠組として機能する（典型契約の準拠枠設定機能）だけでなく、②典型契約が長年にわたる社会における経験の中で培われたものであることから、当事者間の個別的な契約内容が明確でない場合に、それを契約問題を解決するための基準として作用させるという機能（典型契約の内容形成機能）、更には、③新たな典型契約類型が創造されたり、従前の典型契約内容が変化したりすることにより、人々がこの新たな契約秩序に従って契約を結んでいくという側面（典型契約の創造補助機能）も指摘されている（大村敦志・典型契約と性質決定（平成九年）三五二頁、潮見佳男・契約各論Ⅰ一〇頁以下）。

物の売買や貸借という基本的な法律行為は万古不易であり、時代が移り変わってもその法的な仕組は変わらないであろうが、今日では取引関係の複雑化や与信機関の登場などによって、古くから伝えられてきた単純なルールだけでは解決できない新たな問題が生じていることは確かである。民法典の定める典型契約の規定や理論を手がかりに新たに生じた取引関係の法的な構造を明らかにし、適切なルールを打ち立てることは法律学の任務といえよう。今日では税制が取引関係に及ぼす影響も看過することはできない。その他今日では約款を用いた契約や消費者契約において個々の条項が消費者にとって不合理であるときに、典型契約に関する民法の規定を個別契約の当事者間で妥当すべき合理的内容を定めたものと捉えて、契約内容のコントロールを行うという機能が学説上強調される（河上・約款規制の法理三八三頁以下）。なお平成一三年の消費者契約法は、これを前提とする規定を設けている（一〇条）。

三　双務契約と片務契約

契約当事者双方が各々対価的な関係に立つ債務を負担することを内容とする契約を双務契約といい、これに対して当事者の一方のみが対価を負担することなしに債務を負担することを内容とする契約を片務契約という。この分類は、契約締結の結果当事者双方が相互に対価的関係にある義務を負担するかどうかを基準としている。民法上の典型契約では、贈与、消費貸借、使用貸借、無償委任、無償寄託が片務契約であり、それ以外は双務契約である。この場合の双方の債務の等価性は、客観的相等性という意味ではなく、当事者の意思によって判断される主観的なものである。但し、契約終了後に賃借人や使用借人、消費借主、受寄者が負担する返還義務はここにいう対価的関係に立つ義務ではない。

双務契約と片務契約の区別の最も重要な実益は、民法の同時履行の抗弁権（五三三条）や危険負担に関する規定（五三四条～五三六条）が前者にのみ適用されることである。これは両制度が当事者間に相互に対価的関係に立つ給付義務が存在していることを前提としているためである。したがって双務契約では、当初から一方の給付が不成立、無効であれば、他方の給付義務の効力も生じない（発生上の牽連関係）。なお英米には、契約当事者の一方のみが一定の行為をなすことを約束する一方的契約（unilateral contract）と当事者双方がなんらかの給付をしたか、給付を約束する双方的契約（bilateral contract）の区別があり、後者のうち双方共未履行の双方的契約は、わが民法の双務契約と同断である。

四　有償契約と無償契約

有償契約とは、契約当事者双方が契約の締結から債務の履行までの全過程において相互に対価的性質を有する出捐をする契約であり、当事者の一方のみが契約に基づいて出捐する場合を無償契約という。双務契約も有償契約も相互に対価性を有する給付を前提とする点で近似しているが、後者では契約の締結から履行までの間に対価的給付を実現すれば足りる点で前者より範囲が広い。双務契約は、両当事者が相互に対価的関係にある債務を負担するため当然に有償契約に含まれる。双務契約でなくても、契約締結時から履行までの間に一方が出捐をする場合、例えば、契約締結時に金銭が貸主から借主に交付される利息付消費貸借の場合は、借主が支払う利息は金銭の交付と対価関係にあるから有償契約である。

民法上の典型契約の中で、贈与と使用貸借は無償契約である。消費貸借、委任及び寄託は、利息または報酬の支払を約するか否かによって異なる。それ以外の典型契約は有償契約である。有償契約と無償契約とでは、一方の給付が不完全である場合の債務者の責任（担保責任）に大きな違いがある。有償契約には売買の規定が準用されるため（民五五九条）、有償契約には売主の担保責任の規定が準用される。無償契約の場合は原則として債務者が悪意の場合に担保責任を負う（民五五一条）。

五　要式契約と不要式契約

契約の成立に一定の方式を必要とするものを要式契約、必要としないものを不要式契約と呼ぶことができる。遺言や法人設立、手形、小切手行為では一定の事項を記載した書面の作成やその官署への提出が必要であるが（要式行為）、民法上の契約にはかような意味での方式が必要とされるものは存しない。古代ローマでは当初契約が法律上効力を生じるためには一般に当事者に一定の式語を唱えさせたり、証人を置かせたりした。古代ローマ帝国が隆盛に向かうと今日のような不要式行為が普及していった（万民法）。近代民法における契約法も古代ローマの契約法の遺産を継承したものといえるが、近代法は当事者間の意思の合致のみによって成立するいわゆる諾成契約と合意のほかに物の引渡を必要とする要物契約を認めるにとどまった。これは近代法が取引の敏活を旨として、できるだけ要式性を緩和したことによるといえる。

わが民法も消費貸借（五八七条）、使用貸借（五九三条）、寄託（六五七条）を要物契約とするほか（フランス民法も同様であるが（使用貸借（一八七五条）、消費貸借（一八九二条）、寄託（一九一九条））、消費貸借を要物契約としていたドイツでは、二〇〇一年の法律がこれを明示的に諾成契約とした（ド民四八八条））、質権設定契約（同旨：フ民二〇七一条）、手付契約も要物契約としての性質を有するとされている。消費貸借（特に利息付消費貸借）については、今日の取引の実情に合わないとする見解が多数となっているが、金銭の授受があって始めて消費貸借が有効となるとする古代人の知恵は今日でもその価値を失っていないとみるべきである。なお建物建設請負契約や割賦購入斡旋、訪問販売等では、顧客保護等のために一定の事項を記載した書面の作成が義務づけられているが、この義務の違反は業者に一定の制裁を課すにとどまり、私法上の契約の効力そのものを直ちに無効にするものではない。

六　債権契約と物権契約

債権契約とは契約の効果として債権のみが発生する契約を指す。したがってこの場合は、契約締結後債務の履行があって始めて契約の目的が達成される。売買や贈与のように債権の効果として所有権が移転する契約もこの債権契約に含まれる。債務者が目的物の引渡や登記の移転をして始めてこの場合債務の履行が完了する。所有権移転時期については争いがあるが、わが国では所有権移転自体を目的とする特別の行為は必要とされていない。

これに対して、立法例によるとこれらの場合に当事者が所有権移転のための特別の行為（合意）をすることが必要とされている場合がある（ドイツ・スイス）。このように物権変動自体を目的とする契約を物権行為と呼んでいる。

わが国でも用益物権の設定合意や抵当権設定合意は、一般に履行の問題を残さないという理由で物権行為とされている。もっともこの場合設定者は用益物権等の設定登記義務を、相手方は対価等の支払義務を負うのだから、むしろ制限物権設定契約という債権契約の効力として制限物権設定という物権的効果が生じるとみることも可能なのではあるまいか。

ところでわが民法でも、物権変動に関して物権行為独自性論をとる立場があり、それによれば売買等の債権契約が行われた場合、当事者はそれに基づいてそれとは別個の物権の移転そのものを目的とする物権合意をなす義務を負い、所有権はその物権合意の効果として移転する。物権合意では既述のように履行の問題を残さないが、債権譲渡契約のように物権以外の財産権の移転を直接の目的とする合意は、準物権契約と呼ばれる。この場合も譲渡人は譲受人のために譲渡の対抗要件を備えさせる義務を負う（民四六七条）。これについても債権契約の効力として債権が譲受人に移転すると構成すべきではないかと考えられる。

七　有因契約と無因契約

契約締結の原因となった事実の不存在ないし不成立によって効力を失う契約を有因契約といい、これとは逆に、原因となった事実の成否如何にかかわらず存在する契約を無因契約という。民法上の典型契約は総て有因契約である。民法上の典型契約が締結された場合に契約を締結した原因が不存在であると契約は無効となるのが原則である（民九三条〜九五条参照）。これに対して手形、小切手契約では、その原因となった事実が不存在または不成立であることが明らかになった場合でも、原則としてその効力に影響は生じない（手形一七条、小切手二二条）。これは手形、小切手行為を原因関係から切断して、その流通を促進するためである。物権変動につき一般に物権行為の独自性を認める立法例では、物権取引の安全性を確保するため原因行為（債権契約）が無効となっても当然には物権行為は効力を失わず、物権契約自体の効力を失わせる行為を別途行うことが必要である。

八　一回的契約と継続的契約

(1)　意義と特性

契約はまた、当事者が債務に基づいて一回だけの給付を行うことを内容とするものと、一定の期間を通じて継続的に給付が行われる場合の二つに区別されうる。贈与、売買、交換は前者に属し、消費貸借、使用貸借、賃貸借、雇傭、委任、寄託、組合、終身定期金は後者に属する。請負は一般には一回的給付を目的とする契約に分類しうるが、大規模な建設請負契約などでは契約関係が継続性の要素を帯びてくる。また売買契約の中でも一定種類の物を一定期間、一定価格で継続的または定期的に供給することを内容とする場合は、継続的供給契約と呼ばれ、継続的契約に分類されうる。新聞購読契約や電気、ガス等の供給契約だけでなく、工場への原材料の供給契約などもこれに属する。

継続的契約では一般に解約告知、すなわち既に経過した期間の契約の効力に影響を及ぼさないで解約後のみ契約関係の効力を失わせることが問題になる点が特徴的である（民六二〇条参照）。継続的契約でも遡及効を有する解除が全く行われえないわけではないが、契約当事者の不利益を避けるために出来るだけ解約告知を認めるべきであろう。継続的契約では契約関係成立後の経済的、社会的事情の変動による価格、報酬の引き上げや引き下げもしばしば問題となる。借地借家契約や農地の賃貸借ではこれが法律によって明記されているが（借地借家一一条、三二条、民六〇九条、六一〇条）、建設請負契約でも約款で物価スライド条項が置かれているのが普通である。また継続的供給契約の場合は、前期の給付が行われず、またはそれに瑕疵があったような場合に、相手方が同時履行の抗弁権（民五三三条）に基づいて当期及び次期の反対給付を拒絶しまたは解除（民五四一条、五七〇条）をなしうる（大判明三九・一一・一七民録一二輯一四七九頁、大判大八・七・八民録二五輯一二七〇頁）。

⑵　基本契約と実施契約

契約当事者が契約目的を達成するために基本となる契約を締結し、その後この基本契約関係を実施するために個々の実施契約を締結する場合がある。かような場合個々の実施契約は、基本契約との密接な関わりの下に締結され、ドイツやフランスの枠契約関係の理論が援用されることが多い。しかし、基本契約と実施契約を区別することに対しては、①実施契約の内容につき当事者間で具体的交渉の余地があるような場合でなければ、実施契約は単に基本契約の実現過程であるにすぎない、②基本契約の内容が個々の実施契約を縛るものであれば独占禁止法等に抵触する場合が出てくると批判されている（潮見・契約各論Ⅰ二七頁）。

九　本契約と予約

当事者が契約の諸条件を約定して最終的にその契約から生じる効力が生じることを合意することを本契約といいうる。これに対して当事者が将来においてこのような本契約を締結することを合意することを予約と呼んでいる。予約には当事者の双方が相手方からの本契約締結の要求に応じる義務を負う場合（双方的予約）と当事者の一方のみがかような義務を負う場合（一方的予約）がある。いずれであるかは予約を締結した両当事者の合意による。

ところでかような狭義の予約と区別すべきものに売買一方の予約（民五五六条）がある。狭義の予約の場合は、本契約の締結を求める当事者は裁判所にその旨訴求し、勝訴の確定判決を得て始めてその目的を達することができるが（民四

（一四条二項但書）、売買一方の予約では予約権者に予約完結権が付与され、この権利を行使することにより一方的に本契約の効力を発生させることができる。そのため売買一方の予約は、予約権利者の意思表示を停止条件とする売買契約だとする見解もある。なお、狭義の予約で予約義務者が義務を履行しない場合は、予約権利者は契約を解除して損害賠償を請求することもできる（民五四一条）。

本契約が不能や不法の内容を有するときは、予約も無効となるのが一般である。本契約が要式行為である場合に予約も方式を要するかは、本契約が要式行為とされる趣旨により異なり、当事者に慎重な熟慮を促そうとする場合は予約も要式行為であることを要するが、そうでない場合は予約に方式を要しないとされている（我妻栄・債権各論上巻五二頁）。すなわち、契約当事者の保護のために方式が必要とされている場合は（定期借地権の設定（借地借家二二条））のような場合が考えられる）、予約についても方式が必要であるが、単に法律行為の内容を明確ならしめるためだけに方式が必要とされる場合（手形行為など）は、これを必要としないと解される。

第二章　契約の成立

第一節　一般的成立要件（合意）

一　はじめに

契約の本質的な要素は、当事者間の合意である。合意は、通常の場合は、当事者の一方の申込の意思表示と相手方のそれに対する承諾の意思表示の合致によって成立する。この意思表示の合致は、両当事者の反対方向の意思表示が同一の法律効果の発生を目的としているという意味で客観的に合致していると同時に、当事者双方が各々相手方の意思表示と合致させて契約を成立させようとする意思を有しているという意味で主観的にも合致していることを要する。但し契約の中には、合意の他に物の引渡を契約の効力要件とする類型もあるし（要物契約）、当事者が手付の交付を契約の成立要件とする場合もある（成約手付）。また当事者が最初に契約の基本的事項について合意し、後で細目を定める場合には、契約の成立時期をめぐって問題が生じることが多い。

なお比較法的には、契約は合意だけで効力を生じることはなく、一般的には約因（consideration）の存在を必要とし、約因のない贈与のような場合は、捺印証書の作成により始めて効力が生じるものとする英米法の考え方が参考となる。もっともこの考え方は、諾成契約が認められる前の、債務の成立には現実の履行が必要であるという古い考え方を受け継ぐものであり、今日では約因を単なる証拠の問題として捉えようとする見解も出てきている。

二　意思表示の不合致

(1)　表示された意思が一致しない場合、例えば当事者の一方が土地Aを売りたいといい、相手方がそれとは別個の土地Bを買いたいという場合は、契約は成立しない。相手方が土地AをBと誤信しまたは誤ってBと表示した場合は、議論のあるところであるが、土地Aの売買として契約は有効となると解すべきである。相手方の真意は土地Aを買うという点にあるのであり、またかように解しても当事者に不利益を生じるとは考えられないからである。

(2)　次に、契約当事者によって表示された意思は客観的に一致しているが、それが当事者の一方の真意と一致していない場合はどうなるかが問題となる。このような表示された意思と当事者の真意の不合致の場合の解決方法として、①当事者の真意が一致していない以上契約は不成立で無効だとする見解（意思主義）と②客観的に表示された意思が合致している以上契約は有効であり、真意との不一致を主張する当事者が表示された意思と真意とのくい違い（錯誤）（民九五条）を主張しうるにすぎないとする見解（客観説）が考えられうる。判例は、生糸製造権の譲渡契約で、売主が買主から対価の全額が支払われるものと考え、買主が蚕糸組合連合会から売主に支払われる補償金を控除した額のみを支払えばよいと考えていた場合に、契約の要素たるべき点につき合致を欠き、契約は成立しないと判示した（大判昭一九・六・二八民集二三巻三八七頁）。これに対して学説上は、本件では当事者間で対価額（補償金を控除しない額）が客観的に定められていたのだから、契約は成立したとみるべきで、補償金がそれに含まれると主張する買主側が錯誤を主張しうるにすぎないとする見解が有力である（谷口・小野・新版注民(13)三三七頁―三三八頁など）。

意思表示の不合致の場合契約は不成立となるのが一般であるが、一筆の土地及び地上建物の売買で、土蔵及びその敷地は登記簿上は隣地に属することになっていたが、実際は目的土地に含まれていたという事案で、買主が土蔵及びその敷地も目的物に含まれると主張したのに対して、当事者の売買契約当時の共通の売買対象についての認識を基礎として、土蔵及びその敷地を除く部分についてのみ契約の効力を認めた事例もある（最判昭三〇・一〇・四民集九巻一一号一五二一頁）。

第二節　申　込

一　意義と方法

(1)　当事者の一方が特定の内容を有する契約を成立させる意思で相手方にその内容を表示する行為を申込という。申込も意思表示に属するが、相手方の承諾と合して一個の契約を成立させる法律行為の要素であるにすぎない。しかし申込は意思表示であるから、その瑕疵は法律行為である契約に影響を及ぼす（民九三条～九六条）。

(2)　有効な申込となるためには、一般的には申込者の申込の意思が確定的で、その内容の重要な部分が特定されていることが必要である（同旨：ウィーン統一売買法一四条一項、ユニドロワ契約原則二・一・二条）。申込者に確定的な申込の意思がない場合は、後述する申込の誘因となる場合があるほか、相手方が申込者の意思表示を真摯な申込と解しうる場合は、心裡留保による申込となることも考えられる（民九三条）。

申込の内容は、相手方がそれに対して承諾を与えることができる程度にその重要な部分が特定されていなければならない。もっとも申込者と相手方との間の契約交渉によって契約の具体的内容が詰められていく場合も多く、当該意思表示が申込となるかどうかはそのこととも相関的に判断されなければならない。

(3)　申込の相手方は特定人であるのが普通であるが、不特定多数人であることもある。商品の陳列棚に置かれた正札付の商品は、不特定多数人への申込と解される。自動販売機の設置も、商品の種類、銘柄、代金が表示されていることから、不特定多数人への申込となる。したがって買主が一定額の貨幣を投入すれば承諾となる。インターネット取引における申込については、後述第四節参照。

⑷　申込の誘因

単に相手方に申込をさせる意思で契約締結の勧誘が行われる場合がある。この場合は表意者は相手方が承諾をなしうる程度に契約の重要事項を特定している必要はない。ビルのオーナーのテナント募集や求人広告がこれにあたる。この場合応募者が求人等に応じただけでは契約は成立せず、求人者との間で雇傭条件を詰めたうえで改めて応募者が申込をなし、求人側がそれに対して承諾を与えた場合に初めて契約が成立すると解されている。

契約の締結に向けられた意思表示が申込か申込の誘因にすぎないかは、実際上区別が困難な場合が少なくない。一般には建物やアパートの賃貸借、雇傭、不動産の取引のように個人的な事情、資力の如何が契約締結にとって重要な意味を有する場合は申込の誘因とみるべき場合が多い。今日国際取引で問題となっているのは、広告やカタログ、商品の陳列による不特定多数者への申入れ（提供）が申込となるかどうかであり、申入れ者に在庫またはサービスの供給能力がある限りにおいて申込と推定するというルールもあるが（ヨーロッパ契約原則二：二〇一条三項）、反対説もある（滝沢昌彦・契約成立プロセスの研究（平成一五年）六六頁以下参照）。

⑸　交叉申込

契約は一般に申込とそれに対する被申込者の承諾によって成立するが、申込者が申込の意思を表示したのに対して、相手方がそれに応答するのではなく、独自に申込者に対してその申込と客観的に一致した内容の反対方向の申込をすることを交叉申込という。両当事者には同一内容の契約を成立させる意思が認められるという理由で、このような場合にも契約の成立を認めるのが多数説である。但し、契約の成立時は遅れた方の申込が相手方に到達したときだとされている。交叉申込は、実際上も反復継続して行われる定型的な取引である商事取引においてしばしば生じるといわれている。

二　申込の効力発生時期

⑴　到達主義の原則

申込にも意思表示の効力発生時期に関する一般原則（民九七条一項）が適用され、意思表示が相手方に到達したときにその効力が生じる（到達主義の原則）。申込者と被申込者が直接対話することができる場合（対話者間の申込）は、発信した申込が同時に相手方に到達するが、異なった場所にいる者に対する申込の場合（隔地者間の申込）は、申込をしたためた手紙やファックスが相手方に届いたとき、すなわち相手方の支配領域内に到達したときに申込がその効力を生じる。したがって手紙が途中で行方不明になったときは、申込の効力は生じない。これに対して電話による申込は、対話者間の申込に分類すべきであろう。パソコンの電子メールによる商談は、受け手の側が自己のメールボックスにアクセスしなければその有無及び内容を知りえないが、発信すると直ちに相手方にそれが到達するため、隔地者間の申込といいきれないところがある。

⑵　申込者の死亡、能力喪失

意思表示は、表意者が意思を表示した後に死亡しまたは能力を喪失しても効力を失わないのが原則であるが（民九七条二項）、契約の申込の場合はその例外が定められている。①申込者が申込の意思表示をした後で死亡または能力を喪失した場合は申込が効力を失う旨表示した場合は、それに従う（民五二五条前段）。②相手方が申込の意思表示の到達前に申込者が申込の表示後死亡した事実を知ったときは、申込は効力を生じない（民五二五条後段）。③相手方が申込の意思表示の到達前に申込者が申込の表示後行為能力を喪失したことを知ったときも、申込は効力を生じない（民五二五条後段）。しかし、①の場合はともかく、②、③については、当事者は申込者の死亡、行為能力の喪失にもかかわらず、契約を成立させたいと考えている場合もあるとして、立法論的に批判する者もある。

⑶　申込の意思表示が相手方に到達した後に申込者が死亡しまたは能力を喪失した場合は、これに対して申込は効力を失わない。申込の内容が一身専属的なものでない限り、申込者死亡の場合は申込者の地位を相続人が継承し、行為能力喪失の場合はその法定代理人が申込者を代表して契約上の権利、義務を遂行する（多数説）。

相手方が申込の意思表示の到達時に死亡している場合は、原則として申込は効力を生じない。申込到達前に相手方が能力を喪失した場合は、その法定代理人がこれを知った場合を除いて、申込者は申込の意思表示を相手方に対抗できない（民九八条）。

三　申込の拘束力（形式的効力）

⑴　申込者が申込をするとその申込を任意に撤回することができないという効力を生じる。これを申込の拘束力という。他方これとは別に、申込は相手方の承諾と合して契約を成立させる効力を有するが、この効力がいつまで存続しうるかが問題となる。これが承諾適格の問題である。

⑵　申込の撤回の制限

(イ)　承諾期間の定めがある場合

申込に承諾期間の定めのある場合は、その期間中申込者は申込を撤回することができない（民五二一条一項）。申込が隔地者間でなされた場合だけでなく、対話者間でなされた場合でも同様である。承諾期間の定めがある以上その期間内は特に留保のない限り、申込者が申込の撤回権を放棄したものと解すべきだからである。

(ロ) 承諾期間の定めのない場合

この場合でも法は、隔地者間の取引につき、申込の意思表示到達後承諾の通知を受けるのに相当な期間は申込を撤回することができないと規定している（民五二四条）。申込の相手方が契約の締結を熟慮、決断するのに相当な期間内は、申込者の任意の撤回を封ずる趣旨である。相当の期間とは、契約の内容に従って申込者が承諾の通知を受けるのに通常必要とされる期間である。

対話者間の申込の場合は、隔地者間の申込についてのみ定める民法五二四条の反対解釈から、いつでも撤回しうるとする立場とこの場合も相当期間内は申込を撤回しえないとする立場が対立している。対話者間では申込の承諾適格は被申込者の承諾がない限り原則的に即座に消滅するとの立場からは前説に従うべきである。

(3) 未成年者の申込の取消

未成年者が法定代理人の同意なしに申込の意思表示をした場合はどうなるか。民法五二一条以下は、申込者が未成年である場合は一般的に申込の拘束力は認められないとは規定していないが、未成年者が法定代理人の同意なしに法律行為をした場合は取消が可能となることから（民五条）、契約が締結された後でも未成年者の保護のために契約の取消が認められるのであれば、相手方に及ぼす影響がこの場合に比べて小さいと考えられる、申込がなされただけで相手方がまだ承諾を与えていない段階で未成年者が申込を取消す（撤回する）ことを認めても構わないと考えられる。この立場では未成年者が法定代理人の同意なしに申込をした場合は、指定されたまたは相当な承諾期間内でも一方的に申込を撤回しうることになる（同旨：稲本洋之助他・民法講義5、二四頁［稲本］）。

(4)　申込の撤回

申込撤回権が留保されている場合及び承諾をなすのに相当な期間が経過した場合は、申込者はその間に承諾の意思表示がなされていない限り、申込を撤回することができる。申込の撤回の意思表示も到達主義の原則（民九七条一項）に服するため、申込撤回通知の到達前に被申込者が承諾の通知を発していた場合は、契約が成立するのが原則である（民五二六条一項）。しかしこの場合でも、通常の場合であれば承諾の通知を発する前に申込撤回の通知が到達するであろうときに撤回の通知を発したことを承諾者が知りうべきときは、承諾者が遅滞なく申込者にその延着の通知を発しなければ、契約は成立しなかったものとみなされる（民五二七条）。なお、平成一三年の「電子消費者契約及び電子承諾通知に関する民法の特例に関する法律」は、電子承諾通知を発する場合につき民法五二七条の適用除外を定める（四条）。

四　申込の承諾適格

(1)　申込を受けた相手方は、一般的には承諾する義務を負わず、承諾するか否かはその任意である。したがって相手方は、その承諾によって契約を締結するかどうかを一方的に決定しうる法的地位を取得する。相手方はまた、申込者に対して承諾するかどうかを解答（確答）する義務を負わないのが一般である。申込者が申込中に解答を義務づけたり、解答のない場合は承諾したものとみなすと述べている場合でも、相手方はそれに応ずるに及ばず、またそれによって不利益を受けない。当事者間にはまだ当事者を拘束する契約関係が発生していないからである。但し、商人が平常取引をなす者からその営業の部類に属する契約の申込を受けたときは、遅滞なく諾否の通知を発する義務を負い、これを怠ったときは申込を承諾したものとみなされる（商五九条）。反復、継続される取引に携わる商人の通常の意思を考慮したものである。

申込者が申込と同時に物品を送付した場合（現実申込）も、被申込者は承諾義務を負わないことは当然であるが、一般的には目的物の返還義務及び自己の財産におけると同一の注意をもってする管理義務を負うと解されている（但し、特定商取引法五九条参照）。もっとも、商人がその営業の部類に属する契約の申込を受けた場合で、その申込とともに受取った物品があるときは、その申込を拒絶したときでも原則として申込者の費用でその物品を保管する義務を負う（商五一〇条）。本条の保管義務は善管注意義務と解されているが、本条の立法趣旨については学説上批判がある。

(2)　承諾適格の存続期間

(イ)　なされた申込がいつまでも効力を有するとすると申込者が忘れた頃になって思いがけず承諾の返事が届くことも可能となり、申込者の意図に反する場合も生じうるし、また何よりも敏活を尊ぶ取引の要請に適さない。このような事態を防ぐために申込者は承諾期間を定めておくこともできるが、承諾期間を定めていなくても解釈論によって承諾適格の存続期間を制限すべきであろう。

(ロ)　承諾期間を定めた場合

申込者が申込をなすに際して承諾の意思表示をなすべき期間を定めたときは、一般的には承諾適格はその期間中存続し、期間が終了したときに承諾適格も消滅すると解される。但し、承諾期間内であっても申込の相手方の拒絶の通知が申込者に到達すれば、その時に承諾適格は消滅する。申込の拒絶の意思表示は到達主義がとられる。

承諾期間は、申込者が任意にこれを定めることができるが、承諾をするために不相当に短い期間が指定されたときは、取引上相当と考えられる期間は承諾適格が存続すると解すべきであろう。但し、この場合申込自体が目的の不能によって無効となると解すべきだとする見解もある（稲本他・民法講義5、二二頁［稲本］）。

承諾期間の定めは申込と同時になされる必要はなく、申込後に改めて承諾期間を定めることも可能であるが、申込後承諾期間を指定するまでの期間を含めた実質的な承諾期間が相当なものでなければならないと考えられる。

(ハ)　承諾期間の定めのない場合

承諾期間の定めのない申込は、申込の相手方が拒絶の意思表示をするか、申込者が申込の拘束力が消滅した後（民五二四条）申込を撤回する場合を除き、承諾適格がいつまでも存続すると解する見解もあった。但し、承諾適格がいつまでも存続するとするのは妥当でないため、一〇年の消滅時効または除斥期間に服するとする説も有力であった。承諾をなしうる地位は一種の形成権であるから、二〇年の時効にかかるとも考えられるが（民一六七条二項）、承諾によって成立する契約に基づく権利が一〇年の時効に服することとの権衡論から一〇年説をとったものである。また除斥期間とする学説は、承諾をなしうる地位が形成権といえることに着眼している。

しかし、承諾適格が一般的に一〇年間も存続するとすることは妥当でない。承諾期間を定めない申込も、予定された契約の内容によって異なる、承諾をなすために相当な期間のみ承諾適格が存続すると解すべきである（多数説）（同旨：ド民一四七条二項）。相当な承諾期間を越えてなされた承諾は、むしろ新たな契約の申込とみるべきであろう。

(ニ)　対話者間の申込

対話者になした申込は、対話者関係が存続する限り承諾適格があるとする見解（対話者関係終了説）と相手方が直ちに承諾しない限り承諾適格は消滅するとする見解（即時消滅説）がある。対話者間の場合は申込と承諾が立場を変えて相互に即座になされるため、対話者関係終了まで承諾適格が存在することを留保しなければ承諾適格が即時に消滅すると解するのが妥当であろう。

(ホ)　商法上の特則

商事売買では一定の場合に被申込者に申込者に対する確答義務が課されていることは既に述べた（商五〇九条）。その他商行為では、隔地者間の申込の承諾適格は相当期間の経過によって消滅することが明示されているし（商五〇八条一項）、対話者間の申込の承諾適格は、相手方が直ちに承諾しない限り消滅する（商五〇七条）。承諾適格の存続期間は、本書の立場では民法上の承諾の存続期間と一致する結果になる（民法の商化現象）。

第三節　承　諾

一　承諾の要件

(1)　承諾の意義

承諾は、被申込者が申込に応じて契約を締結する意思でその旨申込者に表示する一方的意思表示である。申込と同様法律行為の要素である。承諾は、申込に応じて契約を成立させるという承諾者の反対方向の意思表示であるだけでなく（主観的合致）、申込の内容と承諾の内容とが客観的に合致していることが必要である。したがって、承諾者が申込者の許容した裁量の範囲内で契約の細目を決定したような場合を除いて、承諾者が申込の内容に変更を加えたり、新たな条件を付加した場合は、申込に対する承諾とはもはやみられず、被申込者から申込者への新たな申込とみるべきことになる。この場合当初の申込者は、変更されまたは条件の付加された新たな内容の申込に対して承諾を与えなければ契約は成立しない（民五二八条）。

申込に表示された数量の一部についてだけ承諾が行われた場合にその承諾された数量の一部について契約が成立するか、それを新たな申込とみるべきかは、目的物の種類、その他の諸事情による。なお変更を加えた承諾は、申込者がそれを新たな申込とみなしうるだけで本来は承諾の意思表示だから、申込の拘束力がないともいえるが、旧承諾者は内容に変更を加えているから、新たな申込に準じて相当期間内の拘束力を付与する余地がある。

(2)　黙示の承諾

承諾の意思表示は通常は明示でなされるが、黙示でもしばしばなされる。書店にファックスで書籍を注文したところ、書店が直接に注文した書籍を送ってきたような場合は、黙示の承諾があったとみるべきである。これに対して申込者の意思表示または取引上の慣習により承諾の通知が必要とされない場合は、意思実現による契約の成立の問題になる（民五二六条二項）。

(3)　承諾の通知の延着

承諾は、承諾期間内または承諾を受けるに相当な期間内に申込者に到達しなければならない。承諾の通知がこれらの期間を徒過した後に申込者に到達したときは、申込者の側でそれを新たな申込とみなし、改めて承諾をしない限り、契約は成立しない（民五二三条）。但し、承諾の通知が延着した場合でも、申込者がそれが通常であれば承諾期間内に到達すべき時に発送されたことを知りうる場合には、到着前に遅延の通知を発したときを除き、遅滞なく延着の通知を発しなければ、契約は有効に成立したものとみなされる（民五二二条。同旨：ド民一四九条）。なお、遅延した承諾を新たな申込とみなしうる場合でも（民五二三条）、それは申込とは異なるから、申込につき一般に認められる拘束力は生ぜず、旧承諾者は旧申込者が承諾の発信をなすまでは撤回しうると解すべきである。

二　承諾の効力発生と契約の成立

(1)　承諾の発信主義

わが民法は、敏速を尊ぶ取引の実情に鑑みてまた取引当事者の通常の意思を考慮して、隔地者間の契約は承諾の通知を発したときに成立すると定めた（発信主義）（民五二六条一項）。しかし他方において、既述の如く、わが民法は別の法条で、申込者が承諾期間内に承諾の通知を受けないときは、申込はその効力を失うと定める（民五二一条二項）。前者の規定が承諾の通知が申込者に承諾期間内に到着する通常の場合を念頭に置いていることは察しがつくとしても、承諾の通知が途中で紛失したり、延着した場合にどうなるかについては、承諾期間を定めた場合は通例申込者が別の商取引の機会を求めているのだから、この期間を徒過すれば申込の効力を失わせるという後者の規定との調和的な解釈を試みなければならない。なおこの承諾発信時効力発生説は、比較法的にみると必ずしも一般的ではなく、ウィーン統一売買法は、明示的に到達時効力発生主義を定める（一八条）。

(2)　民法五二一条二項

民法五二一条二項は、承諾期間を定めてなした申込について、期間内の承諾通知の不到着の場合の申込失効を定める。そのためかつては同条項が承諾期間のある場合にのみ適用され、承諾期間の定めのない場合は、たとえ承諾の通知が申込者に到着しない場合でも、承諾発信時に契約が成立するとする見解が多数であった。しかし、承諾期間の定めのない申込の場合でも、承諾適格は承諾を受けるに相当な期間存続するにとどまるとみるべきであり、この場合にも承諾期間の定めのある場合と異なって解すべき理由は乏しいとみるべきであろう。

(3)　承諾通知不着の場合

承諾発信後承諾通知の申込者への到着時までの契約の成否をめぐっては、従来様々な議論が展開されてきた。以下には承諾発信後到着前に認められる契約の効力の強弱に応じて三つの類型に大別しよう。

(イ)　停止条件説

承諾期間または承諾をなすのに相当な期間内に承諾の意思表示が申込者に到着することを停止条件として、承諾の意思表示を発信したときに契約が成立するとする見解である。したがってこの立場では、承諾の意思表示が相手方に到着していない間は契約の効力は認められず、相手方に到着したときに発信時に遡って契約締結の効力が発生する。承諾期間の定めのある場合について申込者が所定の期間内に承諾が到達することを契約成立の未必的条件とする意思があるとする初期の見解（未必条件説）も、この立場に近いということができよう。

(ロ)　中　間　説

これに対して、承諾の発信とともに契約が成立しているとする民法五二六条一項により忠実に、承諾がまだ到達していない場合でも不完全な契約の効力を認めようとする見解もある。鳩山博士によれば、承諾の発信時に契約が不確定的に成立し、承諾の意思表示の到達によって確定的に成立する（不確定効力説）（鳩山秀夫・新報二六巻九号一五頁以下）。この立場では、承諾発信時に不確定的であるにせよ契約が成立している以上、承諾者は承諾の意思表示を撤回することはできない。承諾の意思表示が承諾期間または相当期間内に到達しない場合は、契約はその効力を全面的に喪失する。

契約の発生と承諾の効力の発生を区別する見解もある（神戸寅次郎・著作集下巻三六〇頁以下）。この立場では、契約は承諾の通知を発信したときに成立するが、承諾の効力はその意思表示が申込者に承諾期間または相当期間内に到達したときに発生し、その間は承諾者は承諾の意思表示を撤回することができる。したがって撤回しないことが確定するとき、すなわち承諾の意思表示が到達するときまでは契約の成立は確定しない。

(ハ)　解除条件説

承諾の意思表示を発信したときに契約は完全に効力を生じ、ただそれが承諾期間内または相当期間内に申込者に到達しない場合に解除条件が成就して契約は遡及的に効力を失なう。この立場では承諾発信とともに契約が完全に効力を生じるため、承諾発信後承諾者は承諾を撤回しえない。

他方これと同様な結果を条件構成によらないで、民法五二六条一項と民法五二一条二項の論理的解釈によって導き出す見解もある。それによれば、契約は発信時に効力を生じるが、承諾の意思表示が申込者に承諾期間内に到着しない場合には申込の効力が失われるため、その結果として契約は効力を失う（申込失効説）。

(4)　具体的適用と私見

上記の諸説は、単に論理上の構成だけでなく、具体的な適用の結果にも違いを生ぜしめる。承諾到達前の承諾の撤回の可否につき、承諾発信による契約の効力の発生を認めない(イ)説ではこれを肯定し、効力の発生を認める(ハ)説ではこれを否定するのは当然であろう。(ロ)説では肯定説と否定説に分かれている。これに対して民法五二一条二項を承諾期間の定めのない場合で相当期間経過後にも準用するかどうかの問題には、上記の法的構成は直接に影響を及ぼさない。

(イ)説〜(ハ)説を通観すると、(イ)説は承諾の申込者への到達を重視する見解、すなわち、承諾の通知が届かなかった場合に、契約は不成立と考えている申込者を保護する見解であり、(ハ)説はこれとは逆に承諾発信時契約成立主義を固持する立場、すなわち契約が成立したと誤信している承諾者を保護する立場である。(ロ)説はその中間的な立場である。しかし、発信した承諾が申込者に到着しないというのは今日では稀な事例に属し、通常の場合には申込者も承諾者も早期の契約締結を望んでいると考えられるから、(ハ)説（解除条件説）に従うべきであろう。承諾者が承諾期間内または相当期間内に承諾の意思表示が到達すべき時期に発信したことを証明したときは、申込者の側でそれらの期間内の不到達を立証しなければ、契約に拘束される。このことは(イ)説〜(ハ)説のいずれの立場をとっても同様と考えられる。なお万一承諾の通知が申込者に到達しなかったような場合は、今日では電話などで確認するのが普通であり、当事者がそれによって不利益を受けることはあまり考えられない。

三　意思実現による契約の成立

申込者が申込に際して承諾の通知を必要としないことを表示し、または当該取引における慣行に従って承諾の通知が必要とされない場合は、承諾者からの承諾の通知が発送されなくても、承諾の意思表示と認めるべき事実があったときに契約が成立する（民五二六条二項）。かような意思実現による契約の成立と区別すべきものに前記黙示の意思表示による契約の成立がある。例えば、申込とともに物品の送付を受けた者がその物を消費した場合、民法五二六条二項の適用を受けるためには、承諾の通知を不要とする申込者の意思表示または取引慣行があることが必要であり、それ以外の場合は、黙示の承諾を認めるしかない。もっとも右の申込者の意思表示は黙示でも足りると解すべきだから（かように解しても当事者に特に不利益は生じない）、両者の区別は相対的である。有力説は、表示意思の有無によって両者を区別しようとするが、これとて決定的な区別の標識とはいい難い。滝沢教授は、委任事務処理のような場合を除いて意思実現とされる場合の多くは、黙示の承諾として構成できると主張される（滝沢・契約成立プロセスの研究二〇三頁）。

四　事実的契約関係

当事者の間で契約が締結されたわけではないが、例えばある者が事実上駐車場を利用したとか、航空機を利用した場合に、これを契約が締結されたとみなして契約の効力の発生を認める考え方である。二〇世紀になってからドイツで唱えられた学説であり、一定の社会類型的関係ないし容態が存在するところではその事実によって契約関係が成立するというものであるが（連邦最高裁一九五六年七月一四日判決連邦最高裁民集二一巻三一九頁（駐車場事件））、今日ではあまり支持されていない。これらの場合には不当利得または不法行為の関係を認めれば足りるというのがその理由である。

契約とは客観的及び主観的意思の合致であるから、意思の合致がない以上契約の成立を認めるべきではない。これらの場合に相当な使用料の返還が命じられるのも契約の効果として導くべきではないと考えられる。ＮＨＫとテレビの聴取者との間で成立する放送契約も、事実的契約関係ではなく、個別的な契約の問題と解されている（聴取者は申込義務を負う）。

第四節　電子商取引と契約の成立

一　電子商取引の仕組

近時はパソコンが普及し、インターネットによる商取引（電子商取引）が増加している。パソコン通信によるホームショッピングでは、消費者はいつでも任意にパソコンを操作して特定販売者の販売を希望する物件やその特性、販売条件等を画面を通じて見ることができる。かような販売業者による購入データの送信は、不特定多数人に対する申込とみるべき余地もあるが（松本恒雄・新版注民(13)二五五頁参照）、一般的には販売業者による購入データの送信は申込の誘因とみられている。その結果電子商取引では以下のような手順で契約が成立する。①事業者がサイバーモール等に商品の電子カタログを掲載する一方で、消費者がウェブサイト上の相手方のホームページに接続する。②それを見た消費者が、契約条件を確認したうえでホームページ上に示されている商品を選択して、送付先の住所、名前、クレジットカードの番号など必要事項を入力し、注文確認ボタンをクリックする。③事業者が注文内容の確認データを表示しまたは注文を承諾する。売主から確認の電子メールが買主に送られる場合もある。④買主が売主の指定口座に代金を振り込み、売主は郵送や宅配などの方法で商品を引渡す。ソフトウェアのような無形物は、インターネット上のダウンロードという形で送られることもある（根田他・インターネット・電子商取引の活動と税務六七―六八頁）。電子商取引の場合は、画面上の説明や情報のみによって取引がなされるのだから、購入する商品やサービスの内容や条件について少なくとも一般消費者が認識できるように説明や情報提供がなされる必要がある。

二　申込と承諾

(1)　申込とその効力

(イ)　電子商取引では、申込者がホームページ上の入力欄に必要事項を入力し、注文確認ボタンをクリックすることが申込にあたると解されている。電子商取引は、パソコンを操作して申込を行うものであるから、申込をするための画面構成が必要である。すなわち、消費者が自己の合意内容について注文等を送信する前に確認できる画面を設けるべきであるし、申込を受けた際は、事業者は電子メール等なんらかの手段で受注確認メッセージを送信することが望まれる。二重送信やデータの誤入力等消費者の誤操作を防止するための合理的な操作手順の工夫が必要である（根田他・前掲書七三頁）。

(ロ)　既述のようにわが民法は、主要な通信手段が手紙であり、取引相手への意思表示の到達に一定の時間を要する隔地者間の申込を中心に規定しているが、電子商取引では、たとえ契約当事者がお互いに離れたところにいても、このような隔地者間の契約成立に関するルールがあてはまるかは疑問である。ホームページ上の入力欄に必要事項を入力し、商品などの注文確認ボタンをクリックした場合、電話と同様瞬時に取引に必要な情報が相手方に伝達される。この電子的情報は、相手方のサーバーに瞬時に入力されるが、たとえ相手方が直ちにその申込情報を認知できないとしても、申込は相手方の支配圏内に置かれたとみられるから、相手方への到達があったと解してよいであろう。したがって、インターネットによる申込は、その限度で対話者間の申込と同様に解すべきである。

(ハ) 電子商取引の申込は、瞬時に相手方（事業者）のサーバーに到達するため、一度発信した申込を取消（撤回）ないし変更できないのではないかが問題となる。相手方（事業者）が申込に対して直ちに承諾をなした場合は、もはや申込は取消せない。相手方（事業者）が承諾をしない場合は、申込者が承諾期間を定めて申込をしたときは、その承諾期間内、承諾期間を定めないで申込をしたときは、相当な期間内、申込を取消（撤回）しえないと解すべきである（民五二一条一項、五二四条）。これは隔地者間の申込の場合と同様であるが、対話者間でもあてはまりうる。

(2) 承　諾

既述のように電子商取引では、注文がなされると電子メールを通じて瞬時にそれが相手方（事業者）のサーバーに記録され、注文として処理されると同時に、相手方（事業者）から確認の電子メールが申込者に送られる方式（CGI）もあるが、この場合は確認の電子メールが承諾の意思表示に該当することになろう。しかし実際上はこのような仕組をとっておらず、相手方（事業者）の側でなんら承諾の意思表示とみられることがなされない場合も多い。この場合は予め事業者が申込者から注文の電子メールがあったら、承諾拒絶をしない限り、承諾をするという包括的な表示があったとでも構成するか、意思実現による契約成立を考えるしかない。

それでは申込後承諾がなされる場合、電子商取引では、民法の定める承諾発信時契約成立の原則（民五二六条一項）を維持すべきであろうか。学説上は、①承諾の意思表示がサーバーのダウンやネットワーク上のトラブルなどで申込者に到達しない場合でも、発信さえすれば契約は成立するという奇妙な結果が生じる、②企業がＣＧＩシステムをとっていない場合には、申込者は承諾が到着するまでは契約の成否を確認できないため、自分の申込に拘束されることになって、臨機応変に消費行動をとることができなくなり、不利益を被る、③商法は承諾者に諾否通知義務を課している（商五〇九条）、④瞬間的に申込や承諾の意思表示が到達する電子商取引では、発信者が承諾の通知の不到達を容易に確認しうる仕組みが実現しており、売主が履行の準備をなすにつき承諾の到達までのタイムラグを考慮する必要がないといった理由で、電子商取引に発信主義をとる理由はないとする（根田他・前掲書七九頁）。

平成一三年六月に成立した「電子消費者契約及び電子承諾通知に関する民法の特例に関する法律（電子消費者契約法）」は、当事者の一方が消費者であり、かつ電磁的方法により送信する方法によって行う契約の承諾の通知については、民法の発信主義の規定の適用を排除した（四条）。また同法は、申込取消の延着と承諾通知との関係を定める民法五二七条が、隔地者間契約において電子承諾通知を発する場合には適用がない旨定めた（四条）。更に同法は、消費者が行う電子契約の申込または承諾の意思表示について要素の錯誤があった場合において、消費者が当該事業者と契約を締結する意思がなくまたはそれとは異なる内容の意思を表示する意思であったときは、民法九五条但書の適用はないとした（三条）。事業者が消費者の意思を確認する措置を講じまたは消費者が当該措置を講ずる必要がない旨の意思を表明した場合はその例外となる。

⑶　書面交付義務

割賦販売法や特定商取引法では、契約締結時に一定事項を記載した書面の交付義務が事業者に課されている。電子商取引においては、契約の内容、契約の目的物の性状、機能、契約条件等についてコンピュータ画面に記載がなされるため、通常の消費者契約とはこの点が異なる。そこで事業者が保存可能な状態で契約内容をコンピュータ画面上に表示すれば、相手方に対する書面交付義務を果たしたことになると解すべきではないかとされている（中里・石黒編・電子社会と法システム一四九頁〔落合誠一〕）。平成一二年には「書面の交付等に関する情報通信の技術の利用のための関係法律の整備に関する法律」が制定され、割賦販売法（四条の二）等の定める書面の要件について電子的方法で足りるものとされることになった。

三　無権限取引の防止

(1)　いわゆるなりすましの問題

電子商取引においては、他人のパスワードを何らかの方法で入手するなどして、本人以外の者が本人を装って取引を行う事態が生じることが考えられる。本人の誤った送信を通じてパスワードが他人の手にわたったり、ハッカーなどがインターネットを通じてコンピュータに進入し、パスワードを入手することもありうることを考えるとなお更である。インターネット取引では、送信者が本人でないことを受信者が確認することが困難なことは、この場合の問題をより一層深刻なものにする（根田他・前掲書八七頁）。アクセス機能のあるサイトになりすましによってアクセスする行為は、それ自体が処罰の対象となる（不正アクセス行為禁止法三条、八条）。また平成一三年六月に成立した刑法改正（一六三条の二以下）は、電子商取引における決済面でのなりすましを抑止することを目的としている。

他人によるなりすまし、つまり他人のパスワードをなんらかの方法で入手するなどして、本人以外の者が本人を装って行う取引は、本人の行為（意思表示）自体が存在していないため、基本的には一切の法律関係は生じず、責任を負わないのが原則といえるが、名義人本人にカード番号やID、パスワードの管理上帰責事由がある場合には、責任を負わなければならない場合もあると考えられる。また未成年の子が無断で利用したダイヤルQ_2サービスにかかる情報料及び通話料を親がNTTに対して支払う義務を負うかどうかについて、通信料と情報料を区別し、前者についてのみ親に支払義務を負わせる判例（最判平一三・三・二七民集五五巻二号四三四頁（但し、半額のみ））も参考となりうる。クレジットカードやオンラインバンキングなどの利用規約では、なりすましが行われた場合でも名義人が責任を負う約定になっているものが多いが、このような条項は公正さに問題があり、内容によっては消費者契約法一〇条により無効とされる場合もありうるとされている（斎藤他・特定商取引法ハンドブック一三一頁）。

⑵　相手方確認と認証

電子商取引においては取引当事者の確認が重要であり、実際上認証という方法でそれが行われている。認証とは、本人特定、契約内容、行為、日付、配達の証明等を公開鍵暗号方式などを応用してネットワーク上で実現させるもので、認証を行う機関は認証局（CA）と呼ばれる。取引当事者間における相手方確認のため、両当事者が信頼する機関が暗号技術等を用いて当事者の同一性を証明する制度ということができる（根田他・前掲書九〇～九一頁、夏井高人・電子署名法一二一頁以下、内田他編著・インターネット法〔新版〕一六八～一七四頁〔飯田耕一郎〕）。なりすましの防止策としては、このような電子署名の活用が期待されている。平成一三年四月には「電子署名及び認証業務に関する法律（電子署名法）」が施行され、本人のデジタル署名付の電子データの場合には、データの名義人の意思に基づき作成されたことが推定されることになった（三条）。本法では、電子署名は作成者の同一性確認（二条一項一号）及び非改ざん性（二条一項二号）の両者を満たす目的で施されたものと定義されている。また同法三条の推定効は、電子署名を行った総ての電磁的記録に適用されるのではなく、これを行うために必要な符号及び物件を適正に管理することにより本人だけが行うことができることとなる電子署名のなされた電磁的記録に限定される。

公開鍵暗号方式は、データの作成者がそのデータを判読できない形に変換（暗号化）して送付し、受領者のみがそれを元に戻して読む（復号化）という方式で、このための手段として暗号化、復号化する際に用いられるデータを鍵と呼ぶ。本人と本人の公開鍵の結びつけを公に行う機関が認証機関である。もっともこの処置によっても、秘密鍵の無断盗用や公開鍵登録の際に本人になりすますことは完全には排除できないといわれている（平田健治・電子取引と法（平成一三年）三三頁）。これとの関連において認証機関による表示を信頼した者に対する責任の範囲が問題になる。わが国では現在のところ認証機関に対する認証事務の処理の委任に基づく責任を考えるしかないが、立法論的にはかかる認証機関の法的責任を一般的に規定すべきだと考えられる。

第五節　契約の競争締結

一　意義と種類

(1)　契約当事者の一方が、有利な条件で契約を締結するために、主に価格または報酬について相手方当事者となるべき者を相互に競争させる契約締結方法を契約の競争締結という。契約の競争締結には、当事者の一方が多数の相手方希望者の前で予定された契約内容を呈示し、それに対して主催者にとって最も有利な価額を申し出た者を相手方に決定する方法（狭義の競売）と契約当事者の一方（主催者）が呈示する予定契約内容に対して、競争関係にある相手方が相当と考える価額を記載した書面を一定期日までに提出し、最も有利な価額条件を呈示した者の中から契約相手方を選択する入札とがあるが、入札の方法によって行われる物品の購入または販売も競売と呼ばれる（広義の競売）。狭義の競売は、競争関係にある当事者が互いに他人の申出価額を知りうるが、入札ではその反対にそれを知りえない。

(2)　契約の競争締結が行われるのは、普通売買と請負である。売買の場合は、より高価に売却することまたはより廉価に購入することを目的として行われる。請負の場合は、注文者が請負人により廉価に仕事を請け負わせる目的でなされる。したがって契約の競争締結は、契約の一方（主催者）が予め開催の日時、場所、目的物の種類、仕事の内容等を公衆に通知することが必要である。競売には、公的機関（裁判所、執行官、官庁など）が主催ないし関与して行われる公競売と私人が主催して行われる私競売がある。公競売は民事執行法や民事執行規則、会計法二九条の三、地方自治法二三四条の定めるところによる。

入札にも、官庁や公共団体が物品購入や販売、工事請負について法令の規定（会計法二九条の四、二九条の五、地方自治二三四条等）に従って行う公入札と私的入札がある。なお、裁判所が入札の方法で行う不動産売買の競争締結は（広義の）競売と呼ばれる。

二　競　売

狭義の競売はせり売りとも呼ばれる。このせり売りは、競売主催者が最も高い値をつけた者に売却することを予定して行われるせり上げ方式の競売とその逆に競売申出者が最初に価格を呈示し、買入れ希望者が現れるまで価格を順次引き下げていくせり下げ方式の競売とに区別される。せり上げ方式の競売は更に、競売主催者が最低競売価格を予め定めておく場合とそうでない場合がある。これらの問題の実益は、契約の成立時期をいつとみることができるかにある。

最低価格を定めないせり上げ競売では、競売の申出は価格が定められていないから申込の誘因となり、最高価格を申し出た競買人が申込者となる。そして競売申出人による競落の決定が承諾とされる。これに対して最低価格を定めたせり上げ競売では、競売主催者の最低競売価格以上で売却するという申出が契約の申込であり、買受申出が承諾とみられるが、競売終了時までにより高い価格の買受申出が他にないことを停止条件としているとみるべきことになる。アメ横の廉価販売のように販売促進のために行われる、競売主催者の側で価格を呈示し、それを漸次切り下げていくせり下げ方式の競売では、最初の買受申出者に確定的に売却する意思で行われるから、競売主催者が申込者であり、買受申出者が承諾者となると解されている。

近時インターネットの普及に伴ってしばしば行われるようになってきたインターネットオークションにおいては、顧客が現物や運営者の業務体制の確認ができないことから、偽ブランド品が競売の対象として出品されたり、落札者が送金したのに商品が届かないというトラブルが増加した。そこで仲介企業が落札者の商品受け取りを確認したうえで出品者に送金するといったサービス（一時預りサービス）が実際に行われている（堀・六州・藤他・NBL七〇七号二一九頁）。

三　入　札

入札では、物品の購入、販売、請負などで入札主催者が入札によって契約の相手方を定めることを予め表示し、競争者の入札に基づいて入札主催者が落札者を決定する。入札主催者が入札期間を定めた場合は、その期間は入札の広告を撤回しえないと解されている。入札主催者が予め最高入札価額または最低入札価額を定めていない場合は、入札主催者が初めに行う入札の表示が申込の誘因、競争者の入札が申込、入札主催者による落札者の決定が承諾とみられることになるが、最高（最低）入札価額の定めがあるときは、最初の入札主催者のなす表示が申込、競争者のなす入札を停止条件付きの承諾とみる余地も生じうる（我妻・債権各論上巻六九頁）。しかし、このような形式論理的な契約の成立の認定は、必ずしも入札の実態に合わない。入札主催者が落札者を決定する場合において、落札価額が最低（最高）だからその入札者を落札者と決めなければならないとすると、その入札者の資力、信用、請負の場合は更に技術などに問題のある場合は、入札主催者にとって好ましくない結果を招く。そこで入札主催者の側に裁量の余地を残すために、最低（最高）価額の定めのある場合でも、入札申出を申込の誘因とみて、入札主催者による最終的な落札者の決定を承諾と解すべきことが提案されうる。

官庁や地方自治体の行う入札では、法律が明文で最低（最高）価格で申込をした者以外の者を一定の範囲で契約の相手方としうる旨を規定している（会計二九条の六、地方自治二三四条三項）。但し、一旦入札した以上は入札者は入札書の変更、取消等をなしえない（会計二九条の五、二項）。なお、官庁や地方自治体の行う契約は、書面を作成したときに始めてそれが確定する（会計二九条の八（昭和三六年改正）、地方自治二三四条五項）。

第六節　懸賞広告

一　意　義

懸賞広告とは、広告において指定された一定の行為を完了した者に一定の報酬を与える旨の意思表示である（民五二九条）。指定された行為を完了した者が数名あるときでも、特別の定めのある場合を除いて賞金を取得しうるのは一名だけだとされている。懸賞広告には、一定の指定行為を完了した者のうち優等者に限って報酬を与える優等懸賞広告とそれ以外の普通懸賞広告との区別がある。両者の最大の相違点は、前者では一定期間内に指定行為を完了した者のうち優等と判定される者が報酬を受けうるのに対して（民五三二条一項）、後者では指定行為を最初に完了した者が報酬を受けうる（民五三一条一項）。

二　法的性質

懸賞広告の法的性質については、広告者と指定行為者との間の契約とする説と広告者の単独行為だとする説が対立している。

(1)　契約説

この説では、懸賞広告は、広告者の不特定多数者への契約の申込に相当する意思表示であり、相手方は指定された行為を承諾の意思をもって完了することによって広告者との間に契約を成立させる。行為者は、成立した契約を履行したことによって報酬請求権を取得する。その論拠として、まず懸賞広告が契約総則中の契約の成立の款に規定されていること（民五二九条〜五三二条）が挙げられる。また単独行為を認めるためには、これを不可欠とする事情の存在が必要であり、今日の取引社会では当事者間の合意による当事者の拘束を認めるのが一般原則であることも指摘されうる。

(2)　単独行為説

懸賞広告は、広告者の一方的意思表示によって成立する法律行為だとする見解である。この見解は更に、広告者が指定行為の完了を停止条件として報酬支払義務を負うとする停止条件説と、広告者の広告の意思表示と指定行為の完了という二つの法的事実の結合によって法律行為が成立するとする結合説とがある。単独行為説は、①規定の位置関係は本来便宜的なものだから、それのみを根拠として懸賞広告を契約とみることは根拠として不十分である、②ドイツ民法は広告を知らないで指定行為を完了した者に明文で報酬請求権を付与し（六五七条）、懸賞広告が単独行為だとの立場をとっているが、わが民法でも同様に解することができる、③懸賞広告を知らないで指定行為を完了した者にその承諾なしに報酬請求権を帰属させても、行為者には義務が課されるわけではないから、不当とはいえない、④契約の要素としての申込は、承諾期間内または相当期間内の撤回が許されないが（民五二一条一項、五二四条）、懸賞広告では指定行為をなすべき期間を定めた場合を除き、原則的に指定行為を完了する者がない間は撤回が許容され（民五三〇条）、これは懸賞広告が申込とは異なることを示すともいえると主張する。

⑶　議論の実益と私見

両説の実際上の相違点は、広告を知らないで指定行為を完了した者が報酬請求権を取得しうるかどうかにある。契約説ではそれが否定され、単独行為説ではそれが肯定される。上記の議論をみる限り、単独行為説の方が説得力を有するようにみえるが、現代契約法は原則的に両当事者の合意を拘束力が生じるための要件とする立場をとっており、可能な限り契約的構成によるべきである。行為者が広告を知らないで行為を完了した場合でも、行為者が事後的に広告の存在を知って報酬の請求をするのだから、これを承諾の意思表示の追完とみることが可能と思われる。懸賞広告の方が撤回可能性の範囲が広い点は、懸賞広告の固有の性質から説明されうる。

三　普通懸賞広告

⑴　意義と方法

広告で指定された行為を完了した者に一定の報酬を与える旨の意思表示を普通懸賞広告という（民五二九条）。指定行為は作為、不作為を含む。ある商品を買った人のうちから抽せんで一定数の者に特典を与えるという販売広告（懸賞販売広告）も一種の懸賞広告とみられうる。これに反して、人や物の資質、性状、経歴または由来など行為以外の事実を理由として賞品を与える旨の広告は、懸賞広告ではないと解されている。広告の方法には特別の制限はなく、不特定多数の者に意思表示の内容が了知されるような方法で行われればよい。また広告の内容は、行われるべき行為が指定され、行為完了者に与えられるべき報酬が記載されていればよい。報酬の種類、方法については特別の制限はない。指定行為を完了すべき期限を定める必要はないが、これを定めることもできる。

(2) 広告の撤回可能性

懸賞広告は、契約の申込と異なり、指定行為をなすべき期間を定めていないときは、指定行為を完了する者が生じるまでは、広告者がこれを撤回することができる。広告の撤回は、原則として広告と同一の方法によって行う（民五三〇条一項）。その場合は撤回の事実を知らない者に対しても撤回の効力を主張することができる。広告と同一の方法によって撤回をすることができないときは、他の方法によりうるが、この場合は、撤回はこれを知った者に対してしか効力を生じない（民五三〇条二項）。撤回時に指定行為に着手している者があっても、広告者が撤回を対抗しうる限り、完了前であればなんらの補償も要しないとするのが多数説であるが、契約締結上の過失責任を広告者に認める見解もある。但し、広告中に撤回しない旨表示した場合は、広告者は撤回することができない（民五三〇条一項但書）。また広告中に指定行為を完了すべき期間を定めたときは、撤回権を放棄したものと推定される（民五三〇条三項）。なお、広告の変更も撤回に準じて取り扱うことができる。

(3) 指定行為完了の効果

広告に指定された行為を完了した者は、広告で定められた報酬を請求する権利を取得する（民五二九条）。数人が相次いで指定行為を完了した場合は、最初にそれを完了した者のみが請求権を取得する（民五三一条一項）。数人が指定行為を完了したときは、報酬が可分である限り全員が平等の割合で請求権を取得する。但し、報酬が性質上不可分であるとき、または広告で一人のみにこれを与えるべきことを表示したときは、抽せんで報酬を受けるべき者を定める（民五三一条二項）。数名が共同で指定行為を完了したときは、共同行為者は寄与度に応じて報酬請求をなしうると解すべきである（平等分配説もある)。広告中に本条一項、二項とは異なる意思が表示された場合は、それによる(民五三二条三項)。

四　優等懸賞広告

(1)　意義と法的性質

懸賞小説の広告のように指定行為完了者のうち優等者にのみ報酬を与える懸賞広告である。優等者を決するためには作品の選考が必要であるため、指定行為完了者は応募をしなければならない。そのため応募の期間を定めることが優等懸賞広告の有効要件である(民五三二条一項)。

優等懸賞広告についても単独行為説と契約説の対立がある。単独行為説では優等懸賞広告は、広告と応募と判定の三つの法的事実の結合として(結合説)、または応募者のある者が優等者と判定されることを停止条件とする単独行為として理解されるが(我妻・債権各論上巻七二頁以下)、契約説では、応募は判定を停止条件とする承諾そのものに他ならないとされる。しかし、優等懸賞広告では裁量的な判断である判定があるまで応募者は権利を取得しないから、懸賞広告を申込の誘因、応募を申込、優等者の判定を承諾と理解すべきであろう。

(2)　判　定

応募者の中で誰のものが優等であるかは、広告中に定めた者が、広告中に判定者を定めなかったときは、広告者がこれを判定する(民五三二条二項)。応募者は、判定が行われないときに広告者に対して判定を要求しうるが、判定に異議を唱えることはできない(民五三二条三項)。数人の行為ないし作品が同等と判断されたときは、報酬が可分であれば均分し、不可分である場合または一人のみを優等者とする定めがある場合は、抽せんで優等者を決定する(民五三二条四項、五三一条二項)。

第三章　契約の効力

第一節　契約の効力一般

一　序　説

(1)　契約は当事者間の合意によって成立し、合意の内容に従って効力が生じる。但し、合意の内容が効力を生じるためには一定の適法要件ないし効力要件を備えていることが必要である。この適法要件ないし効力要件は、法律行為の適法ないし効力要件と同じであるため、ここでは①を除いて詳しく述べられないが、合意の内容が、①可能なものであること、②確定可能であること、③適法であって社会的妥当性を有することが必要である。

②確定不可能とは、債務者が給付をなすときまでに選択債務（民四〇六条以下）や種類債務の特定の方法（民四〇一条二項）に関する規定の準用によって給付内容を確定しえない場合に関するものである。

③適法ないし社会的妥当性とは、契約の内容が公序良俗（民九〇条）や強行法規に反しないことを必要とするという意味である。契約の内容が公序良俗違反となるかどうかは時代により、また強行法規違反となるかどうかは、法の改廃、新設により異なってくる。契約内容が強行法規に違反する場合でも、実質的に違法性なしとして有効とされる場合もある。例えば、農地売買では、農業委員会または都道府県知事の許可があったときに初めて効力が生じるが（農地三条）、買主の責に帰すべからざる事情によりまたは客観的事情が変化して農地が宅地化され（最判昭四二・一〇・二

七民集二一巻八号二一七一頁、最判昭四四・一〇・三一民集二三巻一〇号一九三二頁)、またはその農地が放置されて当該農地が非農地化したときは、農地法の許可なしに売買契約が効力を生じ、買主に所有権が移転するとするのが判例である(最判平一二・一二・一九金法一六〇九号五三頁)。

(2)　契約の効力は、契約関係にある当事者が相互に相手方に対して取得する権利がその中心となる。これは給付請求権と総称することができるが、その内容は各種の契約によって各々異なるから、契約各論で説明すべきであり、また給付請求権が一般的にどのような効力を持ちうるかは債権総論で説明される。ここでは、それ以外で契約関係に共通の問題ないし制度がとり上げられる。

資本主義経済で中心的な役割を占めるのは双務契約であるが、双務契約では両当事者の負担する給付義務は相互に対価関係に立つため、一方の給付が当初から不能な場合に他方の反対給付義務が発生すると解すべきかどうかが問題となりうるし、有効に双方の給付義務が発生した後で、一方が義務者の責に帰すべからざる事由により履行不能に陥った場合はどうなるか、当事者が自らの負う義務を履行しないで相手方に給付を要求しうるか、なかんずく、相手方はこの場合給付を要求した当事者の履行と引換えでなければ自己の履行をなさない旨の抗弁を提起しうるかも問題とされうる。民法典の「契約の効力」の章では、このうち実際上問題となることの多い後二者について規定が置かれている。契約の効力は契約当事者間にのみ及ぶのが原則であるが、契約中の約款で契約当事者以外の者に効力を及ぼすことができないかも問題となる。

二　原始的不能給付を目的とする契約の有効性

(1)　原始的不能と後発的不能

双務契約に基づいて生じる給付の一方が契約締結時に既に不能である場合（いわゆる原始的不能）は、契約は有効に成立しうるのであろうか。例えば、建物売買契約で契約締結時には既に目的建物が焼失していた場合、ローマ法以来の伝統的な学説は、この場合は契約は無効だと解してきた。わが民法でも同様に解されてきた。一方の給付が原始的に不能であるときに反対給付義務のみの発生を認めることは双務契約の対価性に反するから、原始的に不能な給付を目的とする義務のみならず、反対給付義務も発生しないと解される。但し、一九世紀半ばにイェーリングがこの場合に一方の側に過失があれば、相手方の信頼利益の賠償義務を負わせる理論（契約締結上の過失責任）を提示したことは既に述べた。

しかし、今日では原始的に不能な給付を目的とする契約の有効性を認め、義務者に履行拒絶の抗弁権を与える考え方も主張されている（ドイツ民法三一一a条一項、二七五条一項参照）。この立場では原始的に不能な給付を目的とする義務を過失で約束した者も債務不履行責任を負い、賠償義務の範囲も信頼利益に限られない。履行義務は有効なものとして成立しており、不能給付であったとはいえ給付を約束した者はそれに代わる賠償をなす義務を負うと解されるからである。わが国でも原始的給付を目的とする契約の有効説がある。この立場に属する加藤（雅）教授は、原始的に不能な給付を目的とする契約でも当事者はそれが可能なことを合意しているとみられ、かような合意を前提的保証合意として一般的に原始的不能給付を目的とする契約も有効とみるべきだと主張される（加藤（雅）・民法総則二二七頁）。

しかし、かような場合に一般的に保証合意を擬制すべきかどうかは問題だと考えられる。青竹紅色事件（大判大八・一一・一九民録二五輯二一七二頁）のように客観的に実現不可能と考えられる新発明染料製造にかかる権利譲渡契約を原始的に不能だから無効として、違約金支払契約も無効とした事例が有効説をとるべき例として挙げられているが、かような事例で瑕疵担保特約に準じて保証合意の効力を認めうるとしても、原始的不能の場合につき一般的に保証合意を認めうるのであろうか。

ドイツでは債務法現代化法制定前は、原始的不能の場合でも当事者の保証合意を擬制して解決していたが、現代化法では一般的に原始的不能の場合でも契約を有効とした。このような立場では、売主がうっかり現物を確認しないで契約を締結した場合でも、履行利益の賠償義務を負担することを覚悟しなければならないであろう。特に買主がぜひにといって売買契約を締結したような場合にも、このような結論を認めなければならないのであろうか。このようにみてくると、原始的不能給付を目的とする契約を一般的に有効とするよりも、債務者が給付が不可能な場合のリスクを負担する意図で契約を締結したと認められる場合にのみ、原始的不能給付を目的とする契約を有効とするにとどめる方が合理的であるように思われる（潮見・債権総論Ⅰ［第二版］四六頁参照）。給付物に原始的瑕疵がある場合などがその代表例であろう。

原始的に不能な給付を目的とする契約を無効とする立場でも、売主の側に注意義務違反があれば、契約締結上の過失に基づく信頼利益の賠償が認められうる。この場合の義務違反は、本書では、不法行為責任に準じた信義則上の責任である。また担保合意のある場合は、その効力を認めることは妨げない。しかし、これは合意が客観的給付不能の場合の責任を内容とする限りにおいてである。これは当事者間のかかる合意の効力として認められるべきである。この場合は原始的不能が担保合意の効力に連動すると解すべきではない。

契約成立後給付義務の履行が不能になった場合（後発的不能）は、契約成立の効力は影響を受けず、一方の給付義務の消滅が反対給付義務にどのような影響を及ぼすか（危険負担）、または義務者の責に帰すべき事由による不能の場合は、どの範囲まで賠償責任を負うか（債務不履行）の問題になる。

(2) 原始的一部不能

当事者が合意した給付の一部が原始的に不能であるときは、不能な部分についての契約の効力は認められないが、残部を目的とする契約として効力を生じるのが原則である。残部だけでは当事者が契約を締結した目的を達することができないときは、全部不能に準じて扱われうる。特定物の数量指示売買で指示数量に不足がある場合または物の一部が契約の当時既に滅失していた場合は、民法五六五条がこれを定める。但し、原始的一部不能給付について売主に担保約束ありと認められる場合はこの限りでない。例えば、追完不能な原始的瑕疵ある物の給付を目的とする契約では、これを原始的一部不能と捉えうるとしても、売主は担保責任を負い、履行利益を含む賠償義務を負いうる。

(3) 原始的不能の判断時期

通常の契約では、契約締結の時期を基準として原始的不能か後発的不能かが判断されるが、停止条件付契約の場合は、古くからこれを契約締結時を基準として判断すべきか、停止条件成就時を基準として判断すべきかが問題とされている。わが国では古くは、停止条件が成就したときに契約が効力を生じるのだから、停止条件成就前に生じた給付の不能は原始的不能だとする見解（原始的不能説）が有力であったが、今日では、契約が締結された以上停止条件が成就していなくても当事者間には様々な法的効力ないし拘束力が生じるし（民一二八条以下）、契約を全く締結していない場合と同様に扱うべきではないという理由で、停止条件成就前に生じた不能も後発的不能として扱うべきだとする見解（後発的不能説）が日独で多数になっている。

三　双務契約における牽連関係

(1)　成立上の牽連関係

双務契約では相互に対価関係にある二つの給付義務が対立し合うという関係が生じる。そこでこれら二つの給付の一方が当初から不存在または不能である場合には、他方の義務もまた発生しないものとして扱うことが妥当と考えられる。一方の給付義務が違法であるために効力を生じない場合も同様である。わが国の従来の通説も、契約締結前に給付の一方が不存在または不能である場合は、契約は効力を生じないと解してきた。しかし、二〇〇一年のドイツ民法の新規定（三一一a条一項、二七五条一項）やわが国の近時の有力説が、一方の給付の原始的不能の場合であっても契約の有効な成立を認め、反対給付義務の有効な発生を肯定することは前述した。但し、この立場では、反対給付義務者は、給付義務の履行の提供があるまで反対給付の履行を拒絶することができる。したがって、その限度で履行上の牽連関係の問題に移行する。

(2)　履行上の牽連関係

双務契約によって契約当事者双方に給付義務が帰属するが、双方の負担する給付義務は各々別個独立の存在を有するとはいえ、両当事者が給付義務を履行するにあたっては、原則的に各々相関連して行わせるのが衡平に適している。すなわち、一方が相手方から履行の請求を受けたときは、請求を受けた側に、特別の事情のない限り、相手方もまたそのなすべき反対給付の履行の提供をしなければ履行を拒絶する権利（同時履行の抗弁権）を与えるのが妥当である（民五三三条）。

(3)　存続上の牽連関係

契約締結後に双務契約に基づく給付義務の一方が履行不能に陥ったときに反対給付義務は存続を続けるか、それとも給付義務と同一の運命に服し、消滅に帰するか。これが存続上の牽連関係の問題である。給付の一方が債務者の責に帰すべき事由によって履行不能に陥ったときは、わが民法では債務者の給付義務は消滅せず、塡補賠償義務に転換すると解されている。債権者が債務不履行に基づいて契約を解除したときは、従来の通説によれば、契約関係は遡及的に消滅するが、債務者の損害賠償義務は消滅しない（民五四五条三項）。これに対して、双務契約当事者の一方の給付がその責に帰すべからざる事由によって履行不能になったときは、いわゆる危険負担の問題が生じ、反対給付義務がなんの影響も受けることなくそのまま存続するとする立場（債権者主義）と給付義務と運命をともにするとする立場（債務者主義）が対立している。わが民法は、売買契約につき前者の立場を、それ以外の契約については後者の立場を採用しているが、双務契約の牽連性の理論からすれば、後者の立場が優れている。

四　契約の効力の及ぶ範囲

契約は契約を締結した当事者の間で効力ないし拘束力を生じるのが原則であり、第三者に効力を及ぼしえないし、また及ぼすべきでもない。しかし、今日では契約当事者の一方である債権者が債務者に対する債権を妨害する第三者に対して一定の要件の下に妨害排除請求権や不法行為に基づく損害賠償請求権（民七〇九条）を行使することが認められているし、債権の最後のよりどころである債務者の一般財産を保全するために債権者代位権（民四二三条）や債権者取消権（民四二四条以下）も規定されている。もっとも、このような意味の債権の第三者に対する効力は、債権の実効性を保全しまたはその経済的効用を維持するためのいわば法定の効果であり、契約当事者の意思で効力を拡大するものではない。当事者間の合意で第三者に義務を課するのではなく、単に権利を与えるだけであるならば、少なくとも第三者の承諾を条件として契約当事者の一方に対する権利を認めうるのではないか。このような観点の下に定められた制度が第三者のためにする契約（民五三七条以下）である。なお、近時ドイツでこの第三者のためにする契約とは別に、債務者の給付義務、付随義務違反によって債権者の家族や被傭者が被害を受けた場合に、これらの者に契約上の損害賠償請求権を付与するための第三者のための保護効を伴う契約理論が認められている。債務法現代化法ではその適用範囲が拡大され、債務者側の第三者もまた相手方に対して契約上の責任を負う可能性が開かれた（ド民三一一三条三項）。

第二節　同時履行の抗弁権

一　意　義

双務契約に基づいて義務を負う当事者が相手方から給付の請求を受けたときは、相手方が自らの負担する反対給付の履行の提供をするまで自己の給付義務の履行を拒絶することができる（民五三三条）。これが当事者間の公平の観念に基づいて認められる同時履行の抗弁権である。この抗弁権を認めないと、誠実に相手方よりも先に給付を履行した当事者が常時反対給付の不履行の危険にさらされることになり、取引に及ぼす悪影響は図り知れない。当事者がこの抗弁権を主張すれば、自己の債務について遅滞の責任を負わない。もっとも、その当事者が相手方に対して給付の請求をするときは、自己の側で履行の提供をしなければ、相手方から同時履行の抗弁権の対抗を受ける。同時履行の抗弁権は、このように両当事者に自らの給付の履行のための努力を促し、取引の迅速な決済を促進する。

裁判上双務契約に基づく請求がなされた場合において被告が同時履行の抗弁権を提出したときは、裁判所は、原告敗訴の判決を下さないで、引換給付の判決を下す。この場合の強制執行の方法については民執三一条一項に規定がある。

二　留置権との比較

⑴　序　説

同時履行の抗弁権に類似した機能を果たす制度として留置権がある。留置権はわが国では法定担保物権の一つとされており、物を占有している者がその物に関して債権を有する場合に、その弁済あるまでその物を留置しうる権利である。いずれの制度も公平の確保を目的としているが、留置権が法定担保物権であるのに対して、同時履行の抗弁権は双務契約の効力として生じる債権の作用にほかならない。

⑵　物権か債権か

留置権は物権であるため対世効を有し、その行使の相手方は特定されない。留置権者は、目的物の返還を求める相手方が被担保債権の債務者であるかどうかを問わず、債務の履行があるまで引渡を拒絶することができる。これに対して同時履行の抗弁権は、双務契約の相手方またはその地位の譲受人に対してでなければ行使することはできない。例えば、不動産を売主Aから買ったBがAに対して引渡を求める場合、AはBに対して代金の支払のあるまで目的物の引渡を拒むことができるが、この場合Aは同時履行の抗弁権（民五三三条）を論拠とすることもできるし、留置権（民二九五条）を根拠とすることもできる。しかし、Bがその不動産をCに譲渡し、CがAに引渡を求めたときは、Aは代金の支払があるまで留置権を行使できるが（最判昭四七・一一・一六民集二六巻九号一六一九頁）、同時履行の抗弁権は行使しえないと解されている。AとCが契約関係にないためである。もっとも、フランスでは、Cが同時履行の抗弁権を知りまたは知りえた場合は、AはCに同時履行の抗弁権を対抗しうるとする有力説があり、日本でもこのような結論を支持する学説もある（沢井＝清水・新版注民⒀五四二頁）。

⑶　他人の物の留置の場合に限られるか

留置権は、権利者が自ら占有する他人の物を留置してその返還を拒む権利であるにすぎないが、同時履行の抗弁権は、双務契約に基づいて負担する給付義務の履行の提供あるまで履行を拒絶しうる権利である。したがって前記の事例で、AがBに既に不動産を引渡した場合は、Bからの移転登記請求に対してAは、Bの代金の支払と引換でなければそれに応じない旨の同時履行の抗弁を主張しうるにすぎない。AがBに代金の支払を請求したときも、Bは同時履行の抗弁権に基づいてAが目的物の引渡及び登記移転をしなければそれに応じないことを主張することができる。

⑷　請求権の範囲

留置権が行使されうる被担保債権は、双務契約上の債権にとどまらず、不当利得、不法行為に基づく請求権など広くその範囲に含まれるが、同時履行の抗弁権は、本来双務契約に基づく請求権相互間に適用される権利であり、せいぜい原状回復関係などそれに準じた場合への準用が認められるにすぎない。したがって、ボールが飛び込んできて窓ガラスを割ったり傘を取り違えた場合は、被害者は留置権に基づいてそのボールまたは傘を留置しうるにすぎない。

⑸　不可分性の有無

留置権は一の担保物権であるから、不可分性を有し、被担保債権の全額が弁済されるまでは目的物全体を留置することができるが（民二九六条）、同時履行の抗弁権は、反対給付が可分でかつ各々の部分給付がそれだけでも経済的価値を有するときは、反対給付の履行の度合に従って可分的に縮減されることがある。

⑹ 弁済期の到来（共通の要件）

同時履行の抗弁権は、自己の相手方に対する請求権の弁済期が到来していなければ行使することができない。したがって、自己の相手方に対する債務が先履行の関係にある場合は、反対給付義務の弁済期が到来していない限り、同時履行の抗弁権を行使することはできない。留置権も、その物に関して留置権者の有する債権が弁済期にない限り、これを行使することをえない（民二九五条一項但書）。しかし、後述する不安の抗弁権はその例外的場合に関するものである。

⑺ 引換給付の関係（共通の性質）

同時履行の抗弁権は、相手方が反対給付の履行の提供を続けている限り、行使することはできない。同時履行の抗弁が裁判上主張された場合、裁判所は引換給付の判決をなすべきである。これに対し留置権は、留置権者がその債権の弁済を受けるまで行使できると規定されているため（民二九五条一項）、留置権者は債務者に先履行を強制しうると解されてきた。しかしこれは、この場合の事態に適切でなく、被担保債権の債務者は、債務の弁済と引換の留置物の返還を請求しうると解すべきである。判例も、訴訟において留置権が援用された場合にも、引換給付の判決を下すべきものとしている（最判昭三三・三・一三民集一二巻三号五二四頁）。

⑻ 留置権に関する特則

留置権については民法典に留置権者の保管義務（民二九八条一項）、果実収取権（民二九七条）、留置物の無断使用、転貸による消滅請求（民二九八条二、三項）、代担保の提供による消滅請求（民三〇一条）、必要費、有益費の償還請求権（民二九九条）、競売申立権（民執一九五条）などが定められているが、同時履行の抗弁権にはこのような規定はない。双務契約の当事者間でも目的物の保管義務（民四〇〇条）や果実収取権（民五七五条一項）、必要費、有益費の償還請求権（民六〇八条、六五〇条、六六五条）が問題となりうるが、収取した果実の被担保債権への優先的充当（民二九七条）や債務者の消滅請求権（民二九八条二、三項、三〇一条）、競売申立権のような担保物権であることから生じる権利は同時履行の抗弁の場合には認められない。

⑼　峻別論について

近時留置権と同時履行の抗弁権は、全く異なる適用領域を有し、要件面でも効果面でも厳密に峻別されなければならないとする見解が説かれている。留置権における牽連は、物と債権との牽連（物的牽連）であり、取引当事者の意思から独立した客観的性質を帯びるのに対して（客観的牽連）、同時履行における牽連性は、契約関係より生じた債権相互の牽連であり、双務契約という法律関係に固有のもので（法的牽連）、各給付の牽連は個別の具体的な契約毎に異なるから、牽連性の内容は個々の契約ごとに異なる（沢井・清水・新版注民⒀五三八頁）。この立場では、同時履行の抗弁権が認められるところでは、留置権は全面的に排除される（全面的非競合論）（沢井・清水・新版注民⒀五四五頁）。しかし、両者は債務を履行させるための物の留置及び等価交換の関係にある給付と反対給付の同時履行というように出発点は異なるが、物の引渡を目的とする双務契約では、当事者の一方が留置権と同時履行の抗弁権の両者をともに有する場合が生じることは否定できないと解すべきである。両者の競合が生じるところでは当事者はいずれかを選択すればよいわけだから、競合を積極的に否定するまでもないと思われる。

三　同時履行の抗弁権の要件

⑴　二個の相対立する債務の存在

(イ)　一つの双務契約から生じた二つの相対立する債務または相互に対価的関係にある債務が存在することが必要である。一方の当事者の地位が他に譲渡された場合も、新たな当事者間に債権債務が対立するという構造は失われない。しかしその場合だけでなく、一方の債権が譲渡されまたはそれにつき転付命令が発せられた場合も、債務者は債権譲受人または差押債権者の請求に対して同時履行の抗弁権を行使しうると解されている。債務の引受が行われた場合も同様である。いずれの場合も債務の同一性が失われないからである。これに対して、更改によって当事者の交代が生じたときは、旧債務と新債務との間には同一性が認められないため、同時履行の抗弁権も消滅する。

売買代金債務を準消費貸借に改めた場合に（民五八八条）同時履行の抗弁権は消滅するか。売買代金債務と消費貸借上の債務とは形式的には異なった債務であるから、同時履行の抗弁権は消滅すると解すべきことになるはずである。かつては判例もこのように解していた（大判大五・五・三〇民録二二輯一〇七四頁）。しかし、形式的解釈を克服する試みがなされ、抗弁権の存否が当事者の意思に依存するとする立場に転じた（大判昭八・二・二四民集一二巻二六五頁）。今日では更に、特別の意思表示がない限り、または別口の債務も含めて準消費貸借に改めたような場合でない限り、抗弁権は存続すると解する立場が有力化している（最判昭六二・二・一三判時一二二八号八四頁）。

(ロ) 同一の双務契約から数個の義務が生じる場合は、それらのいずれについて同時履行の抗弁権が認められるべきか。数個の義務が主たる義務と従たる義務に分けられる場合は、一般的には主たる義務について同時履行の抗弁権を認めるべきだといえるであろう。しかし、例えば付帯施設（温水プール）利用権付きのマンションの分譲契約でその付帯施設が建設されなかったような場合は、付帯施設利用権が従たる給付だとしても、少なくともその価値分については同時履行の抗弁権を行使して代価の支払を拒絶しうると解する余地があるのではあるまいか。

不動産売買では売主は目的物引渡義務の他、移転登記申請手続への協力義務も負うが、代金支払義務と対価関係に立つのはいずれの義務であろうか。不動産売買では目的物の引渡も、登記の移転も重要であり、買主は、売主がこれら二つの義務の一つを履行しない限り、原則的に代金の全額の支払を拒絶しうると解すべきである。大審院判例には、約定の日に登記所に出頭しなかった買主が引渡のないことを理由に代金不払の正当性を主張した事例で、特別の事情または特別の合意のない限り、目的物の不引渡を理由として代金の支払を拒絶しえないと判示したものがあるが（大判大七・八・一四民録二四輯一六五〇頁）、本件は、登記時の（残）代金支払を約しながらそれに応じなかった買主が目的物不引渡の点を後から持ち出した事例であり、一般的には売主が目的物を引渡さずまたは引渡しえない事情がある場合は、買主は原則として代金支払を拒絶しうると解すべきである（最判昭三四・六・二五判時一九二号一六頁参照）。

(ハ)　給付を受けた当事者が相手方が反対給付を履行しないため給付したものを取り返した場合は、同時履行の抗弁権は存在するか。判例には、売主が給付をしたが、買主が代金の大部分を支払わないため、売主が給付物の重要部分を持ち帰り、買主が目的物を利用できないようにした場合に、買主が後で同時履行の抗弁権を主張して代金の支払遅滞の責任を免れえないとしたものがある（最判昭三四・五・一四民集一三巻五号六〇九頁）。買主は、自己の代金債務を履行しまたはその提供をしなければ、売主に取り戻された物の返還を請求しえないと解すべきである。

(2)　双方の債務が履行期にあること

各当事者の債務の履行地が異なることは、同時履行の関係を認める妨げとはならない。一方の債務が他方の債務に対して先履行の関係にあるときは、後履行債務の履行期が到来するまで同時履行の抗弁権は成立しない。ＡＢ間の契約でＡが先履行義務を負っている場合、後履行義務の履行期到来後は、ＢだけでなくＡもまた同時履行の抗弁権を行使しうるが、Ａは履行期到来後の遅延損害の賠償責任を免れない。なお、契約当事者の一方の義務の先履行がなければ、相手方の義務の履行ができないような場合は、先履行義務者の現実の義務履行がなければ、後履行義務の履行期は到来しないと解される（我妻・債権各論上巻九二頁）。

(3)　相手方が自己の側で履行またはその提供をしないで請求をしてきたこと（単純請求）

この場合相手方が一度でも履行の提供をすれば同時履行の抗弁権は消滅するのか、それとも給付のなされない限り、履行の提供を継続しなければならないのかが問題になる。相手方に給付のなされるまで履行の提供を継続させることは酷なようにみえるが、一回だけの提供で足りるものとすると、提供者がそれを他の債務の履行に流用して代わりの給付を用意していない場合でも、被提供者は遅滞の責を免れないことになり妥当でない。同時履行の抗弁権は、双方の給付が未履行である限り存続するものと解すべきである（前掲最判昭三四・五・一四（但し、傍論））。これに対して、契約解除の要件としての相手方を遅滞に陥れるための履行の提供は一回だけで足りると解されているが（大判昭三・五・三一民集七巻三九三頁、大判昭八・一〇・三〇民集七巻八七一頁）。これは契約の解除が双務契約に基づく給付関係を解消するものであって、給付義務の存続を前提としていないためである。

相手方の履行の提供が部分的または不完全である場合は、提供された部分がそれだけで経済的価値を有するときは、その部分に応じた同時履行の抗弁権の消滅を認めるべきことになるが、大部分の給付の提供があったときは同時履行の抗弁権は消滅し、不足または不完全が重大な場合は消滅しないと解すべきであろう（我妻・債権各論上九二頁）。

債務者の履行または受領が不能になったときは、債権者が弁済の提供なしに請求しても、債務者は同時履行の抗弁権を提出しえない（沢井・清水・新版注民(13)五一七―五一八頁）。債務者が履行拒絶または受領拒絶の意思を明らかにしている場合も、債権者が履行の提供なしに請求しても債務者は同時履行の抗弁と提起しえないとする判例が多い。

四　同時履行の抗弁権の適用範囲の拡大

(1)　解除による返還関係、担保責任と代金支払債務

同時履行の抗弁権は、等価交換の関係にある給付相互間に広く認められるべきだと考えられる。わが民法上も双務契約に基づく給付相互間だけでなく、契約解除後の双方の原状回復義務（民五四六条）、売主の担保責任（民五七一条）や請負人の担保責任（民六三四条二項）と買主の代金支払義務などについて同時履行の関係が明文で定められている。契約解除の場合は一方の当事者が債務不履行に陥っているのが通例であり、かかる債務者に同時履行の抗弁権を認める必要はないようにも思えるが、債権者には債務不履行または担保責任に基づく損害賠償請求権が別途予定されており、少なくとも契約に基づいて給付されたものは相互に返還させるのが衡平に適するといえるから、わが民法の立場を是認すべきであろう。

(2)　取消による返還関係

返還義務は契約の取消の場合にも生じうる。民法はこの場合には解除とは異なり同時履行の抗弁権を規定していない。判例には、未成年者の母親が親族会の承諾なしに未成年者所有財産を処分した後で戦後それを取消した場合に（民旧八八六条、旧八八七条）、相手方からの同時履行の抗弁権の主張を許容したものがある（最判昭二八・六・一六民集七巻六号六二九頁）。この場合制限行為能力者の返還義務の範囲は縮減されるし（民一二一条但書）、相手方には非難すべき点もないから、相手方の同時履行の抗弁権の主張を認めることに合理性が認められる。

これに対して、詐欺、強迫による取消の場合は、一般的には詐欺者、強迫者からの同時履行の抗弁権の主張を認めることに合理性は存しない。判例中には、第三者の詐欺の事案で相手方がこの事実を知っていたにもかかわらず、取消に基づく返還関係に同時履行の関係を認めたものがあるが（最判昭四七・九・七民集二六巻七号一三二七頁）、当該

事案では相手方の違法性の程度が低かったことにその論拠を求めるべきであろう。

⑶　建物、造作買取請求権、敷金返還請求権

借地借家法一三条、一四条は建物買取請求権を定める。この権利が行使されると当事者間には売買契約と同じ効力が生じるが、買取請求権者が地主に対して同時履行の抗弁権を主張するためには、敷地の引渡拒絶権も認められなければ実効性を有しない。判例はこのことを認め、建物の引渡を拒絶しうることの反射的効果として買取請求権者の敷地明渡拒絶権を許容している（大判昭九・六・一五民集一三巻一〇〇〇頁）。もっとも買取請求権は土地の使用利益を土地所有者に返還すべきである。これに対して、借家人の造作買取請求（借地借家三三条）の場合は、裁判所は建物の明渡拒絶権を認めていない（大判昭六・一・一七民集一〇巻六頁）。したがって借家人は、造作を建物から取外して退去するしかない。しかし、学説は一般に借家人の利益の保護、造作、建物の社会経済的効用の維持の観点から判例に反対する。

借家契約では通例敷金が差し入れられるが、借家契約終了後借家人が敷金の返還を受けるまで家屋の明渡を拒絶しうるかも問題になる。判例は、敷金の差入れは、賃貸借契約に付随するが賃貸借契約そのものではないから、敷金の返還請求権と建物の明渡請求権とは一個の双務契約から生じた債権債務ではないという理由で同時履行の関係を認めないが（最判昭四九・九・二民集二八巻六号一一五二頁）、学説にはこれに批判的なものが多い。反対説の論拠は、賃借人の保護、敷金授受と賃貸借契約の一体性などに求められている。

⑷　仮登記担保の清算関係

戦後高利貸金融を中心に仮登記担保契約が盛んになったが、当初は法規制がなかったため債権者による担保目的物の丸取りが行われていた。しかし、これはあまりに不合理なため、被担保債権額を超える担保目的の価額を清算

金として債務者に返還させ、本登記移転義務及び引渡義務と清算金支払義務とが同時履行の関係にあるとする立場が実務上採用され（最判昭四五・三・二六民集二四巻三号二〇九頁）、仮登記担保法（昭和五三）に明記された（三条二項）。譲渡担保権の実行の場合も引渡義務との同時履行の関係が認められている（最判昭四六・三・二五判時六二五号五〇頁など）。

(5)　被担保債務の弁済と担保物の返還

判例は債務者の弁済と抵当権設定登記の抹消や譲渡担保の目的物の返還との引換給付関係を否定するが、反対説も有力である（水本・契約法四七頁）。これに対して留置権や動産質権については、判例、通説は、弁済と物件返還の引換給付関係を肯定する。

手形、小切手が支払確保のために振り出されているときも、債務者が原因債権の弁済をする場合には、その手形、小切手の返還と引換でなければ弁済しない旨の抗弁を主張しうる（最判昭四〇・八・二四民集一九巻六号一四三五頁）。二重払を防止するためである。

(6)　弁済と領収書の交付

債務者が弁済する場合には債権者に受領証（領収証）の交付を請求することができ（民四八六条）、この両者は同時履行の関係にあると解されている。二重払いの防止のためである。これに対して、債権証書についてはこのような関係は否定されている。債権者は債権証書を亡失、紛失等により必ずしも所持していない場合があるためである。

(7)　適用否定例（債務間の相互依存関係の不存在）

二つの相対立する債務が一つの法律要件または法律事実から生じた場合であっても、両債務の間に必ずしも相互依存性が認められず、また引換給付を認めるべきでもない場合は、同時履行の関係は認められない。例えば、幼児を事実上養育していた者の親権者に対する子の引渡義務と養育費等の不当利得返還義務とは同時履行の関係には立たない（最判昭五九・九・二八家月三七巻五号三九頁）。

五　不安の抗弁権

双務契約の当事者の一方が先履行義務を負う場合において相手方の資力が契約締結後悪化し、先履行義務を履行しても反対給付を受けることができなくなる虞れがあるときは、先履行義務者に履行拒絶権または少なくとも担保供与その他の立保証と引換でなければ履行に応じない旨の権利を付与することができるかどうかが問題となる。これを不安の抗弁権という。諸外国ではこの法理が明文で規定されている場合が多いが（フ民一六一三条、ド民三二一条、ス債八三条、アメリカ統一商事法典二―六〇九条、二―七〇一条）、わが民法には明文の規定がないため、解釈論として認められるかどうか疑問の余地がある。「契約は遵守されるべきだ」原則からは不安の抗弁権は認められるべきではないが、わが国の通説は、信義則や事情変更の原則を理由として一般的にはこれを肯定する。相手方の資力悪化が現実のものであり、反対給付が受けられる可能性がまずないような場合はこれを認めるべきであるが、相手方の資力悪化が相対的なもので、事業を継続することにより資力回復の見込がある場合は一般的にはこれを認めるべきではあるまい。わが国の下級審判例もこのような立場に立っている。なお、判例は継続的な商品の供給契約に関するものが多い。

債権者の財産状態の悪化は契約成立後に生じたことを要するとするのが多数説であるが、契約成立後に債権者に破産、会社更生等の開始申立があった場合でも、必ずしも信用不安が生じたとはいえないとされている。

債務者は不安の抗弁権により自らの（先履行）義務の履行を拒絶しうる。これに対して債権者は、担保を供与してこの抗弁権を失わせることができる。

六　同時履行の抗弁権の行使

同時履行の抗弁権は、債権の行使を延期せしめる延期的ないし一般的抗弁権と解されている（通説）。したがって、今日の通説の下では、債権者の反対給付の履行または履行の提供は、①双務契約における請求権行使の条件（条件説）というよりも、②相手方の履行拒絶の抗弁権を封ずるにすぎない（抗弁権説）と解される。①説は、ドイツ普通法及びドイツ民法第一草案の立場で、請求者が履行または履行の提供をしないで相手方に請求をすれば、裁判所は請求棄却の判決をなすべきことになる。またこの立場では、抗弁権の付着する債権を自動債権として相殺できないことや債務者が履行遅滞に陥らないことは当然の帰結となる。②説は従来のわが国の通説であり、自己の債務の履行の提供をしないで請求をした場合でも、裁判所は引換給付判決をなす。前記相殺や履行遅滞の発生の排除も、抗弁権の効果として説明すべきことになる。

七　同時履行の抗弁権の効力

(1)　行使の効力

相手方からの請求権の行使に対して債務者が同時履行の抗弁権を行使したときは、債務者の履行拒絶は適法となり、履行遅滞の責任を負わないし、相手方から強制執行や解除権の行使を受けることもない。これが同時履行の抗弁権行使の本来の効力である。このことはまた事実上相手方の履行を促す効力をも有する。

同時履行の抗弁権が裁判上行使されたときは、裁判所は引換給付の判決をなす。引換給付判決に基づいて強制執行を行う場合は、反対給付の履行またはその提供をしたことを証明したときに限り執行が開始される（民執三一条）。かつてはこれを執行文付与の要件とする説（民訴旧五一八条二項）もあったが、この説は債権者の反対給付の履行またはその提供が事実上かなり先行させられることを余儀なくされるという難点があった。

(2) 存在の効力

従来債務者が同時履行の抗弁権を行使していなくても、単に存在するというだけで発生する効力として、遅延賠償請求権の未成立、解除権の不発生及び同時履行の抗弁権が付着した債権を自動債権として相殺することを得ないという相殺の禁止が挙げられてきた（我妻・債権各論上九八頁）。しかし、権利なかんずく抗弁権は、行使されて始めてその効力を発揮するものであり、債務者がかかる権利を行使しなければなんら債権者の権利行使を阻止することはできないはずである。これまで存在の効力といわれてきたものは、債務者がまだ抗弁権を主張していなくても、債権者がこれらの権利を行使してきた場合に通例債務者が同時履行の抗弁権を主張して阻止するであろうがゆえに、同抗弁権の存在の効力といわば擬制的に称されてきたといえないであろうか。このように解するならば、存在の効力は行使の効力に解消されると考えられる（末川・契約法上七六頁、潮見・債権総論Ⅰ〔第二版〕一八三頁）。

第三節　危険負担

一　意　義

双務契約なかんずく売買契約の目的物が両当事者の責に帰すべからざる事由により滅失、毀損した場合に、その損害（危険）は誰が負担すべきことになるのか。契約締結前または履行完了後に目的物が不可抗力により毀滅した場合は、双務契約上の危険負担論の適用を受けることなく、「所有者が危険を負担する」との法諺に従って、各々売主または買主がその損害を負担する。これに対して契約締結後履行完了前に目的物が不可抗力により毀滅したときは、代金支払義務に影響はない（損害は買主が負担する）と解すべきか、それとも代金支払義務は減免される（損害は売主が負担する）と解すべきかが問題になる。この問題は、まず当事者間の合意や取引慣行によって解決されるべきである。その意味で危険負担に関する民法の規定は任意規定である。目的物の滅失、毀損が不可抗力ではなく、売主の責に帰すべき事由によって生じたときは、売主の買主に対する債務不履行（民四一五条）の問題になる。

危険負担とは、右の例によって示されるように、双務契約において対価関係に立つ債務の一方が債務者の責に帰すべからざる事由によって履行不能となった場合に、反対給付義務がどのような影響を受けるかという問題である（対価危険の負担）。双務契約における両債務の牽連関係に基づいて一方の債務が履行不能になると他方の債務もまた消滅するとする考え方（債務者主義）と他方の債務に影響はないとする考え方（債権者主義）がある。これに対して、債務者が給付を予定していた物が毀滅した場合に、債務者が代わりの物を調達して給付すべきかどうかを問題となしうる。これを給付危険の問題と呼んで、対価危険とは区別している。

二　危険負担に関する立法主義

ローマ法では売買契約については買主危険負担主義がとられていたが、賃貸借など他の契約類型では債権者主義は一般的には採用されていなかった。ドイツ普通法では売買契約における買主危険負担主義が踏襲されたが、双務契約一般についてはむしろ債務者主義の理論が形成された。一八〇四年に制定されたフランス民法は、近世の自然法論の影響の下に、与える債務についてのみ規定を設け、引渡をなすべきときに危険は所有権とともに債権者に移転するとしたが（一一三八条）、引渡をなすべきときとは売買契約締結時と解された。他方において、フランス民法でも双務契約一般については債務者主義が適用されるとされている。

一九〇〇年に施行されたドイツ民法は、双務契約一般については債務者主義の原則を定め（旧三二三条（現行三二六条一項））、売買契約についてもプロイセン一般ラント法（一七八四年）などで既に採用されていた引渡主義を採用した（四四六条）。ドイツ民法は、不動産売買では登記の移転と引渡のいずれか先になされたときに危険が移転すると規定していたが、二〇〇一年の債務法現代化法では、この部分は削除され、不動産売買でも危険移転時は引渡時に統一された。スイス債務法は、双務契約一般については債務者主義を定めたが（一一九条二項）、売買契約についてはローマ法主義に従った（一八五条）。しかし、引渡時期の定めがある不動産売買に関しては、この引渡時期に買主に危険が移転するとする特則を置いている（二二〇条）。

ドイツ債務法現代化法の制定に際してドイツでは、原始的不能給付を目的とする契約を有効とすることから、後発的不能の場合でも契約は有効たることを失わず、当事者には履行不能の場合給付拒絶の抗弁が付与されるにとどまり、債権者は契約を解除しなければその義務を免れないとの立場が主張された（契約解除は帰責事由を要件としないとの立場をとる）（二〇〇〇年債務法現代化法討議草案）。この立場では危険負担規定は不要なものとなる。わが国でもかような危険負担制度の解除制度への統合モデルを説くものがある（潮見・債権総論Ⅰ［第二版］四八二頁）。しかし、原始的不能給付を目的とする契約を一般的に有効とする立場に立たない場合はもとより（筆者はこの立場）、例えかような立場に従うとしても、後発的客観的不能の場合に給付義務の当然消滅を認めないで、そのために解除を常に必要とすることは、実際上の便宜に適しないと考えられる。

英米法では、動産売買だけでなく、不動産売買についても売買契約締結時に原則として危険が所有権とともに買主に移転するとの立場がとられてきた（一八九三年、一九七八年イギリス動産売買法）。しかし、戦後アメリカで商品売買につき引渡時危険移転を原則とする立法主義が採用され（一九五六年アメリカ統一商事法典二―五〇九条一項ａ）、不動産売買でも引渡主義を採用する州が少なくない。他方において英米では、賃貸借などの双務契約で一方の給付が不可抗力で不能になったときは、事情変更の原則（フラストレーションの法理）の適用問題とされる。

三　わが民法のとる債権者危険負担主義

(1)　基本原則

わが民法は、当事者の責に帰すべからざる事由による履行不能または目的物の滅失、毀損の場合、双務契約一般については債務者主義に従うが（五三六条一項）、特定物に関する物権の設定または移転を目的とする双務契約については債権者主義を採用している（五三四条一項）。民法五三四条一項の適用範囲は売買契約に限定されていないが、実際上は特定物売買契約に主に適用されている。

特定物売買に関して債権者主義を採用している立法例は今日でも少なくない。わが国の民法典が、債権者主義を採用した論拠は、立法者によれば、契約締結後の目的物の価格騰貴等の利益が債権者に帰属する以上は、危険もまた債権者に帰する（利益の帰するところ損失も帰する）ことにある。しかし爾後のわが国の学説は、価格の騰貴に対応するのは下落であって、目的物の滅失、毀損ではないと主張する。他方において、わが民法は、フランス民法と同様契約締結とともに原則として直ちに買主に所有権が移転するとの立場をとっているため（民一七六条）、所有権の移転が買主危険負担の根拠となるという考え方も有力である（所有者主義）。しかし、買主がまだ引渡を受けていない場合は、果実収取権も買主にはなく（民五七五条一項）、買主の取得した所有権は単なる観念的な所有権にすぎないという理由で批判されている。

その他、商事売買は投機購買であり、大量、継続的かつ反復的な売買だから、買主危険負担主義に従っても不当とはいえないとする説（商事売買特質説）や両当事者間に危険を分担すべきだとする説（危険分担説）もある。しかし前説に対しては、投機購買以外の多くの売買の事例を説明できないし、後説に対しては、危険分担の基準が明確でないと批判されている。

そこで今日の学説は、民法五三四条の適用範囲を可能な限り制限的に解釈すべきだとしている。これに対して判例は、今日に至るも民法五三四条一項の適用を墨守している。最上級審の判例としては、戦後間もなくの蚊取線香売買事件（最判昭二四・五・三一民集三巻六号二二六頁）があるのみであるが、本件は簡易な引渡（民一八二条二項）のあった事例である。判例の民法五三四条の墨守は、建物、造作買取請求や割賦販売に関する一連の事件でこれを知ることができる。

(2) 債権者主義の適用範囲の制限

危険負担に関する民法の規定は任意規定であるから、不動産売買契約や商品売買契約では、特約または約款上の規定により債務者主義（引渡主義）が定められていることが多いが、明示の特約または慣行のない限り、民法五三四条が適用されることになる。しかし、本規定に合理性が一般的には認め難いことは上記の通りであり、学説は民法五三四条の制限的解釈を通じて同条の適用範囲を制限する立場をとっている。

(イ) 黙示の合意の推認

通常の場合は買主危険負担主義に合理性がほとんど認められないことから、明示の反対合意のない場合でも、買主危険負担主義によらない旨の暗黙の合意を推定すべきだという考え方が戦後は特に有力である。しかし学説中には、当事者が危険負担に関してなんら合意をしていない場合にかような黙示の特約を推認するのは擬制だという指摘もある。しかしながら、契約締結後に生じる危険負担の問題に関しなんら定めを置かなかった当事者に、一般的な合理性を有する債務者主義（引渡主義）を適用すること（当事者が債務者主義によるとの意思を推認すること）は、解釈論として妥当なものといえよう。この立場では民法五三四条は任意規定としての通常の機能を失う。

(ロ)　商事売買特質説

買主危険負担主義を商事売買にのみ適用する学説もある。しかし、今日では運送手段の安定化などにより投機購買のもつ意味は相対的に失われてきているし、商事売買が反復、継続性、大量性を有するからといって直ちに買主危険負担主義に結びつくとはいえない（売主もそれによって利益を得ている）。継続的、大量売買の場合は商品が保険に付されることが多いが、このことも買主危険負担主義を積極的に理由づけるものではない。

(ハ)　支配権取得時説

買主危険負担主義に対する批判から、民法五三四条一項を債権者が目的物についてなんらかの支配を取得したときから適用されると解する学説が戦後登場してきた。債権者の支配の取得時期としては、かつては引渡、登記移転時期のほかに所有権移転時期ないし代金支払時期を加えるものもみられたが（広中、債権各論講義［第六版］三一〇頁以下）、今日では引渡時のみとする説とそれに登記移転時を加える学説が有力である（拙著・売買契約における危険負担の研究一五九頁以下参照）。しかし、この見解は、民法五三四条一項の沿革や同法文の文理解釈からあまりに外れる結果になる。これらの時期に危険が移転することを肯定することは、民法五三四条一項の適用を否定することにほかならない。民法五三四条一項の適用を排除してこれらの時期に危険を移転させる当事者の合理的な意思を推測する以外にない。

なおこの立場の亜種とみられるが、基本的に買主が目的物の支配権を取得したときに危険を移転させるべきだとしながら、不特定物に関する危険移転時とされてきた弁済提供時に特定物売買についても一般的に危険移転が生じるとする見解もある（星野・民法概論Ⅳ五六頁、奥田昌道他編・民法学５四一頁［安藤次男］）。この見解は、商品売買ないし商事売買を念頭に置いているともみられるが、受領遅滞の生じていない、弁済提供とともに直ちに引渡のなされる通常の場合には、引渡時危険移転を認めるをもって足りるであろう。

(ニ) 特殊事例適用除外説

買主危険負担主義の適用制限が主張され始めた初期において、前記支配権取得時説と並んでいわばそのコロラリーとして二重売買や他人の物の売買について債権者主義を否定する考え方が説かれた。

(a) 二重売買では、かつては両買主負担説や第一買主負担説もあったが、今日では二重売買の場合はいずれの買主に利益または支配が帰するか未定だから、民法五三六条一項によって売主が危険を負担するとするのが通説である。そして動産二重売買では、先に目的物の占有を得た買主が危険を負担すると解すべきことに争いはない。買主が間接占有を取得しただけの場合は(民一八三条)、買主の支配の取得が不完全である以上、買主への危険移転を否定するのが通説である。

不動産の二重売買では、追奪の危険が存在している以上、買主への目的物の引渡だけでは買主への危険移転は認めるべきではない。第一買主に目的物の引渡が、第二買主に移転登記がなされた場合については議論があり、第二買主が危険を負担するとする説と売主が負担するとする説が対立している。売主は第二買主に目的物の引渡もなすべきだから(買主は目的物の引渡も受けなければ通常売買目的を達しえない)、後説の如く解すべきであろう。

(b) 他人の物の売買では、例え買主に目的物が引渡されたり、登記が移転されたりしても、買主の支配は不完全なものにすぎないから、真正な所有者が危険を負担すると解するのが通説である。

(c) これに対して所有権留保売買では、所有権は売主に留保されているが担保のためにすぎず、また買主は目的物の現実の引渡を受けて使用、収益をしており、実質的にはこれを所有者的支配とみることが可能であるから、買主の危険負担を肯定すべきである（通説）。但し、わが国の判例は同じ結果を民法五三四条一項の適用として導くし、フランスの現在の判例、学説は所有者主義の立場から売主危険負担を是認する（拙著・売買契約における危険負担の研究二六七頁参照）。

(ホ)　民法五三四条否定説

近時の学説の中には、不合理とされる買主危険負担主義（民五三四条）を死文化したものとして扱い（石田喜久夫、現代の契約法［増補版］五九頁）、または同条がもっぱら物の危険（給付危険）にのみ関わるものとし、対価危険は民法五三六条一項（債務者主義）に従って解決されるべきだとする見解（川村泰啓・商品交換法の体系上二三一頁以下、小野秀誠・危険負担の研究三九五頁以下）もみられる。しかしこれらの学説に対しては、伝統的な危険負担の解釈論を無視すべきではない、買主危険負担主義も事情によっては不合理とはいえない場合もある等の反論が加えられる（拙著・売買契約における危険負担の研究一八五―一八六頁参照）。

(3)　債権者主義の適用要件

(イ)　特定物に関する物権の設定または移転を目的とする双務契約に関するものであること　所有権の移転を目的とする通常の売買契約だけでなく、地上権や地役権のような用益物権の設定、移転を目的とする契約も含まれる。地役権設定の対価として権利金の支払が約束された場合に当該土地が収用されたようなケースが考えられる。担保物権の設定、移転契約にも本条の適用が考えられる。判例には、被担保債権付きの抵当権の譲渡契約で抵当権が公売処分で消滅した場合に本条を適用したものがあるが（大判昭一一・一一・一五民集六巻二二二六頁）、被担保債権付きの担保物権の売買では両者が一体となって譲渡されるから、民法五三六条一項を適用すべきだとするのが通説である。

物権以外の債権や無体財産権、鉱業権、採石権、漁業権等の準物権の譲渡にも、今日では本条の適用が否定されている。

(ロ)　債務者の責に帰すべからざる事由によって目的物が滅失または毀損したこと　天災、地変のような不可抗力がこれに含まれることはいうまでもない。債権者の責に帰すべき事由による物の滅失、毀損の場合は、債権者がこれを負担すべきことは当然であるが、民法五三四条一項は法文上この場合をも包含しうるため、従来この場合も本条項に含まれると解されてきた。

民法五三四条一項は、物の滅失、毀損と規定するが、物の物理的滅失、毀損だけでなく、紛失、盗難、公用徴収等による法律的滅失や物の腐敗、劣化のような価値低下も含まれる。物の譲渡の法律上の禁止、運送不能は含まれないとするのが通説である。

(4)　債権者主義の適用の効果

民法五三四条一項が適用されるときは、目的物が滅失、毀損するにもかかわらず、債権者は反対給付の全額を支払わなければならない。これに対して債務者は滅失の場合は給付義務を免れ、毀損の場合は毀損した物を給付すればよい。

債務者が物の滅失、毀損によって保険金請求権、補償金請求権、損害賠償請求権またはそれらの行使によって得られた金銭を有するときは、債権者はそれらに対して代償請求権を行使することができる（通説、判例）。債権者に既に所有権が移っているときは、これらの権利または利益は直接債権者に帰属するのが原則であり（保険金請求権につき商六五〇条参照）、その限度で代償請求権は問題にならない。目的物の滅失によって債務者が保管費用その他の費用の出捐を免れたときは、その利益を債権者に償還すべきだと解されている（民五三六条二項類推）。

四　不特定物債務における危険負担

売買契約締結時にはまだ目的物が特定されていないが、履行までの間に目的物がなんらかの方法で特定される債務の類型がある。それらに属する代表的なものが種類債務と選択債務であるが、これらの場合に危険移転はどのようにして生じるのであろうか。以下に分説しよう。

(1)　不特定物債務（種類債務）

従来不特定物債務では、目的物が特定したときから債権者主義が適用されると解されてきた（民五三四条二項）。目的物特定後は特定物債務と同断になるからである。民法典によれば、不特定物は(a)債務者が債権者の同意を得てその給付すべき物を指定したとき、または(b)債務者が物の給付をなすに必要な行為を完了したときに特定する（民四〇一条二項）。(a)債務者と債権者の両者が立会のうえで特定の物を指定する場合に特定が生じることは当然なことだから、民法四〇一条二項後段は、債務者に指定権が付与された場合に、債務者のその行使によって特定が生じる場合だと解されている（通説）。

(b)債務者が物の給付をなすのに必要な行為の完了という特定の要件は、一九世紀のドイツのイェーリングが集大成した概念である（給付説）。わが民法ではこの民法四〇一条二項前段は弁済の提供と同断だとする考え方が有力であったが（弁済提供説）、今日ではこの要件は、目的物が分離されることを要するとともに、履行地がどこであるかによって異なるとする考え方（履行地説）が通説である。それによれば、持参債務（民四八四条後段）の場合は、債務者が債権者の住所に目的物を持参して現実に提供したとき、取立債務の場合は、債務者が目的物を他の種類物から取り分けていつでも債権者に引渡せるように準備したうえで、債権者に受領を催告したとき、（好意的）送付債務の場合は、債務者が運送機関に送付のために目的物を手交したときに各々特定が生じる。

しかし、今日では特定物債務につき引渡時移転説をとる以上不特定物債務についても引渡時危険移転を認めるべきだという見解が有力となりつつある（潮見・債権総論Ⅰ［第二版］六八頁など）。また今日では、給付危険と対価危険を区別するドイツ民法の理論の影響の下に、債務者が自己の側でなすべき総てのことをなした場合に移転するのは給付危険であり、対価危険は債権者の側の目的物の現実の受領可能性も考慮に入れるべきだから、取立債務については、受領催告の債権者への到達後指定期間または取立のための相当期間経過時に始めて債権者に移転するとする見解が有力である。この見解は、債務者の領域内での債務者の行為による対価危険の移転を認めると債務者による不正な操作が行われやすいという点に議論の実益がある。不特定物債務でも対価危険の移転時期は引渡時だとする立場からは、持参債務における現実提供時、取立債務における指定期間または相当期間の徒過時は、受領遅滞による危険移転時となりうる。（好意的）送付債務については、発送時に商品の対価危険も移転するとするのが従来の欧米の取引慣行であるが、わが国では好意的送付債務はほとんどみられない。なお、ドイツの債務法現代化法では、消費者が事業者から動産を買ったとき（消費用品の売買）には、好意的送付債務における発送時危険移転の規定（ドレ民四四七条）が適用されないとされた（ドレ民四七四条二項）。

不特定物の特定は、その他債権者による差押によっても生じると解されている。

不特定物債務が特定した後に債務者は他の同じ種類の物をもって特定した物に代えることができるか（変更権）。かつては特定により不特定物債務が特定物債務に転化するという理由で、否定説をとる者が多かったが、今日では債権者が代わりの物の給付を受けても特に不利な事情もないのに代わりの物の受領を拒絶することは許されないと解するのが通説、判例である。変更権を一切否認することは売主から商機を奪うことになって好ましくないが、変更権を一般的に許容すると売主が不正な手段を弄して不当な利益を図る虞があるといわれている。なお、変更権が認められる限りにおいて買主への危険移転は生じないとする見解もあるが、それが単に信義則上例外的に許容されるのみだと解するときは、必ずしもかような結果にはならないと思われる。

(2)　制限種類債務

今日ではある倉庫の中に貯えられている小麦の一定量等を目的とするいわゆる制限種類債務も種類債務の一類型と考えられており、危険移転の問題も種類債務における危険負担に準じる。

制限種類債務においてしばしば生じうるのは、倉庫が焼失した場合のように制限種類物の全部または一部が履行不能になる場合である。全部不能が生じる場合は、まだ特定が生じていない以上債権者に危険が移転しないとするのが通説であるが、制限種類債務でも給付されるべき物の範囲が制限されていてむしろ特定物債務に近い場合は、特定物債務と同様の処理に従うべきだとする少数説もある（浅井清信・債権法における危険負担の研究六四一頁など）。一部不能が生じた場合は、残部の給付でも債務の本旨に適った履行となるかどうかが問題となろう。

(3)　選択債務

債権者危険負担主義のもとでは、選択債務では、目的物の選択時または選択権を有さない当事者の過失による場合を除き、給付物が残部の一つを残して総て履行不能となったときに特定が生じ（民四一〇条）、債権者に危険が移転する。なお、選択による特定は遡及効を有するから（民四一一条）、選択権者が特定前に毀損した給付を選択した場合は、契約締結後の危険を債権者が負担することになる。履行不能による特定は遡及効を否定するのが多数説である。選択権を有さない当事者の過失により残部の一つを残して給付が不能になったときは、選択権者は不能になった給付を選択して債務不履行責任を追求し、債務を免れまたは債務者に債務を免れさせることができる。

引渡時危険移転説に従うときは、選択または履行不能により特定を生じただけでは、給付危険が債権者に移転するだけで、対価危険は債権者には移転しない。

選択債務の場合も、選択前の選択の対象となる物の全部または一部の履行不能が債務にどのような影響を与えるかという問題が現実に生じうる。全部の履行不能が特定前に生じたときは、特定または引渡による対価危険の移転は問題となりえない。これに対してその一部が不能になったときは、残部について選択による特定がなされるべきである。

五　競売における危険負担

競売では諸外国では、私的競売、公的競売を問わず、競売の主催者が落札者の名前を呼び上げたときに買主に危険が移転するとされることが多い。わが国でこれまで問題とされることが多かったのは、裁判所の行う不動産の競売における危険移転時期である。昭和五五年に民事執行法が制定されるまでは、競落許可決定時説と競落許可決定確定時説が有力であった。これらは最高価競落申立人に競落を許可することの決定またはその確定であり、それによって実体法上は売買の成立を認めることができるから、買主危険負担主義の下ではかような解決がふさわしいと考えられたものであろう。

これに対して昭和五五年の民事執行法の下では、買受人が代金を納付したときに不動産の所有権を取得すると規定されたことに伴って(民執七九条)、危険もまたこの時に買主に移転すると解するのが多数説となっている。この立場は、引渡、登記移転または代金支払時に所有権が移転し、かつこの時に危険も移転するとする近時の有力説の影響を受けているように思われる。なお、競売手続開始申出後(民執七一条五号)または買受け申出後(民執七五条)目的物が天災その他買受人の責に帰すべからざる事由により著しく損傷したときは、競売裁判所は自らまたは買受人の申出により売却不許可決定または売却取消決定をなしうる。

最初の競落人が競売代金の納入時期までに競落代金を納入しないときは、売却許可決定はその効力を失うとともに、買受人は保証金返還請求ができなくなる（民執八〇条一項）。旧法下ではこの場合再競売が行われたため、再競売における競落許可決定の確定までに生じた危険は最初の競売の競落人に帰すると解する余地もあったが、判例は否定的であった。現行法では最初の競売における次順位買受申出人に対して売却許可決定をする道が開かれている（民執六七条、八〇条二項）。

六　条件付き双務契約

(1)　停止条件付双務契約

(イ)　特定物に関する物権の設定または移転を目的とする双務契約に停止条件が付され、その条件の成否が未定の間に目的物が当事者の責に帰すべからざる事由によって滅失した場合には、債権者主義（民五三四条一項）は適用されず、危険は債務者が負担する（民五三五条一項）。条件未成就中の履行不能を原始的不能とみるかそれとも後発的不能とみるかについては、前述の如く議論があるが、今日では後説が多数説といいうる。原始的不能説では、本条項は危険負担に関する規定ではないことになる。後発的不能説に従う場合は、債務者の責に帰すべき事由により履行不能になったときは、債務者はその後停止条件が成就した場合に債務不履行責任を負い（民四一五条）、債権者の責に帰すべき事由による場合は、民法五三六条二項の適用問題となる。

(ロ)　停止条件付き双務契約において目的物が条件成否未定の間に毀損した場合は、それにつき債務者に帰責事由がなければ、目的物滅失の場合と異なって債権者が危険を負担する（民五三五条二項）。ローマ法源にも同旨の法文があるが、滅失と毀損とで正反対の解釈をすることに対しては批判が多い。

条件成否未定の間に債務者の責に帰すべき事由により目的物が毀損したときは、条件成就後に債権者の選択により契約の履行または解除を請求することができ、併せて損害賠償の請求をなしうると規定されている（民五三五条三項）。後発的不能説では、本条項がなくても債務不履行の効果としてほぼ同様の結果が導かれうるため、本条項は注意規定と解されている。
(ハ)　民法五三五条一項、二項ともに民法五三四条の買主危険負担主義に基づくものであり、引渡主義のもとでは、条件が成就した場合でも目的物が買主に引渡されていない限り、売主が対価危険を負担すべきことになろう。条件未成就中に買主のもとで不可抗力により目的物が滅失、毀損したときは、①目的物が滅失したときは、そもそも停止条件が成就しても売買契約は効力を生じないが、毀損したにすぎないときは、売買契約は毀損した物の売買として効力を生じ、買主は瑕疵による減価分につき反対給付義務を免れる、②滅失したときは売買契約は効力を生ぜず、毀損の場合は買主が毀損した物を減額評価して受け取るか否かの選択権を有する、③物は買主のもとにあったのだから、滅失、毀損を通じて売買は完全に効力を生じ、買主は売買代価支払義務を免れない、等の立場が考えられうる。①説または②説に従うべきであろう。
(2)　解除条件付き双務契約
解除条件付き双務契約で不可抗力により目的物が滅失、毀損したときは、条件の成否が未定であれば、当事者は条件付きでない通常の契約の場合と同様に、買主危険負担主義の下では代金支払義務は存続し、引渡主義の下では、引渡済である場合に代金支払義務が存続する。解除条件がその後で成就した場合に、買主が目的物の滅失、毀損にもかかわらず代金返還請求権を有するか、それとも代金返還請求権が消滅または減縮すると解すべきかが議論されている。この場合①解除条件成就時に目的物が毀滅していても条件は成就し、買主は返還を免れる一方でまたは毀損した物の返還と引換に代金全額の返還を請求しうるとする立場、②民法五三五条におけると同様滅失と毀損とで区別し、滅失の場合は解除条件成就の効力は生じないが、毀損の場合は条件成就の効力が生じ、買主は毀損した物の返還と引換に代金全額の返還を請求しうるとする立場、③解除条件成就時に目的物が毀滅していた場合、買主は目的物の現存価値の限度で代金の返還を請求しうるにすぎないとする立場が考えられる。

しかし、この場合目的物は買主の支配圏内にあるのだから、買主の責に帰すべからざる物の毀滅は、売買契約が締結されていなくても同様に目的物が売主のもとで毀滅したであろうような場合に限られると解すべきであり、それ以外の危険は買主に帰するとみるべきである。このように限定された意味における解除条件未成就中の危険であれば、当事者間に特別の合意がない限り、①説に従って処理すべきであろう（売主負担）。但し、買主の使用利益の返還義務に影響を与えるものではない。

七　債務者主義

(1)　債務者主義の適用範囲

わが民法によると民法五三四条及び五三五条の適用を受けない場合は、履行不能が債権者の責に帰すべき事由による場合を除いて民法五三六条一項の定める債務者主義によることになる。本条項が適用されるのは、(a)物権以外の権利、例えば債権、無体財産権などの移転を目的とする双務契約、(b)通常の売買契約でも運送不能や取引禁止など目的物の滅失、毀損以外の事由によって履行不能が生じる場合、(c)不特定物の給付を目的とする債務で特定前に履行不能を生じた場合（制限種類債務の場合はしばしば起こりうる）、(d)電気、ガスなどの供給契約、(e)売買契約以外の物の使用収益の許容、労務その他のサービスの提供などを目的とする契約などである（通説）。また通常の売買契約でも、債権者危険負担を引渡、登記移転によって債権者が物に対する支配を取得したときに制限する近時の有力説に従う場合には、これらの事由が備わるまでは債務者主義の適用を受ける。

(2) 請負契約における危険負担

請負人が注文者の家の屋根や台所を修理する場合のように、注文者への引渡を観念しえない請負工事の場合は、仕事が完成するまで請負人は報酬を請求しえないから（民六三三条但書）、工事途中でその家が不可抗力で倒壊した場合は、請負人は報酬を請求できないと解すべきである。但し、請負工事の成果が部分的に完成している場合は、その完成した部分が他から独立したものとみられる限り、建物が倒壊しても、部分的な完成の限度で請負人は報酬を請求できると解される。

これに対して、請負人が家屋を建設して注文者に引渡す場合のように請負人が引渡義務を負う場合は議論が多い。従来は注文者が材料の全部または主要部分を提供した場合かそれとも請負人が材料の全部または主要部分を提供した場合かを区別し、前者では完成と同時に注文者が所有権を取得するから、当然に注文者が危険を負担し、後者では引渡の時に所有権とともに危険が注文者に移転すると解された（大判大一三・一二・二六民録二〇輯一二〇八頁）。しかし、（観念的な）所有権の帰属の問題と請負工事に生じた偶然の危険の負担の問題とは区別すべきであろう。すなわち、注文者が材料または請負代金の全部または大部分を提供または出捐した場合であっても、引渡前は原則として注文者はその工事の危険を負担しないと解すべきである。工事が完成し、それが注文者に引渡されるまでは、その使用、収益（権）が注文者に移ったとはいえないからである。この場合注文者は原則的に請負人に再工事を請求できる。但し、事変後も工事の成果の一部（出来形）が残っている場合は、請負人はその後の仕事を継続するか、注文者の承諾を得て出来形評価をして清算するかのいずれかになる。製作物供給契約の場合は、売買的要素も加わるが、基本的に引渡時危険移転主義に従うをもって足りる。

⑶　債務者主義適用の効果

債務者は履行不能によって自己の債務の履行を免れるとともに反対給付を受ける権利を失う。既に反対給付を受け取っている場合は、不当利得として返還する義務を負う。給付の一部不能のときは、債権者は原則として給付が縮減した割合に応じて反対給付義務を免れる。残部の給付では債権者が契約を締結した目的を達しえないときは、債権者は反対給付義務を負わないが、受け取った一部給付を債務者に返還すべきである。賃借物の一部が賃借人の過失によらないで滅失した場合は、上記の区別に応じて賃料減額請求権または解除権が賃借人に認められる（民六一一条）。

八　債権者の責に帰すべき事由による履行不能

⑴　はじめに

債権者の責に帰すべき事由による履行不能の場合は、債権者にその損害を負担させるべきである。特定物に関する物権の設定、移転を目的とする契約では民法五三四条一項がこの場合も包摂しうるが、それ以外の場合は民法五三六条二項が適用される。注文者が正当な理由なく請負人以外の第三者に仕事をさせた場合（大判大元・一二・二〇民録一八輯一〇六六頁）や使用者が労働者の就労を妨げた場合がそれである。使用者が労働者を不当に解雇した場合は、わが国では本条項適用説が一般にとられているが（最判昭三七・七・二〇民集一六巻八号一六五六頁）、イギリスのように損害賠償説をとる立法例もある。

⑵　受領遅滞と危険負担

受領遅滞の法的性質については法定責任説と債務不履行責任説が対立しているが、いずれの立場に従っても、債権者の受領遅滞後当事者の責に帰すべからざる事由により履行不能が生じたときは、その危険は債権者が負担すると解されている。債権者は債務者の提供した給付を正当な理由なく受領しなかったのだから、その後生じた危険を負担させられてもやむをえないと考えられるためである。

しかし、例えば、債権者の家屋を修繕する債務でその家屋が焼失したり、工場が焼失しまたは原材料が入手できなかったために労働者が就労できなくなった場合、これらが受領遅滞ないし債権者の責に帰すべき事由による履行不能（受領不能）となりうるのか、それとも両当事者の責に帰すべからざる事由による履行不能なのかが問題となりうる。ドイツでは、労働契約につき労働者の賃金請求権を確保するために、債務者の責に帰すべき事由による履行不能（ド民旧三二三条一項（日民五三六条一項に同じ））ではなく、債権者（使用者）側の受領遅滞（ド民六一五条）を認めようとする考え方がとられ、履行の障害原因が使用者と被傭者のいずれの影響範囲において生じたかまたはその本来的な根源をもっているかによって両者の分界を定める見解が支持を集めた。わが国でもかような領域説に従うものが少なくなかった。

もっとも、ドイツでは労働者の賃金請求権を認めるために受領遅滞を認めているだけで、もともと受領遅滞は給付がまだ可能なことを前提としており、雇傭契約で就労ができなかった場合は、過ぎ去った期間については履行不能となるのだから、履行不能がいずれの責に帰すべき事由によるのかを問題にすれば足りるというべきである。なおドイツでは、被傭者の不就労が原料の不足、エネルギーの欠如など経営領域における障害に起因する場合に債務者主義を適用することは不適切であるとし、経営障害における受領不能の場合に法の欠缺を認める立場が戦後判例、通説化し、二〇〇一年の法改正では、使用者が休業の危険を負担する場合に被傭者が報酬請求権を有することが明示された（ド民六一五条）。

労働者が労働争議を行った場合は、それが合法的な場合は使用者の責に帰すべき事由に含めうるが、違法な争議行為である場合は、労働者の賃金請求権は争議期間中消滅すると解するのがわが国では一般である。企業内で組合員の一部がストライキを行ういわゆる部分ストでは、それによって操業効率が落ちたという程度であれば、就労希望者の賃金請求権は消滅しないと解されている。従業員の一部を占める組合員がストライキを行ういわゆる一部ストでは、それによって就労希望者の就労が不可能になってもその賃金請求権を肯定するのが多数説である。しかし最高裁は、一部スト、部分ストを通じて、労働者の一部によるストライキが原因でスト不参加労働者の労働義務の履行が不能となった場合は、使用者が不当労働行為の意思その他不当な目的をもってこと更ストライキを行わしめたなどの特別の事情がない限り、右ストライキには民法五三六条二項は適用されないとする（最判昭六二・七・一七民集四一巻五号一三五〇頁）。

(3)　民法五三六条二項適用の効果

債権者の責に帰すべき事由により履行不能に陥った債務者は、反対給付の全額を請求する権利を失わないが、目的物の保管や履行のための費用を免れたことによる利益があればこれを債権者に償還しなければならない（民五三六条二項）。償還すべき利益は、債務を免れたことと相当因果関係にあるものに限られる（通説）。実際上しばしば議論されるのは、労務に服することを免れた労働者が、他の雇傭等によって得た報酬を当初の反対給付額から控除すべきかである。控除否定説（末川・契約法上一〇二頁など）は、労働者の生活が賃金請求権に依存していることに着眼して立てられたものである。判例は、労働者が期間中に他の職に就いて得た利益は、それが副業的なものであって解雇がなくても当然取得しうる等特段の事情がない限り、これを使用者に償還すべきだとする（最判昭三七・七・二〇民集一六巻八号一六五六頁)。労働契約では、労働者が就労不能中に他の仕事に就いた等によって得られた利益は四割までしか控除できないとしている(労基二六条)。

この労基法二六条にいう使用者の責に帰すべき事由と民法五三六条二項の債権者の責に帰すべき事由とが同じかどうかにつき、判例(前掲最判昭六二・七・一七)、多数説は、労基法二六条の帰責事由の範囲は、民法五三六条二項の帰責事由の範囲よりも広く、不可抗力を主張しえない総ての場合を含み、民法の要件を満たせば休業手当の限度を越えて賃金全額を請求しうるとするが、労基法二六条は民法五三六条二項の特則であり、帰責事由の範囲は両者で異なるものではなく、ただ雇傭契約では労働者保護のために債権者の帰責事由の範囲が拡大するにすぎないと解すべきである。この立場では、雇傭契約では労働者の請求しうる賃金のうち六〇パーセントは、労働者が不就労期間中他で働いて収入を得た場合でも、使用者に対して強制的に支払を請求することができると解することになる。

第四節　第三者のためにする契約

一　意　義

(1)　当事者間の契約は当事者間でのみ効力を生じるのが原則であるが、便利さから当事者以外の第三者に直接に権利を帰属させることが行われている。これを第三者のためにする契約という。ローマ法では「何人も他人のために約定することができない」という原則が行われていたため、第三者に契約当事者の一方に対して直接に権利を取得させる契約は一般に認められていなかったが、近代法ではこれを一般に有効とする立法例がみられるようになった(ドイツ民法、スイス債務法)。もっともわが民法では、当事者間に第三者に権利を与える契約が成立しただけではその第三者は権利を取得せず、その第三者の受益の意思表示がそのためには必要とされるが(民五三七条二項)、ドイツ民法は、第三者のためにする契約によって第三者の権利は直ちに成立し、第三者の拒絶の意思表示があれば遡及的にそれが消滅するとしている（ドイツ民法三二八条以下）。

(2)　第三者のためにする契約では、例えば、Ｃから借金をしているＡがＢに不動産を売却する場合、本来からいえば、ＢからＡに売却代金が弁済され、この売却代金をＡがＣに弁済するという二度の弁済行為によって金銭が移動することになるが、ＡＢ間の合意とＣの承諾によって直接にＢからＣへの金銭の移動を実現することができる。これによって給付が一回で済むことになり、当事者の利便性は高まる。契約は本来当事者間でしか効力を生じないはずであるが、第三者に単に権利を付与するのみで義務を課するものでなければ、第三者に不利益を強いるものとはいえないし、また「何人も権利の取得を強制されない」とされているが、第三者が受益の意思を表示しまたは承諾すれば問題はないといえる。

(3)　第三者のためにする契約は、本来は契約当事者の一方に帰する契約の効果の一部が第三者に帰属する旨の特約を包含する契約であり、原則として売買、交換など総ての契約類型を通じて約定されうる。

通常の第三者のためにする契約と似て非なるものとして「不真正な第三者のためにする契約」がある。これは当事者の一方が他方に対して第三者に給付する義務を負うだけで、当該第三者は当事者の一方に対して直接に自己に給付を要求する権利を取得するものではない。更に戦後ドイツで、例えば物の欠陥により買主の家族や被傭者が負傷した場合に、負傷者が直接契約関係のない売主に対して契約上の責任を追求するための理論構成として第三者のための保護効を伴う契約の理論が登場した。この理論は、債務者が債権者に対してのみならず、その周辺の第三者に対しても保護義務を負うとするもので、ドイツでは不法行為責任の成立要件が厳格なため、その欠缺を補充するために契約責任が拡張したといわれている。同法理は二〇〇一年の法改正で明文化され、保護義務を伴う債務関係が自らは契約当事者にならない人にも生じうることが明記された（ドイツ民法三三一条三項）。

二　原因関係

(1)　はじめに

第三者のためにする契約では、第三者に給付する義務を負う者（諾約者または約束者）、その相手方当事者（要約者）及び第三者という三者間の法律関係が存在する。諾約者が第三者への給付を要約者に対して約束する前提として、諾約者と要約者及び第三者と要約者の間にそれを正当化する原因関係が存在することが必要である。前者の原因関係を補償関係、後者の原因関係を対価関係と呼んでいる。

(2)　補償関係（資金関係）

前例でいえば、要約者（A）、諾約者（B）間において買主Bが第三者（C）に売買代金相当額を支払うことを約束するのは、Bが売主Aから不動産の移転を受けるためにその対価を支払うべき立場にあるからである。このようなAB間の関係を補償関係（資金関係）という。この補償関係はAB間の法律関係の内容をなすものであり、補償関係上の瑕疵は直接に契約の効力に影響を及ぼす。このAB間の補償関係は、BがAから給付を受けた対価を支払うという場合の他、BがAに対して贈与をするという場合もありうる（無償の補償関係）。

(3)　対価関係

AとCとの間には、AがCにBに対する権利を取得させるべき法的原因が存在する。これを対価関係（出捐関係）という。前例では、AがCに対して貸金債務を負担する場合が挙げられたが、売掛代金の支払義務でもよいし、AがCに贈与を行う場合でもよい。対価関係は、補償関係とは異なり第三者のためにする契約の内容とはならないから、対価関係上の瑕疵は第三者のためにする契約には影響を与えない。但し、ＢがＣに給付することによってＡは損失を被るから、ＡはＣに対して不当利得返還請求権を行使しうる。

三　成立要件

(1)　はじめに

要約者、諾約者間の契約が有効に成立していなければならない。第三者に諾約者に対する権利を付与するいわゆる第三者約款及び補償関係を含むＡＢ間の契約全体が有効に成立することが必要である。補償関係がＢからＡへの贈与にあたるときは、ＣのＢに対する請求権の付与を含む契約全体を書面によって行わなければ、取消の対象となりうる（民五五〇条）。

(2)　第三者約款

(イ)　第三者約款とは

第三者が諾約者に対して直接に権利を取得することが合意されることが必要である。第三者が間接的に利益を得たり、要約者のみが諾約者に対して第三者に給付をなすことを要求する権利を有するにすぎない場合は、第三者のためにする契約とはならない。

わが民法は、後述するように第三者が受益の意思を表示した場合に初めて第三者が権利を取得すると定めているが、特別規定によって第三者の受益の意思表示がなくても第三者が直接に権利を取得する場合がある。他人のためにする保険契約（商六四七条）や第三者を受益者とする信託（信託七条）がこれである。これらは民法の定める第三者のためにする契約とは区別されうるが、性質の許す限り民法の第三者のためにする契約に関する規定が準用されると解すべきである。このような特別規定や明示の第三者約款のない場合に第三者のためにする契約が存在するかどうか問題になる場合もある。

(ロ) 第三者への贈与、運送契約、供託

既述のように、諾約者が第三者に贈与をなすべきことを要約者に約束するという契約は、第三者のためにする契約となりうるが、第三者に負担付贈与をなすべきことを合意する場合も、第三者のためにする契約となると解されている。これに対して、第三者に売却すべき旨の契約は、第三者は諾約者に対して反対給付義務を負うのだから、通常の場合は、諾約者が要約者に対して義務を負うだけの第三者のためにする契約とは区別しうると考えられる(来栖三郎・民商三九巻四＝五＝六合併号五二〇頁参照)。

運送契約については、第三者(荷受人)のためにする契約説がかつては多数説であったが、運送品到達後荷受人が当然に、しかも権利とともに義務も負担するという点(商五八三条)や荷送人(諾約者)に運送品の処分権があるという点は、わが民法の第三者のためにする契約とは相容れないから、今日では荷受人の権利は法が特に認めた効果であるとのみ説明する見解が有力である。

次に、弁済のためにする供託は、第三者(債権者)のためにする寄託として第三者のためにする契約の一種と解されてきたが、弁済供託は、同時に債権者に対する関係で債務者(要約者)の負担する債務を免れしめるという効果をもっていること、供託者、供託所、被供託者間の法律関係は民法、供託法等の法規によって決定されること、債権者はその意に反するときでも供託の効果を甘受しなければならないことから、第三者のためにする契約ではないとする説も有力である(中馬・新版注民(13)六〇九頁)。

(ハ) 預金、振込

第三者名義の口座を開設して預金することを第三者のためにする契約と解することにつき争いはない。これに対して、第三者の預金口座への振り込みが第三者のためにする契約となるかどうかについては、第三者が金融機関に対して預金債権を取得するのだから、第三者のためにする契約の法理によって説明するしかないとする説（我妻・判民昭和九年度六七事件二〇五頁、中馬義直・新版注民⒀六一一頁）とあたかも金庫に金銭を投入するようなもので当然に第三者の預金になるにすぎない（大判昭九・五・二五民集一三巻八二九頁）、または振込人の意識では、振込の目的は端的に弁済を行うことであって、被振込人に銀行に対する債権を取得させることではないとする見解がある（稲本他・民法講義５五六頁［稲本］）。

仕向銀行が依頼人の指図に基づき被仕向銀行にある受取人の預金口座に所定の金額を入金する場合（振込）はどうであろうか。従来わが国では、受取人の被仕向銀行に対する預金債権の取得が認められていたが、これは必ずしも第三者のためにする契約としてではなく、約款または商慣習として説明されてきた（後藤紀一・振込・振替の法理と支払取引五六頁以下参照）。しかし学説上は、第三者のためにする契約説（前田達明・銀行取引法講座上二九七頁以下）や第三者のためにする契約に類似した無名契約説（中馬・新版注民⒀六一六頁）もある。

これに対して当座預金勘定契約では、小切手所持人に銀行に対する支払請求権を取得させるものではないとするのが通説、判例である。振り出された小切手を支払うべき資金が支払人のもとに現実にあるかどうかが小切手が呈示されるまで明らかでない等の事情があるためである。

㈡　電信送金契約

判例上議論されたのは、電信送金契約である。電信送金契約とは、送金人が仕向地の銀行Ａに指定受取人への送金を委託し、Ａが被仕向地の銀行Ｂに指定受取人への支払を委託するものである。受領証を偶々入手した第三者が自己の名前を記入し、押印したうえでBから支払を受けたため、指定受取人が同契約が第三者のためにする契約だとしてBに支払を要求した場合に、わが国の裁判所は、結局同契約によりBはAに対する関係で指定受取人に支払をなす義務を負うが、指定受取人はBに対して権利を取得しないと判示した（最判昭四三・一二・五民集二二巻一三号二八七六頁）。しかし、現実に金銭の委託を受けながら、指定受取人に対して支払義務を負わないというのでは、金融機関の顧客に対する責任の放棄であり、好ましくないと思われる。金融機関の保護は債権の準占有者への弁済規定（民四七八条）によって図るべきであろう（中馬・新版注民(13)六一三～六一四頁参照）。

(ホ) 併存的債務引受、履行引受

要約者が第三者に対して負担している債務につき諾約者が併存的債務引受をすることは、第三者のためにする契約として扱いうると解されている。これに対して諾約者が要約者の第三者に対する債務につき履行の引受をすることは第三者のためにする契約とはならない。第三者は諾約者に対して権利を取得しないからである。

(3) 第三者、第三者の取得する権利

(イ) 第三者が取得する権利は、通常は諾約者に対する債権であるが、条件付きであってもよいし、また第三者約款により第三者が直接に諾約者に対して物権を取得する場合も、有効な第三者のためにする契約となりうる。諾約者が第三者に対して有する債権を第三者約款によって免除する場合は、第三者に権利を取得させるものではないが、第三者のためにする契約に準ずると解されている（大判大五・六・二六民録二二輯一二六八頁）。

(ロ) 第三者は、契約締結時に特定されていなくても特定されうるものであればよい（大判大七・一一・五民録二四輯二一三一頁）。また第三者は契約締結時に現存していることも必要とはされない（最判昭三七・六・二六民集一六巻七号一三九七頁）。

(4)　他制度との限界

(イ)　代理との異同

Aが第三者の代理人としてBと契約を行う場合は、第三者のためにする契約とはならない（大判大七・一・二八民録二四輯五五頁）。要約者も諾約者も自己の名で契約を行うことが必要である。

(ロ)　要約者の契約上の地位を包括的に第三者に帰属させる契約も、第三者のためにする契約ではない。第三者が義務もまた引き受けることになるからである。既述のように第三者に売却すべき旨を定める契約も同様である。この場合第三者は経済的に利益を得ることになるかもしれないが、法律的には第三者は諾約者に対して反対給付義務を負担することになるからである。これに対して、第三者に付随的な負担（運送費用、税金など）をさせるだけのときは、第三者のためにする契約となりうる。

四　第三者の権利

(1)　はじめに

第三者の権利は、受益の意思を表示したときに発生する（民五三七条二項）。第三者の権利が発生した後は、当事者はこれを変更したり消滅したりすることができない（民五三八条）。受益の意思表示は第三者の権利の発生要件であり、第三者のためにする契約自体はそれ以前でも有効に成立する。第三者約款及びそれに基づく諾約者の義務は、第三者の受益の意思表示とともに効力を発生する。

(2)　受益の意思表示

受益の意思表示は黙示でもよい。第三者が諾約者に履行の請求をしたときは、受益の意思表示があったものとみてよいとする判例もある（大判大八・三・一二民録二五輯四八一頁）。受益の意思表示をまたないで当然に権利が発生する旨の当事者間の特約も有効と解される（多数説）。この場合第三者が権利の取得を欲しないときは、放棄しうる。放棄の効力は遡及させうると解すべきである。

(3)　第三者の権利の性質と存続期間

受益の意思表示によって権利を発生させうる第三者の地位は、形成権としての性質を有する。そしてこの形成権は、通常は単なる財産上の利益を目的とするものであるから、帰属上のみならず行使上も一身専属権ではない（大判昭一六・九・三〇民集二〇巻一二三三頁。我妻・債権各論上一二二頁）。

受益の意思表示をなすべき期間は契約で限定しうるが、限定のない場合でもこの行使期間は無制限ではなく、一般の時効に服すると解されている。しかし、場合によっては相当期間内の受益の意思表示しか認められない事例も考えられる。

通常の時効に服する場合は、民法一六七条二項が適用されるのではなく、形成権の行使によって生じる債権の時効期間である一〇年の時効に服すると解されている。要約者が諾約者に対して有する第三者への給付請求権が一〇年の消滅時効に服することもその論拠とされる（我妻・債権各論上一二二頁）。第三者が受益の意思表示をなしうるのは、要約者が諾約者に対し第三者への給付を求めうることによるのだから、第三者が受益の意思表示をなしうる権利の存続期間は、要約者の諾約者に対する権利と運命をともにすると解する説もあるが（末川・契約法上一二四頁）、第三者は受益の意思表示により要約者の権利から独立した固有の債権を取得するから、要約者の権利の存続期間内しか行使しえないと解すべきではない。

第三者の有する権利の一〇年の時効期間の起算点は、通常契約成立時である。第三者が形成権の行使によって取得する諾約者に対する請求権も、原則として契約時から一〇年で時効により消滅すると解される。

(4)　諾約者に対する権利の内容

(イ)　第三者の権利の範囲

諾約者が履行しない場合は、第三者は債務不履行に基づいて遅延賠償や目的物の引渡請求、履行不能の場合は更に塡補賠償の請求ができるのが原則である。しかし、第三者は契約当事者ではないため、諾約者が履行をしない場合でも契約を解除することはできない。また要約者が契約を取消しうる場合でも、第三者は取消権を行使しえない。

第三者の権利の成否や内容に影響する善意、悪意、過失の有無についても要約者につき決定される。したがって、諾約者の心裡留保によって契約が締結された場合、要約者が悪意でありまたは善意であってもそれにつき過失があれば、第三者が善意でも第三者は諾約者に対して権利を行使しえない（民九三条）。

第三者が諾約者に対して物の給付請求権を有する場合においてそれに隠れた瑕疵があり、要約者がそれにつき悪意で、第三者が善意の場合は、第三者は諾約者に対して瑕疵担保責任を追求しえない。要約者も善意の場合は、要約者が諾約者に対して第三者の取得した権利の追完を要求しうるだけでなく、第三者も第三者約款に基づいて担保責任を追求しうると解すべきではないかと思われる。この場合第三者は、担保責任を追求しないで要約者に対して対価関係に基づく権利の追求を選択しうると解される。

(ロ)　諾約者の抗弁

他方において第三者の権利は、契約の直接の効果として生じるため、諾約者は契約に基因する抗弁を第三者に対抗することができる（民五三九条）。また要約者と諾約者との契約が通謀虚偽表示であるときは、第三者がそれにつき善意でも無効を主張しえない（民九四条二項）。要約者が諾約者を欺いて第三者のためにする契約を締結させた場合は、第三者が善意であるときでも第三者は諾約者の取消に対抗しえない（民九六条三項）。第三者の要約者または諾約者に対する詐欺は、相手方である諾約者または要約者が悪意である場合に被詐欺者がこれを取消しうる（民九六条二項）。

諾約者または要約者が契約を解除したときは、第三者の権利は覆滅される。

五　要約者の権利

(1)　はじめに

要約者は諾約者に対して第三者への給付を請求する債権を有する。但し、第三者が受益の意思表示をするまでは、要約者は、諾約者に対して第三者が権利を行使した場合に給付をすることを要求しうるにすぎない。第三者が受益の意思表示を拒否したときは、民法上の第三者のためにする契約は失効する。

(2)　要約者の損害賠償請求権

第三者の受益の意思表示後に諾約者が第三者に履行をしなかったときは、要約者もまた損害賠償を請求しうるかが問題になる。損害賠償を請求するためには権利者に損害が発生している場合でなければならないから、諾約者の債務不履行により第三者が対価関係に基づいて要約者に請求をなし、要約者がそれによって損害を被った場合に限られることになろう。これに対して、受益の意思表示後に第三者が正当な理由なく受領しない場合は、諾約者は受領遅滞による責任軽減を受けると解すべきである（民四一三条）。

(3)　要約者の解除

第三者の受益の意思表示後、要約者は第三者の承諾なしに契約を解除することができるか。学説上は、民法五三八条が当事者による第三者の権利の変更、消滅を否定していることから無承諾解除はできないとする見解と第三者の権利も契約から直接に生じているのだから契約と運命をともにすべきだとして無承諾解除を認める見解がある。この場合二つのケースを区別する必要がある。一つは、諾約者が債務を履行しないなど第三者に不利益が生じていないのに要約者が諾約者と合意解除をするような場合である。この場合は第三者の利益を不当に奪うことになるから許されるべきではない。もう一つは、諾約者が債務不履行に陥ったため要約者が解除する場合である。かような場合は第三者の解除についての承諾が得られる場合が多いと思われるが、第三者が独自の利益を追求して解除に承諾を与えない場合でも、反対給付義務を負う要約者が自らの損害の発生または拡大を防ぐために解除する必要があるときは、それを否定する理由はないと思われる。

(4)　要約者の権利の消滅

要約者の権利の消滅は第三者の受益の意思表示をなしうべき権利の消滅をきたすのであろうか。第三者の受益の意思表示をなしうべき形成権は要約者の諾約者に対する請求権に従属するという理由でこれを肯定する見解が有力であるが（大判大六・二・一四民録二三輯一五二頁。中馬・新版注民(13)六三七頁）、要約者の権利は第三者の権利を実現させるために従として存在するという理由でこれに反対する見解もある（柚木・債権各論二二〇頁）。第三者のためにする契約自体が効力を失ったような場合を除き、要約者の請求権の如何を問わず、第三者の受益の意思表示をなしうべき権利は存続しうると解すべきである。

第四章　契約の解除

第一節　契約解除の意義と機能

一　契約解除の意義と種類

(1)　契約解除の意義

契約の解除とは、契約が締結された後に、当事者の一方の意思表示によって契約関係を（遡及的に）解消して契約関係を清算することであり、それによりまだ履行されていない債務は履行する必要がなくなり、既に履行された給付は相互に返還すべきことになる。契約上の債務を負う者が債務を履行しない場合、債権者は目的物の履行または給付の実現を求めて遅延損害と現実的履行の強制（民四一四条）を求めることもできるが、製造業者が製品の原材料を購入する契約を締結したが、その後その価格が高騰したため売主がその引渡を拒否したような場合には、買主が他から高騰した価格で同種の原材料を購入し、もとの契約は解消して売主から塡補賠償（差額の賠償）を請求する方が合理的である。買主は製品の製造のために早急な原材料の調達を要し、遅延すれば損害が増大するだけだからである。

逆に原材料の価格が下落した場合は、買主は他から同種の原材料を安く調達し、もとの売主に対しては目的物の受領を拒絶して、売買代金を支払わない場合がある。このような場合には売主は売買代金の不払を理由として契約を解除し、塡補賠償を請求して、目的物の保管費用を節約することに合理性を見出す場合が多い。契約解除の制度はこのような場合に最大の効用を発揮する。

⑵　約定解除と法定解除

㈠　解除は当事者の一方の一方的意思表示によって契約を解消する制度であるから、それを正当化する事由のあることが必要である。その一つは、相手方が債務不履行ないし不完全履行に陥りまたは事情変更が生じて、契約当事者の一方に契約解除権を付与すべきだと考えられる場合である。債務不履行ないし不完全履行については一般に民法が解除権の発生要件を定めている。これを法定解除と呼んでおり、実際上最も頻繁に問題になる解除原因である。

二番目は、当事者間の契約で当初から一定の事由が生じたときは当事者の一方または双方が契約を解除しうることを留保する場合である。これには個々の契約で個別的に当事者が解除権を留保する場合と一定の事由がある場合、例えば手付が授受されたり（民五五七条）、不動産の買戻の特約がなされたりした場合に（民五七九条）、法律が解除権が留保されたものと推定しまたは擬制する場合とがある。

三番目は、契約が締結された後で当事者が合意のうえで解除する場合である。この場合は一方の当事者に解除権を設定するというよりも解除の契約がなされるといえる。

㈡　ローマ法、ドイツ普通法では現在の法定解除に相当する場合でも解除約款に基づいて契約が解除されるという構成がとられた影響からか、ドイツ民法では約定解除に関する規定が法定解除に準用されるというやり方がとられていたが、二〇〇一年の新法では、契約解除の一般規定は法定解除と約定解除に共通する規定として定められている（ド民三四六条以下）。わが国では当初より、解除に関する一般規定は、一般的な債務不履行に基づく解除の要件について定める民法五四一条～五四三条を除いて、法定解除と約定解除に共通する規定として置かれている。もっとも、売買、請負等各種契約に固有の解除原因に関する規定が各々の契約に関する章中に置かれていることは諸外国における と同様である。

(3) 解除に類似した制度

(イ) 解除条件

一八～一九世紀の西欧の法律学では解除に関する一般的なルールはまだ完成しておらず、主に個別的な解除約款を素材にして議論が行われていた。一八〇四年のフランス民法は、一般的な解除の理論にかような解除約款の流れを汲む解除条件的構成をとり入れた。それによれば、双務契約では当事者の一方が債務を履行しないときは契約は解除されるという黙示の解除条件が含まれており、解除条件の成就により契約は遡及的に効力を失い、両当事者は既に給付されたものを返還する義務を負う。但しフランスでは、この解消の効果は裁判上の請求によって生じるものとされている（フ民一一八三条、一一八四条）。ドイツ民法やわが民法では、解除のかような解除条件的構成は採用されていない。

今日では解除と解除条件とは異なるものとされている。解除の場合は、債務不履行の事実が発生しただけでは解除の効果は生ぜず、解除権の行使ないし解除の意思表示が必要である。場合によってはその前提として解除のための催告も必要とされる。これに対して解除条件では、条件となっている事実の発生によって当然に契約の効力が失われる。しかし、債務者の債務不履行または不完全履行といっても、履行または追完の可能性もある場合もあるし、債権者が当初の履行を追求したいと思う場合もあるから、当然に解除されるという扱いは合理性を欠き、解除条件的構成はとるべきではない。

(ロ)　解約告知

契約の解除は契約を遡及的に消滅させるとするのが従来の多数説である。賃貸借や雇傭、組合のような継続的契約関係では、ある事実が生じたとき以後について契約関係を解消し、既に経過した期間は契約関係を有効として清算する方が合理的な場合が多い。例えば、賃借人が契約締結後三年経過してから賃料不払に陥ったときは、既に経過した三年間は有効とするのが合理的である。このように継続的契約関係をある時期から将来に向かって解消することを解約告知と呼んでいる。但し、わが民法の起草者は、起草時の法律学の発展段階を反映して、告知というべき場合も解除という言葉を使っている。告知をなしうる権利、すなわち告知権も形成権の一種であり、法律の規定または当事者の合意によって発生しうる。告知の場合にも履行遅滞による解除に関する民法五四一条が適用されうるかについては議論がある。

(ハ)　取　消

取消も解除も当事者の一方的意思表示によってなされるが、解除の原因が契約締結後に生じた債務不履行、不完全履行などであるのに対して、取消の原因は制限行為能力や意思表示の瑕疵であり、当事者間の約定に基づく取消権の発生も認められていない。

取消の効果は、法律行為の効力の遡及的消滅である（民一二一条）。解除の場合は、従来の通説、判例は遡及効を認めていたが、遡及効を認めない見解も有力となりつつある。但し、取消においても制限行為能力者が返還義務を負うときは、その範囲が現に利益を受ける限度に縮減される（民一二一条）。制限行為能力者を保護する趣旨である。

(ニ)　撤　回

撤回とはまだ終局的な法律効果が生じていない法律行為または意思表示の効力の発生を阻止する行為である。無権代理行為の相手方の取消権（民一一五条）、申込の効力発生前などに認められる申込の撤回（民九七、五二一、五二四条）、遺言の撤回（民一〇二二条以下）などがこれにあたる。

二　解除の機能

法定解除は、既述のように債権者が早期に契約関係を解消することに利点を見出す場合に実益を有する。もっとも債務者の履行不能の場合は、債権者は解除しなくても塡補賠償を請求するしかないため、契約解除の意味はあまり大きくない。

約定解除は、特約で解除権を留保するものであるが、一般的には債務不履行の場合に備えて法定解除の要件や効果を修正、緩和、補充ないしは明確化する趣旨のものが多い。例えば、履行遅滞による解除のための要件としての催告を不要としたり、解除の場合の損害賠償額を予定するというものである。しかし、これらが普通取引約款中の一条項として定められる場合は、約款規制による制限を受ける。これに対して解約手付は、当事者が契約締結後正当な理由なしに契約時に交付した手付を放棄しまたはその倍額を償還して契約を解消するものであり、古くから取引実務上行われている。これに反して、土地の売主が一定期間経過後の解除権を留保する買戻は、土地所有者が土地を担保にして金融を受けるために制定されたものであるが、被担保債権の観念を欠くため今日では譲渡担保と読みかえられる場合も多い。

三　解除しうる契約の範囲

(1)　当事者の合意によって解除権が留保される約定解除は、当事者間の契約によって解除権が留保される場合であるから、性質の許さない場合を除いて解除は許容されうる。これに対して法定解除は、片務契約、継続的契約、更改契約等の場合にも認められうるかが議論されている。

(2) 解除規定は片務契約にも適用があるか

もともと解除は、双務契約において相手方が債務不履行に陥ったような場合に契約関係を解消して自己の債務を免れる点に利点のある制度であり、片務契約にはこのような事情は存しない。そのため外国の立法例も、概ね双務契約についてのみ法定解除を規定している（ド民三二三、三二四条、フ民一一八四条、ス債一〇七、一〇九条）。しかし、わが国の判例、学説は、解除規定の片務契約への適用を肯定し、例えば贈与契約において贈与者が履行遅滞にある場合、受贈者は催告して解除し、金銭による損害賠償を請求しうるとする。支払停止した銀行の預金者が譲渡禁止特約付きの預金契約を解除して返還請求権を他に譲渡した行為の効力が争われた事例で、判例は、預金契約の如き片務契約でも債権者が解除するにつき利益を有する場合は、解除をなしうると判示した（大判昭八・四・八民集一二巻五六一頁）。

この判決に対しては、預金契約（消費寄託契約）のような継続的契約は解除をなしえない、また本件は預金者が一旦預金契約を告知した後で再度解除がなされていると批判されている（川島武宜・判民昭和八年度四四事件一六二頁）。本件では預金者が一旦なした告知が有効と認められれば、それによって銀行には返還義務が生じ、その後の解除は認められない。片務契約に一般に法定解除の規定が適用されるかについては、反対の負担や不利益を免れるところに解除の意味があり、そうでない場合は解除しなくても損害賠償請求は可能だから、有償契約、双務契約及びそれに準ずる負担付贈与等の場合に解除を認めれば足りるとする見解が有力であるが（谷口・五十嵐・新版注民(13)四五二〜四五三頁）、単純贈与のような純然たる片務契約の場合も、忘恩行為や事情変更による解除を考えることができ、実例はあまり多くはないにしても適用の余地を残しておくべきであろう。

(3)　継続的契約に解除の適用があるか

この場合二つの問題を区別すべきである。一つは、継続的契約で本来の解除を問題としうるかという問題であり、もう一つは、告知の場合に解除に関する規定を準用しうるかという問題である。

前者については、わが民法は賃貸借や委任、雇傭、組合では実際上告知のみを許容すると規定しており（民六二〇、六三〇、六五二、六八四条）、継続的契約について狭義の解除を認める余地はほとんどない。継続的供給契約についても、既に履行が終わった部分については給付の全部に瑕疵があるような場合を除いて解除の余地はなく、未履行部分について告知を問題にしうるにすぎないのが一般である。

後者の問題は、わが国では古くは判例、学説ともにこれを肯定してきた（大判昭七・七・七民集一一巻一五一〇頁（賃借人の用法違反の事例）など）。しかし川島教授は、継続的契約の場合は、一般的に重大な事由、すなわち全契約関係の存続を債権者に強要することを不相当ならしめるような信頼関係の破壊に基づく即時告知のみが認められると主張した（民六二八条、六六三条二項、六七八条二項等の類推）（川島・判民昭和七年度一一九事件四〇八頁）。その後の学説は、この川島説に従い、民法五四一条の適用により解除されると解すべきではなく、もはやこれ以上契約関係の存続を容認することのできない事由が発生した場合に告知が認められると解するものが多い（戒能通孝・判民昭和一一年度四六事件一七五頁、末弘厳太郎・民法雑記帳一六六頁、広中俊雄・債権各論講義［第六版］三四六―三四七頁など）。しかしながら、債務者に期限の猶予を与えて履行ないし追完の可能性を付与するという民法五四一条の判断枠組は、継続的契約関係でも十分に合理性を有するのであり、少なくとも信頼関係破壊の法理の中に包摂されうると考えられる。

(4)　代物弁済（契約）で解除は可能か

代物弁済は債権者の承諾のみならず、給付結果の実現もまた必要とするから（民四八二条）、一の処分行為であり、給付された物に瑕疵があるような場合を除いて法定解除の問題は生じないとするのが一般である（我妻・新訂債権総論三〇六頁、於保・債権総論[新版]三六五頁）。これは、給付が現実になされなければ代物弁済の効力を生じない（民四八二条）という代物弁済固有の性質に基づく。

(5)　更改契約、和解で解除は可能か

判例は、約定解除権が留保された場合につき、更改契約を解除して旧債務を復活させることを認めているが（大判昭三・三・一〇新聞二八四七号一五頁）、法定解除については、更改は処分行為であり、新債務の成立によってその効果は完成し、更改契約そのものの不履行は問題とならないという理由で、債務不履行による解除を認めない見解が多い（我妻・債権各論上一五〇頁、於保・債権総論［新版］三八七頁）。これに対して和解は、有償双務契約で契約の内容が実現されて始めて争いが止められるのだから、債務不履行による解除が認められうると解されている（大判昭一三・一一・七民集一七巻二一八五頁。柚木・債権各論二三四頁）。

(6)　債務免除契約、物権契約

債務免除契約でも解除権が留保されている場合は、解除して旧債務を復活させうるとする判例があるが（大判大一〇・六・一三民録二七輯一一五五頁（債務免除を含む和解契約））、債務免除も履行の問題を残さないから法定解除は一般に認められないとするものが多い（稲本ほか・民法講義5六九頁［中井美雄］）。

（狭義の）物権契約（合意）もまた、その締結と同時にその効果が発生して債務の履行の余地を残さないから、法定解除権発生の余地はないと解されている。但し、地上権が設定された場合は、解約告知が認められうる（民二六六条二項）。債権的な物権設定契約、物権移転契約を観念することもでき、これらにおいては債務者の義務の懈怠の場合に契約を解除することも可能と解される。

第二節　法定解除

一　法定解除権の発生原因

(1)　総　説

法定解除権の発生原因は、各種の契約に固有なもの（例えば、売買、請負における担保責任規定）と契約一般に共通なもの（民五四一条〜五四三条）とがある。ここでは契約一般に共通なものを中心にして述べられる。中でも債務不履行による解除が中心をなす。債務不履行の類型は一九世紀までは履行遅滞と履行不能に限られていたが、二〇世紀には不完全履行が加わった。わが民法は通常の履行遅滞（民五四一条）といわゆる定期行為における履行遅滞（民五四二条）及び履行不能（民五四三条）について規定を置いている。法定解除権の発生原因としては、その他事情変更、受領遅滞が問題となる。特殊な解除原因としては、仕事が未完成の間にのみ行使しうる注文者の解除権（民六四一条）がある。

(2)　履行遅滞

(イ)　履行遅滞

当事者の一方が債務を履行しないときは、相手方は相当の期間を定めて履行を催告し、その期間内に履行がないときは、契約を解除しうる（民五四一条）。履行遅滞による解除の問題である。履行遅滞の要件として一般に挙げられるのは、(a)履行期に履行の可能なこと、(b)債務者が履行期を徒過したこと、(c)債務者の責に帰すべき事由によること、(b)履行しないことが違法なことの四つである。

(a)について。履行期以後に履行が不能になったときは、債権者はこのときから催告をしないで解除しうる。催告は履行の可能性を前提としているからである（民五四三条）。

(b)について。債務者の履行期の徒過は、債権者が解除のための催告をする要件なのか、それとも解除が効力を生ずるための要件なのかが問題となる。前説によるときは、債権者は解除のための催告をする前に先ず債務者を遅滞に陥れなければならないため、確定期限の定めがある場合は期限到来後、不確定期限の定めがある場合は債務者が期限の到来を知った後に（民四一二条二項）、初めて債権者は解除のための催告をなしうる。期限の定めのない場合は、債権者はまず催告を行って債務者を遅滞に陥れた後に初めて（民四一二条三項）、民法五四一条の催告を行って解除をなしうることになる。したがって、この場合は付遅滞のための催告と民法五四一条の催告という二重の催告が必要になる。しかし、これは場合によっては債権者に無駄な手続を強いることになるため、判例は比較的早くから二重催告を要しないという立場をとってきた。この立場では、期限の定めのない債務の場合、債権者が一度相当の期間を定めて履行を催告し、相手方が遅滞に陥れば、相当期間の経過によって解除することが可能となり、債権者は重ねて解除のための催告をする必要はない（大判大六・六・二七民録二三輯一一五三頁）。学説も判例のこのような立場を支持している。

双務契約では双方の債務は通常同時履行の関係に立っているが、この場合債権者は、履行期の定めのない場合は、自己の債務の履行の提供をしたうえで相当期間を定めて催告をなすべきである（大判大一三・五・二七民集三巻二四〇頁）。債務の履行期の定めがある場合でも、債権者が自己の債務の履行の提供をしなければ債務者を遅滞に付しえない（大判大一〇・六・三〇民録二七輯一二八七頁）。

債権者が受領遅滞に陥っている場合は、債権者は受領遅滞を除去したうえで催告をすべきであると考えられるが、一般的には債権者がいつでも債務者の給付を受領しうる客観的状況を作出したうえで、その旨債務者に通知することが必要と解される（最判昭三五・一〇・二七民集一四巻一二号二七三三頁）。

(c)について。法文は債務者の帰責事由を明示していないため、かつては議論があったが、わが民法は過失責任主義を原則としているため、履行遅滞の要件とするのが通説、判例である。しかし、今日では帰責事由は損害賠償責任の要件であっても解除の要件とは必ずしもいえないという考え方が有力化しつつある。二〇〇一年のドイツ新債務法は、このような立法で立法されている(ド民二四一条二項、二八〇条一項、二八二条、三二四条)。この立場によれば、債務者が相当期間内に履行しなかったことがその責に帰すべき事由によらなくても債権者は適法に解除し、他から代物を調達しうる。但し損害賠償を請求することはできない。

(d)の要件は、債務者が同時履行の抗弁権や時効の抗弁権を行使した場合は、履行しなくても違法ではないという趣旨に解するのが普通である。

(ロ) 一部遅滞

(a) 狭義の一部遅滞

債務者が給付の一部を遅滞した場合に債権者は契約の解除をなしうるか。一般的には不給付の部分が債権者にとって重要なものであり、その部分がなければ契約を締結した目的を達しえない場合は、その部分につき催告をしたうえで契約全体を解除しうるが、不給付の部分が給付全体からみて些細なものでありまたは給付全体の割合的一部分にすぎず、残部の給付の価値に影響を及ぼさないときは、契約の解除はできずまたは未給付の部分についてのみ解除しうると解すべきである(大判大一四・二・一九民集四巻六四頁)。

(b) 付随的債務の不履行

債務者が付随的給付について不履行に陥った場合に債権者は契約を解除しうるか。付随的義務とは、契約に基づいて生じる義務のうち契約を締結した目的を達成するために必要不可欠と考えられる義務以外のものをいうと説明されうる。したがって、一般的には付随的義務を遅滞したのみでは債権者は解除をなしえないということになろう。

裁判例によると、不動産の売買で売買契約成立日以後の公租公課の支払を約した買主がその支払を懈怠した場合や代金支払及び引渡は完了したが、登記手続が遅滞して売主が固定資産税を納付した場合は、公租公課支払義務は付随的義務にすぎないから売主は解除しえない（大判昭一三・九・三〇民集一七巻一七七五頁、最判昭三六・一一・二一民集一五巻一〇号二五〇七頁）。しかし、買主が残代金完済まで建物などを築造しないという特約に違反した場合は、この特約は代金支払確保のため重要な意義があるから、その不履行を理由に売主は解除しうる（最判昭四三・二・二三民集二二巻二号二八一頁）。農地売買における買主の知事に対する許可申請手続協力義務や登記手続義務の違背の場合は、買主が売買代金の大部分を支払っていない事例では売主の解除を認めたが（最判昭四二・四・六民集二一巻三号五三三頁）、売買代金が既に完済されている事例では、売主の解除を否定した（最判昭五一・一二・二〇民集三〇巻一一号一〇六四頁）。この最判昭四二・四・六の事例では、売主の解除を認めた真の理由は買主の代金の不払にあるといえよう。

(c)　複数契約における一部遅滞

当事者間に相互に関連をもった複数の契約が同時期に締結されることがある。判例上問題になった事案としては、スポーツクラブ会員権付きのリゾートマンション一区画の売買契約で、クラブ施設として予定されていた屋内プールが未着工である場合、原審は、不動産と会員権は別個独立の財産権であり、一個の客体として売買契約の客体となっているとみることはできないとして、買主の両契約の解除を認めなかったが、最高裁は、「同一当事者間の債権債務関係がその形式が甲契約及び乙契約といった二個以上の契約から成る場合であっても、それらの目的とするところが相互に密接に関連づけられていて、社会通念上、甲契約又は乙契約のいずれかが履行されるだけでは契約を締結した目的が全体としては達成されないと認められる場合には、甲契約上の債務の不履行を理由に、その債権者が法定解除権の行使として甲契約と併せて乙契約をも解除することができるものと解するのが相当である」として、買主の契約全体の解除を有効とした（最判平八・一一・一二民集五〇巻一〇号二六七三頁）。

今日ではその他、複数主体間の複合契約関係、例えば、甲乙間の老人用マンション売買契約、甲丙間のライフケアサービス契約、甲につき介護が必要になった場合の甲丁間のケアホテル会員契約の三個の契約が相関連して締結された場合において、丁に不履行があった場合に、これら三個の契約の全部を解除しうるかも問題とされている（東京高判平一〇・七・二九判タ一〇四二号一六〇頁（解除否定））。この場合乙または丙の丁の義務履行に対する支配可能性なども問題となりえよう。

(ハ) 催告と解除

(a) 相当期間を定めてした催告

① わが民法上は、既述の如く履行に陥った債務者に対して解除するには相当期間を定めた催告をすることが必要である（民五四一条）。ドイツ民法でも履行遅滞の場合債権者が解除するには相当期間を定めた催告が必要だとされている（三二三条一項）。わが民法でも定期行為か債務者の履行拒絶の場合は債権者の催告は不要とされているが、ドイツ民法では給付時期が暦日によって定められまたは給付のための相当期間が給付に先行するある出来事から暦日に従って計算されるという方法で定められている場合も催告不要とされている（二八六条二項）。

立法例によれば、一般的に解除のために催告を要しないとしているものもある。英米法がそうである。ユニドロワ原則（七、三、一条）やヨーロッパ契約法原則（九：三〇一条）も、不履行が重大であれば直ちに解除しうるという立場をとっている。ウィーン統一動産売買法は、重大な契約違反の場合は催告をしないで直ちに解除しうるが、それ以外の契約違反については相当期間を定めた催告を必要としている（四九条一項）。

②　催告とは債権者が債務者に対して債務の弁済を促す意思の通知である。民法は履行の請求という表現も用いる（四一二条三項）。催告はその対象となる債務を指示してなされるのが普通である。債務者がどの債務について履行を求められているのか判然としない場合もあるからである。債務の指示は、一般的にはどの債務であるかがわかる程度であればよいといいうる。

過大催告の場合は、債務者の給付すべき数量が確定していて過大催告をしてもその債務の同一性がわかる場合は、債務者の給付すべき限度で催告は有効である。判例は、買主が残数量を誤算したような場合に残数量の限度で催告は有効とする（大判明三八・六・二四民録一一輯一〇三九頁、大判昭二・三・二三民集六巻一三七頁）。これに反して、超過の程度が債務者の実際の給付額を大幅に上回る場合など、債権者が実際の給付額の提供を受けてもこれを受領する意思がないものと認められるような場合も考えられる（最判昭二九・四・三〇民集八巻四号八六七頁（約定賃料額をはるかに上回る賃料支払の催告があった場合））。このような場合の過大催告は、催告としての効力を生じないと解される。

過少催告の場合も基本的に債務の同一性がわかれば有効な催告となりうる。債権者の補正がない限り、原則として催告された額についてのみ遅滞となると解されるが、債権者が債務の全部について催告する意思であることが明らかでかつ債務者が額の誤りに容易に気づきうるような場合は、債務全額につき遅滞が生じると解すべきである。

③　催告には、一定の期日または一定の期間内に履行すべき旨が示されるべきである。この一定の期間は場合によって異なりうる相当期間であり、債権者が不相当な期間を指定しまたは期間を定めなかった場合は、相当期間がどれだけの期間かを判断する危険を債務者に負担させることになるという理由で、適法な催告とはならないという見解もあるが、判例、多数説は、既に債務を負担し、それを履行しない者にそこまでの保護を与える必要はないと

して、債権者が不相当な期間を指定しまたはそもそも期間を指定しなかった場合でも、客観的に相当な期間が経過したときに解除権が生じるとしている（大判昭二・二・二民集六巻一三三頁、最判昭二九・一二・二一民集八巻一二号二二一一頁。我妻・債権各論上一六〇頁）。

(b) 催告の不要な場合

① 債務者が履行を拒絶している場合でも、債務者に翻意を促す趣旨で債権者の催告が必要と解する余地がある。しかし、債務者の履行拒絶の意思が明確で催告が明らかに無駄と思われる場合は、無催告解除も有効とみるべき場合もある。

このような問題の一環として、債務者が履行期前に履行拒絶の意思を表明した場合に催告なしで解除しうるかが問題となりうる。この場合は債務者の履行期がまだ到来していないことが特徴であるが、近時の学説は、この場合でも債務者の履行拒絶の意思が明らかである場合は、催告を要しないで解除しうるとする（北川・債権総論［第三版］一八四頁）。近時の諸外国の法制でも同様である（ド民三二三条四項、ウィーン統一動産売買法七二条、ユニドロワ原則七、三、三条、ヨーロッパ契約原則九：三〇四条）。

② 継続的契約関係の場合は、既述の如く今日の通説は民法五四一条の適用を否定し、信頼関係の破壊の事実があるかどうかで解除の可否を決する。しかし、継続的契約関係においても期限を定めて履行または追完の猶予を与えることに意味がある場合も多いと考えられる。判例は、家屋賃借人の家族が賃借人出征中に家屋を極端に乱暴に使用した事例で、賃貸人の無催告解除を認めたが（最判昭二七・四・二五民集六巻四号四五一頁）、建物賃借人の賃料不払の事例では、他に特段の事情のない限り民法五四一条所定の催告を必要とするとして無催告解除を有効とした原審を破棄している（最判昭三五・六・二八民集一四巻八号一五四七頁）。賃料の支払のように催告になじむものについ

ては継続的契約でも民法五四一条を適用したともみうるが、信頼関係破壊の程度が極端にまで達していない場合は同条を適用するとした趣旨とも読める。しかし最判昭三五・六・二八の事案は、賃料不払が一ヶ月に達した事例であり、同条適用説の下でも一般的には催告不要とされうるケースであったのではないかと思われる。

③　催告を要しないで直ちに契約を解除しうるという特約がある場合、一般的にはこのような特約の効力を認めなければならない（大判明三三・四・一八民録六輯八七頁）。しかし、当事者の一方にとってのみ有利な条項は、約款規制による効力の制限を受けると解すべきである。賃貸借契約における「賃料を一ケ月でも滞納したときは催告を要せず契約を解除できる」という条項につき、戦後の最高裁も、催告をしなくてもあながち不合理とは認められないような事情が存する場合には、無催告解除も許されると判示する（最判昭四三・一一・二一民集二二巻一二号二七四一頁）。

(c)　催告期間内に履行がなかったこと

一部履行等の場合は、既に(イ)、(ロ)で述べたところと同様である。債務者が同時履行の抗弁権を有するときは、判例は、催告と同時に債権者の側の履行の提供がなされなければならないとし（前掲大判大一三・五・二七）、学説は、債権者は催告に示した時期までに自己の側の給付を提供すればよいとしている（我妻・債権各論上一六三頁など）。理論的には付遅滞が先行する場合は、それより先に既に債権者は自己の給付の提供をしていなければならないことになるが、今日では既述のように付遅滞と解除のための催告とは必ずしも別個に扱っていないし、裁判の現実では解除をする段になって初めて同時履行の抗弁権が持ち出される場合が多いと思われるから、今日の学説の如く解するをもって足りる場合が多いであろう。

催告期間が満了したときに解除権が発生するのが原則である。催告不要のときまたは催告期間内に債務者が履行拒絶の意思を明確に表示したときは、各々債務者が遅滞に陥りまたは履行拒絶の意思を明示したときに解除権が発生する。しかし、解除権が一旦生じても、債権者が解除の意思表示をする前に債務者が本来の給付に遅滞による損害を加えたものを提供したときは、一旦生じた解除権は消滅すると解されている（大判大六・七・一〇民録二三輯一一二八頁、大判昭三・五・三一民集七巻三九三頁）。他方において、債権者は解除権発生後でもそれを放棄して遅延損害とともに本来の給付を請求することもできるとされている（我妻・債権各論上一六八頁）。

(二)　定期行為の遅滞による解除

契約の性質または当事者の意思表示により一定の日時または一定の期間内に履行をしなければ契約を締結した目的を達しえない場合を定期行為という（民五四二条）。商人が客に暑中見舞の進物用とする商品の購入契約（大判大九・一一・一五民録二六輯一七七九頁）、麹製造用の麹蓋の買入契約（大判大一〇・三・二民録二七輯三八九頁）などがこれに属する。債権の目的たる給付の客観的性質から、一定の日時または一定の期間内に履行しなければ契約をした目的を達しえない場合を絶対的定期行為、債権の目的たる給付の客観的性質からは当然にはわからないが、当事者間の意思表示によって特別に期間内に履行されなければ契約を締結した目的が達成されえない場合を相対的定期行為という（我妻・債権各論上一六九頁）。

定期行為の遅滞の場合は、債権者はその定期行為が絶対的であると相対的であるとを問わず、催告を要しないで直ちに契約を解除しうる。履行期に遅れた履行は債権者にとって意味を有さないからである。但し、相対的定期行為の場合には、債権者の契約締結の目的ないし動機が契約上示されまたは相手方がそれを当然知りうる場合であって、かつ履行期に履行されることが契約上必要かつ重要であることにつき当事者間の了解があることが必要である。なお、債権者が履行期が徒過しても解除しないで給付を受領することはもちろん可能である。商法上の定期行為すなわち確定期売買については、商取引の迅速結了の要請と売主の保護とから、当事者の一方が履行をなさないで履行期を徒過したときは、相手方が直ちにその履行を請求するのでなければ、契約を解除したものとみなされる（商五二五条）。

⑶　履行不能

わが民法は、債務者の責に帰すべき事由による履行不能の場合にも債権者に解除権を付与する（民五四三条）。しかし履行不能の場合は、債権者は解除しなくても債務者に対して代金支払の拒絶またはその返還請求をなしうるため、解除の実益は小さい。この場合の不能が後発的不能を指すことは当然であるが、客観的不能に限るか、それとも主観的不能も含むかについては議論がある。

履行期到来前であっても履行期に履行することが不能なことが確定的であるときは、履行期の到来をまたずに解除をなしうるとするのが通説、判例である。これに対して、履行期徒過後に履行不能が生じたときは、不能を生じたときから履行不能として取り扱いうる（我妻・新訂債権総論一〇二頁）。履行期前の債務者の履行拒絶は、履行不能ではないが、場合によっては債権者は直ちに解除権を取得しうると解する者が多い。

民法は履行不能についても債務者の責に帰すべき事由による場合でなければ契約を解除しえないと規定しているが（民五四三条）、帰責事由のある場合に限定する必要はなく、履行不能の場合もまた、帰責事由は債務者が損害賠償責任を負うための要件であり、債権者が解除をなしうるためには帰責事由は要件とはされないと解すべきである。後述する事情変更による解除が許容されていることと対比すれば、このことはより一層明らかであろう。但し、買主危険負担主義（民五三四条）がとられている場合は、買主は給付が不能でも代金全額を支払う義務を負うから、買主は履行不能を理由として解除をなしえない。

履行不能では、履行遅滞の場合と異なって催告は不要である。なお、金銭債務では履行不能は生じないと解されている。

次に、一部不能について述べると、民法五四三条は一部不能でも解除しうると定める。一部不能でも契約全体を解除しうるが、これは一部不能により契約を締結した目的を達成しえなくなる場合である。そうでない場合は原則として不能部分の解除しかできないと解すべきである。

(4) 不完全履行

不完全履行とは、給付した物やサービスに瑕疵があったり、給付した権利に不完全な点があったりした場合の総称であり、一般にその瑕疵のために契約を締結した目的を達しえない場合に無催告解除を認める権利の瑕疵の担保責任（民五六一条以下）や瑕疵担保責任（民五七〇条、六三四条以下（土地工作物請負を除く））を除いた一般の不完全履行責任については、従来履行された不完全な給付が追完を許す場合と許さない場合に分け、前者は履行遅滞に準じて原則として催告して初めて解除をなしうるのに反し、後者は履行不能に準じて無催告で解除しうると解されてきた。しかし、権利や物の瑕疵に対する担保責任についても、請負人の負う瑕疵修補義務（民六三四条一項）以外にも売主の代物給付義務や瑕疵修補義務を観念しえないではなく、これらの義務が認められる場合は債権者は催告、解除をすることが必要となる。

二〇〇一年のドイツ債務法現代化法は、権利や物の瑕疵担保責任が不完全履行、すなわち債務の本旨に適った給付がなされない場合の一つであるとの立場で立法された。したがって、売買でも請負でも債権者は瑕疵修補請求権や代物請求権を一般に有することが明示されているほか（ド民四三九条、六三五条）、減額請求権や契約解除権、損害賠償請求権、無駄になった費用の賠償請求権には、債権総論、契約総論中の一般規定が準用される（ド民四三七条、六三六条）。解除については、新法では債権者はまず期間を定めて追完給付の履行を求めるべきであり、その期間が徒過するか（ド民三二三条一項）、追完履行の拒絶、不能または不奏効の場合は、期間の指定なしに解除しうるとされている（ド民四四〇条、六三六条）。但し、権利の時効については、当初一般の時効と同じルールに服させようとしたが（二〇〇〇年討議草案）、政府草案（二〇〇一年）において既に売買、請負について各々特別の時効規定が設けられた（ド民四三八条、六三四a条）。

⑸　受領遅滞による解除

債権者の受領遅滞を理由に債務者が契約を解除しうるか。これについては学説上ⓐ債権者は受領する権利はあっても義務はなく、受領遅滞は債務者の義務の軽減等の効果を生じる一の法定責任にすぎないとする法定責任説（鳩山秀夫・債権法における信義誠実の原則一〇六～一〇七頁など）、ⓑ債権関係を支配する信義則に基づいて債権者は一般的に給付物を受領する義務を負い、正当な理由なく受領しない場合は債務不履行責任を負うとする債務不履行責任説（我妻・新訂債権総論二三八頁など）、ⓒドイツ民法に従って給付物の受領と単なる引取（Abnahme）を区別し、売買、請負等については債権者に一般的に引取義務を肯定する説（遠田新一・契約法大系Ⅰ二八七頁以下）などがあり、ⓑ、ⓒ説では受領遅滞の場合に一般的に債務者の催告、解除が認められうる。

わが国の判例は、従来一般にⓐ説の立場に立ち、受領遅滞による解除を否定したが（大判大四・五・二九民録二一輯八五八頁、最判昭四〇・一二・三民集一九巻九号二〇九〇頁）、近時の判例は、目的物受領の特約がある場合だけでなく、売主と買主の間に一手販売契約が締結されていた場合（最判昭四六・一二・一六民集二五巻九号一四七二頁）や債務者の給付すべき製品が特注品であるなどで市場性がない場合、更には腐敗しやすいなど早期に売主が商品を手離すことに利益がある場合にも、債権者の受領義務違反による契約解除を肯定する傾向にある。買主は普通売主の代金不払を理由に契約を解除しうる、商品に市場性がある場合は買主の受領義務を認めるまでもないというのが消極説の論拠だとすれば、一般的に受領義務（引取義務）を肯定して、買主の解除権行使による早期決済を促進する立場が浮上してこよう。債権者に受領義務を肯定する場合は、原則として債務者は相当期間を定めて受領を催告し、その期間を徒過した場合に始めて契約を解除しうると解すべきである。

(6) 事情の変更

事情変更の趣旨、要件については前述したところである。事情変更により不利益を受ける者はまず、契約内容の改訂を求めるべきであり、それが容れられない場合または契約内容の改訂を求めたのでは自己の不利益が是正できない場合に、契約の解除を求めうると解される。

事情変更による解除は、一般に催告を必要としない。この場合は債務者に猶予を与えても給付の追完は期待しえないからである。もっとも、近時議論されている契約再交渉請求権を認める場合には、当事者の一方が相当期間を示して再交渉を請求しても相手方が応じなければ、契約を解除するという問題が生じうる。

事情変更の考慮されるべき時期は、契約締結後解除権を行使するときまでと解される。事情の変更による解除は、契約後の債務者の責に帰すべからざる事由による事態について債権者に解除権が生じるとされてきた数少ない場合である。しかし、現在では解除権の要件から一般的に債務者の帰責事由を外す見解が有力化していることは既に述べた。

継続的契約関係の解除は、事情が変更してからの期間についての告知の問題として捉えられる。

二 法定解除権の行使

(1) 解除権行使の当事者

解除権の行使は、相手方に対する意思表示によって行なう(民五四〇条一項)。解除の当事者は、債権者、すなわち解除権者と契約の相手方、すなわち債務者である。

契約上の地位の引受ではなく、債権譲渡がなされた場合、譲受人は解除権を有するか。通説は、依然として当初の契約当事者のみが解除権を有するとする。債権が譲渡された場合に、譲渡人が解除権を行使するときは、譲受人の取得した債権もまた消滅するため、譲受人の同意を得なければならないとする判例がある（大判昭三・二・二八民集七巻一〇七頁）。債権者の側で解除する必要が生じるのは、債務者が不履行に陥りまたは不完全給付を行ったような場合であるから、最も影響を受けるのは債権の譲受人であり、譲渡人が解除する利益を有するのは、譲受人から担保責任の追求を受ける（民五六九条）等の場合に限られることになろう。したがって、形式的に解除権を有するのが譲渡人であるとしても、一般的には債権の譲受人の要請を受けて解除権を行使することになる。譲受人が解除権を行使しえないのは、実質的には譲渡人の反対給付ないし反対給付義務に影響を及ぼすからであり、譲渡人が解除しない場合は、譲渡人に対して譲渡契約上の責任を追求するしかない。これに対して、譲渡人が譲受人の同意を得ないで解除したときは、譲渡人の譲受人に対する原因債務が復活することになるが、解除する正当な理由がない場合は、権利濫用として解除権の行使は否定されうる。

解除の相手方についても、契約上の地位が契約当事者以外の者に移転している場合は、その承継人が相手方となる。

(2)　解除の意思表示

解除の意思表示は相手方に到達したときにその効力を生じる（民九七条一項）。訴訟上主張することも妨げない。相手方の履行請求訴訟に対する抗弁としても主張されうる。明示で主張されるのが普通であるが、黙示でなされた場合も有効な解除たりうる。

解除が効力を生じるとそれを撤回することはできない(民五四〇条二項)。しかし解除は形成権の行使であり、一旦効力が生じると解除された契約の効力は消滅し、当事者は原状回復義務を負うに至るのだから、一度そのような効力を生じさせた以上、自ら勝手に元に戻すことは、もはや相手方の信頼を害し、取引の安全に影響を与えることになって許されないとの趣旨である。相手方の解除の取消についての承諾がある場合でも、解除の目的物に対して利害関係を取得した第三者の信頼は害しえないと解されている(我妻・債権各論上一八四頁)。

なお、本条とは無関係に制限行為能力や詐欺、強迫を理由とする取消をなすことは差し支えない。

解除の意思表示にはまた条件や期限を付することはできないと解されている。条件を付すると、実現するかどうかわからない事実の成否によって解除の有無が左右されることになり、相手方は極めて不利な立場に置かれるし、解除には遡及効があるという多数説の立場では期限を付しても無意味だからである。

(3) 解除権の不可分性

(a) 当事者の一方が数人ある場合は、契約の解除はその全員からまたはその全員に対してのみこれをなしうる(民五四四条一項)。これを解除権不可分の原則といい、ローマ法で既に認められていた原則である。複数の当事者がいる場合に一部の者のみが解除しうることを認めると契約関係が存続する者と消滅する者とに分かれることになり、法律関係が複雑になる。しかし本規定は強行規定ではなく、当事者間の特約でこれを排除することができる。給付が可分である場合には実効性を有するであろう。

全員からのまたは全員に対する解除の意思表示は、必ずしも同時になされる必要はなく、時を異にしてなされた場合でも、最後の意思表示が相手方に到達したときに、全員に対する解除の効果が生じる(大判大一二・六・一民集二巻四一七頁)。当事者の一方が数人ある場合において、解除権が当事者の一人について消滅したときは(民五四七条、五四八条)、他の者についても消滅する（民五四四条二項）。解除権不可分の原則を徹底する趣旨である。数人の当事者の一人が解除権を放棄した場合も同様である。

(b)　共有者に共有物から生じた債権が帰属する場合には、民法五四四条一項と民法二五二条との競合が生じうる。判例は、共有物の管理が問題になる場合は、民法二五二条が優先的に適用されるとするが（最判昭三九・二・二五民集一八巻二号三二九頁）、民法二五二条を内部関係の問題とみて、過半数の持分を有する債権者が全員の名で解除権を行使しうるとする学説もある（平野・契約法［第二版］一五六頁）。

三　法定解除の効果

(1)　契約関係の（遡及的）消滅

(イ)　解除に遡及効があるか

通説、判例によれば、契約解除の効果は、契約が締結されなかった時の状態に両当事者を戻すこと、すなわち契約の遡及的失効である。この立場では、当事者の負担する原状回復義務は、当事者を元の状態に戻すことを目的とする固有の義務の種類としての原状回復義務を認めるか、不当利得返還義務の亜種としての原状回復義務を認めるかになろう。他方において、同様に比較的古くからドイツ民法上これを見出しうる、解除は形式的法律関係の遡及的消滅を目的とするものではなく、原状回復を目的とする新たな債権債務を発生させるものだという見解がある。

前者の考え方では、契約が解除されると解除の直接の効果として契約上の債権、債務はその成立の初めに遡って消滅し、当事者の負担する未履行債務は当然に効力を失い、既履行債務は相互に返還義務を負う（直接効果説）。この既履行給付の返還義務の法的性質については、判例、多数説は、契約上の債権、債務の遡及的消滅によって既給付物は法律上の原因を欠く給付となり、受領者は不当利得返還義務を負うが、その範囲が原状回復義務にまで拡大されているとする（最判昭三四・九・二二民集一三巻一一号一四五一頁、我妻・債権各論上一八八頁以下）。受領者に一旦移転した所有権は、当然に給付者に復帰する。そのためこの場合の不当利得返還請求権は占有の不当利得を目的とするのではないかが問題となる。

これに対して後者の考え方をとる見解は、解除によって契約上の債権、債務の遡及的消滅が生じるのではなく、当事者間には原状の回復を目的とする新たな債権債務が発生するとする（間接効果説）。この立場では、既に締結された契約の効力は当然には消滅しないため、未履行債務については履行拒絶の抗弁権が、既履行給付については新たな返還義務が生じることになる。この立場の亜種として、既履行給付については新たな返還義務が生じるが、未履行給付は解除により消滅するとする見解もある（折衷説）。近時はわが国でもこの立場をとる者が多い（北川・債権総論［第三版］一八八頁、近江・民法講義Ⅴ［第二版］一〇三頁、水本・契約法一一〇頁、平野・契約法［第二版］一六三頁以下）。

このような考え方の系譜に属し、戦後ドイツで主張され、近時はわが国でも支持者がみられる考え方として、解除によって当初の契約に基づく債権、債務関係が返還債務関係に転化するとするものがある（捲き戻し説）（三宅正男・契約法（総論）二二三頁以下、四宮和夫・請求権競合論二〇九頁）。この捲き戻し説は、わが国ではつとに戦前の山中教授の解除論において見出されるところであり、それによれば、解除により原契約上の債権関係は、原状回復の債権関係に変形する。すなわち、原契約上の未履行債務は原状回復債権関係の既履行債務に転化して消滅し、原契約上の既履行債務は、原状回復債権関係の未履行債務に転化する（山中康雄「解除の効果」総判民(10)（昭三三）一五〇頁以下）。この見解は当初はあまり注目を集めなかった。この立場では、返還債務関係における危険負担や保証人の責任の範囲等について従来の理論とは異なった結論が導かれうる。

ドイツの二〇〇一年債務法現代化法のもとでは、当事者は受け取った物の返還義務を負うが（ドイツ民法三四六条一項）、解除の遡及効は否定され、また解除により未履行債務は消滅すると解されている。わが民法上解除に遡及効を認めるかどうかは一の問題であろう。遡及効を否定する立場では、当事者が解除前に収受した果実や用益は当然には返還すべき義務は負わない。

(ロ)　解除による当初の権利関係の復活

(a)　わが国の判例は、現在でも売買契約の成立と同時に原則として所有権も買主に移転するという立場をとっているが、多数説及び実務は、登記、引渡または代金の支払のときに所有権が移転するとしている。しかし、いずれの立場に従う場合でも、契約が解除された場合は、わが国は物権行為の独自性、無因性をとっていないのだから、当然に所有権は直ちに売主に復帰すると解している（大判明四四・一〇・一〇民録一七輯五六三頁、最判昭五一・二・一三民集三〇巻一号一頁）。間接効果説の立場に立った場合でも、即時の所有権の復帰を肯定することは可能である。このような考え方は、契約により相手方に一旦移転したが、解除によりそれを取り戻しうることになった当事者の地位を強固なものにするもので支持すべきである。

(b)　更改契約や一部免除契約では、契約によって前契約に基づく債務関係が消滅して新たな債務関係が発生し、または残額債務が存続するが、新たな債務関係に基づく債務または残存債務を当事者が履行しない場合に相手方が契約を解除して元の契約関係を復活させることができるか。判例は、複数債務者が負担する債務をそのうちの一人に集中するという契約（更改契約）につき法定解除を否定するもの（大判大五・五・八民録二二輯九一八頁）と一万五〇〇〇円の債務を二〇〇〇円の債務とし、残額を放棄するという示談契約につき法定解除を肯定するもの（大判昭三・三・一〇新聞二八四七号一五頁（更改契約として論じる））があり、一定していない。学説も否定説と肯定説（我妻・債権各論上巻一九二頁）に分かれている。法定解除否定説は、更改契約のように履行という観念を残さないものは法定解除の観念を容れる余地はないとする。

更改契約や一部免除契約は、契約が効力を生じると当然に新たな法律関係が生じまたは残存債務に制限されるから、論理的には新たな法律関係に基づく債務または残存債務の不履行による塡補賠償しか請求できないはずである。しかし、当事者が一定の事由の発生を新たな契約関係または残存債務の消滅及び旧債務関係または免除された債務の回復原因とする意思を表示し、またはかような意思を諸事情から認めうるときは、その効力を否定する理由はない。

(c) 賃貸人所有地を賃借人に売却後、売買契約が解除されると、原則として買主の賃借権は復活すると解すべきである（最判昭四〇・一二・二一民集一九巻九号二二二一頁）。賃借人が賃借権を喪失する原因が特別に存在しないためである。

(d) 契約に基づく債権を相殺に供した後でその債権の発生原因となった契約が解除によって消滅したときは、先に行った相殺は無効となる（大判明三八・四・二二民録一一輯五五四頁）。

(2) 原状回復義務

(イ) 原状回復義務の法的性質

直接効果説の下では契約解除により契約に基づく給付の効果も遡及的に消滅することになるが、この場合の返還義務の法的性質につき、原状回復義務という契約締結前の状態を回復することを目的とする固有の義務が認められるとする説（末川・契約法上一六三頁など）のほか、既履行給付は法律的原因が存在しない場合の給付に他ならないから、不当利得返還の一種に属し、ただ返還の範囲が原状回復の範囲に広げられているとする見解（我妻・債権各論上一九三―一九四頁、柚木・債権各論三〇三―三〇四頁）があった。これに対して間接効果説または捲き戻し説の下では原状回復義務の法的性質は、不当利得返還義務ではなく、当事者を契約締結前の状態に戻すことを目的とする新たな返還義務である（山中・総判民(10)一五三頁以下、平野・契約法［第二版］一六六―一六七頁）。但し、捲き戻し説でも本来の給付を対象とする履行請求権と原状回復請求権との法的同一性が帰結されるわけではないと解すべきである。ドイツの捲き戻し説でも同様である。

(ロ)　本来の債務との関係

原状回復義務が不当利得返還義務だとすると解除前の義務との間には法的同一性は否定されることになろう。しかし判例は、解除された契約が商行為であるときは原状回復義務も商事性をもつとする（大判大五・七・一八民録二二輯一五五三頁）。間接効果説の下でも、原状回復義務と本来の給付義務との関係は論理必然的に説明されえない。これに対して捲き戻し説では、原状回復関係は、本来の給付関係の転化したものであり、解除前の契約関係が商事性を帯びれば、解除後の債務もまた商事性を帯びることが容易に説明されうる。しかし、解除前の給付義務が法的同一性を保ちつつ返還義務に転化するというものではない。

契約関係の当事者の一人の保証人であった者が、契約解除後の返還義務についても保証義務を負担するかについては、戦前の判例は、売買契約解除による原状回復義務は主たる債務とは別個独立の債務だから、保証契約の趣旨がそれをも含むものである場合を除いて、保証人はその責に任じないとした（大判明三六・四・二三民録九輯四八四頁、大判明四一・六・四民録一四輯六六三頁、大判大六・一〇・二七民録二三輯一八六七頁）。しかし、昭和四〇年の最高裁大法廷判決は、畳、建具等の売買で買主が代金全額を支払ったにもかかわらず、売主が期限到来後も目的物を引渡さなかったため、買主が右契約を解除し、売主の債務の保証人に原状回復義務の履行の責任を追求したという事案で、売主の原状回復義務について保証人の責任を肯定した（最大判昭四〇・六・三〇民集一九巻四号一一四三頁）。本判決の射程距離につき通説は、原状回復義務の法的性質論とは一応無関係に、当事者の通常の意思によれば、原則として債務者の保証人の責任は原状回復義務に及ぶとしたものとする（我妻・新訂債権総論四六七頁、於保・債権総論［新版］二六四頁）。間接効果説ないし折衷説の下でも、保証人の責任は、解除後の主債務者の返還義務に当然に及ぶという結論は導かれない。やはり当事者の通常の意思を考慮して保証人の責任がそれに及ぶかどうかを決するしかないであろう。

(ハ) 原状回復請求権と物権的返還請求権

通説的見解によれば、売買契約に基づいて物が買主に引渡された後に契約が解除された場合、所有権は直ちに売主に遡及的に復帰するため、買主には単に登記、引渡等の移転が原状回復義務として残るだけとなる（我妻・債権各論上巻一九二頁）。所有権の復帰した売主は、所有権に基づく返還請求権をも行使しうる。更に売主には、占有の不当利得返還請求権が帰属すると解すべきではないかも問題となりうる。

これに対して、通説であった契約の遡及的失効説に従う場合でも物権行為の独自性、無因性を認める立場では、解除された契約の当事者が反対方向の物権行為を行わなければ物権は売主に復帰しない。

間接効果説や捲き戻し説に従う場合にも、一旦買主に移転した所有権を当事者が返還する義務を負うのか、それとも直ちに所有権が売主に復帰すると解すべきかが問題となりうる。鈴木教授は、通説の主張する請求権競合説的な立場が、いずれの請求権を行使するかにより果実収取権や時効などの点で解決が区々になり妥当でないとし、解除により売主は所有物返還請求権と不当利得返還請求権の中間的な請求権を取得すると主張される（一種の間接効果

説）（鈴木禄弥・民法の基礎知識(1)一五〇頁）。

(ニ)　原状回復義務の範囲

(a)　原状回復義務は、解除された契約が締結される前の状態に両当事者を戻すことを目的とする。したがって、物が既に相手方に給付された場合でその物が相手方のもとに存在するときは、当事者はその物の返還を請求することができる。解除によって所有権や債権が復帰する場合には、登記や債権譲渡通知が既になされていた場合は、登記の抹消や復帰する債権についての反対方向の譲渡通知が必要である。解除に遡及効を認める立場に立った場合だけでなく、遡及効を否定する立場に立った場合も同様である。

(b)　給付された物が相手方のもとで滅失、毀損して原物の返還が不能になった場合、その滅失、毀損が相手方の責に帰すべき事由による場合にのみ相手方の目的物の価格の返還義務を認める説（我妻・債権各論上一九五頁、柚木・債権各論三〇七頁）と滅失、毀損が相手方の責に帰すべき事由による場合だけでなく、その責に帰すべからざる事由による場合にも価格賠償を命じる説がある（末川・契約法上一六七頁、山下・新版注民(13)七四四―七四五頁）。前説は、原状回復義務を不当利得返還義務と捉える立場で一般に採用されているのに対し、後説は、原状回復義務を解除当事者に課される固有の返還義務とする立場で主張されることが多い。もっとも、前説の立場では、目的物が相手方のもとで相手方の責に帰すべからざる事由により滅失、毀損したときは、債権者は契約を解除しないで代金の支払を請求するという方法を選ぶであろう。

近時日独で有力な捲き戻し説によると、買主のもとでその責に帰すべからざる事由により物が滅失、毀損した場合は、それが解除前であるときは、売主の返還義務は物の毀滅に応じて減縮し、解除後であるときは、民法五三六条一項の適用によって売主の返還義務も物の毀滅の程度に応じて減縮する（川村泰啓・商品交換法の体系上二六八頁以下、四宮和夫・請求権競合論二〇四頁)。これに対して、近時有力化しつつある解除原因考慮説によると、物の滅失、毀損が当事者の責に帰すべからざる事由による場合でも、解除の原因が一部給付、不完全給付、瑕疵ある物の給付等であるときは、各々解除の原因を与えた当事者(解除の相手方)が危険を負担すべきことになる。なぜならば、かかる債務の本旨に従わない給付をしたために解除される者が相手方の危険負担を主張することは公平に反すると考えられるからである。買主が目的物の価値を返還すべきときは、その評価の基準時は解除時とするのが多数説である(末川・契約法上一六七頁、我妻・債権各論上一九五頁)。

ドイツ債務法現代化法では、契約が解除された場合、当事者が受取った客体が滅失または毀損したときは、それが指定に適った使用により生じた場合を除いて、当事者は返還に代えて価値賠償給付義務を負うが(ド民三四六条二項)、彼が自己の事務について用いるのが通常である注意を用いたにもかかわらず、滅失または毀損が彼のもとで生じた場合はこの限りでない(ド民三四六条三項)。物または権利に瑕疵があったために買主が解除する場合も、買主は偶然な危険を負担しないと解されている。

(c) 代替物が給付されたときは、給付受領者は同種、同等、同量のものを返還すればよい(大判明三七・一一・一七民録一〇輯一五三三頁)。

(d) 当事者のなした給付が労務その他の無形の給付であるときは、相手方はその価値を金銭的に評価して返還すべきことになる。評価の基準時については、給付当時の価格とする見解(末川・契約法上一六八頁)と解除時の価格とする見解(我妻・債権各論上一九五頁)が対立している。

(e) 当事者(債権者)が金銭を受けたときは、その受領のときから利息をつけて返還すべきである(民五四五条二項)。またこのこととの均衡において、目的物の給付を受けた相手方が目的物を使用したときは、その使用利益を返還しなければならない（大判昭一一・五・一一民集一五巻八〇八頁）。この使用利益は家屋等の場合は賃料相当額ということになろう。

買主使用後第三者が目的物を追奪したため買主が民法五六一条に基づいて売買契約を解除した場合、買主が非所有者たる売主に対して使用利益の返還義務を負うかどうかについては、これを肯定する判例がある（最判昭五一・二・一三民集三〇巻一号一頁）。有力説は本判決に対し、①買主には帰責事由がない、②買主の受けた目的物の使用利益と売主の側の受領代金の運用利益が対価的バランスを保っている、③買主は更に所有者に対して使用利益を二重に返還させられる可能性がある（加藤雅信・昭和五一年度重要判解六六頁、瀬川信久・法協九四巻一一号一〇八頁など）、あるいは④この場合は三者間での調整のできる規範、すなわち侵害利得規範により処理すべきである、⑤買主が善意であれば、買主が真の所有者からの使用利益の返還請求に対して負う返還義務の範囲は現存利益にとどまると批判を加えるが（潮見・契約各論Ⅰ一二二頁）、自動車の場合は使用による価値の減損が著しいし、買主が使用利益を売主に返還した場合は、所有者は売主に対してその償還を請求すべきだから、判例の如く解すべきであろう。イギリスやドイツでもかような事例では買主の使用利益返還を認める傾向にある。但し、使用利益の算定については、わが国では、通常の使用料（レンタル料）とするのは買主に酷であり、耐用年数を考慮した算定（損耗額）によるべきだとする見解が有力である（高森八四郎・民法判例百選Ⅱ［第五版］一〇九頁）。

(f)　相手方がその物について必要費、有益費を出捐したときは、必要費についてはその全額、有益費については、債務者の選択によりその出捐額または現存の増価額を債務者が償還すべきである（民一九六条参照）。

(3) 解除と第三者

(イ) 保護される第三者の範囲

民法五四五条一項但書にいう第三者とは、通説によれば、解除される契約から生じた法律効果を基礎として解除の意思表示までに新たに権利を取得した者をいう。目的物の転買人や目的物に抵当権、質権の設定を受けた者、目的物の賃借人などがこれにあたり、物権法上の対抗要件を備えていることが必要である。解除によって消滅する債権の譲受人、転付債権者、差押債権者、第三者のためにする契約の受益者などは、解除される契約から直接に利益を取得する者であるため、同条項但書によって保護されない。しかし、間接効果説や捲き戻し説からは、解除前の契約が効力を失わない以上、通説とは逆の結論が導かれる可能性もある(山中・総判民(10)二一一頁以下)。

(ロ) 第三者保護の要件

(a) 解除前の第三者

民法五四五条一項但書によれば、当事者の一方が解除権を行使したときは、各当事者はその相手方を原状に復せしめる義務を負うが、第三者の権利を害することはできない。例えば、土地の売買で買主がその土地を第三者に転売した後で売主が売買契約を解除した場合、第三者が売主にその土地を返還しなければならないかどうかが問題になる。通説、判例に従って解除により契約が遡及的に消滅すると解するならば、第三者は当然にはその土地を取得することはできず、解除の遡及効を制限する民法五四五条一項但書のような特別規定によって初めて権利を取得する(我妻・債権各論上一九七―一九八頁)。これに対して、物権行為の独自性、無因性を肯定する立場や間接効果説の立場では、売買契約が解除されても第三者は当然には所有権を失わない。その意味では同条項但書は注意規定にすぎない。売主と第三者は、どちらが先に対抗要件(民一七七条)を取得したかによって優劣が決する(末川・契約法上一六三頁以下)。捲き戻し説の立場でも同様である(山中・総判民(10)二一一頁)。もっとも、通説、判例の立場でも、第三者が民法五四五条一項但書によって売主に対して所有権を対抗するためには物権法上の対抗要件(民一七七条)を具備していなければならないとされている(大判大一〇・五・一七民録二七輯九二八頁、最判昭三三・六・一四民集一二巻九号一四四九頁)。この場合民法五四五条一項但書適用のために必要とされる第三者の登記は対抗要件なのかそれとも同条項但書適用のための資格要件なのかが問題とされることがあるが、不動産売買のように物権的取引秩序に関わるときは、その規制をも受けるという趣旨に理解すべきであろう。

但し学説上は、どうして民法五四五条一項但書の場合にだけ、民法九四条二項や民法九六条三項と異なって第三者の対抗要件(権利保護要件)の具備を要求するのか明らかでない、判例のように解すると民法五四一条一項但書は単なる注意規定になってしまうという理由でこのような立場に反対するものもある(潮見・債権総論Ⅱ[第二版]四六一頁)。しかし、民法五四五条一項但書は、民法九四条二項や民法九六条三項とは異なり第三者の善意を要件としていないため、それとの間でバランスをとったともみられる。

(b)　解除後の第三者

売主の解除後第三者が買主から不動産を取得したときは、買主を基点とする逆方向の二重売買があったとみなされ、民法一七七条の適用問題となる(我妻・債権各論上一九九頁)。この場合学説上は、解除は遡及効ないし少なくとも所有権の即時復帰の効力を有するため、解除後解除の相手方から第三者が目的物を取得することはできないが、売主が解除後登記回復手続を長期間怠っていたような場合は、民法九四条二項の類推適用が問題となりうるとする見解(平野・契約法[第二版]一八四頁)やこれとは逆に、契約解除後の取得者についても民法五四五条一項が適用され、同条項によって第三者が保護されるとする見解などがある。

(4) 損害賠償請求権

(イ) 契約解除と損害賠償請求権

相手方の債務不履行等によって契約を解除した者は、契約を解除して既に給付した物を返還させ、または未払債務を免れただけでは契約締結前の利益状態を回復できない場合が多い。すなわち、相手方の債務不履行によって債権者に逸失利益、拡大損害、遅延損害等の損害が生じた場合には、相手方にそれを塡補させる必要がある。わが民法も、解除権の行使は損害賠償の請求を妨げないと規定する（民五四五条三項）。フランス民法は、契約解除と履行利益の賠償の両者を両立せしめているが（フ民一一八四条二項）、わが国でも通説は、債権者は解除とともに債務不履行による損害賠償を請求しうると解している（鳩山・日本債権法各論二五〇頁、我妻・債権各論上二〇〇頁、最判昭二八・一〇・一五民集七巻一〇号一〇九三頁）。

これに対してかつてのドイツ民法は、双務契約における債務不履行の場合、債権者が解除か損害賠償かを選択しうると定めた（ド民旧三二五、三二六条）。これは、ドイツ民法が、解除による契約関係の遡及的消滅により債権、債務は初めから存在しなかったことになり、債務不履行もまた債務不履行に基づく損害賠償請求権も成立しないことになるとの立場をとったためであり、解除とともにする損害賠償はせいぜい解除によって新たに生ずる、契約が有効に成立したと信頼したことによって被った損害（信頼損害）に限られると考えられた。わが国でもこのような立場に従う者もあった（柚木・債権各論三一四頁以下）。しかし、この立場では債務不履行に陥った債務の債権者が逸失利益や塡補賠償を受けようとすれば契約解除を選択しえなくなり、契約解除制度を認めた趣旨の大半が失われる。二〇〇一年のドイツ債務法現代化法では、一般的に契約解除とともに塡補賠償の請求をなしうることが定められている（ド民三二五条）。

(ロ)　塡補賠償の請求

解除による損害賠償の範囲についても、その確定基準は一般に民法四一六条によると解されている。相手方の履行不能を理由として契約を解除した場合（民五四三条）は、解除者は、履行に代わる損害賠償額（塡補賠償額）から解除者が相手方に対して負担する反対給付額を控除した残額を請求することができる。

債務者が履行遅滞に陥ったため債権者が催告の上解除した場合は（民五四一条）、債権者は遅延損害の賠償を請求しうる。売主が履行の提供をしたが、買主が受領遅滞に陥り、遅延損害が売主に生じた場合において、買主がその後その遅延損害の賠償とともに改めて売主に提供をしたが、今度は売主が履行に応じない場合、買主は契約を解除することができるが、買主の当初の受領遅滞による遅延賠償義務は存続する。

履行遅滞による解除の場合は、遅延賠償の他、履行不能の場合と同様に塡補賠償の請求をすることもできる。契約解除により本来の給付義務が消滅するためである。

(ハ)　損害賠償の基準時

(a)　契約解除の場合は一般的に塡補賠償の請求が可能であるとしても、目的物に代わる価値の算定基準時はいつなのかが問題になる。

特定物の売買契約で目的物が売主の責に帰すべき事由により滅失した後で買主が契約を解除した場合、原材料（不特定物）の供給契約で売主が履行を遅滞したため、買主が催告、解除したうえで、他からより高額な価格で同種の原材料を購入した場合、上記二つの場合を通じて買主がより高価に第三者に転売する契約を結んでいた等の場合に、買主はいつの時点の目的物の価格を基準として塡補賠償を請求しうるか、また塡補購入に要した費用、転売利益、転買主に支払った違約金などの賠償を請求しうるかが現実には問題となる。

(b)　給付が不能になったとは必ずしもいえない場合（履行遅滞とみるべき場合）には、買主の解除時の時価が基準とされるのが普通である。判例は、大量の下駄材の売買で履行期が到来しても売主が引渡さなかったため、買主が催告、解除したが、その間に戦後の悪性インフレにより目的物の価格が高騰したという事例で、買主が解除時の価格を基準とする塡補賠償を請求したのに対し、売主が履行期の価格を基準とすることを主張したが、解除時基準説を採用した（最判昭二八・一二・一八民集七巻一二号一四四六頁）。賃貸人が賃借人に使用せしむべき土地の全部を第三者に賃貸し、第三者が当該土地に建物を建てたため、賃借人が賃貸人の債務不履行を理由として土地賃貸借契約を解除した事例では、賃借人の借地権喪失による損害の範囲は、解除当時の借地権の時価だとする（最判昭二七・七・二〇民集一六巻八号一五八三頁）。判例には、乾うどんの売買で買主が契約後一年経って契約を解除した事例で、履行期の時価を基準とする塡補賠償を認めたものがあるが（最判昭三六・四・二八民集一五巻四号一一〇五頁）、これは原告が履行期を基準とする賠償を求めた事案である。

但し、目的物の価格が高騰を続ける場合において、不履行売主に対して契約を解除した買主が代物を他から調達したときには解除時よりも価格が更に高騰していた場合に、代物調達時の価格を基準とした判例がある（大判大五・一〇・二七民録二二輯一九九一頁、大判大七・一一・一四民録二四輯二一六九頁）。買主が解除後遅滞なく代物を購入し、または買主が取引上必要な注意を用いたにもかかわらず、すぐに代物購入ができなかったような場合には、このような解決を認めるべきであろう。目的物の価格が下落し続けている場合において売主が代金を支払わない買主に対して契約を解除し、商品を処分しようとしたがすぐに売却できなかった場合も、これと同様に取引上必要な注意を用いたかどうかによって賠償額の算定基準時を解除時とするかその後の現実処分時とするかを決すべきであろう。

これに対して、解除をした買主が目的物を他に転売する契約をしていた場合には、転売価格が基準となるとする判例がある（大判大一〇・三・三〇民録二七輯六〇三頁（大量のマッチの売買で解除時には転売価格以上に価格が値上がりしていた事例））。しかし、売主が目的物の種類や相手方の職業等により容易に転売目的の売買であることを知ることが可能で、転売価格が取引上相当な価額の範囲内であれば通常損害と認めうるが（民四一六条一項）、そうでない場合は転売利益は特別損害となると解すべきである。

(c)　債務者の責に帰すべき事由による履行不能による解除の場合は、解除時の価格を基準とするのではなく、多数説は、不能が履行期前に生じた場合は履行期、履行期後に生じた場合は履行不能時の時価を基準とすると解している。不能が履行期前に生じた場合でも履行期の時価を基準とするのは、債務者は履行期に目的物を給付する義務を負っており、かつ履行期前に債務者の責に帰すべき事由によって履行不能に陥ったためである。履行不能の場合に解除時を基準としないのは、解除の時期が債権者によって恣意的に選択される虞があるからである。

(ニ)　損害賠償額の予定

当事者が債務不履行につき損害賠償額を予定した場合でも契約の解除を妨げない（民四二〇条二項）。この場合は、契約が解除されても原則として債権者は予定された賠償額を請求しうる（大判昭八・一二・二四民集一二巻二五一一頁）。

契約を解除した場合の損害賠償額の予定条項がある場合は原則としてそれによるが、平成一二年の消費者契約法は、消費者契約の解除に伴う損害賠償の額を予定しまたは違約金を定める条項であって、これらを合算した額が、当該条項において設定された解除の事由、時期等の区分に応じ、当該消費者契約と同種の消費者契約の解除に伴い当該事業者に生ずべき平均的な損害の額を超える場合は、その超える部分につき損害賠償額の予定または違約金条項が無効であるとする（九条一号）。本条項は、消費者が不当な出捐を強いられることのないように、事業者が契約の解除の際の損害賠償額の予定または違約金を定めた場合に一定の限度を超える部分を無効とするものである。

(5)　契約解除と同時履行の抗弁権

契約解除により両当事者は既に受取った物を相互に返還する義務を負うほか、解除の原因を与えた当事者は相手方に損害賠償義務を負う。民法はこれらの義務が同時履行の関係に立つことを明らかにした（民五四六条）。既述の如く同時履行の抗弁権は、双務契約に基づく両当事者の給付関係についてだけでなく、双方の給付が履行上の牽連関係にあるそれ以外の場合にも広く適用されるべきである。契約解除による両当事者の既給付物の返還関係もそのような場合の一つに含められうる。不完全給付または一部給付をしたために契約を解除された者も、損害賠償義務と引換で既給付物の返還を請求しうる。かような義務を解除者に課しても不当とはいえないためである。

四　法定解除権の消滅

(1)　相手方の催告による消滅

解除権発生後債権者が解除権を行使しない場合には、債務者は解除権者に対し相当の期間を定め、その期間内に解除するかどうかを確答すべき旨催告して解除権を消滅させることができる。その期間内に債務者に解除をする旨の意思表示が到達しなかったときは解除権は消滅する（民五四七条）。催告によって解除権が消滅しても、債権者は本来の給付または塡補賠償を請求する権利を失わない。本条は、解除権者の相手方は契約が解除されるかどうか不安定な状態にあるので、相手方を保護するとともに法律関係の早期決済を図るために認められた制度である。しかし、現実問題として債務不履行に陥っている債務者にかような催告をさせることは期待できないと指摘されている。

(2)　解除権者による目的物の毀損等による消滅

解除権者が自己の行為または過失によって著しく契約の目的物を毀損しもしくはこれを返還できないようにした

場合または加工もしくは改造によってこれを他の種類の物に変更した場合は、解除権は消滅する（民五四八条一項）。解除権者が自己のもとにあるこれら目的物につき上記のような行為をした場合は、解除権は消滅するとの趣旨である。したがって、解除権者の行為による物の毀損の程度が相対的に小さい場合だけでなく、滅失、毀損等の対象となった物が瑕疵等のために最初から極めて小さな経済的価値しか有しなかったときは、解除権は消滅しないと解すべきである。解除権者のもとでの物の滅失、毀損が解除権者の責に帰すべからざる事由による場合も解除権は消滅しない（民五四八条二項）。

二〇〇一年ドイツ債務法現代化法では、当事者が受取った物を消費、譲渡し、またはそれに負担を課し、加工または変容し、または指定に適った使用により毀損が生じた場合を除き、受取った物が滅失、毀損した場合、解除権は消滅するのではなく、解除権が行使された場合に、当事者は価値賠償義務を負うにとどまる（ド民三四六条二項）。但し、この価値賠償義務は、解除の理由となった瑕疵が客体の加工または変容に際して始めて生じ、または当事者が自己の事務について用いるのが通常である注意を用いたにもかかわらず、滅失、毀損が生じた等の場合は消滅する（ド民三四六条三項）。

(3)　解除権の消滅時効

(イ)　解除権は一の形成権であるから、債権または所有権に非ざる財産権として、それを行使しうるときから二〇年間で時効または除斥期間の徒過により消滅に帰するはずである（民一六七条二項）。しかし判例は、解除権の消滅時効期間は通常の債権に準じて原則として一〇年間だとしている（大判大五・五・一〇民録二二輯九三六頁、大判大六・一一・一四民録二三輯一九六五頁）。時効の起算点は、解除をなしうるとき、すなわち解除権発生事由の生じたときである。債務者の責に帰すべき事由による履行不能の場合は、その事由の生じたとき、履行遅滞の場合は民法五四一条の期間の徒過したときである。

判例は、解除に基づいて生じる原状回復請求権は解除権とは別個の時効に服し、その期間は原則として一〇年で、その起算点は解除時だとする（大判大七・四・一三民録二四輯六六九頁）。契約解除に基づく原状回復義務の履行不能による損害賠償請求権の消滅時効の起算点も契約解除時だとする判例もある（最判昭三五・一一・一民集一四巻一三号二七八一頁）。

これに対して有力説は、本来の債務の他に解除権自体、更には解除に基づく原状回復請求権について各々独自に消滅時効を考える余地はないと主張する（我妻・債権各論上二〇七頁）。法定解除に基づく損害賠償の請求はもとより、原状回復の請求も、帰するところ債務不履行責任の一つだから、本来の債務が時効で消滅した後にその責任を問うことは許されないというのがその理由である。しかし、解除をなしうるかどうかは、本来の債務について新たに生じた事由に基づいて発生した問題だから、解除権及びそれに基づいて生じる原状回復請求権の時効を本来の債務の時効とは別個の問題となしうると解すべきである。

(ロ) 売主や請負人の担保責任については、短期の期間制限が置かれていることが多い。詳細は各々の契約に関する章に譲るが、例えば、権利や物に瑕疵がある場合の売主の担保責任は、買主が契約解除権を行使する場合も、買主が事実を知ったときまたは契約時から一年内に行使しなければならないとされている。判例は、この一年の期間内に裁判上、裁判外を問わず売主に対して権利行使の意思表示をすれば、通常の時効期間内は買主がこれらの権利を行使しうるとしている（権利保存期間説）。

第三節　約定解除

一　約定解除の意義、機能

(1)　約定解除とは、契約によって一方または双方の当事者が留保した契約を解除する権利に基づいて当事者が契約を解消することである。一定の事由が生じた場合に契約解除権を留保する場合が多いが、必ずしもそのような場合に限られない。わが民法の解除に関する規定は、その性質上法定解除にのみ適用される法条（民五四一条〜五四三条）を除き、いずれの解除にも適用されうる。ドイツ債務法現代化法の解除規定も、基本的に約定解除と法定解除とに共通の規定から成っている。

(2)　約定解除は、法定解除の要件を緩和したり、それと連動してその効果を軽減するためになされる場合が多い。催告不要の特約や遅滞の内容、程度に関する特約がその主なものである。これらは法定解除の発生要件や効果に関する特約ということもできる。

無催告解除特約は賃貸借契約で多く用いられる。賃料不払、賃借人の用法違反の場合は無催告で解除しうるという特約条項がしばしばみられる。しかし判例は、この場合無催告解除の効力如何を当事者間の信頼関係が破壊されたかどうかにかからせるのが一般である。その他無催告解除特約は、消費者保護のために法律上無効とされる場合もある（割賦五条、宅建業四二条）。

履行遅滞の内容、程度に関する特約の効力も、今日では信義則による制限があると解されている。特定の事由があるときは当然解除されたものとみなす特約、いわゆる失権約款は、解除権の行使すら不要とされる場合であるが、その効力も信義則による制限を受ける。

(3)　約定解除権は契約によって生じる。解除される契約の締結と同時ではなく、解除される契約の締結後に解除権留保を約してもよい。法定解除が一般的に観念されえない更改契約や一部免除契約についても約定解除は可能である。

約定解除権が民法上定められている例としては、手付（民五五七条）、買戻が挙げられる。前者は、手付契約がなされる限り、当事者が明示の約定をしていなくても解約手付と推定されるが、後者は、わが民法上は、不動産を目的とする場合に関する限り、契約締結と同時に売主が履行後解除権を行使しうることを明示的に約定するものである（民五七九条）。

二　約定解除権の行使と効果

(1)　約定解除権の行使も相手方に対する意思表示によってなされる。法定解除の場合と同様に相手方に不当な不利益を与える虞のある取消や条件、期限の付与も原則として許されない。また約定解除にも解除権不可分の原則を定める民法五四四条が適用される。

(2)　約定解除権行使の効果も、原則として原状回復義務の発生であり、遡及効を認める直接効果説や間接効果説が問題となりうる。しかし、当事者は予めの合意で原状回復義務の範囲、遡及効の有無等についても約定をなすことができる。

損害賠償については、約定解除の場合は、当初からそれが予定されない場合もあるが（買戻など）、賠償額が予定される場合が多い（手付など）。債務不履行の場合に解除の要件のみを緩和する約定解除も有効である。この場合は解除者は実損害額の賠償を請求しうる。

第三者の権利を害してはならないことは法定解除の場合と同様である。当事者間の合意は当然には第三者には及ばないからである。したがって、目的物の転得者が第三者対抗要件（民一七七条、一七八条）を備えたときは、約定解除権者は目的物の回復を請求しえない。法は、不動産の買戻約款付売買では、売主が予め買戻の特約を登記しなければ第三者に対抗しえないと規定している（民五八一条）。

三　約定解除権の消滅

約定解除権もまた、相手方の催告権の行使（民五四七条）や解除権者の行為、過失による目的物の滅失、著しい毀損（民五四八条）によって消滅すると解されている。任意の解除を認める手付の授受の場合は、解除は相手方の履行の着手時までになす必要がある（民五五七条）。

約定解除権もまた時効消滅しうる。約定解除権も債権または所有権に非ざる財産権だから、二〇年の時効または除斥期間に服すべきはずであるが、ここでもそれによって生じる債権の時効に準じて一〇年間と解される余地が大きい。約定解除権の時効起算点も解除権を行使しうるようになったときである。また判例によれば、この場合も解除によって生じる原状回復請求権の一〇年の時効が別個に観念され、その時効起算点は解除時となる。

第四節　合意解除（解除契約）

一　合意解除の意義、機能

(1)　合意解除とは、契約当事者間の合意で既存の契約を解消して、契約がなかったと同一の状態をつくり出すことである。実務上しばしばみられるのは、請負工事の進行中に請負人の経済状態が悪化し、工事の続行が出来なくなって、出来形部分を時価評価し、請負人の残債務を整理、清算して当事者双方の合意で契約関係を解消する場合である。合意解除は、当事者間の任意の合意でいつでも行うことができるが、実際上はこの例のように、当事者の一方が契約を完全に履行できない状況が生じた場合に、法定解除を行う代わりに、債権者の権利実現のためのコストの軽減、債務者の責任緩和といった当事者双方にとっての利点に着眼して行われる場合が多い。

(2) 合意解除は一種の契約であり、法定解除のような要件は特にない。当事者間の契約の解消についての合意が成立すれば効力を生じる。したがって、法定解除が認められないような場合でも、合意によって契約を解除することが認められうる。法定解除の認められない遺産分割協議についても合意解除が認められている（最判平二・九・二七民集四四巻六号九九五頁）。

契約の一部を解除する合意も有効である。更改契約、債務免除契約のように法定解除が論理的に観念しえない場合でも、当事者間の合意で契約締結以前の状態に復帰することは可能である。黙示の解除契約も観念しえないではないが、実務上は明示で行うことが望ましい。

二 合意解除の効果

(1) 一般的効力

合意解除により契約関係は解消されることになるが、通説、判例は、法定解除の場合とは異なり当然には遡及的な契約関係の解消の効果は生じないとする。既に締結された契約に基づく債権、債務の効力をどの範囲で解消するか、既になされた給付をどの範囲で返還するか等の問題も挙げて解除契約によって定められる。合意解除の当事者が返還の範囲等について特に定めを置かなかった場合は、わが国の古い判例には、原状回復義務（遡及効）を認めるものが少なくなかったが（大判大六・六・一六民録二三輯一一四七頁、大判昭三・一二・一九民集七巻一一一九頁）、今日の判例はむしろ、法定解除の場合のような原状回復義務や損害賠償義務を当然には認めないで、合意解除後の給付物の返還関係は通常の不当利得の問題になるとしているといってよい（最判昭三二・一二・二四民集一一巻一四号二三二二頁、大判大八・九・一五民録二五輯一六三三頁（合意解除への民法五四五条以下の適用を否定））。したがって、遡及効を認める場合は、合意解除までの果実も相手方に返還すべきことになるが（前掲大判昭三・一二・一九（利息債権））、今日一般的な立場に従えば、当事者の一方が受け取った金銭を返還する場合にも利息をつける必要はない（前掲大判大八・九・一五）。これは、合意解除が法定解除とは異なり、合意解除されるまでの既給付物から得た利益はこれを給付受領者が取得し、解除時の現状で既給付物を返還するというのが当事者の通常の意思と考えられるためである。

解除までの間に給付物に生じた給付受領者の責に帰すべからざる事由による危険も、特別の合意のない限り給付受領者が負担すると解すべきことになろう。但し、当事者双方が返還義務を負う場合は、同時履行の関係を認めるべきであろう（民五四六条準用）。

⑵　物権的効力

合意解除される契約に基づいて物権や債権が移転していた場合は、特に当事者が解除に際してそのことを明示していないときでも、合意解除により元の給付者に復帰すると解される（大判大六・六・一六民録二三輯一一四七頁（交換契約の一部解除）、前掲大判昭三・一二・一九（債権譲渡））。但し、給付者は第三者対抗要件（民一七七条、一七八条）を備えなければ、転得者その他の第三者に対抗しえない（最判昭三三・六・一四民集一二巻九号一四四九頁）。

⑶　損害賠償

合意解除の場合は、当事者の一方が損害を被っているときは、解除に際して損害の塡補についても合意するのが普通だから、一般的にはこのような合意のない限り損害賠償義務は認めるべきでないといえよう。損害の生じた当事者は解除契約に際してその請求権を留保しておくべきであろう。

(4) 合意解除（合意解約）の第三者効

土地や建物の賃貸借契約では、建物の賃借人または転借人がいることがあり、土地、建物の賃貸借契約の合意解除の効力をこれらの者にも及ぼせしめうるかという問題がある。古い判例は、賃貸借を合意解除した賃貸人はそれを適法転借人に対抗しうるとしていたが（大判昭四・三・一三民集八巻一六〇頁）、今日の判例は、賃貸借契約の合意解除は適法な転借人に影響を及ぼさない（大判昭九・三・七民集一三巻二七八頁など）、また土地賃貸借契約の合意解除は、特別の事情のない限り地上建物の賃借人には対抗できないとする（最判昭三八・二・二一民集一七巻一号二一九頁、最判昭六二・三・二四判時一二五八号六一頁（背信行為と認められない無断転貸借のあった事例））。解除される契約を基礎として適法な法律関係を形成している第三者の地位を契約当事者の任意の合意によって覆しえないとの趣旨である。右特別の事情とは、判例によれば、建物賃借人の賃料不払に基因して合意解約がなされたとか（最判昭四一・五・一九民集二〇巻五号九八九頁）、敷地賃借人が家屋賃借人たる合資会社の無限責任社員であるという場合である（最判昭四九・四・二六民集二八巻三号五二七頁）。

請負契約の一方の当事者の保証人や連帯保証人も契約の合意解除の場合には当然には責任を負わないと解すべきであるが、実際上その例の多い実質的には法定解除である場合には、責任を負うべき場合もありうる。工事請負契約が合意解除された事例で、最高裁は、請負人の保証人は当然には請負人の負担につき責に任じないが、工事代金の前払を受ける請負人の保証は、特段の事情の存しない限り、少なくとも請負契約上前払すべきものと定められた金額の限度では、合意解除が請負人の債務不履行に基づくものであり、かつ約定の債務が実質的に法定解除によって負担する請負人の前払金返還債務より重いものでないときは、請負人の前払金返還債務に及ぶとした（最判昭四七・三・二三民集二六巻二号二七四頁）。

第二部　契約各論

第一章　物品交換型契約

第一節　贈　与

一　序　説

(1)　片務契約性

贈与は、ある者（贈与者）が相手方（受贈者）に無償で財産または財産権を与える契約である。贈与者が無償で受贈者に財産権を与える契約であるから、贈与は片務契約である。遺贈は相手方のない単独行為であるが、贈与は契約である。

(2)　無償契約性

贈与は無償契約である。無償とは対価的意義を有する反対給付をなすことなしに給付を受けることをいう。しかし、実際上は純粋に無償で給付がなされることは比較的稀で、なんらかの便宜を図って貰ったり、旧恩に報いるなどのために贈与がなされる場合が多い。またわが国では、贈与者の家族構成員に生前相続の趣旨で生前贈与がなされることが多いことも指摘されている。第三者に対して友情、愛情を満足させるために贈与のなされることもあるが、これらの場合はその認定は慎重になされる。例えば、バーの女給の歓心を買うために独立資金の供与を約束することは、民法の予定している贈与契約とは異なる法的拘束力を有しない給付約束とした事例がある（大判昭一〇・四・二五新聞三八三五号五頁（カフェー丸玉事件））。

(3)　諾成契約性

贈与は諾成契約である。すなわち、贈与は贈与者が受贈者に目的物を引渡したときではなく、目的物を無償で受贈者に供与することを合意したときに成立する。書面その他の方式によることも必要ではない。

予めの贈与契約なしにいきなり無償で物の引渡または権利の移転の効果を生じる合意をなすいわゆる現実贈与が民法上の贈与といえるかどうかについては、有力説はそれが民法上の贈与とは異なった（準）物権契約だとするが、この場合も贈与契約が成立し、それが即時に履行されるまたは一個の契約から権利移転という物権的効果と債権的効果（担保責任）とがともに発生する（我妻・債権各論中巻一、二二五頁）とみることも可能である（債権契約説）。前説は、直ちに所有権が移転するのであれば、その給付義務もまた発生するとするのは自己矛盾だとの立場に立っており、物権行為の独自性を認める立場に立つ者に支持者が多いといわれる。後説では現実贈与の場合でも民法典の定める贈与に関する規定（民五五一条など）の適用が問題なく導かれる。

(4)　贈与の目的の範囲

贈与の目的となしうる財産または財産権には制限はない。動産、不動産の移転のみならず、債務の免除や負担、用益権の設定など贈与者の負担において受贈者に財産ないし財産的利益を帰せしめる内容のものであればよい。他人の財産の贈与、すなわち他人の財産を取得してこれを受贈者に供与する場合でも有効な贈与となりうる。サービスの無償供与も贈与となるとする立場もあるが、この場合は贈与の規定が準用されるにすぎないと解される。潮見教授は、無償の役務提供は、契約内容では無償の（準）委任と共通するところが多いから、委任に関する規定を推及すべきだと主張される（潮見、契約各論Ⅰ五一頁）。

二　贈与の成立

(1)　序

立法例によれば、無償契約には方式を要求するものが多く、贈与の成立には書類または公正証書を必要とするものが数多くみられるが（フ民九三一条、ド民五一八条、ス債二四三条、旧民財取三五八条）、わが民法は売買等と同様無方式の諾成契約とした。売買のように社会生活を営むために必要な財の交換手段としてその簡易化が要求されるものについては、無方式化が要求されることは理の当然であるが、贈与の場合は必ずしもこのような要請は存在せず、むしろその意思が書面等によって明らかにされている場合に初めて法的拘束力を付与する諸外国の立法例の立場に合理性があると考えることもできる。しかし、わが民法の起草者は、契約当事者の自由意思を尊重するとともに、日本では贈与の多くが恩や義理からなされているという理由で、諾成、不要式の契約とした。もっとも、現行日本民法においても書面によらない贈与には実際上弱い効力しか与えられていない（民五五〇条）。

(2)　書面による贈与

(イ)　わが民法は、贈与の意思表示が書面によってなされているときは、当事者の一方が後になってそれを取り消しえないとする立場をとった。贈与の書面が作成されているときは、後になって当事者間に贈与意思の有無をめぐって争いが生ずることはないと考えられるためである。

(ロ)　贈与の書面は、贈与契約書という形式になっていることないし受贈者の承諾の意思表示が書面に記載されていることを必要とするものではない（大判明四〇・五・六民録一三輯五〇三頁）。また書面上の贈与の意思表示は必ずしも明示的であることを要せず、贈与の意思が確認できる程度の表現が書面上になされていれば、民法五五〇条にいう贈与の書面といえるとされている（最判昭二五・一一・一六民集四巻一一号五六七頁）。判例によれば更に、書面に贈与する旨の直接の記載がなくても、他の事情から贈与意思を有したことが明らかになれば贈与の書面と認められうる（大判大一五・四・七民集五巻二五一頁）。

(ハ)　贈与の書面は受贈者に対して向けられたものであることを要するか。判例はかつて、慰労金を贈与する旨が村の予算及び議事録に記載されただけでは贈与の意思表示とは認められないとしたが（大判昭一三・一二・一八民集一七巻二三九九頁）、整理段階に入った銀行の重役が大蔵省に提出した私財提供書の写しを銀行に差し入れ、預金者代表との会合で私財提供の趣旨を声明した場合だけでなく（大判昭一三・九・二八民集一七巻一八九五頁）、戦後の判例は、当事者が連明で知事に提出した農地所有権移転許可申請書の中に当該農地を贈与する旨明示されている場合（最判昭三七・四・二六民集一六巻四号一〇〇二頁）やA、B間の調停事件で利害関係人として調停に参加したCがBから贈与を受けた部分を除く土地について調停が成立し、調停調書が作成され、受贈者（C）が利害関係人として調停調書に記載された場合（最判昭五三・一一・三〇民集三二巻八号一六〇一頁）にも、書面による贈与になるとする。第三者所有地の贈与で、贈与者が司法書士に依頼して本件土地は受贈者に譲渡したから所有権移転登記手続は同人になされたいとの所有者あての内容証明郵便を作成し、所有者に差し出した場合も贈与書面といえるとする判例もある（最判昭六〇・一一・二九民集三九巻七号一七一九頁）。受贈者が明示されていない贈与の書面は、他の証拠から受贈者が誰であるか決定しうれば足りると解されている（大判昭二・一〇・三一民集六巻五八一頁）。

これに対して学説上は古くから、第三者に宛てた書面や贈与者の内部関係で作成されたにすぎない書面、受贈者や目的物が判明しえない書面では足らないとする見解が有力である（末川博・債権二三三頁、阿部徹・民法判例百選Ⅱ［第五版］一〇三頁など）。近時も書面による贈与といえるためには、原則として当事者名、贈与の目的、贈与する旨の記載といった書面に記載されるべき事柄（内在的要素）と書面作成にあたって当事者に求められる事柄、すなわち当事者間での作成及び書面の交付という二つの事柄（外在的要素）が求められるとする指摘がみられる（柚木・松川・新版注民(14)四二〜四四頁、平野・契約法［第二版］一九二頁）。しかし、贈与者の真意を生かすために贈与書面に記載されていない外部的事情も補助的に考慮することも許容されうると考えられる。

(ニ)　書面は贈与契約と同時に作成される必要はなく、契約後作成された場合は作成されたときから書面による贈与となる（大判大五・九・二二民録二二輯一七三二頁）。また書面の原本が既に破棄された場合でも、写しその他によって書面が存在したことが立証されれば有効な書面による贈与となりうる（大判昭九・一一・二二法学三巻一〇五六頁）。

(3)　書面によらない贈与

(イ)　書面によらない贈与は、履行の終わった部分を除き当事者の一方はいつでもこれを撤回することができる（民五五〇条）。法律行為の取消に関する民法一二四条、一二六条の規定は、本条の撤回には適用がない（大判大八・六・三民録二五輯九五五頁）。もっともこの場合の撤回は、一旦有効に成立している契約を失効させるものであるから、特殊な撤回といえる。書面によらない贈与の撤回可能性を定めた理由は、わが民法の起草者によれば、後日の紛議を防止し、贈与者の熟慮を促して軽率な贈与がなされることを予防することにある。

撤回の意思表示は、受贈者に対してなされるのが一般であるが、目的物の転得者など第三者に対してもなされうるとする見解も有力である（柚木・松川・新版注民(14)四五頁）。贈与の黙示の撤回も場合によっては認められうる。目的物を第三者に譲渡したり、破棄した場合がそれである（民一〇二三条二項、一〇二四条後段参照）。

(ロ)　書面によらない贈与でも、履行の終わった部分は撤回しえない（民五五〇条但書）。贈与者が義務の履行を完了した場合は、もはや贈与者に贈与意思があるかどうか不確かだということはできないし、また履行後も贈与を撤回しうるものとすると取引の安全を害する結果になるからである。贈与意思が客観的に明瞭になれば法的拘束力のある贈与と認めるべきだとの立場から、本条但書にいう履行の終わった部分は広く解すべきだとされている。動産の場合は、引渡があれば履行がなされたといえる。引渡には現実の引渡だけでなく、簡易の引渡、指図による占有移転、占有改定も含まれる（最判昭三一・一・二七民集一〇巻一号一頁）。不動産の場合は、登記または引渡のいずれかがなされれば履行があったと解されている（最判昭四〇・三・二六民集一九巻二号五二六頁）。未登記建物の贈与に基づき受贈者名義に保存登記がなされた場合も履行は終了したものとされる（最判昭五四・九・二七判時九五二号五三頁）。

登記、引渡以外にも贈与者の贈与意思が明確になる行為ないし事情のあったときも撤回しえなくなると解される。判例は、権利証の交付がなされた場合も引渡があったものと推定されるとし（大判昭六・五・七新聞三二七二号一三頁）、入院中の内縁の夫が同棲中に使用していたその所有家屋を妻に贈与するに際して、自己の実印を以前買い受けたときの契約書とともに妻に交付した場合は、簡易の引渡による占有移転があったものとするが（最判昭三九・五・二六民集一八巻四号六六七頁）、それ以外にも、占有も登記名義も第三者にある土地の贈与の事案で、受贈者が第三者を相手に目的物返還及び移転登記を求めて提起した訴訟で、贈与者が受贈者の訴訟追行を助けるため土地の権利に関する書類を交付し、証人として証言した事情のあるとき（最判昭五六・一〇・八判時一〇二九号七二頁）や贈与の目的たる土地（実際はそれと交換された土地）について贈与者が測量をし、その実測図を受贈者に交付したとき（最判昭五三・一二・二〇判時八八八号八五頁）も、贈与の履行があった場合に準じて贈与を撤回しえないとしている。しかし、実測図は権利証に相当する書類とはいえないという指摘がある（柚木・松川・新版注民(14)五〇頁）。

農地の贈与では、知事の許可があるまでは有効な権利の移転は生じないから、許可がなされるまでは引渡があっても撤回しうるとするのが判例であるが（最判昭四一・一〇・七民集二〇巻八号一五九七頁）、この判決には批判が多い。債権の贈与では、債権移転の対抗要件（民四六七条）を具備したときではなく、債権証書や預金証書を受贈者に引渡したときから贈与者は撤回しえなくなると解されている。もっとも債権贈与の場合は、贈与者が受贈者名義で預金契約を締結したときは、それだけで贈与契約は履行を終わったものとみるべきではないかが問題となりうる（大判昭一二・一一・三〇法学七巻三八四頁（肯定例））。

その他書面によらない贈与は、贈与による権利移転を有効と認める判決が確定したときにも既判力により撤回しえない（最判昭三六・一二・一二民集一五巻一一号二七七八頁）。

(ハ) 民法五五〇条は、離婚の際の財産分与のように純粋な贈与とはいえない場合は適用されない（最判昭二七・五・六民集六巻五号五〇六頁）。

三　贈与の効力

(1) 財産権移転義務

贈与者は受贈者に財産権を移転する義務を負う。義務の内容は売主の義務と同様である。特定物の贈与の場合は、贈与者は引渡まで善管注意義務を負い（民四〇〇条）、不特定物の贈与では、特別の合意のない限り中等品の給付義務を負う（民四〇一条一項）。そして贈与者の履行遅滞や履行不能が贈与者の責に帰すべき事由によるときは、受贈者は、遅延賠償や履行に代わる損害の賠償を請求することができると解されている。しかし、贈与者に善管注意義務を課することに対しては学説上批判が多い（広中・契約法の理論と解釈二八七頁、谷口・五十嵐・新版注民(13)四五五頁）。思うに、この場合負担付贈与の場合を除く通常の贈与者には自己のためにすると同一の注意義務を課するをもって足ると解すべきであろう（同旨：平野・契約法［第二版］二〇〇頁）。ドイツ民法は、贈与者の目的物の保存につき故意または重過失についてのみ責任を負わせている（五二一条）。贈与者が履行しない場合は、受贈者は契約を解除して履行に代わる損害賠償を請求しうる。

⑵　贈与者の担保責任

贈与者は原則として贈与の目的たる物または権利の瑕疵または欠缺について責任を負わないが、贈与者がその瑕疵または欠缺を知りながら受贈者に告げなかったときは責任を負わなければならない（民五五一条一項）。贈与は無償契約だから、当事者の通常の意思を推測して、悪意の場合を除いて贈与者が担保責任を負わないとしたものである。悪意の贈与者の担保責任の範囲については議論があり、従来は、この場合の損害賠償は、権利または物の瑕疵または欠缺に対する受贈者の不知を救済するための一種の法定責任であるから、受贈者が瑕疵または欠缺がないものと誤信したことによって被った損害の賠償に限るとする見解（信頼利益賠償説）が通説であったが、今日では担保責任を債務不履行責任の一類型と捉える見解が有力化している。もっともこの立場に立つとしても、受贈者に瑕疵惹起損害が発生した場合は、それにつき贈与者に故意または重過失がある場合でなければ贈与者は責任を負わない。贈与者の担保責任（不完全履行責任）は、通常の有償契約における担保責任とは異なった責任要件に服すると解すべきだからである。しかし潮見教授は、贈与目的物に存在した権利の瑕疵または物の瑕疵によって受贈者の生命、身体、財産等に生じた損害（いわゆる完全性利益の侵害）は、本条に基づくのではなく、無償、有償契約の両者に区別なく適用される保持義務違反の問題として処理されると主張される（潮見・契約各論Ⅰ五三頁）。

本条の適用が問題になる場合も、受贈者が瑕疵または欠缺について悪意であった場合は、贈与者の担保責任は一般にこれを認めるべき限りではない。不特定物の贈与の場合は、従来は民法五五一条の適用はなく、債務不履行の規定に従って贈与者が責任を負うと解する見解が有力であった。しかし、民法五五一条とのバランスから、贈与者は瑕疵ある物を選択したことにつき悪意（または重過失）がある場合でなければ賠償責任を負わないと解すべきである。

本条の担保責任の存続期間については、売主の担保責任に関する規定（民五六六条三項）が準用されると解されてきたが、贈与者が悪意である場合は、短期期間制限を認めるべきではなく、一般の一〇年の時効に服するとみるべきである（民一六七条一項）。

⑶　贈与の失効、撤回

贈与は、詐害行為取消権（民四二四条）、遺留分減殺請求権（民一〇三一条）の行使、夫婦間の贈与の場合は夫婦間の契約取消権（民七五四条）の行使、定期贈与の場合は当事者の一方の死亡（民五五二条）によって失効するが、贈与意思の表示後贈与者及びその家族の財産状態が悪化したり、受贈者が贈与者に対して忘恩行為を行った場合に贈与者が贈与行為を撤回または取り消すことができるかが問題となる。諸外国では贈与後に贈与者側の事情変更、受贈者の忘恩行為があった場合に、履行の拒絶、贈与の撤回または取消、履行したものの返還請求を認める立法例が多い（フ民九五三、九五五、九六〇条、ス債二四九、二五〇条）。ドイツ民法は、贈与の履行が贈与者の身分相応の生計または贈与者の法的扶養義務の履行を不能にする場合に贈与の履行拒絶権（困窮の抗弁）を（五一九条）、贈与の履行後贈与者が困窮に陥った場合（五二八条）や受贈者の贈与者に対する重大な忘恩行為があった場合には（五三〇～五三四条）、贈与物の返還請求権を定めている。

贈与は贈与者が自己の財産を好意でまたは恩恵として反対給付なしに受贈者に給付することを内容とするから、契約後これらの事情が生じた場合に、贈与者にその義務の履行を強制することはいかにも不合理だと感じられる場合が多い。そこで贈与義務の履行前はもとより、主に取引の安全との関係で議論はあるものの、履行後にこれらの事情が発生した場合でも、なお贈与を取り消して目的物を取り戻しうると解すべきだとする立場がわが国でも有力である。実際上はその他、養子縁組をする者が共同生活を行うことを前提に土地の贈与をしたが、同居をしないまま養親子間の情誼関係が破綻したような場合にも贈与の取消が認められている。これらの場合理論構成としては、信義則に基づく事情変更、黙示の解除条件の成就、受遺欠格の規定（民九六五条）の類推適用（広中・契約法の理論と解釈八八頁）、負担付贈与における負担の不履行による解除（最判昭五三・二・一七判タ三六〇号一四三頁）などが考えられる。信託的譲渡と構成することによって信託法理を応用して解釈する立場もある（小賀野晶一・信託法と民法の交錯（トラスト六〇研究叢書）六八頁以下）。

四　特殊の贈与

(1)　序

わが民法典は、贈与の特殊な場合として三つの特別の贈与を定めている。定期贈与、負担付贈与、死因贈与がこれである。これらの贈与は通常の贈与とは異なった性質、特徴を有するため特別の規律を必要としたものである。

寄付は社会的目的のための無償の財産の出捐である。寄付行為は直接に相手方に出捐される場合と相手方との間に受任者が介在する場合があり、前者は贈与ないし負担付贈与の一類型ということができるが、後者は贈与ではなく、募集の目的のために使用すべき義務を伴う信託的譲渡（但し、民法五五〇条、五五一条の準用がある）と解されている（我妻・債権各論中巻Ⅰ二三八頁）。

特殊な贈与としてその他、婚姻に際して授受される結納、婚姻解消の際の財産分与などがあるが、これらは家族法の分野に属する。

(2) 負担付贈与

(イ) 負担付贈与とは、受贈者が贈与者または第三者に対して一定の負担に任じる贈与である。老齢に達した養母を扶養し、円満な養親子関係を維持し、同人から受けた恩愛に背かないという約束で養親が養子に不動産を贈与するような場合もこれに含まれる（前掲最判昭五三・二・一七）。贈与者の給付と受贈者の負担の関係は、対価関係に立つものではなく、受贈者の受ける利益を減縮ないし制限するものと解されている。負担が無償行為の価値以上となるときは、負担付贈与ではなく、一種の有償契約となるとするのが通説である。受贈者に贈与によって得た物の用途指定をすることも負担となるが、永久に処分しえないといった負担は公序良俗に反し、その負担のみを無効とするのが合理的な場合が多い（大判明四五・五・九民録一八輯四七五頁）。しかし、贈与になんらかの条件を付することは、受贈者に負担を課することとは異なるとされている（最判昭二三・九・一八民集二巻一〇号二三一頁）。なお、負担付贈与における負担は贈与契約の一部（付款）であって別個の契約ではない。

(ロ) 負担付贈与における負担は、給付の対価ではなく、その制限と解されているため、負担付贈与もまた無償契約とされているが、実質的には受贈者は負担の限度でなんらかの出捐をなさなければならないから、双務契約に関する規定が準用される（民五五三条）。もっとも、起草者の梅博士は負担付贈与を双務契約としていたし（梅・民法要義巻之三、四七〇頁）、これを無償行為と有償行為の中間に位置する特殊な法律行為とする説もある（柚木・松川・新版注民(14)六二一〜六二三頁）。いずれにせよ民法五五三条より、贈与者は受贈者の負担の限度で売主と同様に担保の責に任じ（民五五一条二項）、また同時履行、危険負担、解除等に関する規定が準用される。但し、危険負担については、民法五三四条ではなく、合理的な引渡主義を適用すべきである。なお潮見教授は、危険負担規定（民五三四条以下）の負担付贈与への準用を否定され、例えば、負担の履行が不能になったときは、贈与の撤回可能性の問題として処理すべきだと主張される（潮見・契約各論Ⅰ五五頁）。

贈与者が受贈者の負担の限度で売主と同様に担保の責に任じるとは、受贈者が負担することによって損失を被らない限度までの意味であり、贈与の目的物の価額に対して負担の占める割合だけの利益が残るようにという意味ではないと解されている。したがって、一〇〇万円の価値のある不動産を贈与して五〇万円の抵当債務を引き受けさせた場合、瑕疵のために不動産の価格が六〇万円しかなかったときは、受贈者は三〇万円の限度で責任を負えば足りるのではなく、依然として五〇万円の責任を負い、瑕疵により不動産の価格が五〇万円以下になったときに初めて責任の限度が不動産の価格に制限されるにすぎない。このような解釈が通常の贈与者の意思に適するためである。また受贈者が負担を履行しない場合は、負担の価値が著しく小さくてそれがそれほど重要な意味を有していない場合を除いて、贈与者は負担付贈与を解除しうる（柚木・松川・新版注民(14)六五頁）。

(ハ)　民法五五〇条の適用に関しては、負担付贈与では贈与者の給付義務の履行または受贈者の負担の履行のいずれかがなされれば両当事者のいずれも契約を取り消しえないとする見解が有力である。判例も、負担付死因贈与契約につき、負担の全部またはその主要な部分の履行をした場合は、取消をすることがやむをえないと認められる特段の事情がない限り、取り消しえないとしている（最判昭五七・四・三〇民集三六巻四号七六三頁）。贈与者が義務を履行した場合は、負担付贈与の場合でも自ら取り消しえないのは当然である。

(ニ)　A、B間で時価二万円の製品につき、Aが一万円を支払い、残額はBのAに対する贈与とする旨の合意のある場合を混合贈与ということがある。かような契約に関して日独で、有償と無償の各部分に各々の典型契約の規定を適用すべきだという分離説と二個の異種の契約が一体として融合しているという一体説が対立しているが、近時は一体説が優勢である。そして混合贈与にも贈与の書面性に関する規定（民五五〇条）が適用され、対価関係に立たない給付の範囲内で民法五五一条の規定が適用されるとする者が多い。もっとも、近時はわが国では負担付贈与とは別に混合贈与を観念する必要はないとする見解が有力である（柚木・松川・新版注民(14)一八頁）。

(3) 定期贈与

定期贈与とは、贈与者が受贈者に定期的に一定の給付をなすべき贈与である。確定期限または受贈者の存命中というような不確定期限が定められている場合が多いが、期限が到来する前に贈与者または受贈者が死亡したときにも定期贈与は失効する（民五五二条）。これは民法が定期贈与を原則として終身定期金（民六八九条以下）としての性質を有するものとみているためである。但し、民法五五二条と反対の特約がある場合はこの限りではない。

(4) 死因贈与

死因贈与とは、贈与者の死亡によって効力を生じる贈与である。したがって死因贈与は遺贈と同じような作用を果たす。しかし、死因贈与は遺贈とは異なり契約である。法はこのような両者の形式的差異よりも無償の出捐行為という実質的類似性に着眼して、死因贈与に遺贈に関する規定を準用している（民五五四条）。しかし、遺贈に関する規定がどの範囲で死因贈与に準用されるかは明らかではない。

遺言の方式に関する規定が死因贈与にも準用されるかについては、判例はこれを否定し、遺言として効力を生じない瑕疵ある遺言書が死因贈与として転用されうるとするが（最判昭三二・五・二一民集一一巻五号七三二頁）、書面によらない贈与でも有効となることや死者の真意を確保することが困難なことを考慮して、死因贈与についても遺言の方式に関する規定を準用すべきだとする見解もある（広中・債権各論講義［第六版］四一頁、平野・契約法［第二版］二〇三―二〇五頁）。

遺言の効力に関する規定やその撤回に関する規定（民一〇二二条）は、その方式に関する部分を除いて死因贈与に準用される（最判昭四七・五・二五民集二六巻四号八〇五頁）。死後の財産の処分は、処分者の真意によらせるべきだからである。もっとも、遺言の効力発生前の受遺者の死亡に関する民法九九四条については、準用を肯定する通説（東京高判平一五・五・二八判時一八三〇号六二頁も同様）に反して、一般に準用を否定し、受贈者たる地位の相続を認める見解もある（柚木・松川・新版注民(14)七二―七三頁）。

死因贈与の撤回については、学説上は死因贈与が期待権を伴う契約だという理由で自由な撤回を許さず、生前贈与と同様に民法五五〇条の適用を認めるべきだとするものもある（柚木・松川・新版注民(14)七三―七四頁）。この立場では、抵触する遺言や生前行為による目的物の処分、目的物の破棄は、民法一〇二三条や一〇二四条の問題となるのではなく、贈与者の債務不履行の問題となる。しかし、通説は贈与者の自由な撤回を認める。但し、判例には、負担付死因贈与の事例で、負担の履行期が贈与者の生前と定められている場合に、受贈者が負担の全部またはこれに類する程度の履行をしたときは、右契約締結の動機、負担の価値と贈与財産の価値との相関関係、契約上の利害関係者間の身分関係その他の生活関係等に照らし、右契約の全部または一部を取り消すことがやむをえないと認められる特段の事情がない限り、民法一〇二二条、一〇二三条は準用されないとするものがある（前掲最判昭五七・四・三〇）。また、裁判上の和解の一部として死因贈与をなした等の事情があるときは、自由な撤回は許されないとされる（最判昭五八・一・二四民集三七巻一号二一頁）。

これに反して、遺言能力（民九六一条、九六二条）、遺言の承認、放棄に関する規定（民九八六条以下）、包括受遺者に関する規定（民九九〇条）、遺言書の検認、開封に関する規定などは死因贈与の性質上準用の余地はない。

第二節　売　買

第一款　序　説

一　売買の意義、目的物の範囲

売買とは、売主が財産権を買主に移転することを約し、買主が売主にその代金を支払うことを約することによって成立する契約である。貨幣が存在していない経済社会では、財産の調達は次節に述べる交換によってなされる以外にないが、貨幣が財産の交換手段として登場してくると財産の調達はもっぱら売買によってなされるに至る。

売買の目的となりうるものは財産権である。動産、不動産のみならず債権、無体財産権を含む。製造予定の物や未分離の果実のような将来の財産も売買の目的たりうる。法律上取引の禁止された物（禁制品）の売買は効力を有さない。行政法規に抵触する場合は、私法上も取引が無効となるかどうか問題となりうる。

ローマ法上の売買契約は、目的物の特定、代金額の決定などをまって初めて完全な効力を生ずる売買であったが、近代以後はむしろ定型的な商品の大量生産、大量流通を前提とする不特定物売買が取引社会の中心をなすに至っている。

二　有償契約性

売買契約の当事者は、相互に相手方の給付と引換に自らの給付をなす約束をする。すなわち、売買における各当事者の給付は、相互に対価関係に立つ。したがって、売買は有償契約である。しかも売買は最も典型的な有償契約とされており、そのため売買に関する規定は、性質の許す限り他の有償契約にも準用される（民五五九条）。予約や手付に関する規定はもとより、担保責任に関する規定もまた賃貸借やサービス供給契約に準用される。第三者から明渡を求められた賃借人の賃料支払拒絶権を民法五七六条を準用して肯定した事例もある（最判昭五〇・四・二五民集二九巻四号五五六頁）。

三　諾成契約性

売買は売主が買主に財産権を、買主が売主にその代価を支払うことを約束することによって成立するから、諾成契約である。近代諸国家ではいずれも売買は諾成契約とされている。

店頭での現金売買や自動販売機による売買のように買主が代金支払とともに即時に商品を受取るいわゆる現実売買が、民法典の定める債権契約としての売買契約かそれとも物権契約なのか問題とされている。思うに、売主が店舗を開設しまたは自動販売機を設置するということは、商品を売りたいという意思に基づくものであり、買主が現金を交付しまたは現金投入口に投入することも買いたいという意思の表明に他ならないから、両当事者間に売買の（暗黙の）合意が成立し、それが即時に履行されるとみることもできないわけではないと思われるが（債権契約説）、物権契約説のもとでも売主の担保責任規定や債務不履行に関する規定の準用が肯定されるから、いずれの説に立っても結論にあまり違いはない。

第二款　売買の成立

一　総　説

売買は諾成契約だから、契約書の作成その他の方式を践むことを要しない。もっとも国が売買契約当事者の一方となる場合については、法律上契約書の作成が要求され(会計二九条の八)、判例は、この場合契約書の作成が売買契約成立の要件となると解している(最判昭三五・五・二四民集一四巻七号一一五四頁)。その他地方自治法は、普通地方公共団体が契約書を作成するときは、その長またはそれから委任を受けた者が記名捺印しなければ契約は確定しないと規定し(地自二三四条五項)、また宅地建物の売買で、宅地建物取引業者が当事者、代理人または媒介人として関与する場合は、一定の事項を記載した書面の交付が義務づけられている。但し、この最後の場合は、契約書が作成されなくても私法上契約は無効とはならないと解されている。これらの場合に書面の作成が要求されるのは、契約内容を明らかにし、後日紛議が生じるのを避けるためである。割賦販売契約や訪問販売契約のような消費者契約でも、事業者は、契約締結前に必要事項を記載した書面の提出が義務づけられるだけでなく、契約締結後も契約内容を記載した書面を交付すべきことが規定されており(割賦四条、特定商取引法五条など)、それに違反したときはクーリングオフ期間が進行を開始しないという不利益を受けるが、売買契約自体の成立は認められる。

古代ローマでは売買は要式行為とされたが、ローマの経済的発展とともに諾成契約としての売買が確立し、それが近代の法典編纂においても採り入れられた。諾成契約としての売買は、今日のような商品交換によって成り立っている高度に発展した資本主義社会ではほとんど不可欠ということができよう。もっとも今日でも、前記のように売買の成立及び内容を明らかにしておく必要のある場合は、特別法によって書類の作成が要求される場合があるし、不動産取引などでは、当事者の契約締結意思の認定を慎重にするため、買主が一定額の金銭(手付)を支払った場合に始めて売買の成立を認めるのが実務の扱いである。

二　売買の予約

⑴　狭義の予約と売買一方の予約

売買の予約とは、当事者が将来本契約を締結すべきことを約束する契約である。予約権者が予約義務者に対して本契約の締結を請求しうるにすぎない場合は狭義の予約と呼ばれる（本書四〇頁参照）。この狭義の売買予約では、相手方が承諾しないときに本契約を成立させる手続が迂遠であるため、当事者は予約権者が一方的な意思表示によって本契約を成立させうることを合意することもできる。予約権利者が本契約を成立させうる権限を予約完結権と呼んでいる。そして通説は、当事者の意思が不明である場合は、後者と推定している。この場合も当事者の一方のみが予約完結権を有する場合（売買一方の予約）と双方が予約完結権を有する場合（売買双方の予約）がある。

民法五五六条の定める売買一方の予約は、予約に含まれるかそれとも完結の意思表示を停止条件とする本契約であるのか説が分かれている。前説は、売買一方の予約が承諾の意思表示を要しないとする趣旨は、売買契約の特性に基づく手続経済の便宜にすぎないと説明する。判例は、この前説に従っている（大判大八・六・一〇民録二五輯一〇〇七頁）。従って、予約権利者が民法九四条二項の善意者であるかどうかは、予約成立時ではなく、予約完結権行使時を基準として定められる（最判昭三八・六・七民集一七巻五号七二八頁）。

⑵　売買予約の実例

売買予約は、農地などの売買で当事者が都道府県知事の許可をまだ得ていないような場合にも利用されるが、実務上より一般的には、代物弁済予約、売買予約、再売買予約といった権利移転型の債権担保契約としてなされることが多い。代物弁済予約、売買予約では、債務者（売主）が弁済期に元利金を提供しえなかった場合に債権者（買主）に予約完結権が生じる。但し今日では、経済的に優位にある債権者による目的物の丸取りを防ぐため差額の清算義務が課されている（仮登担三条）。

(3) 予約完結権

予約完結権は形成権の一種であり（大判大四・七・一三民録二一輯一三八四頁）、不動産を目的とするときはその保全のために仮登記をなしうる（不登二条二号）。予約完結権は、予約義務者の承諾なしにこれを譲渡することができ、仮登記のなされているときは権利移転の付記登記により、仮登記の存しないときは債権譲渡規定（民四六七条）に従って、それを第三者に対抗しうる。仮登記につき付記登記がなされたときは、仮登記後付記登記前に目的不動産を仮差押えした第三者に対して、付記登記を経由した者は所有権取得を対抗しうる（最判昭三五・一一・二四民集一四巻一三号二八五三頁）。予約完結権の行使は、予約義務者に対して予約完結の意思表示をなすことによってなされる。目的物が第三者に譲渡された場合も同様である（大判昭一三・四・二二民集一七巻七七〇頁）。予約完結の意思表示はなんらの方式を要しない。

売買完結の意思表示前に目的物が債務者の責に帰すべからざる事由によって履行不能になったときは、売買一方の予約を予約の一種と捉える判例の立場に従う場合には、予約権利者が売買完結の意思表示をしても、目的物の引渡が原始的不能である以上、その意思表示は無効と解すべきことになるが（大判大一四・七・四民集四巻四〇三頁）、これを停止条件付売買契約とみる立場では、完結の意思表示前の目的物滅失は後発的不能であり、義務者にそれにつき過失がなければ、危険負担の問題を生じることになる。しかし、予約完結権者は、この場合予約完結権を行使しないという選択肢もありうるし、土地の収用のような場合は、収用補償金について売買の成立を認めるのが当事者の意思であることも考えられる（柚木・生熊・新版注民(14)一六五頁参照）。

予約完結権は、約定された存続期間が徒過した場合は消滅に帰する。予約完結の意思表示につき期間を定めなかったときは、義務者は相当の期間を定めてその期間内に売買を完結するかどうかを確答すべき旨を権利者に催告することができる。権利者がこの期間内に確答をなさなかったときは、予約は効力を失う（民五五六条二項）。予約完結権は、消滅時効によっても消滅しうる。もっともこの場合、予約完結権の行使によって生じる請求権に着眼して、二〇年ではなく一〇年で時効にかかるとするのが通説、判例である（最判平一・六・五民集四四巻四号五九九頁）。

⑷　売買予約と事情変更の原則

売買の予約のあるときは、予約完結権行使の時までの時間的間隔が長いことが多いために、通常の売買よりも事情変更の原則が適用される可能性が高いといわれる。予約締結の基礎となった事情が著しく変更したときは、事情変更の一般原則に従って、まず最初に契約内容の改訂権を認め、それでは十分な解決を導きえない場合に始めて予約の解除権を認めるべきだと考えられる。下級審判例の中には、土地の売買予約成立後二〇年経って買主が予約完結権を行使した場合に事情変更の原則を適用し、代金の増額を認めたものなどがある。

三　手　付

⑴　手付の意義と種類

手付とは、契約に際し当事者の一方から相手方に交付される金銭その他の有価物である。手付は売買を前提として授受されるから、手付契約は従たる契約であり、また授受をまって始めて効力を生じる要物契約である。但し、学説上は諾成契約説もある。この立場では、手付として五〇〇万円交付することが約されていたのにそれがまだ支払われていない場合でも、当事者は手付を放棄しまたは倍額を償還して契約を解除することができることになる（平野・契約法［第二版］二二一頁）。しかし、当事者の通常の意思は、手付の金額が交付されたときから契約の法的効力を認めるというものではあるまいか。

手付は手金、内（入）金、保証金など様々な名称で呼ばれるとともに、授受の目的も必ずしも一様ではない。代金に対する割合は、その一～二割であるのが普通であるが、特に決まったルールはない。

手付は授受の目的によって証約手付、成約手付、解約手付、違約手付などに分類される。証約手付とは、契約成立の証拠とする目的で交付される手付である。手付がそれ以上の目的のために授受される場合でも、少なくとも手付には契約成立の証拠としての機能があるといわれる。成約手付とは、手付の授受が契約成立の要件とされる場合である。売買契約は一般に諾成契約であるが、不動産の売買では慣行的に手付の授受がなければ売買の法的効力が生じないとされていることが多いといわれており、これらの場合は成約手付とみることができよう。

解約手付は、当事者双方に解約権を留保するために授受される手付であり、手付を交付した買主は手付を放棄し、手付を受領した売主は手付の倍額を償還して、法定解除権が備わらない場合でも任意に契約を解除することができる。不動産の売買などで広く行われている。

違約手付は、当事者の一方が契約上の義務に違反した場合に、違反者が手付交付者であるときは相手方が手付を没収し、違反者が手付受領者であるときは相手方がその倍額を請求しうることを約するものである。違約手付の授受によって当事者は契約に心理的に拘束される。相手方が手付の没収または倍額償還請求とは別個に自ら被った損害の賠償を請求しうる場合は、違約手付は違約罰としての性質を有し、それが認められない場合は、損害賠償額の予定としての性質を帯びる。近時の判例によれば、違約手付の約定の他に「特別の損害を被った当事者の一方は、相手方に違約金又は損害賠償の支払を求めることができる」との条項があるときは、債権者は現実に生じた損害の証明をして、手付の額を超える損害の賠償を求めることができる（最判平九・二・二五判時一五九九号六六頁）。なお、違約手付における倍額の請求または放棄の告知には、契約解除の意思表示を要しない。当事者双方に義務違反のある場合は、手付の没収や倍額請求はできないと解されている。目的物に瑕疵があるにすぎない場合は手付の倍戻し請求はできないとする下級審判例があるが、瑕疵担保責任も債務不履行の一類型とする立場では、必ずしもそのようには解されない。契約が履行されたときは、手付は代金の一部に充当される。

(2)　手付の認定問題

手付は上記のような種類があるが、実際上どのような種類の手付であるか明示されない場合もあるし、また複数の趣旨で手付が授受される場合も多い。これらの場合には手付がどのような趣旨で交付されたかを明らかにする必要がある。

わが民法は解約手付についてのみ規定を設け、他の種類の手付についてはなんら規定を置いていない。起草者は、わが国では解約手付が慣行上多いのでこれを原則としたとしている。判例はその趣旨を受けて、手付を解約手付と推定し、解約手付でないと主張する者がその旨立証すべきだとする（最判昭二九・一・二一民集八巻一号六四頁）。しかし有力説は、手付は契約の拘束力を強化するために授受されるのに、解約手付は逆に契約の拘束力を弱める作用を有するという理由で、手付を解約手付と推定することに反対する（来栖三郎・法協八〇巻六号一頁以下、広中・契約各論講義［第六版］五〇頁以下など）。しかしながら、売買目的物の価額が極端に上昇または下落した場合に、当事者が手付を放棄または倍戻ししてそのリスクを回避する道を選択することは必ずしも不当ではなく、またわが国で二重譲渡における対抗事例（民一七七条）があまり多くないのは、売買当事者間で解約手付による解約権の行使によって契約が適法に解消されるためだといわれている（潮見・契約各論Ⅰ七三―七四頁）。

手付額もどのような趣旨で手付が授受されたかを決するにあたって重要な意味を有する。判例の中には手付金額がごく少額な場合でも解約手付と推定したものがあるが（大判大一〇・六・二一民録二七輯一一七三頁）、手付額がごく少額の場合は、当事者は容易に解除権を行使し（解約手付の場合）または契約上の義務に違反しても痛痒を感じなくても済むため（違約手付の場合）、解約手付または違約手付とした意味があまり認められない。したがって多数説は、手付額が代金額に比して不相当に少額であるときは、証約手付の意味しか有しないと解すべきだとする。

宅地建物の取引業者が売主である宅地建物の売買契約では、手付の最高限度は代金額の二割とされ、かつその手付は解約手付とみなされる（宅建業法三九条）。宅地建物取引業者たる売主が顧客に不利な内容の手付契約を強いることを避け、かつ不動産取引で従来慣行的に行われてきた手付契約を合理化する趣旨である。

そのほか建売住宅や宅地、マンションの分譲において、申込証拠金あるいは契約保証料の名目で代金に比べて著しく少額の五万円ないし一〇万円程度の金額を業者が購入希望者に支払わせる場合がある。これらの金銭は売買ないし売買予約の手付と解する見解もあるが、手付とするには額が低すぎること及び購入希望者は詳細に目的物の調査をしないまま交付するのが普通であること等から、解約手付ではなく、購入希望者に購入しうる権限を付与するものであって、契約不成立のときは顧客に返還されるべきだと解されている（内田・民法Ⅱ一一七頁、潮見・契約各論Ⅰ七一頁）。もっとも、それが顧客にその物件を購入するかどうかの排他的な選択権（オプション）を付与するものであれば、最終的に購入を選択しない顧客がそのリスクを負担するとみる余地も出てこよう。但し、消費者保護の要請を受けるとみるべきであろう。

次に問題となりうるのは、違約手付であることが明示されている場合に、当事者が更にこれに解約手付としての機能を付与しうるかである。裁判所はかつてかような両性質の兼有を否定したが（大判大六・三・七民録二三輯四二一頁）、その後これを肯定する判例が出ている（最判昭二四・一〇・四民集三巻一〇号四三七頁（但し、本件の再上告審

（最判昭三〇・一二・二六民集九巻一四号二一四〇頁）は、両当事者ともに履行に着手したとして解除を否定した））。学説上は、違約手付が契約の拘束力を強化するのに対して、解約手付が契約の拘束力を不安定にするから、両者は相容れないとする見解もある（吉田豊・民法判例百選Ⅱ［第三版］一〇六―一〇七頁）。しかし、手付額が相当額でかつ賠償額の予定としての意味が付与されているときは、当事者はそれを放棄または倍戻しして契約を解除することにプレッシャーを受けるから、両性質の併存を認めても構わないように思われる。有力説は、併存を認めると当事者の履行着手前は相手方の手付損倍戻しによる解除と当事者の違約を理由とする損害賠償予定額の支払請求または履行請求とが衝突する結果となって妥当でないから、この場合当事者の履行着手前は解約手付として作用しうるが、履行着手後は違約手付としてしか機能しえないと主張する（来栖・契約法三六頁）。しかし、履行着手前の違約手付としての機能を完全に否定する必要はないのではないかと思われる。

この他学説上違約手付が損害賠償額の予定ではなく、違約罰（実損害があれば別途請求しうる）の趣旨であるときは、併存は認められないとする者もある（星野・民法概論Ⅳ一二〇頁、後藤巻則・民法判例百選Ⅱ［第五版］一〇五頁）。違約罰の趣旨で手付金が交付されたときは、契約の拘束力が強められるというのがその理由である。但し、違約罰としての違約手付を認めるには慎重であるべきであろう。

⑶　解約手付による解除

手付が解約手付の性質をもつときは、買主または売主は、当事者の一方が契約の履行に着手するまでは契約を解除することができる（民五五七条一項）。しかし、この解除権行使の限界となる履行の着手は、履行の準備と必ずしも区別が容易でない場合が多い。最高裁は、本条の趣旨を、履行に着手した当事者は履行の着手に必要な費用を支出しただけでなく、履行に着手したことにより契約の履行に多大の期待を寄せているから、相手方が履行に着手した当事者に不測の損害を与えるべきでないことに求め、履行の着手と認められるためには、当事者が客観的に外部から認識しうるような形で履行行為の一部をなしまたは履行の提供をするために欠くことのできない前提行為をしたことが必要であるとした（最大判昭四〇・一一・二四民集一九巻八号二〇一九頁）。戦後の判例は、このように本条の趣旨を主に履行に着手した当事者の契約の履行に対する信頼の保護に求め、その結果として履行に着手した当事者が自ら履行着手後に契約を解除することを許容するとともに、履行の着手の範囲を広く解し、信頼保護の範囲を拡大している。履行期の約定がある場合でも、当事者が債務の履行期前に履行に着手しないことを合意している等の事情がない限り、履行期前に履行に着手しないことを合意している等の事情がない限り、履行期前に履行に着手することもできると解されている（最判昭四一・一・二一民集二〇巻一号六五頁）。しかし、履行に着手した当事者は解除しうるとすることに対しては、それによって相手方の契約維持への期待と信頼が高まっている、巨額の損失が相手方に生じる場合がある、当事者は矛盾行為禁止に触れるという理由で反対説もある（潮見・契約各論Ⅰ八一頁）。しかしながら、反対説に対しては、相手方が履行または履行の着手に要した費用以外の出捐を一般的に当事者をして塡補させるべきだといえるかどうか疑問である等の理由で、判例に従っておきたい。

判例によれば、売主の履行の着手を認めた事例としては、貸家の売買で売主が借家人を立ち退かせたうえで買主に引渡す約定である場合に、売主が借家人に対してしばしば家屋の明渡しを求めたとき（最判昭三〇・一二・二六民集九巻一四号二一四〇頁）、他人の所有物の売買で売主が他人から目的物を取得し、自己名義に所有権移転登記をしたとき（前掲最大判昭四〇・一一・二四）などがある。買主の履行の着手に関する事例としては、戦後の判例は、買主が売主に対して明渡と引渡を求め、引渡があればいつでも売買代金を支払いうべき状態であったとき（最判昭二六・一一・一五民集五巻一二号七三五頁）、土地売買で履行期に買主が登記がなされればいつでも代金を支払いうるように残代金の準備をしていたとき（最判昭三三・六・五民集一二巻九号一三五九頁）、土地建物の売買で買主が履行期日前に残代金と引換に引渡を求めたとき（前掲最判昭四一・一・二一）のいずれも履行の着手を認めている。買主が連署して農地法五条の許可申請書を知事宛に提出したときも履行の着手を認めている（最判昭四三・六・二一民集二二巻六号一三一一頁）。しかし、不動産バブル進行時の不動産取引で、買い換え予定の売主が、買い換えを断念して自己の土地の売買契約を解約した事例において、買主が約定の履行期日前に自己の費用で代金額確定のための土地の測量をしたうえで、単に支払の用意ありとして口頭の提供をし、相手方の反対債務の履行の催告をするのみでは、特段の事情がないにもかかわらず履行の着手ありとすることはできないとされている（最判平五・三・一六民集四七巻四号三〇〇五頁）。

解約手付が交付されたときは、当事者が履行の着手をしていない間は契約を解除しうるが、手付交付者が解除する場合は解除の意思表示だけで足りるのに反し、手付受領者が解除する場合は、解除の意思表示をなすとともに手付の倍額を相手方に提供しなければならない。この場合一般的には現実の提供がなされることを要すると解すべきである（最判平六・三・二二民集四八巻三号八五九頁）。しかし、相手方がそれを受領しないときでも供託をする必要はない。解約手付に基づく解除権の行使をした場合は、特約のない限り、手付金の没収または倍戻以外に損害賠償の請求をすることはできない（民五五七条二項）。

四　売買の費用

売買締結の費用、例えば目的物の評価費用、証書作成費用、印紙代などは当事者が平等な割合で負担する（民五五八条）。債務履行のための費用は、売主が負担すべきものとされており（民四八五条）、登記費用はこの履行費用と解されているが、不動産取引の実務では買主が負担することが多い。

第三款　売買の効力

第一項　売主の義務

一　売主の権利移転義務

売主は、売買の目的である財産権を買主に移転する義務を負う（民五五五条）。売主は買主に目的物の支配を得させるため、更に目的物を引渡し、登記を移転し、証書等のある場合はそれらもまた買主に交付することを要する。不特定物売買の売主は、約定された種類に属する物の中から債務の本旨に適った物を取り分けて給付をなすことを要する（民四〇一条）。

売主はその他、完全な権利取得ないし物支配のための協力義務を負うのが原則である。農地売買では売主は知事への許可申請協力義務（農地五条）を、賃借権の譲渡では賃貸人の承諾を得る義務（民六一二条）を、目的物について権利を主張する者がある場合は、その妨害を排除する義務を、債権譲渡では債務者に譲渡を通知する義務（民四六七条）を各々負うのが一般である。更に近時は、専門家が売主となる売買では、各種の説明義務（宅建業法三五条など）が課されることが多い。他人の財産権を売買の目的物としたときは、売主はその権利を取得して買主に移転する義務を負う（民五六〇条）。売主が第三者所有物を自己の物として売買する契約を結んだときも同様と解すべきである。

二　売主の担保責任

(1)　序　説

売買の目的たる権利の全部または一部が他人に属しまたは数量を指示して買ったのに不足があった場合、あるいは買った物に隠れた瑕疵または保証違反があった場合には、買主は売主に対してその責任を追求することが認められるべきである。この問題は従来担保責任と呼称され、従来の学説は、その法的性質を債務不履行責任とは異なる法定の無過失責任と捉えた（法定責任説）。他人の権利の売買については、民法が売主にその他人から権利を取得してこれを買主に移転すべき義務を負わせているにもかかわらず、以前の通説は、権利の担保責任もまた売買の有償性に鑑み、取引の信用を保護するために法律が特に認めた責任であるとして、債務不履行責任とは区別されるべきものとした（我妻・債権各論中巻一、二七〇頁、末川・契約法下四〇頁）。しかし近時の有力説は、売主は一般に瑕疵のない権利ないし物の給付義務を負うから、担保責任もまた債務不履行責任の亜種ないし特別の場合であり、法律に規定のない場合は債務不履行に関する一般規定の適用を認めるべきだと主張する（契約責任説）。他人の権利の売買についても同様である（高橋眞・新版注民(14)一九二―一九三頁）。担保責任に関する諸問題は、これらのいずれの立場に立つかによってその解決が異なってくる。

ところで最近は、この場合に問題となるのは権利または物の瑕疵による目的物の価値の減額と瑕疵が原因となって買主に発生した狭義の損害の賠償の二つであるとし、前者は本来の担保責任が予定している問題領域で、無過失責任が妥当するのに対して、後者は債務不履行責任の性質を強く有し、過失責任が妥当すると考える見解（担保責任二分説、対価的制限説）が登場し、有力化している。この立場でも狭義の損害賠償を担保責任の一環として捉えるか、完全に不完全履行責任の領域に追いやるかに関して争いがある。

(2) 権利に瑕疵のある場合

(イ) 権利の全部が他人に属する場合

(a) 要　件

売主が売却した権利を取得して買主に移転することができなかったときは担保責任を負う（民五六一条）。所有者が当初から権利を手離す意思がなかった場合でも、原始的不能として無効となるのではない。権利が当初から不存在である場合は本条の適用がないが、売主が他人の権利を取得して移転することが社会通念上不能であれば、売主にそれにつき故意または不知についての過失があると否とを問わず本条が適用される。所有者が第三者に譲渡し、移転登記をなしたとか（大判大一〇・一一・二二民録二七輯一九七八頁）、売主が真正相続人からの相続回復請求に応じたとか（最判昭三〇・五・三一民集九巻六号八四四頁）がこれにあたる。しかし、買主が売主をさしおいて所有者から目的物を直接買い入れるなど、売主が移転できない原因を買主が自ら作り出した場合は担保責任を追求できない（大判昭一七・一〇・二民集二一巻九三九頁）。

担保責任に関する規定は、売主が自己の権利として売買する場合にのみ適用され、これを他人の権利として売買する場合には適用されないという見解もあるが（三宅・契約法（各論）上巻二二一頁）、両者を通じて民法五六一条以下の規定が適用されると解すべきである。所有権は売主にあるが登記名義は他人にある場合も、売主はこれを第三者に対抗することができないから、他人の権利の売買というべきである（大判昭一二・九・一七民集一六巻一四三三頁）。

(b) 効　果

① 売主が買主に権利を移転しえないときは、買主が契約締結時に権利が他人に属していることを知っていたか否かを問わず、契約を解除しうる。解除により当事者双方は原状回復義務を負い、未履行債務については責を免れ

る。他人の自動車の売買で買主が民法五六一条に基づいて契約を解除した場合、買主は解除までの間に得た使用利益を、所有者にその窮極的な取得権限があるとしても売主に返還すべきだとする判例もある（最判昭五一・二・一三民集三〇巻一号一頁）（本書一五六頁参照）。

② 買主が契約締結時に権利が売主に属さないことを知らなかったときは、解除とともに損害の賠償を請求することができる。判例の多くは、売主にそれについて帰責事由があることを損害賠償の要件とせず、その範囲も信頼利益に限られるとするが、担保責任二分説からは、損害賠償の範囲にかような制限を課さない代わりに、要件として帰責事由または損害担保約束が要求される。これに対して買主が契約締結時に権利が売主に属しないことを知っていたときは、一般的に権利移転が不能になることを予期しえたから損害賠償請求はできない（民五六一条二文）。但し、判例は、この場合でも売主の帰責事由により後発的に権利移転が不能になったときは、買主が担保責任とは区別された債務不履行責任を追求しうることを認めている（最判昭四一・九・八民集二〇巻七号一三二五頁）。契約責任説の立場からは、この場合は売主が買主に所有者から所有権を取得して買主に移転することを特約した場合として、民法五六一条の文言を越えて売主の債務不履行責任を認めるべき場合だということになる。

③ 権利の全部が他人に属する場合の買主の解除権、損害賠償請求権の行使については短期の期間制限の定めはなく、買主は、一般原則に従ってその権利を行使しうるときから一〇年間それらの権利を行使することができる。その論拠は、この場合は目的権利が他人に属するかどうか、売主の履行が不能といえるかどうかが問題となるだけで、時間が経過しても権利の対象や事実関係が不明確になるという問題が一般的には生じないためだとされている。

④ 契約時に売却した権利が自己に属しないことを知らなかった売主は、その権利を取得して買主に移転できない場合、買主が契約締結時に権利が他人に属することを知っていたと否とを問わず契約を解除しうる（売主の解除

権）。買主が善意であった場合は、売主は損害の賠償をしなければならない（民五六二条）。本条は担保責任に関する規定ではない。

(c)　他人の権利の売主の地位の相続

他人の権利の売主がその権利者を相続した場合、売主は一般的に買主に対してその義務の履行を拒絶しえないと解すべきことになろう。これとは逆に、他人の権利の売主をその権利者が相続した場合も、相続によって売主の地位と権利者の地位が融合し、買主は当然に売主に対して当該権利の移転を請求しうるのではないかが問題になる。しかし判例は、この場合は権利者（相続人）は信義則に反すると認められるような特別の事情がない限り履行を拒絶しうるとする（最大判昭四九・九・四民集二八巻六号一一六九頁）。権利者自らその権利の移転を合意したものではないことを根拠とするものであろう。しかし、相続人は相続によって被相続人の権利、義務を包括的に承継するから、売主の担保責任、なかんずく損害賠償義務の承継は妨げられないと解すべきである（同旨：平野・契約法［第二版］二四三頁）。

第三者が売主の地位と権利者の地位の双方を承継した場合が問題となりうるが、資格融合的な法律構成によるよりも、信義則を基礎に置いて処理する立場が合理的であろう。この立場では、承継の先後を問わず、相続人は履行を拒絶することができるが、担保責任の承継を免れない。

(ロ)　権利の一部が他人に属する場合

(a)　要　件

売買の目的である権利の一部が他人に属するため売主がその部分を買主に移転できないときは、買主は売主に対して代金減額請求等の権利を行使することができる（民五六三条）。権利の他人への帰属、移転不能などの要件は、権利の全部が他人に属する場合と同様である。

(b)　効　果

①　売買の目的物たる権利の一部を移転しえないときは、買主は不足部分の割合に応じて代金の減額またはその返還を請求することができる（民五六三条一項）。買主が契約時に権利の一部が他人に属していることを知っていたか否かを問わない。売買代金は目的権利全体について定められているからである。売主のそれについての帰責事由もまた必要とされない。履行可能部分だけなら買主が買い受けなかったであろうときは、買主が契約締結時に善意であった場合にのみ損害の賠償を請求しうる（民五六三条二項）。もっとも、売主が他人帰属部分を買主に移転することを確約していた場合は、悪意の買主でも解除しうると解すべきである。

②　買主が権利の一部を取得しえないことによりまたはそのため契約を解除したことによって損害を被ったときは、買主が契約締結時に善意であった場合にのみ損害の賠償を請求しうる（民五六三条三項）。但し、売主が他人に属する部分の移転を確約した場合は、悪意の買主もまた損害の賠償を請求しうると解すべきである。法定責任説の立場では、この場合もまた損害賠償の範囲は信頼利益に限られるが、担保責任二分説の立場では、売主の側に権利の一部移転不能につき帰責事由または損害担保約束がある場合に限り、履行利益の賠償が認められるべきことになる。

(c)　短期期間制限

民法五六三条の定める権利は、短期の期間制限に服する。善意の買主の代金減額請求権、解除権、損害賠償請求権は、買主が権利の一部の移転不能の事実を知ったときから、悪意の買主の代金減額請求権は、契約のときから一年以内に行使しなければならない（民五六四条）。その立法趣旨は、不足部分の割合、知っていれば買わなかったであろう事情などに関する証拠資料が時日の経過とともに散逸してしまうことにある。但し、買主の責に帰しえない事情によって売主が誰であるかを知りえなかったときは、買主が売主が誰であるかを知ったときから起算される（最判昭四八・七・一二民集二七巻七号七八五頁）。

また近時の判例によれば、民法五六四条にいう事実を知ったときとは、買主が売主に対し民法五六三条の担保責任を追求しうる程度に確実な事実関係を認識したとき、買った土地の一部が隣地所有者に帰属することが明らかになった場合は、買主のその隣地所有者に対する妨害物撤去を求める仮処分の申立に対して答弁書が提出されたときではなく、買主と隣地所有者との間の争訟で公権的判断のなされたときである（最判平一三・二・二二判時一七四五号八五頁）。

この一年の期間の法的性質については諸説が対立しており、判例は、これをいわば権利保存期間と解し、一年以内に権利を裁判外ででも行使しておけば、その権利または権利行使の結果生じた請求権（例えば原状回復請求権）は一般の消滅時効にかかるまで存続するとする（大判昭一〇・一一・九民集一四巻一八九九頁）。学説上は、判例の立場は権利関係の早期決済を図った趣旨に反するとし、この一年の期間を訴提起期間として、この期間内の権利の行使及びそれによって生じる原状回復請求権の行使を訴提起の方法によってしなければならないとする説（我妻・債権各論中巻一、二七九頁、柚木・注民(14)一四九頁）、解除権は形成権であるから裁判外で行使することも可能であるが、一年内に行使することを要し（除斥期間）、それによって生じる原状回復請求権も一年の消滅時効に服するとする説（川島・判民昭和一〇年度一二三事件、石田穣・民法V一三七頁）などもある。しかし買主の保護を有名無実にしないためには権利保存期間説が妥当であろう。

(ハ)　用益権等による制限がありまたは付随すべき権利が欠缺している場合

(a)　要　件

売買の目的たる権利に第三者のために地上権、永小作権、地役権、留置権、質権または登記した賃借権が設定されており、そのために買主の目的権利の使用収益権が制限されるときは、売主に対して担保責任を追求しうる。目的権利に特別法によって対抗力を有する賃借権（借地借家一〇条、三一条、農地一八条、三三条等）が設定されている場合も同様である（民五六六条一項）。目的権利または土地に公法上の用途制限、使用制限等がある場合にも本条の類推適用を認める見解もある。売買目的物に付随するとされた地役権または借地権が付着していない場合も、同様の担保責任を追求しうる（民五六六条二項）。借地権付建物の売買で借地権譲渡につき賃貸人の承諾が得られない場合も、民法五六一条類推適用説が有力である。もっとも敷地利用権がない場合は、建物の存続そのものが危うくなるから、民法五六六条二項の場合とは状況が異なり、むしろ民法五六一条と同様の状況が生じているため、同条により処理すべきだとする見解もある（三宅・判評二七九号一六頁）。本条の担保責任についても、伝統的な学説は法定責任説をとっていたが、近時は契約責任説が有力である（広中・債権各論講義［第六版］六三頁など）。

買主が契約締結当時これらの事実を知っていたときは、本条の担保責任を追求しえない。売買の目的土地に対抗力を有する賃借権が存在する場合、買主が対抗力の発生要件たる事実関係を知っていた以上、例え対抗力のあることを知らなかったとしても買主は本条の担保責任を追求しえないとするのが判例である（最判昭三二・一二・一二民集一一巻一三号二一三一頁）。但し、売主が他人の地上権その他の用益権の除去または用益権の付着を確約していた場合は、悪意の買主も売主の担保責任を追求しうると解すべきである。

(b)　効　果

用益権による制限等によって買主が契約を締結した目的を達することができないときは、善意の買主は契約の解除をなしうる。それ以外の場合は損害賠償の請求をなしうるにすぎないと定められているが、売主が用益権の除去または付着を確約したときは、悪意の買主も解除しうると解される。またこの場合の損害賠償も、権利の制限等による目的物の減価に相当する代金減額請求と制限の不除去等に関する売主の帰責事由または損害担保約束のある場合に認められる狭義の損害の賠償請求が含まれると解される（二分説）。

本条の権利の行使期間も、買主が用益権の負担または地役権等の不存在を知ったときから一年である（民五六六条三項）。本条の期間も権利保存期間と解すべきである。

(ホ)　担保権による制限のある場合

(a)　要　件

売買目的物たる不動産が負担している先取特権または抵当権が実行されて買主が所有権を失いまたは所有権を取得することができなくなったときは、買主は契約を解除することができる（民五六七条一項）。本条は、担保物権が実行されて買主が所有権を失いまたは所有権を取得することができなくなった場合に適用があると解すべきだから、質権や仮登記担保権に基づく場合にも本条が準用される（最判昭五〇・一〇・一四判時八〇〇号四八頁）。これに対して、買主が出捐をしてその所有権を保存したとき、すなわち代価弁済（民三七八条）、抵当権消滅請求（旧滌除）（民三七九条）、代位弁済（民四七四条）などによって担保権を消滅させたときは、その出捐額の償還を請求できる（民五六七条二項）。競売手続において買主が自ら買受人となって代金を納付した場合（民執七九条）も同様である。本条の担保責任は買主が善意であると悪意であるとを問わず適用される。売主が担保権を消除する約束で不動産が売買されるのが普通だからである。したがって、被担保債権額を控除して代金額を定めるなど買主が自ら担保権の消除を引き受けたと認められる場合には本条の適用はない。なお、本条の担保責任の法的性質についても法定責任説（柚木・高木・新版注民(14)二四六頁）と契約責任説の対立がある。

(b)　効　果

買主は、担保権の実行によって所有権を失いまたは所有権を取得することができなくなったときは、その善意、悪意を問わず契約を解除しうる。買主が担保権者に出捐をして所有権を保全した場合は、出捐額の償還を請求しうる。以上二つの場合を通じて、買主はその被った損害の賠償を請求することができる（民五六七条三項）。この場合の損害賠償請求権は狭義の損害の賠償請求権である。なお、本条の担保責任も、民法五六一条の担保責任同様短期期間制限の定めはない。

(へ)　権利の売買で目的物に物の瑕疵がある場合

地上権や地役権の譲渡でこれらの用益物権は適法に設定されていたが、用益物権の目的たる土地自体にその使用、収益を妨げる瑕疵があった場合には、譲渡人は譲受人に対していかなる責任を負うべきであろうか。不動産の賃借権が譲渡された場合にも、同様な問題が生じうる。考え方としては、①譲渡人は権利を譲渡したにすぎないから、目的物の性状についても責任を負うという趣旨である場合を除いて物の瑕疵については責任を負わないとする説と②譲受人は目的物の使用、収益をなすのが目的だから、目的物に瑕疵があるときは通例それについても担保責任を負うとする説の二つが考えられよう。

裁判例としては、敷地賃借権付きの建物の売買で、崖上にあるその土地の擁壁に瑕疵があったため土地に一部沈下と傾斜が発生し、建物維持が物理的に困難になったという事例で、上記①の立場をとり、それは賃借権の欠陥ではないから、譲受人は、賃貸人に対して修繕義務の履行や担保責任を追求すべきであって、売買目的物に瑕疵があったとすることはできないとしたものがある（最判平三・四・二民集四五巻四号三四九頁）。この判決に対しては支持者もあるが、買主保護の見地からないし通常は敷地を現存建物所有のために継続的に有効に利用できる状態を伴った建物の有償譲渡だという理由で反対説も有力である（潮見「判批」民商一〇六巻二号二四六頁など）。前説でも、譲渡人が不動産業者で瑕疵を知るべき立場にあり、それによる擁壁の崩壊を容易に予見できたとか、敷地の造成に関与した等の場合は、譲渡人の責任を否定するものではない（拙稿・民法判例百選Ⅱ［第五版］一一九頁）。

(3) 数量不足または物の一部滅失の場合

(イ) 要　件

数量を指示して売買した場合に実際の数量が不足していたとき及び物の一部が契約当時すでに滅失していたときは、売主は契約当時買主がそれを知らなかった場合において民法五六三条、五六四条に準じて担保責任を負う（民五六五条）。本条の担保責任の法的性質についても、大正期以降の学説は、瑕疵担保責任におけると同様売買の有償性に鑑み法が特別に認めた法定責任としたが（柚木・注民(14)一五一頁）、学説上は契約締結上の過失責任（我妻・債権各論中巻一、二七一―二七二頁）や売買契約とは別個の保証約束ないし損害担保約束（好美「判批」金判六五〇号四六―五一頁）の併存を認める説、更には契約責任説（山下末人「判批」判タ五〇五号八六―八七頁）などが対立している。民法五六五条にいう物とは、数量不足の場合には、起草者や法定責任説の論者によれば特定物であり、不特定物売買の場合は通常の債務不履行責任（民四一五条）の問題とすべきことになるが、契約責任説の立場では、不特定物売買においても本条を適用して不都合は生じない。物の原始的一部滅失の場合は、性質上特定物売買の場合に限ると解すべきであろう（潮見・契約各論Ⅰ一三一頁参照）。

数量指示売買とは、当事者において目的物が実際に有する数量を確保するため、その一定の面積、容積、重量、員数または尺度あることを売主が契約において指示しかつこの数量を基礎として代金額が定められた売買である（最判昭四三・八・二〇民集二二巻八号一六九二頁）。宅地分譲で各区画の面積を坪数で指示し、坪当りの単価を乗じて代金額を決定したような場合がこれにあたる。近時も坪当たり単価を公簿面積に掛け合わせて代金額を定めた場合に、買主が土地の実測面積に関心を持っており、契約当時当事者双方とも、土地の実測面積が公簿面積に等しいとの認識を有していたときは、本条の数量指示売買となりうるとする判例が出ている（最判平一三・一一・二二判時一七七二号四九頁）。しかし、不動産の売買で単に登記簿の記載に従って坪数が記載されたにすぎない場合や一定範囲の土地の売買に主眼があり、その面積には必ずしも重きが置かれていない場合は数量指示売買とはいえない。競売広告になされる不動産の表示（民執六四条四項、一八八条）は、執行裁判所に備え置かれる物件明細書、現況調査報告書、評価書の記載に照らして、その実際に有する坪数を確保したものとみるべきだとするのが近時の見解である。

(ロ)　効　果

悪意の買主は本条の担保責任を追求しえない。善意の買主は代金減額請求を、残部のみでは買い受けなかったであろうときは契約解除をなしうる。不特定物売買の場合は、催告解除（民五四一条）を認めるのが合理的な場合が多いであろう。買主がそれ以上に損害を被ったときは損害賠償をも請求しうる。判例の多くは、この場合の損害賠償は、売主の有責、無責とは関係なく買主の信頼を保護するものだから信頼利益に限られるとするが、過去の判例には、土地面積の表示が単に代金額決定の基礎としてなされたにとどまらず、契約の目的を達成するうえで特段の意味を有するときは履行利益の賠償まで認められうるとするものがある（最判昭五七・一・二一民集三六巻一号七一頁）。この立場では、例えば病院建設目的で一〇〇坪の土地の提供を約束させていたのに、実際の土地に数量の不足があったため建設を断念したというような場合にのみ土地の値上がり益を求めうることになろう。しかし、この場合に限らず、一般的に一定数量の給付が約束されたのに指示数量に不足する場合は、不足分について履行利益の賠償が認められるべきだと考えられる。但し、値上がり益を確実に保持しえたであろうという蓋然性や民法四一六条の制限（特別損害となる場合の予見可能性要件）に服することに留意すべきである。いずれにせよ、面積の表示が契約の目的を達成するうえで特段の意味を有するかどうかは一般的にはむしろ解除権の有無に結びつくと解される。

担保責任契約責任説の論者の中には、数量不足の場合もまた無過失の履行利益賠償責任を主張する者もあるが（山下「判批」判タ五〇五号八六頁）、近時は狭義の損害の賠償責任を売主側の故意、過失にかからしめる見解（二分説）が有力化している。この立場では、数量指示売買の場合も指示数量に不足があれば、売主に過失がなくても不足分に応じた代金の減額請求または契約解除を請求しうる。売主に指示数量不足ないしそれを買主に伝えなかったことにつき過失があるときに、売主はそれによって買主の被った損害の賠償義務も負担する（旧民財取四三条参照）（拙著・担保責任の再構成六四頁、松岡・新版注民(14)二三五頁）。潮見教授は、数量指示売買の場合、民法五六五条の規範保護目的は値上がり益のみに及び、その他の財産的利益を含む完全性利益は、これについての特別の保証約束または保護義務違反のある場合にのみ認められると主張されるが（潮見・契約各論Ｉ一三九―一四〇頁）、民法五六三条以下の損害賠償を値上がり益に限定する理由はないと考えられる。

買主の権利行使期間は数量の不足を知ったときから一年間である。この一年の期間もまた権利保存期間と解すべきである。学説上は、この場合もまた出訴期間説（柚木・注民(14)一五三頁）のほか、短期消滅時効期間説も有力である（松岡・新版注民(14)二三二頁（信義則による援用制限を強調する））。権利保存期間説では、保存された権利は一般の消滅時効に服する。

商人間の売買ではその上買主に遅滞なき検査、通知義務が課されている（商五二六条）。

(ハ)　数量超過の場合

数量指示売買で給付された物に指示数量の超過があった場合、古い判例には売主からの代金増額請求を否定したものがあるが（大判明四一・三・一八民録一四輯二九五頁）、数量を基礎として代金額が定められた場合は、当事者間の衡平を図るためにむしろ代金増額請求を認めるべきではないかと思われる（松岡・新版注民(14)二四〇頁参照）。もっとも近時の最高裁判決は、学説の反論にもかかわらず、指示数量の超過があった場合に、売主が民法五六一条の類推適用を根拠として代金の増額を請求することを否定した（最判平一三・一一・二七民集五五巻六号一三八〇頁）。しかし本最判は、当事者間に数量超過の場合に追加代金を支払う旨の合意があったかどうかの再検討を原審に命じている。

(4)　物に隠れた瑕疵のある場合

(イ)　瑕疵担保責任の法的性質

権利に瑕疵がある場合は、わが民法は売主が所有者から権利を取得して買主に移転する義務を課し（民五六一条）、また権利に用益権的負担があるような場合も、売主が契約上その消除義務を負うことは容易に導かれうるが、売主が瑕疵のないまたは一定の品質を有する物の給付義務を負うかどうかは必ずしも明らかでない。法定責任説の論者は、特定物売買の売主の義務はその目的物の所有権を買主に移転することに尽き、瑕疵なき物を給付すべき義務があるのではないから、売主の瑕疵担保責任は売主の義務不履行の効果ではなく、法が買主の信頼保護のために特別に課した無過失責任だとするが（柚木・高木・新版注民(14)二六〇—二六一頁、我妻・債権各論中巻一、二七二頁）、契約責任説の論者は、特定物売買の売主も瑕疵なき状態ないしあるべき状態での給付義務が認められるから、物に瑕疵があるときは特別不完全履行が生じるとする（北川・契約責任の研究一七四頁、星野・民法論集三巻二三五頁）。この契約責任説は昭和四〇年前後から有力化したが、今日でもなお法定責任説に従う論者は少なくない（下森・債権法論点ノート二九頁以下、星野編・民法講座5二七〇頁〔円谷峻〕）。しかし当事者の通常の意思としては、売主は債務の本旨に適ったないし代価に見合った価値、性質を有する物の給付義務を負っていると解すべきであり、ただ瑕疵による減価についてはその性質上通常の債務不履行とは異なった扱いに服するとみるべきである。

(ロ) 要　件

(a) 隠れた瑕疵

売主の引渡した売買の目的物に隠れた瑕疵があった場合、売主は担保責任を負担する（民五七〇条）。

① 物の瑕疵とは売買の目的物に物質的な欠点のあることである。死亡事故を起こした自動車のような心理的瑕疵もまた本条の瑕疵となりうる。今日では南側に高層ビルが建てられることはないという約束でマンションの一室を買ったのに、約束に反して高層ビルが建設され、眺望が悪化したといったいわゆる環境瑕疵に本条が適用されるかが問題とされることも多い。建物建築目的の土地売買で土地に行政法上の建築規制がある等いわゆる法律的瑕疵の場合は、わが国の判例の多くは本条の問題とするが、民法五六六条類推適用説も有力である。前説では競売の場合売主は責任を負わないが、後説では責任を負う。また後説では善意につき過失があるにすぎない買主も担保責任を追求しうる。無期限と定められた地上権が期限の定めがないものとされた場合のように財産権に瑕疵がある場合も、本条を類推する見解も有力である（柚木・高木・新版注民(14)三四三頁）。これに対して、土地の賃借権の売買で土地自体に物理的瑕疵がある場合は、売主に対して瑕疵担保責任を追求することはできず、賃貸人に対してその修繕を請求しうるにすぎないとするのが判例である（前掲最判平三・四・二）（本書二〇九頁参照）。

二〇〇一年のドイツ新債務法によれば、物が通常の使用に適しており、かつ性質が、同種の物において通常であり、また買主が物の種類に従って期待しうる性質を呈示している場合は、物には瑕疵がない。この性質には、買主が売主、製造者またはその補助者の公の表示に従って、なかんずく広告または物の特定の性質についての表示において期待しうる性質もまた属しうる（ド民四三四条一項）。また同法によれば、物の瑕疵は、合意された組立が売主により事物に適わないで遂行された場合だけでなく、買主等が組み立てるべきことになっているときは、組立の指図に瑕疵がある場合にも存在する（いわゆるイケア条項）（ド民四三四条二項）。

その物が通常有する品質、性能を欠いていたり、当事者が特別に保証しまたは請け合った品質、性能を欠いている場合（保証違反）については、前者が瑕疵担保の問題になることにはほとんど争いはないが、後者は、判例、多数説が瑕疵担保の問題になるとするのに対して（主観的瑕疵）、旧ドイツ民法上みられたような独立的損害担保約束（債務不履行）の問題になるとする有力説もある。現行ドイツ民法では、物が合意された性質を有しないときや契約に従って前提された使用に適切でないときも、物に客観的瑕疵がある場合と同様に扱われることが明示されている（四三四条一項）。

②　本条が適用されるためには瑕疵が隠れたものであることを要する。隠れたとは、売買契約当時買主が売買目的物に瑕疵がないことを知らずかつそれにつき過失のないことである。買主が取引上一般に要求される程度の注意をすれば発見しえたという場合は隠れた瑕疵にあたらない。判例によれば、売買目的物が遠方にあったため買主が点検できなかった場合（大判大一三・六・一三民集三巻二三九頁）、多数の物件について一々点検して初めて瑕疵を発見しうるものであった場合（大判昭三・一二・一二民集七巻一〇七一頁）、一〇年前に都市計画道路とする旨の公示があった場合（最判昭四一・四・一四民集二〇巻四号六四九頁）はいずれも隠れた瑕疵にあたる。買主の過失は売主が主

張、立証することを要する（大判昭五・四・一六民集九巻二七六頁）。

しかし、隠れた瑕疵要件は、買主の瑕疵担保責任の追求を否定する効果を有するから、買主が注意すれば瑕疵を知りえたという程度では、買主の権利追求を完全に否定するのは妥当といえず、買主の側に目的物の受領のときまでに瑕疵を知りまたはこれを当然に知りうべき事情がある場合は責任追求を否定すべきであるが、単に不注意によりこれを知らなかったにすぎないときは、過失相殺によって賠償額が減額されることがあるにすぎないと解すべきである。また過失相殺の趣旨から、買主側のかかる不注意は、その解除権、代金減額請求権に影響を及ぼすものではない。

③　買主危険負担主義の下では、売買契約締結時または特定時に既に瑕疵が存在していなければ、買主は売主に対して瑕疵担保責任を追求することはできないが、今日学説上支配的な引渡時危険移転説の下では、引渡時までに生じた物の瑕疵について売主は瑕疵担保責任を負担する。この立場では、売買契約締結後引渡までに目的物に生じた瑕疵については、隠れた瑕疵は、目的物受領時に買主が相当な注意を払っても気づきえなかった瑕疵を意味することになる。なお両説を通じて、たとえ引渡後に顕在化したまたは現実に生じた瑕疵であっても、それ以前に瑕疵の原因がその物に内在していた場合は、本条の担保責任を追求しうる。

(b)　不特定物売買への適用

従来の多数説は、特定物売買ではたとえ給付した物に瑕疵があっても当該特定物以外に給付すべき物は存しないから、瑕疵ある物を給付すれば債務不履行責任を免れ、その代わりに売買の有償性を維持するために担保責任が課されるが、不特定物売買では瑕疵ある物の給付は債務の本旨に従った履行とはならないから、その種類に属する物全部に瑕疵があるような場合を除いて買主は不完全履行責任のみを追求しうるとした。しかしこの立場では、特定物売買と不特定物売買とで責任追求の要件、効果、権利行使期間などについてあまりに大きな違いを認めることになる。そこで担保責任に制限されるのは不代替物売買に限るといった見解も主張される。特に権利行使期間については、学説上不完全履行責任を追求する場合でも物に瑕疵があるときは、瑕疵担保の場合に準じて短期の期間制限を肯定しようとする見解が多数である（来栖・契約法一二二頁、広中・債権各論講義［第六版］七三頁など）。

ドイツではこの場合、不特定物売買の買主にも代物請求権の付与と並んで担保責任に関する規定の準用が認められていたため（ド民旧四八〇条一項、現行ド民四三七条参照）、わが国の判例もこれに倣って、不特定物売買でも瑕疵ある物を買主が受領した後は不完全ながらも履行があったと解されるから、受領時に善意であった買主は担保責任を追求しうると判示した（大判大一四・三・一三民集四巻二一七頁）。この立場に対しては、不完全な物を善意で受領した買主の追完請求が否定されるのは妥当でないと批判が加えられた。そこで判例は上の立場を修正し、買主が単に受領したのではなく、瑕疵の存在を知りつつ売主の債務不履行責任を以後追求しない意図のもとに不完全な物を履行として認容のうえ受領したときに始めて、買主の権利が担保責任の行使に制限されるとした（大判昭三・一二・一二民集七巻一〇七一頁、最判昭三六・一二・一五民集一五巻一一号二八五二頁）。この立場に対しては、これら二つの責任を追求するに際して権利の行使期間に違いがあるのは問題だ、担保責任を追求する場合でも買主は解除権を行使しうるが、それでは履行として認容したことと矛盾する等と批判されている。

そもそも担保責任の制度は、特定物、不特定物、更には代替物、不代替物を問わず、給付された物に瑕疵があった場合に代金減額や解除、損害賠償を認めようとする制度であり、不特定物ないし代替物売買ではもっぱら不完全履行が問題となるとすることは妥当でない。不特定物売買でも代金減額請求を認めるべき場合もあるし、特定物売買でも瑕疵修補請求という形で本来の給付請求権のコロラリーとしての追完請求が認められる場合も多い。不特定物売買では即時解除ではなく催告解除を認める方が合理的な場合が多いが、これは不特定物売買に特有の問題とみるべきである。短期期間制限についても特定物と不特定物とで区別すべき理由はない。

(ハ) 効　果

(a) 効果については民法五六六条が準用される（民五七〇条）。従って買主は、そのために契約を締結した目的を達しえない場合に限り、契約の解除と損害賠償の請求をすることができ、その他の場合は損害の賠償を請求しうるにとどまる。契約を締結した目的を達しえないかどうかは、売買の目的、瑕疵の程度などによって定まるが、代物請求または瑕疵の修補が不能なことが前提となっていると解される。修補が不可能ではない場合でも、そのために多額の費用と長時日を要する場合は、修補不能に準じて扱うべきである（大判昭四・三・三〇民集八巻二二六頁）。契約の目的物が数量的に可分で、契約の目的を達しえない瑕疵がその一部に存する場合は、その部分についてのみ解除をなしうる。解除とともに認められる損害の賠償は狭義の損害の賠償である。

目的物に瑕疵がある場合に買主が売主に対して瑕疵の修補または代物の請求をなしうるかが問題になる。これらの権利は民法典中に明示されてはいないが、従来法定責任説は、不特定物売買について一般的に完全履行請求権の一内容である代物請求権や瑕疵修補請求権を認め、契約責任説は、特定物売買についても瑕疵修補請求権を肯定してきた（星野・民法概論Ⅳ一三五頁など）。しかし、単に転売のみを目的とする売主に一般的に修補義務を課すのは妥当でなく、また場合によっては売主が代物を直ちに調達するのが困難な場合も考えられるため、契約責任説に立った場合でも一般的に売主に代物給付義務や瑕疵修補義務を課すのは過ぎたことであり、売主にそれらをなすことを期待しうる場合ないし売主がそれらをなす能力、設備、組織等を有する場合に、買主にこれらの権利を付与すべき旨の取引慣行または当事者間の明示または黙示の合意を認めうると解すべきである（現行ド民四三九条三項参照）。但し、特定物売買では性質上瑕疵の修補しか問題になりえない。なお、これらの権利は、売主に対して給付の不完全な部分の追完または代わりの給付を求めるものであり、その性質上給付請求権から派生したものということができるから。売主に帰責事由がなくても認められるべきである。瑕疵の修補や代物給付は、むしろ買主が担保責任を追求してきた場合に、売主が修補や代物給付を主張してその責任を免れうるかという形で実際上は問題になることも多い。契約責任説に従う場合は売主のかような権利は比較的容易に認められるであろう（鈴木・債権法講義［第二版］一八〇頁、拙著・担保責任の再構成二〇二頁）。特定物についても買主のそれに関する承諾があれば売主の代物給付を認めうる。

瑕疵が売買契約を締結した目的を達成しえない程ではない場合は、買主は損害賠償のみの請求ができる。この場合の損害賠償は、代金減額請求と狭義の損害賠償の両者を含む。わが民法の起草者は、目的物の瑕疵による減額の割合を算定することが困難だという理由で、代金減額請求を積極的に否定する立場をとり、判例もこれに従ったが（最判昭二九・一・二二民集八巻一号一九八頁）、瑕疵による減額の割合を算定することは一般的に可能であり、上記の立場は妥当とはいえない。

代金減額請求で問題となるのは、代金額と目的物の価値の間に齟齬がある場合である。代金額一二〇万円、目的物の価値一〇〇万円、瑕疵による減価三〇万円とすると、①代価額を基準として買主の請求しうべき減価額は五〇万円とする見解（主観説）、②目的物の価値を基準として減価額は三〇万円とする見解（客観説）及び③代価額と目的物の価値の割合に従って減価額を定める見解（折衷説）に分かれている。③説では減価額は三〇万円×（一二〇万円÷一〇〇万円）＝三六万円となる。

(b)　損害賠償の範囲

瑕疵担保における損害賠償の範囲は、担保責任の法的性質をどのように捉えるかに対応して従来様々な見解が主張されてきた。従来の判例、多数説は、瑕疵担保責任は債務不履行責任なきところに課される法定の無過失責任だから、履行利益の賠償までは認められず、買主が瑕疵がないまたは契約が有効だと誤信したことによって被った損害（代金の減額分及び無駄な出捐費用など）の賠償を請求しうるにすぎないとする（信頼利益賠償説）（柚木馨・売主瑕疵担保責任の研究二〇一頁、柚木・高木・新版注民(14)三九二頁以下、大阪高判昭三五・八・九高民集一三巻五号五一三頁）。しかしこの立場に対しては、売主に故意、過失がある場合でも履行利益や瑕疵惹起損害の賠償を請求できないことになって不合理だと批判されている。そこでこの立場に属する者の中には、少なくとも瑕疵惹起損害は信頼損害に含まれると主張する者や原則として信頼利益の賠償が認められるが、売主にそれにつき帰責事由があるときは履行利益の賠償まで認められるとする者（我妻・債権各論中巻一、二七一頁）もある。また契約責任説の論者によれば、売主は債務不履行の場合に準じて履行利益の賠償責任を負担する。担保責任ではただ要件が緩和されているにすぎないとみるべきことになる（履行利益賠償説）。しかしこの立場に対しては、売主が無過失でも履行利益の賠償の請求ができることになり、一般の債務不履行責任との間で権衡を失すると批判されている。

これに対してつとに、担保責任は当事者間の対価的不均衡を是正するために認められた制度だから、賠償額は買主の負担する対価の限度に限られるとする見解（対価的制限説）も主張されていた（勝本正晃・契約各論一巻六八頁、東京高判昭二三・七・一九高民集一巻二号一〇六頁）。この立場に対しては、法がこの場合に解除のほかに損害賠償を認めたことが無意味になると批判されている。他方において、この場合に問題になる損害は、性質を異にする二つのもの、すなわち瑕疵による物の価値の減少の補塡と瑕疵が原因となって買主に生じたそれ以上の損害の賠償を含むとし、両者について要件の軽重を認めようとする見解（二分説）が提案されている。瑕疵による減価の補塡は、等価交換がなされていないことにより認められるものだから売主の過失を要件としないが、狭義の損害の賠償は、通常の債務不履行における同様原則として売主の帰責事由が必要である。賠償されるべき損害の範囲も民法四一六条に従って定められる。信頼損害や瑕疵惹起損害も狭義の損害に含まれることは当然である。もっともこの立場にも、狭義の損害の賠償もまた担保責任の枠内で捉えようとする者（来栖三郎・契約法九一頁、拙著・担保責任の再構成二三六頁以下）とそれを固有の不完全履行の問題とする者（加藤雅信・現代民法学の展開三九九頁以下）とがある。後説では、狭義の損害の賠償請求は当然には短期期間制限に服しないことになる。

瑕疵ある物の給付を債務の本旨に適わない給付の一場合として捉えるドイツ債務法現代化法が参考となる。同法は、売主に瑕疵のない物を移転する義務を負わせ（ド民四三三条一項）、物に瑕疵がある場合に買主に追完履行、契約解除、代金減額の権利を認め（ド民四三七条一、二号）、売主の義務違反について帰責事由がある場合に、一定の要件のもとに損害賠償請求権を与える（ド民四三七条三号）。そしてこれらの買主の権利は、一律に五年または二年の短期時効に服するのが原則とされている（ド民四三八条）。

(c)　短期期間制限

①　民法の規定

瑕疵担保請求権も一年の短期期間制限に服する（民五六六条三項）。この期間の法的性質についても、出訴期間説、短期時効期間説等諸説があるが、権利保存期間と解すべきである（最判平四・一〇・二〇民集四六巻七号一一二九頁（パンティストッキング売買事件））。裁判外の権利行使によって保存された買主の権利は、通常の消滅時効に服し、権利を行使しうるとき（通常は引渡時）から一〇年で時効が完成すると解すべきである（最判平一三・一一・二七民集五五巻六号一三一一頁）。

商人間の売買では、買主は目的物受領後遅滞なく目的物を検査し、瑕疵を発見した場合はそれを売主に報告する義務を負う。それを懈怠すれば、売主が悪意である場合を除いて買主は担保責任を問いえない。直ちに発見しえない瑕疵があった場合に、買主が六ケ月以内にこれを発見したときも同様である（商五二六条）。商人たる売主に早期に瑕疵の存在を知らしめて、売主が善処することを容易にするためである。本条の適用を一般の民事売買にも拡大する見解も有力であるが（柚木・高木・新版注民(14)三六九頁など）、買主が消費者である場合にも一般的に検査義務を課すのは相当でなく、本条は商人間のその営業の部類に属する取引についてのみ適用があると解すべきである。

② 住宅品質確保促進法

平成一一年制定の住宅品質確保促進法では、新築住宅の売主に一〇年間の保証期間が定められ、欠陥住宅から買主を保護すべきことが定められている。それによれば、新築住宅の売買契約においては、売主は、買主に引渡した時（当該新築住宅が住宅新築請負契約に基づき請負人から当該売主に引き渡されたものである場合は、その引渡のとき）から一〇年間、住宅の構造耐力上主要な部分等の隠れた瑕疵について瑕疵担保の責を負う（八八条一項）。本条項が民法六三四条を準用することから売主の義務には瑕疵修補義務や履行利益の賠償義務も含まれうる。本規定は強行規定である（八八条二項）。但し、買主が瑕疵を知ったときから一年以内に権利行使をしなければならないと規定している民法五六六条三項についてはこの限りでない（八八条三項）。本条は一時使用のために建設されたことが明らかな住宅の売買には適用されない（八九条）。新築住宅の隠れた瑕疵につき担保責任の存続期間を合意により延長するときは、その上限は引渡後二〇年間である（九〇条）。

(5) 他制度との関係

(イ) 債務不履行との関係

売主による瑕疵ある権利または物の給付は、売主の給付ないしその給付した物に不完全な点がある場合だから、不完全履行の問題になる。近世の立法者は瑕疵ある権利または物の給付はあげてこれを担保責任の問題とし、不完全履行という債務不履行の範疇を認めなかったが、二〇世紀に入ってから主に瑕疵惹起損害の賠償との関係で再び議論の対象になった。わが国でもこの不完全履行論が受容されたが、担保責任との関係をめぐっては、従来の判例は権利の瑕疵と物の瑕疵とで異なった応接の仕方を認めてきた。

第三者の権利の譲渡では、買主に権利を移転しえない売主は、その過失の有無、不能を生じた時期の如何を問わず、担保責任を負担するが（民五六一条）、判例はこの場合、権利の移転不能が後発的なものでありかつそれにつき売主に帰責事由があるときは、売主の債務不履行責任を認めている（民四一五条、五四三条）。この場合判例は請求権競合を認めているとする説（競合説）と民法四一五条の優先適用を認めているとする説があるが、前説の如く解すべきであろう。民法の規定によれば、買主が担保責任を追求する場合は、買主が契約当時権利が売主に属しないことを知っていたときは損害賠償を請求しえないが（民五六一条但書）、債務不履行責任を追求するときは、買主が悪意でも損害賠償の請求をなしうる（最判昭四一・九・八民集二〇巻七号一三二五頁）。

瑕疵担保責任の場合は、既述の如くかつての多数説は、特定物ないし不代替物売買＝瑕疵担保責任、不特定物ないし代替物売買＝不完全履行責任という定式を維持するが、判例は、不特定物売買でも履行認容事情が認められるときは以後瑕疵担保責任の追求しかできないとする。瑕疵担保の場合は売主の故意、過失が要件とされずかつ無催告解除が可能であるが、隠れた瑕疵であることを要し、一年の短期期間制限がある。しかし、旧説（法定責任説）の立場では、売主の主観的要件と損害賠償との関係、短期期間制限の有無等をめぐって調和ある説明が得られない。

思うに、担保責任とは瑕疵ある権利や物の給付を受けた買主を保護するとともに、この場合に特有の事情を考慮して当事者間の法律関係を整序するために法が特別に定めた責任であるが、法的性質としては不完全履行の一類型たることを失わない。瑕疵ある権利や物を給付された者は、代物請求や修補請求を場合によってはなしうるが、それらが性質上不可能であるか、実効を有しない場合は、代金減額、解除の主張が認められるべきである。狭義の損害の賠償は、債務不履行責任の一般原則との権衡上、売主に帰責事由または損害担保約束のある場合に限って認められるべきである。また契約締結時に露顕している瑕疵については、買主が特に権利を留保しない限り、権利放棄の意思が認められるのが通常であろう。但し、他人の権利の売買では、売主が第三者から権利を取得してこれを買主に移転する義務を負う場合が多いから、悪意の買主でも責任を追求しうるのが普通であろう。短期期間制限は、売主に悪意、重過失のある場合を除いて、売主を保護するために追完請求権や不完全履行請求権を追求する場合でも同様に認められるべきである。

(ロ)　担保責任と錯誤との関係

売買の目的物に契約締結当時から権利または物の瑕疵があるときは、買主が締結当時それを知らない限り、瑕疵がないものと誤信して売買契約を締結したわけだから、錯誤があることになる。これらの場合買主が担保責任を追求しうることはいうまでもないが、要素の錯誤による無効を主張する場合は（民九五条）、買主は損害賠償を請求することはできない。担保責任と錯誤規定の競合関係についてわが国の多数説は、錯誤規定と担保責任規定は一般法と特別法の関係にあり、両者が競合するときは後者のみが適用されるとする（担保責任規定優先適用説）（我妻・債権各論中巻一、二〇三頁、星野・民法論集三巻二三三頁以下など）。この立場は、権利または物に瑕疵がある場合は行為を無効とするだけでは不十分で、損害を受けた買主には損害賠償請求権を認めるべきだし、また売主保護のために短期期間制限を設ける必要があるとする。これに対して有力説は、両規定の要件を満たす場合は、買主は裁判上いずれの規定の適用を受けることも可能だとする（選択的適用説）。この立場は、両制度は各々異なった趣旨で買主ないし表意者を保護するためのものであり、担保責任の要件を満たすからといって買主が要素の錯誤を主張し、より不十分な保護を求めることまでも否定すべきではないとする。

このほか学説上、権利の全部または一部の欠缺、数量の不足、物の瑕疵などの場合は、買主の目的物に関する思い違いが存在する場合ではないから、目的物の性状の錯誤（動機の錯誤）であり、民法九五条の適用はなく、もっぱら担保責任が適用されるが、買主が酢を酒と誤信したような場合（本質的性質錯誤）は担保責任ではなく、もっぱら錯誤の問題になるとする見解（適用領域区分説）もある（三宅正男・契約法大系Ⅱ一二五頁以下、水本・契約法一八二―一八三頁）。この立場では担保責任規定と錯誤規定とは適用領域を異にし、両者の競合問題を生じることはありえない。しかし、目的物に性質上の瑕疵や公法上の用途規制があって買主が契約を締結した目的を達しえないような場合は、買主に表示と真意の不一致すなわち錯誤があったとみることも可能であるから、この立場は妥当ではない。

わが国の判例は、物に隠れた瑕疵がある場合につき、当事者が一定の品質を有することを重要なものとして意思表示したときは錯誤無効の主張をなしうるとする（大判大一〇・一二・一五民録二七輯二一六〇頁）。戦後の判例には、錯誤無効の要件を満たしている場合はそもそも担保責任は問題となりえないと述べるものがあり（最判昭三三・六・一四民集一二巻九号一四九二頁（苺ジャム事件））、むしろわが国の判例は錯誤規定優先適用説に立っているとみる者もあるが（柚木・高木・新版注民(14)三三五―三三六頁など）、これは当事者の主張に引き摺られたもので、判例の立場は、当事者の主張に従い、いずれの規定をも適用しうるとするものとみるべきである（選択的適用説）。錯誤無効の主張は要件が厳しくしかも無効という効果しか受けえないが、短期期間制限に服しないため、期間を徒過した買主が救済を求めるような場合には買主の保護に資すると思われる。有力説は、錯誤無効を主張する場合にも、この場合は民法五六六条三項が類推適用されるとするが（野村豊弘・学習院大法学部研究年報一一号四九頁以下、石田穣・民法Ｖ一五〇頁以下など)、この立場では錯誤無効を選択するメリットは失われる。

(ハ) 担保責任と不法行為責任

(a) 売主の責任

古典的な民法理論によれば、契約当事者間では一般的に不法行為責任の成立の余地はないが、特に今日では医療過誤事件や旅客、物品運送契約の場合など契約関係にある当事者間でも不法行為責任が認められうる。買った物に瑕疵、欠陥があったために買主がその身体または財産に損害を受けた場合にも、不法行為責任の追求を認める余地もある。瑕疵惹起損害は、不法行為的な損害ということができるからである。しかし、被害を受けた買主がかかる場合に不法行為責任(民七〇九条)を売主に対して追求するケースは従来あまりみられなかった。契約当事者間ではもっぱら瑕疵担保責任または不完全履行責任が問題になるとする教科書もみられる。

買主の家族や従業員など買主以外の者が瑕疵ある商品によって被害を受けたときは、わが民法では、製造物責任法制定前は、被害者は、民法七〇九条によって売主または製造者に対して損害賠償を請求するのが一般であったが、ドイツでは、契約の保護効が売買によって製品を使用することが予定された者にも及ぶとされ、被害者が売主に対して契約責任を追求しうるものとされた(第三者のための保護効を伴う契約)。そして二〇〇一年の法改正では、相手方の権利及び法益を顧慮する契約上の義務を伴った債務関係が、自ら契約当事者にならない人にも発生しうることが明示された(ド民三一一条三項)。

(b) 製造物責任

① 製造物責任法制定前

製造物責任法制定前は、製造物の欠陥によって損害を受けたユーザーは、民法典の定める諸制度によって損害の賠償を請求する以外になかった。これら被害者が製造者、中間販売業者または瑕疵ある部品の製造者等に対して損害の賠償を請求する場合は、不法行為規定に依拠するのが一般であった。被害者と被告との間には直接の契約関係が存在しないためである。商品の製造者は製造にあたって瑕疵のない商品を製造する義務を負っていると考えられるし、その他設計、仕様の決定、取寄せた部品や完成品の検査、新製品に関する開発上の危険の防止、商品の使用上の指示等に関してユーザーに対して一般的な注意義務を負っていると考えられるから、製造者にこれらについて義務違反があれば不法行為の要件たる過失が認められる。中間販売者は商品検査等に関して注意義務を負担する。

被害者が製造者等の不法行為責任を追求するためには、行為者の故意、過失、損害とそれとの間の因果関係を立証することが必要であるが、製品は製造者のもとで製造、組み立てられるし、使用者は通常複雑な内部構造や機能を有する製品に関する詳しい知識を有しないから、製造者の故意、過失、損害との因果関係を立証することが困難な場合が多い。そこで学説上被害者の過失や因果関係の立証責任を緩和する見解が主張される一方、有力説は、被害者による加害者の故意、過失の立証責任や責任追求期間、製造物責任事例に特有な事実関係を考慮して、被害者が直接契約関係のない製造者や中間販売者に対して契約責任を追求しうるという構成を提示した。理論構成としては、売主を製造者の代理人または履行補助者とする説、担保請求権が商品の従物として輾転譲渡されるとする説、製造者または自らの商標で商品を流通に置く中間販売者は、宣伝広告等を通じてユーザーに対して直接品質保証責任ないし信頼惹起に基づく信頼責任を負担するとする説などがあった。しかし、売主を製造者の代理人または履行補助者とみることや担保請求権を商品の従物とすることは実際上無理だといえるし、製造者等がユーザーに対して広告宣伝等を通じて直接に契約責任を負うとすることにも困難が伴った。

②　製造物責任法制定後

欠陥商品による消費者被害の賠償は、従来の民法の過失責任（民七〇九条）の枠内での処理では製造者の過失の立証に困難が伴うことから、製品の欠陥だけを要件とする無過失責任の法理が導入された。このような無過失責任としての製造物責任は、一九六〇年代のアメリカで製造者の責任に厳格責任（strict liability）の法理が導入されたことに端を発し、平成六年にはわが国でも無過失責任としての製造物責任を定める製造物責任法が制定された（平成七年施行）。

製造物責任法の適用される製造物とは、製造または加工された動産であり（二条一項）、加工農林水産物、不動産の部材、血液製剤、生ワクチンには適用があるが、未加工農林生産物、不動産、エネルギー、ソフトウェア、サービス、廃棄物には適用されない。欠陥とは、製造物が通常有すべき安全性を欠いていることをいい、製造上の欠陥、指示、警告上の欠陥を含む。欠陥も民法五七〇条の瑕疵に含まれうるが、製品の安全性に関わるものであり、消費者にいわゆる瑕疵惹起損害を発生させるものである。責任主体としては、製造業者だけでなく、輸入業者、表示製造業者、実質的な製造業者も含まれる（二条三項）。

製造物責任法では、製造物の欠陥により他人の生命、身体または財産を侵害したときに賠償義務が負わされ（三条）、賠償の範囲については民法四一六条が類推適用されると解されている。但し、製造物自体の損害は同法の対象外とされ、民法上の契約責任の問題とされている。もっとも、高価品が売買された場合など瑕疵惹起損害とともに製造物自体の損害の賠償もまた請求されたときは、消費者の便宜のために、後者もまた賠償の対象とするのが相当と主張されている。

製造物責任は無過失責任であるが、製造業者が開発危険の抗弁や単に他の製造業者の設計に関する指示に従っただけだという部品または原材料製造業者の抗弁を提出したときは免責される（四条）。製造物責任の法的性質は不法行為責任であるため、被害者が損害及び賠償義務者を知ったときから三年または製造物引渡時から一〇年、蓄積損害や遅延損害については損害発生時から一〇年という期間制限に服する（五条）。

⑹　債権の売主の担保責任

債権が譲渡された場合にその債権の全部または一部が他人に属するものであったとか、債権に他人のための担保が設定されていた場合は、買主は権利の瑕疵に関する担保責任規定に基づいて売主の責任を追求することができる。債務が不存在であった場合は原始的不能により無効とするのが通説であるが、債権の一部が契約の無効、弁済などの理由で存在しない場合は、民法五六五条が適用されうる。債権に伴うとされた担保権や保証が存在しないときは、民法五七〇条を類推適用しうる。

これに対して、譲渡された債権の債務者が無資力であったときは、当然には債権の譲受人は譲渡人に対して担保責任を追求することはできない。債権の譲受人は予め債務者の資力、信用を調査し、不安がある場合は担保を立てさせるとか、取引を中止するなどして損害を未然に回避しうるからである。債務者の信用を勘案して額面額よりも低い代価で債権が譲渡される場合も少なくない。しかし、債権の売主が譲渡に際して買主に対して債務者の資力を担保する場合がある。わが民法はかような場合につき当事者の意思を補充するための特別規定を設けた。それによれば、債権の売主が債務者の資力を担保したときは、契約当時における資力を担保したものと推定される（民五六九条一項）。売主が将来の債務者の資力を担保するものと推定すると、売主にとって酷な結果を生じる場合が多いためである。但し、契約後に債権が移転するときは、移転時の資力を担保したものとするのが通説である。売主は特約で将来の債務者の資力を担保することもできるが、その事情は買主がこれを立証しなければならない。他方において民法は、弁済期未到来の債権の売主が債務者の将来の資力を担保したときは、弁済の期日における資力を担保したものと推定する規定を設けた（民五六九条二項）。売買当事者の通常の意思に最も適合すると考えられるためである。既に弁済期の到来した債務の債務者の将来の資力が担保されたときは、現に弁済されるまでは担保責任が存続するというのが通説である。なお、ここにいう債務者の資力の担保とは、買主が債権の弁済を受けられないことによって被った損害を売主が塡補するという趣旨である。

(7)　競売における担保責任

(イ)　競売は、裁判所が主催してなされる公法上の処分としての一面も有するが、物または権利の競落人への移転という側面に着眼すると、実質的には売買としての一面を有する。民法はこの点に着眼して、競売の場合でも買受人が債務者、場合によっては債権者に対して担保責任を追求しうることを定めた。ここにいう競売は、強制競売や担保権の実行としての競売（かつての任意競売）だけでなく、滞納処分における公売（税徴九四条）も含まれる。通常の売買では担保責任を負担するのは売主であるが、競売では売主の地位に立つのは、その財産が競売に付される債務者である。執行機関売主説もある。この立場では、本条は競売によって実質的に利益を受くべき者が担保責任を負担することを定めたことになる（柚木・高木・新版注民(14)二五〇頁）。

わが民法によれば、競売の目的物に権利の瑕疵があったときは、買受人は債務者に対して解除または代金減額を請求することができる（民五六八条一項）。物上保証の場合は、多数説によれば物上保証人がこの第一次的責任を負担する。これは、物上保証人が権利に瑕疵のない財産を債権者に担保として提供したとする立場である。これに対して、債務者負担説（我妻・債権各論中巻一、二九五頁、柚木・高木・新版注民(14)二五二頁）は、当事者は権利についても瑕疵のある状態のままで、すなわち現状で財産を担保に提供する意思であるのが通常だとする立場である。しかし、取引当事者の通常の意思としては、物上保証人は権利者に瑕疵のない財産を担保として提供すべきであり、それによる物上保証人の不利益は債務者に対して求償させる（回収不能のリスクは物上保証人に負担させる）というものではないかと考えられる。

(ロ)　債務者または物上保証人が無資力であるときは、代金の配当を受けた債権者に対してその代金の全部または一部の返還請求をなしうる（民五六八条二項）。債務者の財産または担保不動産に権利の瑕疵がある場合で、債務者または物上保証人が無資力なため担保の責任を果たしえないときは、債権者はかような瑕疵ある財産から満足を受けうるにすぎないからである。競売は債務者または物上保証人の任意な意思に基づく売買ではないから、買受人は原則として損害賠償を請求することはできないが、債務者または物上保証人が物または権利の欠缺を知りながらその旨申出なかったときまたは債権者がそれを知りながら競売を請求したときは、これらの者に対して損害賠償の請求ができると規定されている（民五六八条三項）。なお、競売の場合も短期期間制限規定（民五六四条、五六五条、五六六条三項）が準用される。この一年の期間もまた権利保存期間と解すべきである。本条二項の適用に関して、判例は、この期間内に裁判外でも債務者に対して請求すれば、債権者に対する請求がこの期間経過後になされても妨げないとする（大判昭一五・一〇・二一民集一九巻一九七八頁）。しかし、この場合買受人は、債務者または物上保証人の無資力を知ったときから一年内に債権者に対して裁判外の請求をなすべきだと考えられる。

(ハ)　権利の全部または一部が他人に属する場合や用益権等による制限がある場合、存在するといっていた地役権が不存在であった場合、建物のために借地権が存在することを前提として建物の評価及び最低売却価額の決定がされたのに借地権が存在しなかった場合（最判平八・一・二六民集五〇巻一号一五五頁）だけでなく、指示数量不足の場合も本条の適用を受けうる。しかし、わが民法は競売においては買受人は権利に瑕疵がある場合は担保責任を追求しうるが、物の瑕疵の場合はこの限りでないという立場をとった（民五七〇条但書）。その理由は、わが民法は登記に公信力を認めていないから、それに基づいて作成された競売広告を信頼して買受けた者は権利の瑕疵に対して保護する必要があるが、物の瑕疵については競売の場合は物件に多少の瑕疵があることを前提として競売に参加するのが通例であるし、また瑕疵担保責任を否定することは競売の結果を確実にすることになるからだとされている。学説上は売主または債権者悪意の場合にその責任を認める民法五六八条三項の規定のこの場合への類推適用を主張する見解もある（柚木・高木・新版注民(14)三七二頁）。しかし、このような場合を通じて一般的に、建物の内部が白蟻に食い荒されているなど物に重大な隠れた瑕疵がある場合には担保責任を肯定することが立法論的には妥当だと考えられる。

(8)　担保責任と同時履行

担保責任に関する民法五六三条〜五六六条及び五七〇条の場合には、同時履行に関する民法五三三条が準用される。従って、買主が権利の一部が他人に属しまたは物に瑕疵があったために契約を解除したような場合には、既に受け取った瑕疵ある権利または物の返還と引換えでなければ支払った代金の返還を請求しえない。権利が全部他人に属する場合に民法五三三条が準用されないのは、買主が通例受領した物を所有者たる他人に返還すべきだと考えられるためである。担保物権の行使により買主が所有権を失ったときも、所有権は競落人に帰属するため買主は返還義務を負わない（民五六七条）。

(9)　担保責任に関する特約

(イ)　一般原則

担保責任に関する特約は強行規定ではないから、当事者は一般に担保責任を負わない旨を特約しうると解されている。しかし、詐欺的な場合にも売主の責任を免除する特約の効力を認めるべきではないから、民法典はその知って告げなかった事実及び自ら第三者のために設定しまたは第三者に譲渡した権利については責任を免れえないとした（民五七二条）。従来の通説は、売買契約締結後売主が目的権利を第三者に処分したときは、本条ではなく債務不履行の問題になるとしたが、担保責任契約責任説の立場からはこの場合も売買契約締結以前の処分の場合と異なって解すべき理由はない。

今日のように消費者対専門家という対立構造の著しい、また業者間でも経済的較差の著しい経済社会にあっては、現行民法典のように無担保特約を一般に有効とすることには問題が多い。諸外国ではつとに約款規制法を設けて社会的経済的強者による不当な契約条項の強要を規制しているが、わが国でも特に物の瑕疵によって買主または使用者に生じた身体的損害の賠償義務を免責する特約はその効力を否定するのが通説であった。わが国でも独占禁止法その他の法律が業者による不公正な取引方法を禁止するなど一定の規制をなしているが（独禁一九条）、独禁法違反行為は当然に私法上も無効となるわけではない。これに対して宅建業法によれば、宅建業者は自己が売主となる宅地、建物の売買において、瑕疵担保責任期間につき、その目的物の引渡の日から二年以上とする場合を除き、民法五六六条三項に規定するものより買主に不利な特約をしてはならず（同四〇条）、これに違反する特約は無効である。

(ロ)　消費者契約法の規定

平成一二年には消費者と事業者との間に存在する構造的な情報の質及び量並びに交渉力の格差を是正するために消費者契約法が制定されたが、同法は、事業者の債務不履行（契約責任説では権利に瑕疵がある場合を含みうる）により消費者に生じた損害の賠償責任の全部を免除する条項や消費者契約の目的物に隠れた瑕疵があるときに、事業者が代物給付または修補義務を負いまたは当該事業者の委託を受けた他の事業者が損害賠償等の責任を負う等の場合を除いて、瑕疵により消費者に生じた損害賠償責任の全部を免除する条項を無効とする（八条一項一号、五号、二項）。本条項からすれば、例えば、事業者の責任の九〇パーセントを免除する条項は有効とすべきことになるが、かような条項は、消費者の利益を一方的に害する条項を無効とする同法一〇条により無効となりうるとされている（内閣府国生局消費者企画課編・逐条解説消費者契約法［補訂版］二二一頁）。なおこれらの規定は、事業者と消費者の間に個別に交渉がなされた結果として成立した特約にも適用される。

(ハ) 担保責任加重特約

担保責任を加重する特約は、一般的にはその効力を否定すべき限りではない。実際上みられたのは新築建物の売買で一〇年間といった長期の期間品質を保証する特約である。平成一一年の住宅品質確保促進法では、新築住宅の売買契約で、住宅の構造耐力上主要な部分につき引渡から一〇年の担保責任期間を法定したことに加えて（八八条）、新築住宅の売買では、売主がかような部分を含めた住宅の隠れた瑕疵について同法八八条一項に規定する担保の責を負うべき期間を、買主に引渡したときから二〇年以内の範囲で特約によって延長することができるとしている（九〇条）。

三　果実収取権

天然果実は、元物より分離するときにこれを収取する権利を有する者に属すると規定されているが（民八九条一項）、売買の目的物件については収取権がいつ移転するか明らかでないため、民法は特別に規定を設け、引渡をなしていない売買の目的物から生じた果実は売主に属するとした（民五七五条一項）。この規定は、買主の未払代金の利息支払義務が原則として目的物の引渡の日から発生するとしたこと（民五七五条二項）に対応するものであり、売主の目的物の使用によって生じる利益と買主の負担すべき未払代金の利息及び出損を免れた管理費用とが権衡を保つと考えられることに基づいている。しかし、危険移転及び所有権移転については、引渡時ではなく、契約締結時が基準とされており（民五三四条、一七六条）、これとの関係でバランスを欠くといえる。そこで学説上果実収取権を所有権の内容をなすものとみて、売買契約では通常目的物の引渡または代金支払のときに所有権が移転するというのが当事者の意思とみるべきであり、このときに果実収取権と並んで危険も買主に移転するとする見解が近時は有力である（広中・債権各論講義［第六版］五五頁など）。しかし、所有権移転が引渡以外の時期に生じることが合意された場合でも、本条の適用を一般的に否定すべきではあるまい。

売主は目的物引渡前は果実を収取しうるのであるから、現実に果実を収取していなくても、特約のない限りその間の公租公課を負担しなければならない。しかも買主は、その場合でも代金の利息を支払う必要はない（大判大四・一二・二一民録二一輯二一三五頁）。売主が履行遅滞中に果実を生じたときでも、買主が代金を支払っていない場合には、売主がそれを取得する（大連判大一三・九・二四民集三巻四四〇頁）。学説上は買主を保護するために損害賠償請求を認める者も有力である（鳩山秀夫・判民大正一三年度九〇事件四〇〇頁以下、池田恒男・民法判例百選Ⅱ［第五版］一二一頁など）。判例の立場では、不利益を免れようとする買主は、代金を供託する以外にない。買主が代金の全額を支払った後は目的物引渡前でも果実収取権は買主に移転する（大判昭七・三・三民集一一巻二七四頁）。売主は代金の利息と目的物の果実とを二重に利得することになるからである。

第二項　買主の義務

一　代金支払義務

(1)　代金の額

買主は目的物の取得と引換にその代金を売主に支払う義務を負う（民五五五条）。代金支払義務は買主の主たる義務である。買主が弁済期に代金を支払わないときは利息を支払う義務を負う。

代金の額は、通例売買契約時に定められるが、契約後代金額を定めることもできるし、第三者に決定を委ねたり、あるいは時価によることとしてもよい。代金支払に際して値引き、奨励金の交付がなされる場合もある。商品の配送料は債務の履行に要する費用だから、売主がこれを負担すべきであるが（民四八五条）、代金額の中に組み入れられるのが普通であろう。代金の額その他の条件が法律によって制限されている場合もある（食糧管理法（昭一七法四〇号）、物価統制令（昭二一勅一一八号、昭和二七年に法としての効力が与えられた）など）。また製造者による再販売価格維持行為及び価格協定は、独占禁止法によって原則として禁止、制限されている（独禁一九条など）。代金額が決定されている場合でも、弁済期まで長期間が経過するような場合は、その間の貨幣価値の変動その他の経済事情の変化により目的物の価値と代金額の間に著しい不均衡が生じる場合がある。かような場合には事情変更の原則の適用が認められうるが、わが国の判例はあまりこの原則の適用を認めない。

(2)　代金の支払時期

代金の支払時期もまた契約によって決定される。契約上支払時期が定められていないときは取引慣行によるが、民法典はかような場合につき当事者の意思を補充するための規定を設け、目的物の引渡につき期限が定められているときは、代金の支払についても同じ期限を定めたものと推定している（民五七三条）。双務契約における同時履行の趣旨に則った規定である。不動産の売買では、実務上買主が代金額から手付金を控除した残額を支払ったときに遅滞なく売主が買主に目的不動産を引渡しかつ移転登記をなすべきものとされている。

⑶　代金の支払場所

代金の支払場所もまた当事者間の特約によって定められ、特約のないときは取引慣行によるが、民法は代金の支払場所についても当事者の意思を補充する特別規定を設け、買主が売買の目的物の引渡と同時に代金を支払うときは、その引渡の場所において支払うことを要するとしている（民五七四条）。それ以外の場合は、買主は売主の現時の住所または営業所において代金を支払うことを要する（持参債務の原則）（民四八四条、商五一六条）。したがって、買主が引渡後に代金を支払うべきときは、売主の現時の住所で支払うべきである（大判昭二・一二・二七民集六巻七四三頁）。なお、近時は商人間の取引を含めて代金の決済は相手方の預金口座への振込による場合が多くなっている。

二　利息支払義務

買主は代金の支払時期の定めがある場合でも、その期限を徒過したときから当然に利息の支払義務を負うのではなく、目的物の引渡を受けたときから利息支払義務が生じる（民五七五条二項）。目的物の引渡まではその果実や使用利益が売主に帰属するとされていること（民五七五条一項）との均衡を保つためである。この場合の利息は、特約があればその利率により（約定利息）、特約がなければ法定の利率（民四〇四条、商五一四条）によって定まる（法定利息）。判例は、既述のように売主が履行遅滞に陥った場合でも目的物を引渡すまではその果実を収取しうるとともに、売主が弁済の提供をし、買主が代金の支払につき遅滞に陥った場合でも、目的物引渡までは買主は代金の利息を支払う義務を負わないとするが（前掲大判大四・一二・二一）、学説上は当事者の遅滞の場合は民法五七五条二項の適用を認めず、損害賠償請求権の行使を許容する見解もある。売買目的物が既に引渡された場合でも、それ以後の時期に代金が支払われるべきものとされているときは、買主はその時期が到来するまで利息を支払う義務を負わない（民五七五条二項但書）。かような場合当事者は、目的物引渡後代金支払時期までの利息を含めて代金額を決定している場合が多いと考えられるためである。

三　買主の代金支払拒絶権

買主は代金の支払が先給付の関係にないときは、売主が目的物を引渡すまで代金の支払を拒絶することができる（民五三三条）、買主が先給付義務を負う場合や継続的供給契約の場合でも、売主の将来の商品供給に不安のあるときは、信義則上代金の支払を拒絶することも許容されうる（不安の抗弁権）。不動産売買で登記のみ移転され、引渡がまだなされていない場合は、判例は、買主は登記のみにより第三者に処分しうるから、原則として代金の支払を拒絶しえないとするが（大判大七・八・一四民録二四輯一六五〇頁）、敷地付建物の売買など買主がその使用を目的としている場合は、引渡がなされていない以上買主は代金の支払を拒絶しうると解すべきである（我妻・債権各論上九三頁）。これに対して、不動産売買で引渡のみなされ、移転登記がまだなされていない場合は、買主は代金の支払を拒絶しうるとするのが通説である。

民法はその他買主が目的物を最終的に取得しえないとか、追奪を受ける虞れがある場合にも、代金支払拒絶権を認めている。まず第一に、売買の目的物に権利を主張する者があって、買主が買い受けた権利の全部または一部を失う虞れのある場合は、買主は失う虞れのある限度に応じて代金の全部または一部の支払を拒絶しうる（民五七六条）。買主は、既に目的物を受領した後でもこの権利を行使しうる。買主は、売主に対して担保責任を追求することもできるが、一旦支払った代金の返還請求は困難が伴うため、代金支払前にかような拒絶権を認めて買主を保護する趣旨である。目的物に対して用益的権利を主張する者がいる場合や債権売買で債務者が債務の存在を否認する場合も、本条が準用される。売主は担保を供することによって買主の代金支払拒絶権を喪失せしめうると規定されているが（民五七六条但書）、買主が目的物を取得しえないことによって被る損害額は予想もつかない場合が多いし、買主が担保の提供を受けても通例はすぐには満足が受けられないから、買主の承諾がない限り売主による人的、物的担保の単なる提供によって買主の代金支払拒絶権は消滅しないと解すべきである（最判昭五八・三・二五判タ五三三号一四二頁）。

第二に、買い受けた不動産に先取特権、質権、抵当権の登記がある場合は、買主は抵当権消滅請求の手続が終わるまでその代金の支払を拒絶しうる（民五七七条）。買主が担保物権の実行によって所有権を失った場合も売主の担保責任が定められているが（民五六七条）、民法五七六条と同様な趣旨で買主の代金支払拒絶権を認めたものである。借地人が抵当権の設定された建物につき地主に対して買取請求権を行使した場合にも本条が適用される（最判昭三九・二・四民集一八巻二号二三三頁）。但し、不動産の売買代価が担保物権の被担保債権額を控除して算定された場合は、担保物権の消除を自ら引受けたと解されるから本条の適用はない。また買主が本条の代金支払拒絶権を行使しうる場合でも、買主がいつまでも抵当権消滅請求手続に着手しないときは、売主は買主に対して遅滞なく消滅請求をなすべき旨を請求でき、買主がそれに応じない場合は代金支払拒絶をなしえなくなる（民五七七条但書）。

買主が民法五七六条、五七七条に基づいて代金支払拒絶権を行使したときは、売主は買主に対して売買代金の供託を請求することができ（民五七八条）、買主がかような売主の要求に応じて供託をしないときは代金支払の拒絶をなしえない（大判昭一四・四・一五民集一八巻四二九頁）。買主が無資力となる危険から売主を保護しようという趣旨である。したがって買主が権利を喪失する危険のある間は、売主はこの供託金を受領しえないと解されている。

四　目的物受領義務

従来の判例は、買主は一般に目的物を受領する義務は負わないが、特約で買主が目的物の受領を引き受けまたは一手販売など信義則上買主が売主の提供した物を受領すべき義務を負うと考えられる場合は、買主の受領義務（引取義務）が認められるとした（最判昭四六・一二・一六民集二五巻九号一四七二頁）。この立場では、売主はこれらの場合に限り、買主の受領義務（引取義務）違反を理由として契約解除の主張や損害賠償請求をなしうるが、そもそも買主の受領遅滞の場合は代金も支払っていないのが通例だから、売主は代金未払により契約を解除し、損害賠償請求をなしうる。これに対して近時の多数説は、一般的に買主に目的物の受領義務ないし引取義務を認めるべきだとする。ドイツ（ド民四三三条二項）やウィーン統一売買法（六〇条）は、一般的に買主の引取義務を認めている。思うに、買主が受領遅滞に陥った場合、一手販売の場合や目的物に市場性のない場合だけでなく、目的物に市場性のある場合でも、一般的に買主に受領義務（引取義務）を認めて売主による催告、解除を肯定し、売主の被る損害を最小限に抑える道を開いておいてもよいと考えられる。

第四款　特殊の売買

第一項　序　説

売買とは、代金と引換に物または権利を移転する契約を指称するが、古くから特別の態様のもとになされる売買が通常の売買から区別されて論じられてきた。見本売買、試味売買（試験売買）、割賦販売、継続的供給契約などがこれである。これらの売買は、通常の売買を基礎としつつそれとは異なった特性を有し、それらの特性を各々の売買毎に摘記することが必要である。なお、売買の効力が条件の成就にかかる条件付売買は民法総則で論じられる。

近時は上記のような古くから論じられてきた特殊売買と並んで、店頭販売でない売買で、消費者の無知、無経験、軽慮に乗じて売主が不当な利益の獲得を目的としてなす売買取引の規制が問題となっている。それらは訪問販売、通信販売、電話勧誘販売、連鎖販売取引（マルチ商法）などである。これらの取引では店舗という信頼の基礎が欠けているのが特徴であり、これら取引を目的とする企業の簇生を生み、不当で詐欺的かつ強圧的な販売方法とも相俟ってしばしばトラブルの原因となってきた。そこで昭和五一年に訪問販売等に関する法律（法七号）が制定され（平成一二年に特定商取引に関する法律に発展的に解消された）、規制にあたっている。

更に、今日では様々な分野で国際化が盛んとなり、取引の分野でも外国人との間の取引が頻繁に行われるようになってきている。かような国際取引における法律関係の明確化もまた現代の私法学の課題の一つとなっている。

第二項　割賦販売

一　序説

割賦販売とは、代金を長期間にわたり何回にも分割して支払う特約の付された売買である。電化製品や自動車、家具など比較的高価な物の購入に際して、数年間の月賦で支払いうるものとすれば、買主の需要にも適うし、商品の販路の拡大を意図する売主の利益にも添う。そこで比較的古くからこのような割賦販売の制度が諸外国のみならずわが国でも普及してきた。割賦販売は毎月払い（月賦販売）が最も多い。売買の目的物は動産のみならず不動産でもよい。売買目的物は割賦金全額またはその一定割合の積立後引渡される場合もあるが（前払式または中渡型）、多くは頭金の支払後引渡される（先渡型）。

割賦販売では、売主が有利な地位を利用して買主に著しく不合理な特約条項（約款）を押しつけることが多い。そこで昭和三六年にかような不当な条項の効力を制限するために割賦販売法が制定された（法一五九号）。割賦販売法は、総ての動産の割賦販売に適用されるのではなく、代金を二ケ月以上の期間かつ三回以上に分割して支払うことを条件として指定商品を販売する場合に適用される（割賦二条一項一号）。指定商品とは、定型的な条件で販売するのに適する商品であって政令で定めるものであり（割賦二条四項、同法施行令別表第一）、耐久消費財のほか一定範囲の消耗品を含む。また平成一一年の法改正により割賦販売法の適用範囲は、指定権利の販売及び指定役務の提供にも拡大された（割賦二条一項一号、四項）。割賦販売法はその他、ローン提携販売、割賦購入斡旋、これらの場合に共通に問題となりうる総合方式またはリボルビング方式による取引、前払式特定取引も規制している（割販二条参照）。なお、宅地建物取引業法は、宅地建物取引業者のなす宅地建物の割賦販売について規定を設けている（三五条二項）。

二　割賦販売契約の締結に関する規制

(1)　販売条件の表示と書面の交付

販売業者が割賦販売の方法で指定商品または指定権利を販売しまたは指定役務を提供するときは、購入者に対して契約締結前に一定の契約内容を示さなければならない（割賦三条一項、宅建業法三五条）。そして契約締結後は遅滞なく契約内容を明記した書面を購入者に交付しなければならない（割賦四条一項、宅建業法三七条）。クレジットカード取引による場合は、販売業者がクレジットカードを利用者に交付するときに、代金支払方法等を記載した書面を利用者に交付しなければならない（割賦三条二項、三項）。リボルビング方式であるときも販売業者に一定の事項を記載した書面の交付義務が定められている（割賦四条二項、三項）。しかし、これらの規定は契約書面の作成を割賦販売契約の成立要件または効力要件としたものではなく、契約内容を購入者に知らせて被害を防止するとともに後日の契約内容についての紛争を予防することを目的とするものである。

⑵　クーリングオフ制度

セールスマンの高圧的、詐欺的な勧誘行為により消費者が購入意思の不確定なまま契約を締結する事態がしばしば生じるため、昭和四七年にかような買主を保護する規定が設けられた。それによれば、割賦販売業者が店頭以外の場所で売買の申込みを受けまたは売買契約を締結したときは、割賦販売法四条の定める事項を記載した書面を買主に交付しなければならない（割賦四条の二第一項）。購入者は、契約内容または申込内容を記載した書面を受領した日以後販売者から申込の撤回権の存在及び方法について告げられた日から記算して八日が経過するまでは、原則として無条件に申込の撤回または契約の解除をなしうる（割賦四条の三）。もっとも、申込の撤回権の存在及び方法についての通知は、割賦販売法四条または四条の二の書面に記載して行わなければならないことになっている。しかもクーリングオフ権の存在については赤字で記載することが求められている（割賦施行規則一の一一）。クーリングオフの認められる場合も契約は成立し、消費者は解除権ないし取消権を有するにすぎないと解するのが一般であるが、クーリングオフ期間が経過したときに初めて契約が成立するとする見解もある（田村耀郎・島大法学二八巻三号七四頁）。

クーリングオフ期間は、昭和四七年に制度が新設されたときは四日間とされていたが、消費者保護のために現在では八日間とされている。販売業者が割賦販売法の定める契約内容を明示する書面の交付または申込の撤回権の存在及び方法に関する告知を怠ったときは、本条の八日の期間は進行を開始しないと解される。しかし、期間内であっても既に代金の全部が支払われているときは申込は撤回しえないし、使用または一部消費により価額が著しく減少する商品についても申込の撤回が認められない場合もある（割賦四条の三第一項二号、三号）。申込の撤回は、その旨記載した書面を発したときに効力が生じ、商品引取費用は割賦販売業者の負担とされている（割賦四条の三第二項、三項）。口頭、電話による申込の撤回または解除が有効かどうかについては下級審判例は分かれている。クーリングオフ規定は強行規定である（割賦四条の三第四項）。本条はローン提携販売（割賦二九条の四）や割賦購入斡旋（割賦三〇条の六）にも準用されるが、購入者にとって売買が商行為となる場合は適用されない（割賦四条の三第五項）。

三　割賦金の支払遅滞の場合の規制

(1)　期限の利益喪失約款及び解除約款

かつては割賦販売契約に割賦金の不払その他一定の事由があると買主は期限の利益を失い、売主は直ちに代金全額を請求でき、また無催告で契約を解除しうるという特約条項が付されるのが一般であった。しかし、かような特約はしばしば買主にとって不合理な結果をもたらすので、割賦販売法は、売主が二〇日以上の相当な期間を定めてその支払を書面で催告し、その期間内に義務が履行されないときでなければ、契約を解除しまたは支払時期未到来の賦払金の支払を請求することはできないとした（割賦五条）。但し、本条も購入者にとって商行為となる場合は適用されない。本条は割賦購入斡旋にも準用されている（割賦三〇条の六）。宅地建物取引業法も、取引業者が自ら売主となる宅地建物取引について同様の規定を置いている（宅建業法四二条（期間は三〇日以上））。

(2)　違約金条項

以前は買主が割賦金の支払を遅滞して契約が解除された場合は、売主は既払金の返還義務を負わないばかりか、目的物の返還を請求でき、かつ塡補されない損害の賠償も請求できるという特約が付されるのが普通であった。しかし、かような賠償額予定条項ないし違約金条項はあまりに買主にとって不合理なため、割賦販売法は、①商品が返還された場合は、当該商品の通常の使用料または割賦販売価格に相当する額から返還時の価格を控除した額のいずれか大きい方、②商品が返還されないときは割賦販売価格相当額、③買主に引渡す前に解除したときは、契約締結及び履行に通常要する額のいずれかに法定利率による遅延損害金を加算した額までしか請求しえないものとした（割賦六条一項）。脱法行為を防ぐため、昭和五九年には解除されない場合でも同様の制限をする旨の規定が新設されている（割賦六条二項）。損害額の制限は、割賦購入斡旋の場合にも認められる（割賦三〇条の三）。但し、リボルビング方式による取引の場合は、技術的に困難な問題があるため制限規定は置かれていない。ローン提携販売については、買主が銀行に代位弁済した売主に対して支払うべき求償債務につき割賦販売法六条の類推を認めた最高裁判決があるが（最判昭五一・一一・四民集三〇巻一〇号九一五頁）、昭和五九年の改正法はなんら制限規定を置かなかった。宅建業者が売主となる不動産の売買では、予定賠償額、違約金の合計額は売買代金額の二割を越ええないとされている（宅建業法三八条）。

(3)　所有権留保特約

割賦販売では代金が完済されていないのに商品が引渡されるため、代金完済時まで代金債権の担保のために商品の所有権が売主に留保されるのが普通である。割賦販売法は、特約がなくても所有権が代金完済時まで売主に留保されるものと推定している（割賦七条）。但し、本条はリボルビング方式による取引には適用されない。不動産の場合は、宅建業法は、宅建業者たる売主が代金総額の一〇分の三の支払を受けるまでに買主に移転登記すべきこと及び提携ローンを組み同売主が保証人となった場合にその求償権確保のために所有権を留保することを禁じている（宅建業法四三条）。

割賦販売で留保される所有権は、もっぱら債権の担保を目的とするものであるため、買主は所有者に準ずる立場での目的物の使用、収益を妨げられないし、危険や公租公課も買主が負担する。但し、買主は目的物の交換価値を保持するために善管注意をもって目的物を保管する義務を負い、また原則として第三者に目的物を処分することは禁止される。買主が目的物を第三者に処分した場合、第三者が即時取得しない限り（民一九二条）、売主は所有権に基づいて目的物の返還を請求することができる。但し、売主の留保する所有権を一種の担保物権とする学説の中には、売主が契約を解除しない限り、第三者に対して所有権に基づく返還請求権を行使しえないとするものもある。買主が破産しまたは買主につき会社更生手続、民事再生手続が開始した場合、所有権説に従う見解は、売主は目的物の取戻権を有し（破六二条以下（旧八七条以下）、会更六四条、民再五二条）、買主の債権者が目的物を差押えたときは、売主は第三者異議の訴（民執三八条）を提起しうるとするが（最判昭四九・七・一八民集二八巻五号七四三頁（第三者異議の訴えにつき））、留保物権を担保物権とする立場では、破産、民事再生の場合売主は別除権（破六五条以下（旧九二条以下）、民再五三条）、会社更生の場合は更生担保権（会更一三五条以下）の行使を、買主の債権者が差押えた場合は配当要求をなしうるにすぎない（民執一三三条）。

四　割賦販売と信用供与

(1)　第三者機関介在型の割賦販売

割賦販売は、売主がまだ代金の完済を受けていないのに買主に商品を引渡すのだから、売主が買主に信用を供与するものである。しかし、売主の信用力が大きい場合はそれでよいが、そうでない場合は売主は経営上困難をきたすことになるため、第三者機関（金融機関）の介在を受けて売買代金の即時の支払を受けることが合理的である。このような第三者機関介在型の割賦販売として今日最も一般的なのは、割賦購入斡旋とローン提携付割賦販売である。

割賦購入斡旋とは、信販会社と加盟店契約を結んだ販売店が、信販会社を代理して、顧客と指定商品または指定権利の売買契約または指定役務の提供契約を締結するに際して割賦購入斡旋契約を締結し、信販会社から代金の一括支払を受けるとともに、代金債権と留保所有権を信販会社に移転して、顧客が信販会社に割賦金の支払をなすものである（割賦二条三項二号）。この場合信販会社は販売業者に代金の立替払をなすものとされている。ローン提携付割賦販売とは、売主が提携関係にある銀行に顧客を紹介し、顧客は頭金を除く売買代金相当額の融資を受けるとともに、売主が銀行から融資額の一括支払を受け、反面顧客の融資金返還債務を保証するものである。顧客は融資銀行に融資額とその利息を割賦弁済する義務を負う（割賦二条二項一号）。銀行は、債権確保の手段として商品の所有権を買主に移し、抵当権の設定を受ける場合が多い。割賦購入斡旋の場合は、今日では銀行または信販会社系のカード会社がクレジットカードを発行し、会員が加盟店にカードを呈示して商品を購入し、加盟店が一定期間内に売上票を送付して代金の支払を受ける場合が多い（総合割賦購入斡旋）。カード会社は集計し、会員の預金口座からカード会社の口座への自動振替を行う。今日ではまた新たに商品代金の合計額のうちの未払残高の一定割合または一定額を予め定められた時期毎に支払っていくいわゆるリボルビング方式についても規定が設けられている（割賦二条二項二号、三項二号）。ローン提携販売や割賦購入斡旋についても、販売業者、割賦購入斡旋業者または割賦購入斡旋関係販売業者は、販売条件または取引条件の表示義務及び契約内容を明示する書面の交付義務が課されている（割賦二九条の二、三〇条、三〇条の二）。

割賦購入斡旋の法的性質については、当初代金の支払という事務を依頼する準委任契約だとか、信販会社による代位弁済契約であるとか、売主から信販会社への契約上の地位の譲渡であるとか、更には実質的には顧客と信販会社との間の消費貸借契約であるとかの説明がなされていたが、昭和五〇年代以降は、割賦購入斡旋契約ないしローン提携契約の法的性質につき、三面契約説ないし三当事者関係説が主流となっている。この立場は、形式的に二つの契約が存在し、これらが経済的に一体化しているとする説（経済的一体説）（最判平二・二・二〇判時一三五四号七六頁）から、法的にも二つの契約が結合している、すなわち他方の契約の内容が一方の契約の内容となっているとする説（法的一体説）までを含む。なお、ローン提携販売には割賦販売法五条、六条が準用されていないが、多数説は両法条の一般的な類推適用を支持する。

(2) 抗弁権切断条項

通常の割賦販売では、商品の不引渡や商品に瑕疵がある場合、買主は売主に対して同時履行の抗弁（民五三三条）を主張して代金の支払を拒むことができるが、第三者機関介在型の場合に、顧客が商品の瑕疵等を主張して金融機関への割賦金の支払を拒絶することができるかが問題になる。かつては、約款中に商品に瑕疵等がある場合でも、顧客は銀行または信販会社に対して割賦金の支払を拒絶しえない旨の条項（抗弁権切断条項）が設けられるのが普通であったが、判例は、主に割賦購入斡旋につき信義則上信販会社が抗弁権切断条項を援用しえない旨の判例法理を展開し、遂に昭和五九年に割賦購入斡旋につき抗弁権切断条項を無効とする規定が導入された（割賦三〇条の四）。但し、本条もその購入が購入者にとって商行為となる場合は適用されない。リボルビング式の割賦購入斡旋における抗弁権切断条項についても、その効力を無効としつつ、弁済充当の問題を考慮して特別規定が置かれている（割賦三〇条の五）。ローン提携販売についてはかような規定は設けられていなかったが、学説上は両者は一方が融資で、他方が立替払という形式をとっているだけで実質的には違いがないことから、抗弁権の接続を認めるべきだとするのが一般であった。そして平成一一年には割賦販売法が改正され、ローン提携販売についても抗弁の接続制度が導入された（二九条の四第二項）。

(3) 前払式または中間渡型割賦販売

前払式割賦販売とは、買主が予め代金を積立てておいて満額に達したときに商品の引渡を受ける場合である。これに対して、代金の積立が一定の限度に達したときに商品の引渡を受け、残額は割賦で弁済を続けるという場合もある（中間渡型）。これらの類型は、買主が当面その商品を使用する必要がないような場合になされるが、売主にとって確実な計画生産をなしうるという利点がある。問題となるのは売主が商品引渡前に倒産した場合である。割賦販売法、積立式宅建業法は、消費者が販売業者に支払う前渡金、積立金は、売買代金に充当されるべき預金としての性質があるから、販売業者は営業保証金、前受保証金の供託義務を負い、買主はその保証金に対して権利を有すると規定している（割賦一六条以下、二〇条の三以下、積立式宅建業法一七条以下）。

第三項　その他の特殊販売

一　見本売買

見本売買とは、売主が予め買主に呈示した見本と同品質、同性能の商品を買主に引渡すことを約する売買契約である。したがって、見本売買は売主が買主に対して見本に示された品質、性能を保証する意味を有している。見本売買は通例不特定物売買であるが、特定物売買である場合もありうる。売主が見本に示された品質、性能を有さない商品を引渡した場合は、保証違反の問題となり、買主は売主に対して瑕疵担保責任ないし不完全履行責任を問いうる。

二　試味売買

試味売買とは、買主が目的物を試用してみて気に入れば買うことを約する売買である。買主が気に入ることを停止条件とする売買とみてよい場合が多いと思われるが、買主が気に入らないことを解除条件とする売買とみるべき場合もありうる。買主がいつまでに気に入るかどうかを決定すべきかは予め特約で定められているのが普通であるが、かような特約のないときは、買主は相当の期間を定めて催告することができ、その期間内に確答のないときは、商品が買主に引渡されている限り売買が成立すると解するのが多数説である。これに対して、有力説は、試味売買を、買主が任意に同意を与えうることから、売買一方の予約（民五五六条）の一類型と捉える（柚木・高木・新版注民(14)

八八頁)。

三　つけ売買(介入取引)

A、B間の売買契約にCが当事者として介入し、A、C間、次いでC、B間に売買が成立し、CがAに売買代金を一括して支払う(通常は約束手形を交付する)が、BはCに代金を割賦でまたは支払期日を長期に設定した約束手形によって支払うことを認める場合がある。このような取引は、AまたはBが商社Cに委託することによってなされ、Cの介入は一の金融支援行為である。従って、商品はAからBに直接送付され、Cは原則として瑕疵担保責任を負わないと解されている。

四　継続的供給契約

ガス、水道、工業部品、製品など一定の種類に属し、一定の品質を有する商品の一定量を一定期間または不定期間継続的に供給する契約を継続的供給契約という。継続的供給契約も売買契約の一種であるが、継続的契約としての性質をも帯びるため、若干の特別の扱いが必要となる。例えば、売主が商品の供給を中止した場合は、買主は既に給付のあった部分を除いて当期及び将来の給付分について代金支払の拒絶、損害の賠償または契約の解除(解約)を主張することができるし、当期のみならず次期以降供給されるべき商品についても瑕疵があることが予想されるときは、買主は次期以降の給付分についても受領拒否を主張しうる。また買主が当期の代金を支払わなかった場合は、売主は次期以降の商品の供給を停止することができる(但し、会更六二条参照)。継続的供給契約は、特約店契約にみられるようにしばしば一方が他方に対して経済的に従属するとともに継続的な信頼関係が不可欠の前提となるため、相当な理由もないのに一方的に解約申込をしたり、新たに担保を求め相手方がそれに応じないことを理由として取引を拒絶したりすることはできない。もっとも、場合によっては一定期間の予告ないし一定額の補償つきで一方当事者の解約を認めることも可能である。

五　訪問販売

訪問販売とは、セールスマンが買主の居宅を訪れ、商品の販売等を勧誘するものであるが、買主の意向にかかわりなく訪問し、強引な販売を行ったり、詐欺的な方法で購入させたりしてトラブルが絶えないことから、規制が必要とされたものである。訪問販売法制定当初（昭和五一年）は、日常生活の用に供する物品の販売について適用されるのみであったが、金地金の購入による有利な資金運用を勧誘し、多数の被害者を出した豊田商事事件や役務、権利の取引の増加に鑑みて、昭和六三年には、指定商品の定義規定を改正し、日常生活に関連する物品、役務、権利を広く指定対象に加えるとともに、不適正な手口で消費者を営業所等に呼び出して取引するキャッチセールス、アポイントメントセールスも適用対象に加えられた。

現行特定商取引法（旧訪問販売法）によれば、販売業者が営業所等以外の場所で指定商品、指定権利を販売し、または指定役務を有償で提供する場合は（二条一項）、相手方に対してその氏名及び商品を明示する義務を負うほか（三条）、不実告知、威迫行為、重要事項の不告知などが禁止される（六条一項、二項、七条二号）。事業者は、購入申込がなされまたは売買契約が締結されたときは、直ちにまたは遅滞なく契約の内容、特に申込の撤回または契約の解除に関する事項を明示した書面を交付しなければならない（四条、五条一項）。営業所等とは、営業所、代理店及び一定の期間を定めて指定商品を陳列し販売する場所であって店舗に類するものと規定されている（同法施行規則一条）。訪問販売とは必ずしも家庭訪問販売に限られず、職場訪問販売や路上販売、いわゆるキャッチセールスも含まれるが、公民館等を利用してなされる展示即売会は含まれない。特設会場に消費者を集めて、最初は日用品を無料または激安で配って熱狂的な雰囲気を盛り上げ、最終的には羽根布団など高額な商品を買わせるいわゆるSF商法（一種の催眠商法）は、商品を自由に選択できる状況にはないから、たとえ特設会場を一定期間以上継続して使用したとしても店舗に類するものには該当しないとされている（通達）。特定商取引法はまた、契約者が営業のためにもしくは営業として締結する取引には適用されない（二六条一項）。

購入申込者は、特定商取引法五条または四条に定める書面の受領を受けた日から八日を経過するまでは無条件で任意に契約を解除しうる（クーリングオフ）（九条）。クーリングオフの法的性質については、条件契約説、契約不成立説、取消権説、撤回権説、解除権説が対立しているが（浜上則雄・現代契約法大系第四巻二九三頁以下参照）。取消権か解除権かという形で問題が立てられることも多い。八日の期間が進行を開始するためには、事業者による法定の事項を記載した書面の交付が必要であり、記載事項が不備な書面が交付された場合は、契約から一年四ケ月後にクーリングオフをしても権利濫用とはならないとされている（東京地判平六・六・一〇判タ八七八号二二八頁）。また法は、割賦販売法におけると同様クーリングオフの行使を書面でなすことを要求しているため、口頭でのクーリングオフは解除の効力を生じないかの如くであるが、下級審判例は分かれている（福岡高判平六・八・三一判タ八七二号二八九頁（肯定例））。クーリングオフ権の行使はその書面発信時に効力を生じ（九条二項）、商品等の原状回復費用は販売業者が負担するものとされている（九条四項）。他方特定商取引法にはまた、割賦販売法六条と同様な予定賠償額についての制限もある（一〇条）。

六　通信販売

情報伝達手段の発達に伴って登場した通信販売は、広告表示に曖昧な表現や誇大な表示がなされることが多く、また無店舗販売であるため、送付された商品に問題があるときは、販売業者の責任追求が困難になるといった問題がある。現行特定商取引法によれば、通信販売とは、郵便等により売買契約の申込を受けて行う指定商品、指定権利の販売または指定役務の有償の提供をいうが（一三条）、近時のインターネット取引の普及に鑑みて、平成一二年の改正で電磁的方法（電子メール、ウェブ等）の利用による通信販売の形態も判断の対象に加えられることになった（一一条）。特定商取引法は、販売業者が通信販売のために指定商品の販売条件を広告するときは、一定事項の記載を義務づけているほか（一一条）、誇大広告等を禁止している（一二条）。但し、通信販売では、消費者が事業者から不当な圧力や影響を受けることは少ないので、氏名等の明示義務や書面交付義務、禁止行為など業者の勧誘に関する規制やクーリングオフ権は規定されていない。

商品の引渡や権利の移転、役務の提供を受ける前に顧客から代金の全部または一部を支払わせる通信販売は、前払式通信販売と呼ばれるが、この場合に事業者が顧客から購入申込を受けかつ代金の全部または一部を受領したときは、遅滞なく諾否その他の一定事項をその者に書面で通知するか、商品を送付しなければならない（一三条）。なお、平成一二年の改正で通信販売については、書面の交付に代えて電磁的方法の利用が認められるに至った（一三条）。購入申込がないのに販売業者が商品を送付してきた場合、その商品の送付があった日から一四日または商品の送付を受けた者が商品の引取の請求をした日から七日を経過したときは、販売業者は送付した商品の返還を請求しえない（ネガティブオプション）（五九条）。なお、訪問販売、通信販売、ネガティブオプションに関する規定も、購入者が営業のためもしくは営業として締結する場合には適用されない（二六条一項一号）。

七　電話勧誘販売

電話勧誘販売は、商品や権利の販売業者や役務提供事業者が、消費者の自宅や勤務先に電話をかけて商品等の購入や役務提供契約の締結を勧誘し、契約の申込を受けたり、契約の締結をする販売形態である。電話勧誘は、不意打ち性、匿名性、非書面性、曖昧性、不確実性、即断の慫慂や強要、勧誘の執拗性、拒絶の困難性等の特質を有し、消費者の自己決定権を侵害する危険性が高いといわれている（斎藤他・特定商取引法ハンドブック一三七頁）。平成八年には、資格商法を始めとする電話勧誘販売の被害の激増に対処するために、電話勧誘販売に対する規制が新たに設けられた。

特定商取引法は、指定商品、指定権利及び指定役務について電話勧誘取引を行う販売業者または役務提供事業者に、電話による契約の誘引段階の規制として、氏名等の明示義務（一六条）、契約意思のない者への再勧誘等の禁止（一七条）、不実告知、威迫、困惑行為等の禁止行為（二一条）を、そして契約の締結段階の規制として、書面交付義務（一八条、一九条）、前払式電話勧誘販売における承諾等の通知義務（二〇条）を課している。同法では、業者が相手方に対して行うのはもっぱら契約締結についての勧誘であり、それに対する相手方の郵便等（省令二条）による同意は、契約の申込とされている。

同法はまた、クーリングオフを定めている（二四条）。電話勧誘取引においてもクーリングオフは発信時に効力が生じるとされている（二四条二項）。電話勧誘販売でも、クーリングオフ期間は書面受領日から起算されるが、ダイレクトメールが氾濫する現在では、権利の告知として不十分だという指摘がなされている。同法はまた、顧客の代金不払により契約が解除された場合の顧客の損害賠償等の額の制限も定めている（二五条）。なお、電話勧誘販売に関する規定は、顧客が営業のためもしくは営業として締結する場合だけでなく（二六条一項一号）、電話をかけることを請求した者に対する電話勧誘取引が通例であり、かつ顧客の利益を損う虞れがないと認められる指定取引（継続的取引）（二六条三項、政令一〇条）など一定の場合について適用除外が定められている。

八　連鎖販売取引（マルチ取引）

マルチ商法は、買手が次々とプレミアム付きで同種商品の売手となることが予定された取引で、加盟者がネズミ算式に自己増殖する仕組みである。リクルートの対象となる人数が有限であるため、組織の拡大に伴い加速度的に勧誘と投資の回収が困難となること、組織への勧誘に際し、特異な成功例の引用や催眠的手法により必ず利益を得ると信じ込まされるのが特徴である。特定商取引法は、マルチ取引を物品（施設を利用しまたは役務の提供を受ける権利を含む）の販売またはその斡旋または有償で行う役務の提供またはその斡旋の事業であって、販売の目的物たる物品の再販売、受託販売もしくは販売の斡旋をする者または同種役務の提供もしくはその斡旋をする者を特定利益（その商品の再販売、受託販売もしくは販売の斡旋をする他の者または同種役務の提供もしくはその斡旋をする他の者が提供する取引料その他の指定利益の全部または一部）を収受しうることをもって誘引し、その者と特定負担（その商品の購入もしくはその役務の対価の支払または取引料の提供）を伴うその商品の販売もしくはその斡旋または同種役務の提供もしくはその斡旋にかかる取引（その取引条件の変更を含む）をするものと定義する（三三条一項）。同法は、当初は適用対象を物品の再販売に限っていたが、昭和六三年の改正で、権利、役務の再販売、受託販売、紹介販売も規制対象に加えられた。このマルチ商法は、販売手数料、新規加入者の紹介料等の獲得を目的とするものであるが、多数の末端会員は利益を挙げられないままに終り、限界があることは明白なので、法は取締を強化する立場をとっている。法は事業者に不実告知、事実不告知（三四条一項、二項）、威迫行為（三四条三項）、断定的判断の提供（三八条二号）、迷惑勧誘（三八条三号）、解除妨害（三八条四号）などを禁ずるとともに、書面交付義務（三七条）を課している。二〇日間のクーリングオフ規定もある（四〇条）。また連鎖販売取引に対する行政監督も強めている（六六条、六七条、三八条、三九条一項）。近時はインターネットを利用して一般会員が誇大な広告をして勧誘する例が多発していることに鑑み、平成一二年には、連鎖販売取引について広告規制を一般会員にも拡大し、かつ誇大広告を禁止するとともに（三五条、三六条）、特定負担の要件につき二万円の最低限の要件を撤廃する法改正がなされた。

九　業務提供誘引販売取引

近年内職、モニター業務により高収入が得られるとの勧誘を受けて、その仕事に使用する商品等の購入をさせられるが、実際には業者が仕事を紹介せず、消費者は高額の商品を購入させられるだけに終わるという取引形態が多発するようになった。そこで平成一二年に業務提供誘引販売取引の章を設けるとともに法律の名称も訪問販売法から特定商取引法に変更する法改正が行われた（平成一三年六月施行）。特定商取引法五一条は、内職、モニターを募る取引形態を業務提供という利益を収受しうることをもって顧客を誘引し、商品購入等の特定負担をさせる取引と捉え、それを店舗での契約を含めて業務提供誘引販売取引と定義する。規制方法としては、広告規制（五四条）、概要書面及び契約書面交付義務（五五条）、クーリングオフ（二〇日間）の付与（五八条）、勧誘行為規制（五二条）が定められている。顧客が営利を目的とする契約であっても、業務を事業所等によらないで行う個人である場合は、消費者として保護を受ける（五八条）。

業務提供利益による誘引と商品等の販売との一体的な関連性を明確化したことにより、業務提供の不履行が商品購入契約の効力に影響を与えることの証明が容易になった。また店舗契約を含めて、広告規制や書面交付義務、クーリングオフを認めたことにより欺瞞的な商法が抑制されること及びクレジット契約によって高額の被害が生じることに対して信販会社が抗弁の対抗を受けることが明確化されたことから（割販三〇条の四第四項）、加盟店管理責任の履行により未然防止が図られることが期待されている（斎藤他・特定商取引法ハンドブック一一一一三頁、三三七頁）。

第四項　国際売買

一　序　説

近代以降は異なった国に属する当事者の間で取引（貿易）がなされることが増大した。かような場合でも当事者間の取引はその合意に基づいてなされ、紛争が生じた場合には当事者間の約定が解決のための第一義的な基準を与えるが、当事者は生ずべき凡ゆる紛争を考慮して国際間の契約を締結するわけではないから、紛争が生じた場合にどのようにして解決を図ったらよいかが問題となる。かような場合紛争は国際私法のルールに従って解決する以外にはなく、当該取引に関係のあるいずれかの国の法を適用して処理すべきことになるが、当事者は予め準拠法を指定することもできる。しかし、国内法は国際取引を予定したものではないから、必ずしも事態に適った結果をもたらすとは限らないし、裁判所によっては準拠法の指定を尊重しない場合もある。そこで古くから、地域的な取引上のルールの抵触から生じる混乱を避けるために、国際的慣行確立のための標準契約書作成または貿易用語統一作業が行われてきた。それと並んで二〇世紀に入ってから国際売買、なかんずく動産国際売買に関する統一条約の制定が企図されてきた。

二　国際貿易定義

国際取引では契約中の様々な条件に関して取引関係を簡潔に表示するために種々の貿易用語が用いられる。取引社会でこのような用語の意味、内容について共通の理解が確立していると便利だし、取引交渉も容易である。かような貿易用語に関する定義として最も著名なものとして、国際商業会議所（ＩＣＣ）の作成したインコタームズが挙げられる。これは、FOB, CIF, Ex Works（工場渡）、Ex Ship（船側渡）など取引類型を表示する基本的貿易用語が契約中で使われた場合の売主、買主の各々の権利義務の内容を具体的に示すものである。一九五三年の改訂版が長く用いられてきたが、一九八〇年にはコンテナ輸送を含む運送手段の発達を考慮に入れた改訂がなされた。貿易代金の決済のために用いられる銀行信用状をめぐる権利義務についても、ＩＣＣは信用状統一規則を制定している。その他各取引分野別の国際的な貿易業界や国連ヨーロッパ経済委員会（ＥＣＥ）のような国連機関の作成する標準契約書または取引約款も、国際売買に伴う紛争の合理的解決と法的安定性の確保に寄与している。

三　ウィーン統一売買法

第一次世界大戦後国際間でなされる動産売買を統一的なルールによって規律するために、国家間で条約を結んで法内容を統一する動きが始まった。この国際動産売買統一条約の作成作業は、国際連盟の一機関であった私法統一国際協会（ユニドロワ）によって始められたが、戦後オランダ政府主催の外交会議のもとで作業が進められ、一九六四年に国際動産売買統一法（ＵＬＩＳ）に関する条約及び国際動産売買契約の成立に関する統一法（ＵＬＩＦ）に関する条約として採択された。このいわゆるハーグ統一売買法は、一九七二年に発効したが、参加国数が少ないうえ、参加国がヨーロッパに偏っているなどの問題があり、必ずしも成功したとはいえないといわれる。他方において一九六六年に国際連合の一機関として設立された国連国際商取引法委員会（アンシトラル）は、国際動産売買に関する世界的規模での統一を企図し、参加国がヨーロッパに偏り、ドグマ中心的なハーグ統一売買法に代わる新たな統一売買法の制定をもくろんだ。そして一九八〇年ウィーンで開かれた外交会議で国際動産売買契約に関する国連条約を採択した（一九八八年発効）。この条約は、英米法、特にアメリカ統一商事法典（ＵＣＣ）の影響が強く、ハーグ統一売買法に比べて実務家にとってより明快、簡易だといわれる（文献として近時、甲斐他編・注釈国際統一売買法Ⅰ（平成一二年）、Ⅱ（平成一五年）が出ている）。

　この条約は、売買契約の成立と売買契約から生じる売主及び買主の権利義務についてのみ規定を置き（四条）、契約自体の効力や目的物上の物権に対して契約が及ぼす効果については規定を置いていない。また商品が原因となって生じた身体傷害に対する売主の責任の問題も、統一法の適用対象外とされている（五条）。しかし、この統一法が解決を与えていない問題に関しては、ハーグ統一売買法とは異なり準拠法指定に関する国際私法原則の介入の余地が残されている（七条二項）。また国際売買における当事者自治の原則（六条）や当事者間で確立した慣行や商慣習の拘束力も認められている。

　ウィーン統一売買法の適用対象は国際的な動産売買であり、当事者の国籍の如何、取引が民事的なものか商事的なものかは問わない。但し、消費者取引的な売買は適用対象から排除されるし、有価証券、電気、船舶、航空機等の売買も除外される（二条）。売買は商品を製造、生産して供給する契約も含むが、注文者が材料の相当部分を提供して製造、生産を請け負わせる場合は除かれる。また動産を供給する義務が契約中に含まれていても、当該契約の支配的部分が役務の提供から成るときは本法は適用されない（三条）。本法は、契約締結時において当事者の営業所が異なった国にあり、当事者がそれを知りかつそれらの国がいずれも条約の締結国である場合に適用されるのが原則である（一条一項）。

　アンシトラルはこの他、一九七四年に国際動産売買より生ずる権利義務の消滅時効に関する条約を成立させている。この時効条約は、時効を出訴期限として手続法的な側面から捉える英米法系とそれを実体法的に捉える大陸法系とを調和させたもので、時効期間は一般的には四年とされ、中断、停止等によって期間が延長される凡ゆる場合について一〇年という除斥期間的な制限が課せられている。本条約はウィーン統一売買法と同じ対象の国際売買に適用される。

第五款　買　戻

一　買戻の意義

買戻とは、不動産の売買契約と同時になされた将来の一定期間内に売主が目的物を取り戻しうるという特約に基づいて、売主が当初の売買代金及び契約費用を返還して買主から目的物を取り戻すことである（民五七九条）。売主が一旦売却した不動産を一定期間内に取り戻しうる権利を買戻権というが、理論的には当初の売買契約の解除権である。買戻制度は不動産所有者が他から金融を得るための手段として導入されたものであるが、特約のない限り、弁済期に売主（債務者）が買主（債権者）に支払うべき金銭が、当初の売買代金と手続費用に限られるなど現実の貸付取引との間に乖離があるため、実際上はあまり用いられていない。権利移転型の債権担保の方法としては、明治以前の「書入レ」に由来する譲渡担保の方が合理的であり、近時の裁判例には、買戻とされていても譲渡担保と読みかえて処理するものが多い。

二　買戻の要件

民法典の予定する買戻は、目的物が不動産である場合に限られる。動産や債権、無体財産権の買戻も有効であるが、民法五七九条以下は適用されない。民法によれば、不動産の買戻の特約は売買契約と同時にしなければならず（民五七九条本文）、かつその旨登記しなければ売主は買戻特約を第三者に対抗しえない（民五八一条）。後からなされた買戻特約は無効であり、その登記は抹消される（大判大一五・一〇・一九民集五巻七三八頁）。但し、買戻期間の定めがなかった場合に後でそれを定めるとか、買戻期間を短縮することは差し支えない。買戻特約の登記は、買主の権利取得登記に付記してなされ（不登五九ノ二条一項）、その登記の申請書には、買主が支払った代金、契約の費用及び買戻期間の定め（これがある場合）を記載しなければならない（不登三七条）。

買戻期間には制限があり、一〇年を越える期間を当事者が約定しても、法律上当然に一〇年に短縮される（民五八〇条一項）。買戻期間を定めなかったときは、五年以内に買い戻さなければならない（民五八〇条三項）。買戻権の行使に始期や停止条件をつけることもできるが、この場合にも買戻期間は契約成立時から一〇年間に制限される（大判大一一・八・二民集一巻五八二頁）。なお、買戻期間を定めたときは、その期間が一〇年未満であっても後日その期間を延長しえない（民五八〇条二項）。買戻期間を制限したのは、買戻権の永続によって不安定な状態を継続させると不動産の改良がおろそかになり、またその融通が妨げられる一方では、不動産の価格も変動するという理由による。

三　買戻権及びその行使、譲渡

買戻権は本来は契約を解除しうるという債権的な権利にすぎないが、一種の物権取得の期待権としての側面をも有し、登記をすれば第三者に対抗しうるし、売主は買主の承諾なくこれを第三者に譲渡することもできる。買戻権が登記された場合は、その譲渡の対抗要件は登記（付記登記の付記登記）であり（不登一三四条）、買戻権譲渡の通知または承諾（民四六七条）は必要とはされない（大判昭八・九・一二民集一二巻二一五一頁）。買戻権が登記されていないときは、通知、承諾が譲渡の対抗要件である（最判昭三五・四・二六民集一四巻六号一〇七一頁）。

買戻権の行使は、相手方に対する意思表示によってなされる。目的物が買主から第三者に転売されたときは、行使の相手方は転得者となる（最判昭三六・五・三〇民集一五巻五号一四五九頁）。なお、買戻は一種の解除権の行使ではあるが、その実質は再売買に近いから、農地法所定の県知事の許可を要するとするのが判例である（最判昭三〇・九・二七民集九巻一〇号一四二二頁）。

売主は期間内に相手方に対して買戻費用を提供しなければ買戻をなすことを得ない（民五八三条一項）。この買戻費用は、売買代金及び契約費用を越えないのが原則であり、特約のない限り利息を支払う必要はない。売買の目的物たる不動産の果実と代金の利息とが釣合った関係にあるとみられたためである。売主の提供すべき契約費用の中には、目的物の測量、鑑定費用、証書作成費用だけでなく、買主の支出した登記費用や登録（免許）税も含まれる（大判大七・一一・一民録二四輯二一〇三頁。反対：柚木・高木・新版注民(14)四四一頁）。なお、この場合の提供も弁済提供の一種だから、民法四九三条の適用がある。

買戻権の行使によって目的不動産の所有権は売主に遡及的に復帰する。但し、売主を害する目的で賃貸借をした場合を除いて、登記したまたは対抗力のある賃借人の権利は、その残期一年間に限り買戻権者に対抗しうる（民五八一条二項）。買主または転得者により設定された抵当権、用益権等は、買戻とともに消滅するのが原則であるが、抵当権者が買主の有する買戻代金請求権について物上代位できるかどうかに関しては争いがある。有効な買戻権の行使がなされたときは、買戻の付記登記は抹消される（不登五九条の二第二項）。そしてこの場合は当初の移転登記の抹消登記ではなく、買戻権者への所有権移転登記によるべきだとするのが判例、通説である（大判大五・四・一一民録二二輯六九一頁）。買戻権が譲渡された場合は、直接買戻権の譲受人に目的物を返還すべきである。売主は、買戻の相手方（買主または転得者）に対して民法一九六条に従い必要費及び有益費の償還をなすことが必要である（民五八三条二項）。但し、その提供がなければ買戻をなしえないとする特約は無効である（大判大一五・一一・二八民録五巻三〇頁）。

売主の債権者が債権者代位権（民四二三条）に基づいて買戻権を行使するときは、裁判所の選任する鑑定人によって不動産の時価評価額を算出し、その評価額から売主が買い戻すのに必要な費用を控除した残額に達するまで売主の債務を弁済し、余剰があるときは売主に返還して買戻権を消滅させることができる（民五八二条）。売主の債権者にとっての代位行使の利益は、売主が返還すべき金額と不動産の現時の価額との差額にあるからである。また共有持分を買戻特約付きで売ったときは、共有物が分割されまたは競売される場合は、その旨買戻権者に通知しなければならない。通知がないときは分割または競売を買戻権者に対抗することをえない。買戻権者に分割に参加する機会を与えるためである。通知がなされたときは、買戻権者は共有持分の買主の取得しまたは取得しようとしている現物の部分または代金につき買戻をなしうる（民五八四条）。但し、この通知規定は買戻登記がある場合にのみ適用されると解されている。競売で買戻の相手方が目的物の全部を競落したときは、買戻権者は競売代金の全部を支払って買い戻せる（民五八五条一項）。買戻の相手方が分割請求したのでないときは、持分のみにつき買戻をなすことをえない（民五八五条二項）。自らの分割請求によらないで単独所有者となった者が再び共有者となることを認めるのは買主にとって酷だというのがその理由であるが、本条の実効性は不明である。

四　買戻権の消滅

買戻権は、買戻権者による有効な買戻権の行使、買戻期間の徒過、目的物の滅失によって消滅する。買戻期間を徒過したときは、買主は目的物の所有権を確定的に取得し、登記は抹消される。目的物滅失の場合は、買戻権者が買主の受ける補償金等について買戻をなしうるとする見解が有力である（我妻・債権各論中巻一、三三三頁）。その他買戻権は当事者の合意によっても消滅させうる。この場合買戻権が登記されているときは、その消滅を登記しなければこれを第三者に対抗しえない（大判大一三・四・二一民集三巻一九一頁）。

五　再売買の予約

再売買の予約とは、売買の目的物を一旦売却し、将来売主がその物を買い受けるという予約である。再売買の予約も買戻と同様債権担保の機能を果たしうるが、買戻が売主に解除権を留保するのに対して、再売買の予約では、売主は売買契約とは別個に目的物の返還を目的とする売買の予約を締結し、通例予約完結権を行使して返還の目的を達する。再売買の予約では買戻の場合のような厳格な要件は必要とはされない。目的物は動産でもよく、売買契約の後で再売買の予約をすることもできる。売主の予約上の地位は仮登記によって保全することができるが（不登二条二号）、再売買代金額を登記する必要はなく（大判昭一三・四・二二民集一七巻七七〇頁）、売買と同時に仮登記をなす必要もない。また再売買一方の予約における予約完結権の行使には代金の提供を要しないし、再売買の支払代価には制限がなく、時価によることもできる。予約完結権の存続期間も一〇年に制限されない（前掲大判昭一三・四・二二）。目的物が買主から第三者に譲渡されたときでも、売主が再売買の予約完結権を行使するときは、予約締結の当事者である当初の買主に対してこれをなすべきで、ただ第三取得者は登記簿上利害関係を有する第三者（不登一〇五条一項、一四六条一項）になるにすぎないとするのが判例であるが（前掲大判昭一三・四・二二。学説として、柚木・生熊・新版注民(14)一六二頁）、再売買の予約権者の地位も、特に仮登記がなされたときは一種の物権取得の期待権としての性質を帯びるため、目的物が買主から第三者に譲渡されたときは、予約完結権の行使は当初の買主に対してではなく、転得者に対してなされるべきだとする見解も有力である（我妻・債権各論中巻一、二五八頁）。予約完結権の譲渡は、仮登記がなされているときは、仮登記の移転の付記登記によって、仮登記がなされていない場合は、予約義務者に予約上の権利の譲渡を通知しまたはその承諾を得ることによって譲渡を対抗しうる（民四六七条）（大判大一三・二・二九民集三巻八〇頁）。予約完結権が行使されると売買契約が成立する。その効力は売買契約で述べたところと同様である。

再売買の予約上の権利は、その行使、特約に基づく行使期間の徒過、目的物の滅失によって消滅する。期間の定めのない場合は時効によっても消滅する。判例は時効期間を一〇年とする（大判大一〇・三・五民録二七輯四九三頁）。再売買期間の徒過による消滅の場合に、目的物の時価が当初の売買代金額（債権額）とその利息額を超過するときは、譲渡担保の場合と同様清算義務を課すべきではないかが問題となる。

第三節　交　換

一　序　説

交換は、当事者が相互に金銭以外の財産権を移転することを約することによって成立する契約である（民五八六条一項）。売買と同様有償、双務、諾成契約である。交換は貨幣が発明されていない社会では重要な意味をもった。今日では外貨が不足する場合などに行われる物々交換（バーター取引）、土地収用法上の換地、土地改良法上の農地の交換分合などを除いて実際上あまり行われないとされてきたが、金融派生商品や電子マネーに代表されるような金銭以外の価値表象物ないし財産的価値の交換が増加している。同一通貨間の異なる種類の金利のキャッシュ・フロー（現金の受払）の交換契約である金利スワップや種類の異なる通貨間の異なる種類の金利のキャッシュ・フロー並びに元本の交換契約である通貨スワップがこれであり、後者は為替リスクをも伴うことが特徴である（潮見・契約各論Ｉ二九〇―二九一頁）。

代金額を定め、その代金の支払に代えてその額に相当する物を給付することを約した場合は、売買と更改または代物弁済予約が存在するのであって交換ではない。金銭の両替は、金銭を移転するものであるから交換でも売買でもなく、一種の無名契約であるが、一種の有償契約として売買の規定が準用されると解されている。現物交換が債権契約といえるかどうか問題となりうるが、現実売買に準じてこれを肯定すべきであろう。

二　交換の効力

交換は有償、双務、諾成契約であるから、売買契約に関する規定が準用されるだけでなく（民五五九条）、それ以外の契約総論に属する多くの規定も準用される。効果の点からみると、交換は売買と区別する実益がほとんどない場合が多い。価格統制のような売買について適用される規定の適用を回避するために交換の形が用いられることも少なくない（脱法行為）。交換に供される物または権利の価格が不均衡なときは、価値の小さい物または権利を提供する者の側から補足金が支払われるが、この補足金については売買の代金に関する規定が準用される（民五八六条二項）。補足金以外の部分が全部他人の権利に属し移転不能の場合は、民法五六一条を準用すべきか、一部が他人に属する場合として民法五六三条を準用すべきかが問題となりうるが、民法五六一条準用説が有力である（東京高判昭二五・一二・一八下民集一巻一二号二〇三二頁）。

第二章　貸借型契約

第一節　消費貸借

一　消費貸借の意義と性質

⑴　消費貸借は、当事者の一方が種類、品等及び数量の同じ物を返還することを約束して相手方から金銭その他の代替物を受取ることによってその効力を生じる契約である（民五八七条）。借主は、貸主から受け取った物を消費、処分することができるが、これは借主がその物の所有権を取得したことを前提とするものであり、使用貸借や賃貸借とは異なる。借主は受け取った物自体を返還することもできるが、それと同種、同等、同量の物を返還することもできる点で、貸借型契約の一類型ということができる。

貨幣経済が未発達な時代には、米、籾、麦など農民の生活に必要な物資が消費貸借の目的とされることが多かったが、貨幣経済の発達した今日では、金銭がその目的とされるのが通例である。金銭を有する者または機関（銀行など）は、それを土地、建物、自動車その他の消費財やサービスの購入にあてる消費者（消費信用）または設備投資や運転資金にあてる企業に（生産信用）利息を付して貸しつけ、各々の需要を満たすが、このような金銭の流れは、今日の資本主義経済では不可欠の要素となっている。

⑵　金銭消費貸借は、今日の経済社会では、国の経済活動から果ては庶民の日常の消費生活まで広く浸透してい

るが、普通金銭消費貸借は無利息で行われることは比較的稀で、多くは利息がつけられかつ物的担保や人的担保が付されることが多い。したがって、物的担保（民二九五条以下）や人的担保（民四四六条以下）は、普通金銭消費貸借に付随して問題とされる。この意味でも金銭消費貸借が現代社会で果たしている役割の大きさを知ることができる。

古くから金銭消費貸借をめぐっては高利貸金融からの借主の保護が法律学の課題とされてきた。古代ローマやわが国の平安、鎌倉時代においてもそうである。明治時代になってからも同様で、太政官布告や利息制限法の制定によって高利貸の専横からの借主の保護が図られてきた。今日わが国で適用されている利息制限法は昭和二九年に制定されたものであるが、その後に展開された最高裁判例（昭和四三〜四四年）によって借主の保護の撤底が図られた。しかし、昭和六〇年代になるといわゆるサラ金規制法（俗称）が制定され、特に消費者金融の分野では大蔵大臣（現在では財務大臣）等の認可を受けたサラ金業者は、一定の範囲で利息制限法の制限利率を越えて合法に利息を徴求しうることになった。もっとも、平成になってからは低金利を反映して後述のようにサラ金業者が合法的に課しうる最高金利が抑制される一方では、ヤミ金融業者による超高利貸付や商工ローンにみられるような根保証契約に対する規制が現実の問題となっている。

(3)　金銭消費貸借契約は、既述の如く現代の庶民の消費生活のみならず、生産活動、国、自治体の活動等に極めて大きな役割を果たしているため、各々の分野について消費貸借取引を規制し、促進しまたは合理化するための特別立法が制定されている。

(イ)　金銭消費貸借を規制する特別立法

いつの時代にも一方で金銭に窮している人々がおり、他方でそれらの者に金銭を貸しつけることを業とする人々がいる。このような状況になんら法的規制を加えないと、借主が通常の経済活動を行ってもとうてい返済しえないような高利を約束させられる結果になりがちである。そこで政府はその規制を行うことになるが、この場合の規制の方法としては、ドイツ民法のように借主の地位、職業、取引経験の有無、貸付時の個別的状況その他一切の事情を考慮して暴利行為となるかどうかを個別的に判断するやり方（ド民一三八条二項）とわが民法のように貸付額に応じて最高の貸付利率を定めるやり方の二つがある。

わが国では明治一〇年に旧利息制限法（太政官布告六六号）が制定されていたが、戦後の悪性インフレの進行により金融事情に適合しなくなったので、昭和二九年に新しい利息制限法が制定された。金利を規制する法律としてはその他、貸金業者が業として金銭を貸しつける場合は、一定以上の金利を約束させると刑事罰を科することを定める、出資の受入、預り金及び金利等の取締等に関する法律（出資法）（昭二九法一九五号）、銀行その他の金融機関の行う企業等への貸付金の利率等の最高限度を定める臨時金利調整法（昭二二法一八一号）がある。前者は昭和五八年に改正されて今日のような規定となったが、同時期に貸金業の規制等に関する法律（昭五八法三二号）が制定され、貸金業者に対する規制が整備された（いわゆるサラ金規制法）。平成一一年には出資法が改正され、サラ金業者が合法的に利息をとれる利息制限法超過利息、いわゆるグレーゾーンは、それまでの一年間で元本の四〇・〇〇四パーセントから二九・二パーセントになった（五条二項）。

(ロ)　金銭消費貸借を促進させる特別立法

金銭の融資は、基幹産業、地場産業を振興して国民経済、地域経済の高揚、景気の上昇に寄与するという極めて重大な任務を有している。そのためこの分野で低利の融資を供給するため従来特別法が制定されてきた。長期信用銀行法（昭二七法一八七号）などがその例である。中小企業対策としては、信用金庫法（昭二六法二三八号）、平成一六年に証券化支援業務を追加することなどを内容とする改正案が公表された、中小企業金融公庫法（昭二八法一三八号）、中小企業近代化資金等助成法（昭三一法一一五号）などがある。その他庶民のための小口金融を促進するための法律として、国民金融公庫法（昭二四法四九号）、住宅金融公庫法（昭二五法一五六号）、労働金庫法（昭二八法二二七号）などがある。しかもこれらの法律の多くは、金融政策、財政制度の構造的転換を反映して平成になってからしばしば改正を受けている。なお、住宅金融公庫は、平成一八年末までに新たに設立される公的機関（独立行政法人）が業務を承継することになっている。

(4)　消費貸借の性質

(イ)　要物契約性

わが民法は、消費貸借が効力を生じるためには、当事者間の合意のほかに貸主から借主への目的物の授受が必要だとしている（民五八七条）。かような消費貸借の要物性は、ローマ法に由来するものであるが、立法例によっては諾成契約としているものもある（ス債三一二条）。ドイツでも消費貸借は要物契約とされていたが、二〇〇一年の法改正により諾成契約に改められた（ド民四八八条一項）。わが民法は要物契約説をとっているが、消費貸借の予約を認めているし（民五八九条）、判例も、消費貸借の要物性を緩和する場合も少なくない。また今日では学説上は特に有償消費貸借について諾成的消費貸借の有効性を認めるのが多数説である（後述）。

(ロ)　利息付消費貸借と無利息消費貸借

民法典は利息を消費貸借契約の要素とはしていないため（民五八七条）、消費貸借は無利息の場合もあれば、利息付きの場合もある。しかし、実際上一般に行われているのは利息付消費貸借であり、無利息消費貸借は例外的である。なお、商人間で金銭消費貸借契約が締結された場合は、利息の合意がないときでも法定利息を請求しうるとされている（商五一三条一項）。

(ハ) 片務契約性

消費貸借では目的物の授受によって始めて効力が生じるため、借主が返還期日に目的物（及びその利息）の返還義務を負うだけで、貸主は消費貸借の効力が生じるとともに総ての義務の履行を完了している。したがって、消費貸借は利息付きの場合も含めて片務契約である。

(ニ) 継続性

消費貸借の貸主は、通例ある期間にわたって借主に約定の代替物の利用をさせるという拘束を受けるから、消費貸借は一般に他人の金銭その他の代替物を目的として締結される一種の継続的契約関係といわれることが多い（我妻・債権各論中巻一、三五三頁、広中・新版注民(15)一頁、平野・契約法［第二版］三二二頁）。

二 消費貸借の成立

(1) 消費貸借の合意

消費貸借は、借主が目的物を消費した後にそれと種類、品等及び数量の同じ物を返還することに関する当事者間の合意の成立を必要とする（民五八七条）。返還の時期や場所、方法等は当事者間の特約で任意にこれを定めることができる。返還の方法は一時払である必要はなく、月賦、年賦のような分割払でも差し支えない。

(2) 要物性とその緩和

消費貸借は、その合意があっただけでは不十分で、借主が貸主から金銭その他の物を受取ることによって初めてその効力を生ずる（民五八七条）。

(イ)　目　的　物

消費貸借の目的物は金銭その他の物と規定されているが、借主が消費して返済期に借りた物と同種、同等、同量の物を返還すればよいのであるから、代替物であることを要する（同旨：ド民六〇七条、ス債三一二条）。もっともドイツ債務法現代化法は、金銭を目的とする消費貸借（ド民四八八条以下）と物品消費貸借契約（ド民六〇七条以下）とを分離して別個の箇所に規定している。これは両者の取り扱いが大きく相違する場合が多いことに着眼したもので、立法論として参考に価する。

代替物の貸借であっても、それを消費するためではなく、例えば展示するためであれば、消費貸借ではなく、使用貸借または賃貸借となる。身元保証金または請負保証金として借主がその債権者に差し入れる目的で無記名公債証書が借主に貸与された場合は、古く貸主が借主にその消費を許したことを知ることができるという理由で消費貸借とし、目的物の所有権の借主への移転を認める判例（大判明三三・三・一五民録六輯三巻六九頁）と借主が債権者に身元保証金に代えて差し入れることを許したにとどまり、これを他に使用することを禁じたもので消費貸借ではないとし、第三者のなした強制執行処分の取消を認めた判例（大判明三四・三・一三民録七輯三巻三三頁）が対立しており、昭和四年の大審院判例は同種の事案につき後者の立場に立つことを明らかにしたが（大判昭四・一一・二二民集八巻七九頁）、身元保証金の代用という処分を目的とした貸借は総て消費貸借となすべきだという見解も有力である（田中耕太郎・判民昭和四年度八事件、我妻・債権各論中巻一、三五八頁（第三者の信頼も重視する））。学説上はこの場合は賃貸借と消費貸借の両者の性質をもつ特殊な貸借だとする見解もある（来栖・契約法二五二頁）。しかし、本件のように借主を信頼して金銭や有価証券を委託した場合は、原則的には貸主は借主に対してのみ返還を請求でき、借主の一般債権者と貸主とは同じ立場で配当参加をなしうるにすぎないと解すべきであろう。

(ロ) 物の授受

(a) 物の授受の意義

消費貸借においては借主が貸主から目的物の占有並びに所有権を取得したときに契約が効力を生じる。貸主の引渡した物が他人の所有に属するときは、借主が即時取得した場合を除き、貸主は自己所有に属する代わりの物を借主に引渡すか、その物の所有権を所有者から取得して借主に移転すべきである（民五五九条、五六〇条）。しかし、連帯債務のような場合は、連帯債務者たる借主のうちの一人に金銭の交付がなされれば、他の者に交付されなくても消費貸借は成立するし（大判昭九・六・三〇民集一三巻一一九七頁）、その他直接に貸主と借主との間で授受されなくても、当事者の授受と同視されうる場合は要物性の要件を満たすと解されている。貸主が自己の計算で借主に第三者から金銭を交付させた場合（大判昭八、九、一五民集一二巻二三四七頁）や貸主が借主の依頼を受けて第三者に金銭を交付した場合（大判大一三・七・二三新聞二二九七号一五頁）がそれである。

(b) 要物性の緩和

実務上はこの要物性の緩和が問題になることが少なくない。判例はかつて借主が貸主に対する第三者の債務を肩代わりして自己を当事者とする消費貸借にした場合（大判明四四・六・八民録一七輯三七九頁）や貸付金額の一部を借主及び保証人の旧債務と差引計算した場合（大判大七・五・六民録二四輯八九〇頁）に簡易の引渡という構成を用いて消費貸借の成立を認めたが、それと並んでこのような場合に古くから、金銭の現実の授受がなくても現実の授受があったのと同一の経済上の利益を借主に与えていればよいという構成も用いられてきた（大判明四〇・五・一七民録一三輯五六〇頁）。今日では一般に後者の構成が支持されている。

問題となるもう一つの事例は、金銭消費貸借で現金以外のものが授受された場合である。この場合もまた判例は、経済上現実の授受と同一の利益の授受があったのかどうかを問題とし、金銭に代えて国債（大判明四四・一一・九民録一七輯六四八頁）、銀行預金通帳と印章（大判大一一・一〇・二五民集一巻六二一頁）、約束手形（大判大一四・九・二四民集四巻四七〇頁）、郵便為替や小切手（大判昭一六・一一・二九法学一一巻七号七一一頁）などを交付する場合に消費貸借の成立を認めてきた。この場合に問題になるのは、代物交付のときに消費貸借が効力を生ずるのか、それとも代物を現金化したときに効力を生ずるのか、及びそれと関連して、代物の金額（券面額）と代物を現金化して得られた金額とが異なる場合にいずれが消費貸借額となるのかである。判例は、小切手交付については小切手授受のときに消費貸借が成立するとしたが（前掲大判昭一六・一一・二九）、消費貸借の貸主が借主に約束手形を振り出し、借主が満期前に約束手形を割り引き手形金額に満たない金額を得た場合は、借主が手形割引により銀行から金銭の交付を受けたときに手形の券面額について消費貸借が成立するとした（前掲大判大一四・九・二四）。しかしその後の判例は、手形割引につき券面額で消費貸借が成立することは認めるものの、消費貸借の成立時についてはこれを明示していない。学説上は、要物性を緩和しかつ当事者の意思を推測して、代物交付の時に額面相当額につき消費貸借が成立しかつ効力を生じると解すべきだとする見解が有力である（我妻・債権各論中巻一、三五八頁、広中・新版注民(15)一一一―一一二頁）。

(c)　天　引

昔から高利貸金融では、金銭貸付時に利息分を控除した残額を貸主が借主に交付する場合が多かった。これを利息の天引といい、控除された利息部分については、消費貸借の要物性を満たさないのではないかが議論された。天引につきなんら規定が設けられていなかった旧利息制限法の下では、判例、通説は、天引も原則として利息の前払として現実の授受と同一の経済上の利益をもたらすという理由で要物性の要件を満たすとしていたが、控除された利息等が制限利率を超過しているときは、制限超過部分について要物性の要件を満たさないと解した。現行利息制限法は、利息の天引自体は一般的に有効とし、天引額が債務者の受領額を元本として計算した制限利息額を越える場合に、その超過部分を元本の支払に充てたものとみなすと規定した（二条）。近時の裁判例によれば、貸金業者が行う金銭の貸付に際して利息の天引がされた場合に、貸金業法四三条のみなし弁済規定の適用はなく、金銭の貸付及び返済が継続して行われている場合に、ある貸金債権について利息制限法所定の制限超過利息の元本充当によって過払金が生じたときは、債務者が特段の意思表示をしない限り、その時点で存在していた別口の貸金債権に充当される（東京高判平一二・七・二四判時一七四七号一〇四頁）。

(d)　公正証書の作成や抵当権設定の場合

目的物の授受は、消費貸借の合意の後でもなされうるが、この場合は合意後目的物の授受のあったときに消費貸借が効力を生じる（大判大二・五・八民録一九輯三一二頁）。わが国の取引実務上しばしばみられる、金銭授受前に作成された消費貸借に関する公正証書や金銭授受前に消費貸借債務を担保するために設定された抵当権の効力が問題となりうる。金銭の授受前に作成された公正証書は、判例は当初、記載事項が現実の事実に吻合しないという理由でその債務名義としての効力を否定したが（大判明四〇・五・二七民録一三輯五八五頁）、その後金銭の授受が同日中に行われた場合につき、更には作成の五日後（大判昭八・三・六民集一二巻三二五頁）、二ケ月後に（大判昭一一・六・一六民集一五巻一一二五頁）金銭の授受がなされた場合でも、金銭の授受がなされたときから公正証書が効力を生じるとしている。抵当権設定後に金銭の授受がある場合は、判例は古くからその付従性を緩和して抵当権の効力を認めてきた（大判明三八・一二・六民録一一輯一六五三頁、大判大二・五・八民録一九輯三一三頁）。

(e)　諾成的消費貸借

①　目的物の交付をまたないで当事者の合意のみで効力を生じる消費貸借を諾成的消費貸借という。わが民法典はこのような諾成的消費貸借を認めていないし、学説も初期には諾成的消費貸借の有効性を認めていなかったといえるが（鳩山・増訂日本債権法各論三九六頁）、今日では学説上はむしろ利息付消費貸借につき（広中・契約法の理論と解釈一六三頁以下）または無利息消費貸借を含めて（我妻・債権各論中巻一、三五四頁、鎌野邦樹・金銭消費貸借と利息の制限一四八頁以下など）、一種の無名契約としての諾成的消費貸借を認めるのが多数説といえる。この立場では、消費貸借の予約が将来本契約たる消費貸借を成立させるという契約であるのに対し、諾成的消費貸借では、貸主は目的物（代替物）を交付する義務を負い、借主はそれと同種、同等、同量の物を返還する義務を負う。但し、諾成的消費貸借の当事者の一方が破産宣告を受けたときは、消費貸借の予約におけると同様にその効力を失うとされている（民五八九条準用）。

しかし、諾成的消費貸借の効力を認めると、借主は一般的に貸主に対して貸付を約束した額の交付を請求できることになるだけでなく、それに代えて逸失利益を含む損害賠償もまた請求しうることになり（民四一六条）（平野・契約法［第二版］三一九頁）、必ずしも妥当な結果を生じないように思われる。例えば、ある人が一億円を貸すという約束をしたとしよう。要物契約説の下では、貸主が実際に金員を交付しない場合はせいぜい契約締結上の過失責任か不法行為責任を負うだけで、借主もまた利息が少し高くなることを覚悟すれば他から融通を受けることができるのが一般であるため比較的穏当な解決が得られるが、諾成契約説の下では、借主は一億円の請求訴訟を起こし、勝訴判決に基づいて強制執行をすることもできることになる。貸した金を返せという場合はこのような債権強行も許されるが、金を貸せという場合にこのような強い効力を一般に認めてよいのであろうか。普通の人であれば、他から融資を受けることも可能であることを考えればなお更である。ここに古代ローマ人の案出した消費貸借の要物性という見事な法技術をみることができるように思われる。現在のわが国の銀行実務も要物契約説をとっているといわれている。

現行法は消費貸借の予約の効力を認めている。この場合は借主となる者が権利を行使しても貸主となる者がそれに応じない場合は、裁判所に本契約締結を訴求する以外にないが、この場合もまた消費貸借の合意と貸付金の交付を命じる判決は、金銭の融通性及び裁判の迂遠性を考えると実際的とはいえない。やはり予約義務違反の場合もせいぜい信頼損害の賠償を命じるのが常識に適った解決といえよう。また広中説では、無利息消費貸借のみ要物契約とされるが、今日のような低金利の時代には事実上無利息消費貸借と利息付消費貸借との差は接近しており、例えば年〇、〇一パーセントの金利では諾成契約となり、〇パーセントでは要物契約となるとすることの論拠は、必ずしも十分ではないといえよう。借主が自分は金利を支払うのだから借りる約束をした金銭を強制的に取り立てることができるという主張は現実的とは思われない。

② 確かに判例の中には、諾成的消費貸借を認めたとみられるものもある。しばしば肯定判例として引用されるのは、借受予定者が担保供与義務の履行の提供をして貸付を貸付予定者に請求するときは、貸付予定者はその時から履行遅滞の責に任じるという約束がある場合に、その効力を認めた事例である（最判昭四八・三・一六金法六八三号二五頁）。上告審では、貸主側の担保供与義務の履行の完了とともに金員給付義務が発生するという抗弁が斥けられた。それ以後も諾成的消費貸借の効力を一般的に否定する判例は現われていないが、融資契約の成立につきかなり厳しい態度をとり、金融機関側が融資証明書を作成するなど融資の約束をし、融資交渉に極めて協力的な態度をとっていたとしても、本部決済ないし本部稟議がなされておらず、融資申込書の提出がなく、貸出条件も具体化し

ていない、契約書の作成もないといった場合は、消費貸借の成立を否定して、借主側の融資請求権を否定している。但し、借主側は契約準備段階での信義則上の義務違反を理由として契約締結上の過失責任または不法行為責任を問い、信頼損害の賠償を請求しうる（東京地判平四・一・二七判タ七九三号二〇七頁など）。

これらの裁判例をみると、判例は一般的にはむしろ諾成的消費貸借は認めるべきではないとの立場に立っているようにみえる。昭和四八年の前掲最判も、借主側の担保の提供があれば諾成的消費貸借は有効といっているのではあるが、貸主が履行遅滞の責任を負うのは担保の提供のときからとしている。また契約自由の原則からこのような契約を認めうるとしても、貸す側からみると少なくとも担保権設定の対抗要件の取得と引換でなければとても金を貸す気にはならないのが通常であろう。

(ハ)　貸金業者の書面交付義務

昭和五八年に定められた貸金業規制法によれば、貸金業者として財務大臣等の認可を受けた者が業として金銭を顧客に貸しつけるときは、法律の定める一定の内容を記載した書面を契約の相手方に交付する義務を負う（一七条）。割賦販売法や特定商取引法が、販売業者に契約締結前や締結後に一定の事項を記載した書面を顧客に交付する義務を負わせて消費者の保護を図るのと同様の趣旨である。同条の書面交付義務を懈怠した貸金業者には一定の制裁が課される。すなわち、借主が貸金業者に任意に支払った利息制限法の制限利率を越える利息の弁済は、借主が一定事項を記載した受取証書の交付（貸金業一八条）を受けるとともに、貸金業者が借主に一七条の書面を交付していなければ、有効とはならない（貸金業四三条一項）。この一七条の書面は一通であるのが原則であるが、複数の書面による場合は、基礎となる書面に記載のない事項が他のいかなる書面によって補完されるのかが明確にされていることを要する（東京高判平一三・一・二五判時一七五六号八五頁）。

(3) 消費貸借の予約

(イ) 意　義

消費貸借の予約とは、将来本契約としての消費貸借契約を締結すべきことを約する契約である。当事者双方が本契約を締結すべき義務を負う双方予約と当事者の一方のみがその義務を負う片務予約とがある。当事者の一方が借入をなすべきことを約する場合を借入予約、貸付をなすべきことを約する場合を貸付予約という。

利息付消費貸借は有償契約であるから、民法五五九条により売買一方の予約に関する規定（民五五六条）が準用されうることになる。しかし、既述のように消費貸借契約は要物契約であるから、予約完結権の行使のみによる本契約の成立は認められないと解すべきである。民法五八九条は利息付消費貸借にのみ適用され、無利息消費貸借はローマ法以来要物契約とされてきたのだから、その予約も認められないとする見解もあるが（来栖・契約法二五六頁以下）、妥当でない。但し、無利息消費貸借の予約は無償契約であるから、贈与約束に関する民法五五〇条が類推され、書面によらない限り当事者はいつでもこれを撤回しうると解される（広中・新版注民(15)一五—一六頁、浜田・新版注民(15)三五頁）。

諾成的消費貸借肯定説の中には、消費貸借の予約は諾成的消費貸借そのものに他ならないとするものもある。この立場では、目的物の交付は消費貸借の成立要件ではなく、単に借主の貸金返還義務の発生要件にすぎない。そして民法は、一つの契約について貸金交付の前を予約、後を消費貸借といっているにすぎないことになる（三宅・契約法（各論）上五四三頁以下、平野・契約法［第二版］三二四頁）。

(ロ) 効　力

予約権利者は、予約義務者に対し本契約を締結するために必要な意思表示をしたうえで目的物を授受すべきことを要求しうる。義務者がそれに応じない場合は、権利者は裁判所に訴えを起こすしかないが、目的物の授受を命ずる判決は一般的には代替物の融通性と調和するとはいえないため、裁判所は義務者に義務違反に基づく信頼損害の賠償を命じうるにすぎないことは前述した。

予約権利者たる地位を第三者に譲渡しうるかが問題になるが、これを肯定することは、金銭を借りる権利または貸す権利を義務者の同意を得ないで随意に第三者に譲渡しうることを意味し、金銭消費貸借が貸主と借主の個人的な信頼関係を基礎としてなされることと調和しないように思われる。これに対して、予約権利者の有する目的物交付請求権だけを切り離して第三者に譲渡しうるかは、前記諾成的消費貸借肯定説の立場からは、借受予定者が自ら貸付予定者に対する関係で借主になることが確保されているのであれば、目的物交付請求権だけを第三者に譲渡することが許容されてよいと解すべきことになろう（我妻・債権各論中巻一、三六四頁）。しかし諾成的消費貸借否定説の立場では、貸主が単に本契約の締結を承諾しただけでは、借主の有する権利はいまだ消費貸借上の請求権ではなく、単なる金銭取得の期待権にすぎないため、かような議論にどこまでの実効性があるか疑問である。

次に、貸主となるべき予約義務者が、借主となるべき予約権利者に対する反対債権で貸す債務と相殺すること及び逆に借主となるべき予約権利者が予約義務者に対して負う反対債務で借りる権利と相殺することは、消費貸借の予約の性質に反するから許されないとする判例があるが（大判明四五・三・一六民録一八輯二五八頁）、消費貸借の予約を諾成的消費貸借と捉える近時の有力説の立場では、むしろ逆の結論が導かれることになろう。このような必ずしも現実的とはいえない結果を避けるためには、やはり要物性を消費貸借契約の成立要件とするのが合理的である。

㈧　失　効

消費貸借の予約後当事者の一方が破産宣告を受けたときは予約はその効力を失う（民五八九条）。貸主となるべき者が破産したときは、借主が本契約の締結を求めても貸主は予約において定められた金銭を用意することができないから、予約当事者が当初予期していた目的を達することができない。また借主となるべき者が破産したときは、貸主が本契約を締結したうえで約定額を交付しても、返済の見込が立たないのが一般であるため、予約の効力を維持することは好ましくない。そこで法は民法五八九条の規定を置いた。本条による予約の失効は当然に生じ、破産宣告を知らないで目的物を交付した場合でも、貸主となるべき者は、破産財団から目的物を取り戻しうると解されている。また連帯債務者となるべき借受予定者の一人が破産した場合も、その全員について消費貸借の予約は効力を失う（大判昭一二・五・二六民集一六巻七三〇頁）。

問題となるのは、予約当事者の一人が破産宣告を受けたわけではないが、破産宣告や会社更生、民事再生手続の申立て、租税滞納処分を受け、その他信用状態が悪化した場合である。特に借受予定者につきこのような事態が生じた場合は、不安の抗弁権に準じた保護を貸出予定者に与えるべきであろう。

三　消費貸借の効力

(1)　貸主の義務

(イ)　瑕疵担保責任

消費貸借は要物契約であるから、借主は目的物の引渡請求権を有しない。消費貸借の予約の場合も同様である。しかし、利息付消費貸借は有償契約であるから、給付された目的物に隠れた瑕疵があったときは、貸主は担保責任を負う。すなわち貸主は瑕疵のない代わりの物を給付する義務を負い、その上瑕疵により借主に損害が生じたときは、賠償義務を負う（民五九〇条一項）。本条の担保責任の法的性質については、従来の多数説は、貸主は目的物引渡義務を負わないから、利息付消費貸借の借主を保護するために認められた法定責任だとしたが（鳩山・増訂日本債権法各論下四一七頁）、諾成的消費貸借を肯定する立場から、近時は貸主の貸す債務の不履行と捉える見解も有力である（広中・債権各論講義〔第六版〕一一四頁）。消費貸借を要物契約と捉える立場では、通例消費貸借の成立と同時に貸主の給付義務が履行されたものとみるべきことになるが（戒能・債権各論一六九―一七〇頁）、給付された物に瑕疵がある場合でも、貸主が物を一旦借主の支配に委ねたという決断がある以上は、要物性の要件を満たすと解すべきだと考えられる。この立場では借主の貸主に対する担保請求権を不完全履行と捉えることに問題はない（契約責任説）。本条項が貸主に代物給付義務を課すこともこの立場からは説明が容易である。

隠れた瑕疵とは、売主の瑕疵担保責任におけると同様に借主が目的物の受領に際して瑕疵の存在を知りえなかったことにつき（重大な）過失がある場合をいう。利息付消費貸借では代替物の交付が問題となるため、目的物に瑕疵がある場合は、貸主は代わりの物を給付する義務が課されている。貸主のこの義務は無過失責任と解されている。瑕疵ある物の給付によって借主が損害を被った場合は、借主は代物請求とともにまたはこれに代えて損害賠償を請求しうる。借主が瑕疵により瑕疵惹起損害や履行利益を含む損害を被ったときは、その損害の賠償も請求することができる。この場合も売主の瑕疵担保責任におけると同様、貸主が瑕疵ある目的物を給付するにつき帰責事由のないことを挙証すれば損害賠償義務を免れると解すべき余地がある。わが民法は過失責任主義をとっており、かつ今日では過失概念が規範的に広く解されているからである。利息付消費貸借は有償契約であるから、売買のその他の担保責任規定が準用されることになるが（民五五九条）、代替物の消費貸借という行為の性質上実際上は準用の余地はほとんどない。

これに対して、無利息消費貸借は、無償契約であるから原則として貸主は担保責任を負わない。瑕疵ある目的物を交付された借主は、瑕疵ある物の価額を返還することができる。評価は履行期における履行地の相場を標準としてなされる。但し、贈与におけると同様、貸主がその瑕疵を知っているのにそれを借主に告げなかったときは、代物給付義務及び損害賠償義務が貸主に課される（民五九〇条二項）。貸主がその知っている目的物の瑕疵を借主に告げることは通常極めて容易なことであるのにそれを怠ることは許されるべきことではないからである。なお民法五九〇条二項本文は、利息付消費貸借の場合にも準用されるとするのが近時の学説である。

(ロ)　貸金業者に課される義務

貸金業の登録をしている貸金業者は、情報量や交渉力が顧客に比して格段に高いため、情報提供等の義務が顧客に対して課されるのではないかが問題になる。貸金業法は、貸金業者に取引経過を記載した帳簿の保存を義務づけている（一九条）。また消費者契約法は、事業者に消費者契約の締結に際し必要な情報の提供に関する努力義務を課している（三条）。

多重債務者の債務整理において債務者が取引経過を正確に把握していない場合、負債総額を確定することができず、弁済計画の提案が困難となるため、顧客が貸金業者に取引経過の開示を求めることが多い。学説上は貸金業者の取引経過開示義務を肯定するものが多く、債務者等からの閲覧、謄写請求が明らかに正当な理由に基づかないと認められる場合を除いて応じる義務があるとされるが（森泉章・貸金業規制法（第四版）一三〇頁）、下級審判例は分かれている（大阪高判平一三・一・二六金判一一一九号二六頁（否定）、名古屋地判平一三・九・一八金判一一三三号五〇頁（肯定。但し、損害賠償義務は否定。））。

(2)　借主の義務

(イ)　返還義務

借主は、返還時に受け取った物と同種、同等、同量の物を返還しなければならない（民五八七条）。消費貸借の目的物は代替物であるから、一般的には借主は返還すべき物を市場から調達することはそう困難ではない。借主が瑕疵ある物を受け取ったが、代物を請求せずまたは請求しえない場合（無利息消費貸借）は、借主はその瑕疵ある物を返還すればよい。しかし、実際上は同じ瑕疵のある物を返還することは困難なので、法は瑕疵ある物の価額を返還しうるものとした（民五九〇条二項）。

場合によっては、同種の物が市場から姿を消すなど、借主が同種、同等、同量の物を返還することができなくなることも考えられる。この場合は借主は、その物の返還が不能となったときにおける物の価額を返還することを要する（民五九二条）。借主は有価値物の給付を受けているのだから、少なくともその価値の返還をなすべきだと考えられるからである。物の評価の基準時は返還不能時とすべきであろう。物の時価は変動するが、返還不能時以後の物価変動は考慮しなくてもよいと考えられるからである。但し、金銭消費貸借の目的たる特種の通貨が返済時までに強制通用力を失ったときは、借主は返済時に他の通貨で弁済しなければならない（民五九二条但書、四〇二条二項）。

(ロ)　利息支払義務

利息付消費貸借では借主は貸主に利息を支払う義務を負う。利息は約定利息でも法定利息でもよい。利息債務の支払時期も当事者間の約定で定められうる。

(ハ)　事情変更の原則の適用問題

消費貸借成立後弁済期までの間に経済事情の変動によって貨幣価値が下落した場合に、債務者は当初の債務の名目額を弁済すれば責を免れるか、それとも債権者が消費貸借額の増額を請求しうるかが問題になる。わが国では消費貸借にも事情変更の原則が適用され、著しい貨幣価値の変動の場合は貸付額の増額を請求しうると解する見解も少なくないが、判例はこれを否定し、名目主義を採る。すなわち戦後のインフレによる貨幣価値の低下の場合に、金銭債権の増額を認めない（最判昭三六・六・二〇民集一五巻六号一六〇二頁（戦前発行の割引勧業債券に関する））。学説も今日では、増額評価を認めることは国民経済に及ぼす影響が大きすぎるという理由で、判例の立場に従いつつ、立法措置による増額評価の余地を認める者が多い（五十嵐清・新版注民(13)七七頁）。

四　消費貸借の終了

(1)　終了原因

消費貸借も契約の一種であるから、契約一般の消滅原因、すなわち解除、解除契約、解除条件の成就（民一二七条二項）、取消、返還請求権の消滅時効（民一六七条）によって終了する。しかし、最も一般的な終了原因は、借主から貸主への借りた物と同種、同等、同量の物の返還である。それでは借主の返還時期はどのようにして到来するのであろうか。借主の期限の利益の放棄（民一三六条）及び期限の利益の喪失（民一三七条）の場合は、各々これらの事由が生じたときに返済時期が到来する。

(2)　消費貸借の一般的終了時期

(イ)　返還時期の到来

消費貸借の当事者が返還時期を定めていたときは、その時期が到来したときに借主は貸主に返還しなければならなくなる。この期限は確定期限でも不確定期限でもよい。期限を徒過した場合は、借主は遅延損害（遅延利息）を支払わねばならなくなる。但し、不確定期限の到来した場合は借主はそのことを知ったときから遅滞の責に任じる（民四一二条二項）。

(ロ)　返還の催告

当事者が返還時期を定めていなかったときは、貸主は相当の期間を定めて返還の催告をすることができる（民五九一条一項）。この場合指定された期間が徒過したときに消費貸借期間は終了し、借主は遅滞に陥る。通常の返還時期の定めのない債務では、債権者の単なる催告によって債務者は履行遅滞に陥るが（民四一二条三項）、借りた物を一旦消費して、新たに同種の物を調達して返還するという消費貸借の特質に鑑みて、借主に返還のための猶予期間を与えたものである。

判例は、相当の期間を定めてする催告は、借主保護のために借主に一種の抗弁権を与えたにとどまり、借主がこの抗弁を行使しない限り、裁判所は催告の有無を調査する必要はなく、貸主の請求のときから借主は遅滞に陥り（大判大三・三・一八民録二〇輯一九一頁）、しかも借主はこの抗弁を上告審では提起しえないとする（大判大七・二・二八民録二四輯三〇〇頁）。しかし学説は、相当の期間を定めた催告をすることが借主の返還義務の履行期を到来させ、借主の履行遅滞を発生させる要件だとするものが多い（我妻・債権各論中巻一、三七三頁、広中・債権各論講義［第六版］一一七頁）。貸主が期間の定めのない催告または不相当な期間を定めた催告をした場合は、民法五九一条一項の催告が無効となると解すべきではなく、客観的に相当な期間が満了したときに返済期が到来し、その時から借主は遅滞に陥ると解すべきである（大判昭五・一・二九民集九巻九七頁）。

(ハ)　借主の随意返還

返還時期の定めがないときは借主はいつでも返還することができる（民五九一条二項）。借主が貸主に返還したときに消費貸借は終了する。返還期限の定めがあるときでも借主は期限前に返済することができるが、利息付消費貸借の場合は、原則として貸主の受けるべき損失を借主が補塡しなければならない（民一三六条）。

五　準消費貸借

(1)　意　義

消費貸借によらないで金銭その他の物を給付する義務を負う者がある場合において当事者がその物を消費貸借の目的とすることを約束したときは、消費貸借はこれによって成立したものとみなされる（民五八八条）。これを準消費貸借と呼んでいる。ある者が売買代金を未払にしていたり、請負代金債務、委託金返還債務等を負担している場合に、それらを債権者との合意によって消費貸借の目的とするような場合が典型例である。これらの場合は借主が既に債権者から給付を受け、それが未返済のままになっているのだから、要物性の要件を満たさないわけではない（我妻・債権各論中巻一、三六六頁）。準消費貸借の締結は、借主にとっては従来存在した債務を消費貸借上の債務に改めることによって事実上債務の弁済期の延期を実現することができることに、また貸主にとっては未払分の利息を消費貸借上の貸付額に組み入れたり、新たな利息の特約をしたり、更には返還を確保するために担保をつけさせたりできることに利点を有している。

(2)　要　件

(イ)　既存債務の存在

準消費貸借は、当事者間に既に存在している債務を新たな消費貸借上の債務に改めるものであるから、当事者間に既に債務が存在していなければならない。この既存債務は有効なものであることを要する。既存債務が無効であるとか（大判大一五・四・二一民集五巻二七一頁）、不存在である場合は、準消費貸借は成立しない。旧債務の存否に関する立証責任は、旧債務の不存在を理由に準消費貸借契約の効力を争う者が負担するとするのが判例である（最判昭四三・二・一六民集二二巻二号二一七頁）。

既存債務が有効なものであれば、その種類についてはなんら制限がない。売掛代金債務、清算金債務、請負代金債務のほか、不当利得返還債務や損害賠償債務でもよいとされている。また既存の消費貸借上の債務についても準消費貸借は成立しうる（借替え）。この場合利息制限法上の利息計算は、当初の貸借額を基準にしてなされる。判例はまた、準消費貸借の基礎となるべき債務は、現実の債務でなくても、将来生ずる債務でもよいとしている（最判昭四〇・一〇・七民集一九巻七号一七二三頁）。この場合準消費貸借は将来債務が生じることを停止条件として成立する。

(ロ)　合意の成立

準消費貸借が成立するためには、旧債務を基礎にして新しい消費貸借上の債務にすることに関する当事者間の合意が必要である。準消費貸借の締結に際し公正証書が作成された場合に、それに現金の授受がなされたとの記載がある場合でも、準消費貸借は無効とはならない（大判昭八・三・二四民集一二巻四七四頁）。

(3)　効　力

(イ)　旧債務の消滅

準消費貸借によって原則として消費貸借締結の場合と同じ効力が生じる。当事者が新債務の成立にもかかわらず旧債務の一部を存続させることを約した場合を除き、新債務の成立によって旧債務は消滅に帰する。しかし、準消費貸借は有因契約であるから、新債務が消費貸借の無効、取消等によって効力を生じなかったときは、旧債務は復活する。

(ロ) 新旧債務の同一性の有無

(a) 判例、学説理論

新債務は旧債務消滅の結果として成立したものであるが、法的には両者は別個の存在を有する債務である。そこで古い判例は、両者は全く別個のものであるから、新債務は旧債務との同一性を失うとして、旧債務に付着する同時履行の抗弁権は消滅するとしたが（大判大五・五・三〇民録二二輯一〇七四頁）、後に立場を改め、同一性の有無は当事者の意思如何によるとした（大判大七・三・二五民録二四輯五三一頁）。もっともその後の判例は、同一性の有無は当事者の意思如何によるとしながら、当事者の意思は、反対の事情のない限り、原則として両債務が同一性を保つことを容認するとする（大判昭四・五・四新聞三〇〇四号一二頁）。しかし、時効については、旧債務が商行為によらないものであっても、準消費貸借が商行為である場合は、その契約の性質から新債務は五年の商事時効（商五二二条）にかかるとされている（大判昭八・六・一三民集一二巻一四八四頁）。

新旧両債務の同一性につき、今日の多数説も、特別に反対の意思が認められない限り、基本的には旧債務と新債務の同一性を維持すべきだとしながら、更に問題となる個別的な事項毎に具体的に解決を試みるべきだとしている（我妻・債権各論中巻一、三六七―三六八頁、平田・新版注民(15)三〇―三一頁）。しかし、時効は債務自体の性質によって決定され、当事者の意思で左右できないという理由で、右大判昭和八年の立場を支持するものが多い（我妻・債権各論中巻一、三六八頁、平田・新版注民(15)三三頁）。

(b) 抗弁権

同時履行の抗弁権については、既述の如く判例に変遷があったが、当事者の意思によるものとしつつ、原則として新債務にも旧債務に付着した抗弁権が及ぶと解している（大判昭八・二・二四民集一二巻二六五頁）。学説上は同時履行の抗弁権のように消費貸借の性格と一致しないものは消滅するとするものもあるが（我妻・債権各論中巻一、三六七頁）、当該準消費貸借契約の趣旨によって同時履行の抗弁権が消滅するかどうかが決せられるとする見解が有力である（来栖・契約法二六三頁以下、星野・民法概論Ⅳ一七二―一七三頁）。

同時履行の抗弁権が付着した債務が旧債務の一部であったときは、それが旧債務の枢要な部分を占める場合を除き、抗弁権は新債務に受け継がれないと解すべきであろう。旧債務について振り出された手形の人的抗弁は、原則として新債務にも受け継がれる。これに対して時効の抗弁は、旧債務の時効は新債務には及ばず、新債務について新たに開始すると解すべきである。なぜならば、時効は権利を長期間行使しない者に対して課される制裁であるため、新たに債務が成立した以上その時から新たに進行を開始すると解すべきだからである。旧債務者は準消費貸借契約に応じたことにより旧債務の存在を是認したものとみられる。

(c)　担保、保証

旧債務について先取特権が成立していた場合は、新債務には及ばないと解すべきであろう。先取特権は一定の種類の債権について法が特に担保物権を付与したものであり、それを消費貸借の形に改めるというのは、もはや右の利益を享受する意思を放棄したとみられてもやむをえないといえるし、また法が一定の種類の債権について画一的に先取特権を付与している以上、他の名称の債権についてもこのような利益を付与しうることにすると実務上混乱が生じる虞れがあるからである。これに対して旧債務について存在する約定担保権や保証債務は、当事者の意思を推測して、原則として新債務にも存続させてよいと解されている。但し、新債務が旧債務の元利合計額を上回るときは、担保権設定者や保証人の同意を得るべきである。

(d)　詐害行為取消権

旧債務の債権者が準消費貸借契約後に旧債務者のした詐害行為を取り消すことができるか。判例はかつて、詐害行為の取消権者の債権は詐害行為が行われるより前に発生したものでなければならないから（大判大六・一・二二民録二三輯八頁）、準消費貸借がなされるともはや詐害行為取消権を行使することはできないとした（大判大九・一二・二七民録二六輯二〇九六頁）。しかし有力説は、旧債務を被保全債権とする詐害行為取消権は、それが債務者の一般財産の保全を目的とする点で保証と同視しうるから、新債務についてもその存続を認めうると主張した（我妻・債権各論中巻一、三六八頁）。今日の判例も、準消費貸借上の債務は、当事者の反対の意思のない限り、旧債務と同一性を維持するから、旧債務成立後の詐害行為は、準消費貸借契約後もこれを取り消しうるとする（最判昭五〇・七・一七民集二九巻六号一一一九頁）。

第二節　使用貸借

一　意義と性質

(1)　意　義

使用貸借は、当事者の一方が無償で使用及び収益をした後返還することを約束して相手方から目的物を受け取ることによってその効力を生じる契約である（民五九三条）。他人の物を利用する点で用益物権の設定や賃貸借と共通性を有するが、用益物権の設定は物権の設定であり、また賃貸借は使用貸借と同じ債権契約であっても、有償契約である点でいずれも使用貸借とは異なる。他方において、消費貸借は受け取った物を消費して、受け取った物と同種、同等、同量の物を返還すればよい点で、受け取った物の使用後貸主に返還する義務を負う使用貸借とは異なる。

使用貸借は、無償で他人に物の使用ないし利用を許容する契約であるから、当事者間になにか特殊な関係、例えば親子、兄弟その他の親戚関係、友人、知人関係などが存在するのが通常である。しかし民法は、当事者間にこのような事実上の関係が存在すると否とに関わらず、無償で物を使用させる契約に使用貸借に関する規定を適用している。

今日のように有償、等価交換契約によって社会経済が回転している時代には、使用貸借のような無償契約の占める比重は相対的に小さいものでしかない。他人の土地の利用関係も、今日では大部分賃貸借契約によっており、使用貸借は、親が自己所有地の一部を娘や息子に無償で提供するような場合にみられるにすぎない。今日では借地関係は借地借家法によって手厚く保護されており、無責の借地人が借地上の建物を収去することを余儀なくされることはあまりないが、使用貸借の場合は、その背後にある人的関係がうまくいかなくなると使用借人の利用関係は覆されやすい。今日使用貸借で法的紛争になっている事例の多くはこのようなケースである。なお、農地または採草放牧地の使用貸借の場合は、かような権利の設定及び移転につき都道府県知事または農業委員会の許可が必要である（農地三条）。賃貸借や農地所有権の移転の場合だけでなく、単なる使用借権の設定、移転の場合も農地の使用者の変更、農地の使用形態の変更の可能性がある以上は、それを都道府県知事等の許可にかからせることにするというのがその趣旨である。

(2)　性　質

(イ)　要物契約性

(a)　使用貸借は、その旨の当事者間の合意の他に、貸主から借主への目的物の授受があったときに初めて効力を生じる（民五九三条）。使用貸借を要物契約とするのは、ローマ法以来の伝統に根ざしたものであるが、今日ではフランス民法（一八七五条）などを除いて使用貸借の要物契約性を否定する立法例が増加している（ス債三〇五条、ド民五九八条）。オーストリア民法は、単なる使用貸借の約束を使用貸借契約とは区別しているが、法的義務の発生を認めている（九七一条）。

わが民法はローマ法に従って使用貸借を要物契約とし、諾成的使用貸借については規定を置いていないが、学説上は契約自由の原則から諾成的使用貸借を認めるべきだとする者が多い（山中・新版注民(15)八二頁など）。この立場では、借主は貸主に対して目的物の引渡を請求することができ、貸主は違反に対して損害賠償義務を負担する。但し、書面によらない契約は、一方が履行に着手するまではいつでも撤回することができる（民五五〇条準用）。思うに、通常の使用貸借では、借受予定者が貸主となるべき者を相手取って目的物の引渡や債務不履行責任を追求することはそう多いとは思われないが、借受予定者が代わりの物の調達をすることが困難な場合で使用貸借の合意が書面でなされている場合は（民五五〇条準用）、借受予定者に目的物の引渡請求や債務不履行に基づく損害賠償請求を認める余地があるであろう。但し、損害賠償請求は、貸主となるべき者の悪意、重過失を要件とすべきであろう（民五五一条一項参照）。

(b) 使用貸借の予約

わが民法は、消費貸借の場合とは異なり、使用貸借の予約は規定していない。これは取引上の実態を反映したものであり、金銭を貸すという予約は実際上しばしば行われ、それを法的に規制する必要が大きいが、物を無償で貸すという契約は、たとえそれが行われても、一般的には強制履行や損害賠償にはなじまないと考えられる。貸主が約束に反して貸してくれない場合は、借主となるべき者は有償で他から調達して間に合わせるべきであろう。

これに対して、契約自由の原則から使用貸借の予約の効力を認める見解も有力である（山中・新版注民(15)九三頁）。この立場では、当事者の一方または双方は少なくとも予約に基づいて本契約の締結を相手方に要求することができる。当事者の一方または双方は書面によらない場合に予約を撤回しうるにすぎない（民五五〇条類推）。恩恵や友情によってなされる使用貸借の借受予定者に一般的にここまでの保護を与えるには及ばないと考えられるが、特別の事情がある場合は、前記諾成的使用貸借におけると同様に扱うことができよう。

(ロ)　無償契約性

使用借主は、貸主に目的物の使用、収益の対価である賃料を支払う義務を負わない（無償契約）。借主が一定の負担に任じる負担付使用貸借も認められうると解されている。負担付使用貸借では、負担付贈与におけると同様双務契約に関する規定が適用されると解すべきであろう（民五五三条）。従って、使用借主が公租公課等の負担をする約束のある場合は、引渡された目的物に瑕疵があって借主が目的物を使用しえないようなときは、借主は負担を約旨通り履行する義務を負わないし、逆に借主が負担を履行しないときは、貸主は履行を要求し、約旨違反を理由として催告解除をなしうると解される（民五四一条）。

(ハ)　片務契約性

使用貸借が効力を発生した後は、借主が使用収益後目的物を返還する義務を負うだけだから、使用貸借は片務契約だとされてきた（多数説）。しかし、継続的契約である使用貸借では、貸主が目的物を借主に引渡した後も、使用貸借が終了するまで貸主は借主が目的物の使用収益をするのを許容するないし妨げない義務を負うのに対して、借主はそれと対価関係に立つ義務を貸主に対して負担しないから、片務契約なのであって、借主が使用貸借終了後に目的物を返還する義務は当然に導かれるにすぎない。なお、借主が使用収益期間中目的物に関して負担する善管注意義務は、貸主の使用収益させる義務とは対価関係に立たない。

(ニ)　継続性

使用貸借は、売買のような一回的な給付と反対給付の交換関係ではなく、賃貸借、消費貸借等と同様継続的契約関係である。

二　使用貸借の成立

(1)　要物性

(イ)　目的物の授受

使用貸借は、借主が貸主から目的物を受け取ることによってその効力を生じる（民五九三条）。使用貸借の合意があっただけでは使用貸借は成立しない。この場合物の交付前の合意（諾成的使用貸借）は法的になんら効力を生じないとする立場と贈与に準じて書面が作成されていなければ貸主はいつでも撤回しうるとする立場が考えられる。

使用貸借では、消費貸借におけるとは異なり、借主が目的物の占有の移転を受けるだけで足り、所有権は移転されない。この引渡は通例現実の引渡、簡易の引渡である。第三者所有物についても使用貸借は成立しうる。

(ロ)　目的物

使用貸借は、動産、不動産、代替物、不代替物を問わず目的物となしうる。消費物についてはこれを除外する立法例もあるが（フ民一八七八条）、陳列、見せ金など消費以外の目的に使用する場合は消費物でも構わないとするのがわが国の多数説である。しかし、用法に従った使用、収益によって滅失または著しく変更するような物は、使用、収益後の原状をとどめた物の返還という使用貸借の本質と相容れないがゆえに目的たりえない。物の一部分についても使用貸借は成立しうると解すべきである。権利を目的とする使用貸借も有効であるが、一種の無名契約として民法五九三条以下が類推適用されるとするのが多数説である（山中・新版注民(15)九四頁）。

(2)　使用、収益の合意

借主が使用貸借期間中目的物の使用、収益をなしうることが貸主から許容されていることが必要である。借主は単に目的物を使用するだけでなく、収益をなすことも許容されうる。後者の場合は果実は借主が収取できる。いずれであるかは契約によりまたはその目的物の性質により定まった用法によって決せられる。

(3)　無償性

(イ)　意　義

目的物を借主が無償で使用、収益した後に貸主に返還することが契約の内容となっていることを要する。無償とは、借主が目的物の使用、収益に対して対価を支払うことを要しないという意味である。借主の負担が貸主の給付と対価関係にないときは、前述の負担付使用貸借となるが、賃貸借となるか負担付使用貸借となるかは実際上判断が困難なことが多い。

裁判例によれば、二当事者間の土地の交換的使用貸借は使用貸借ではないが（大判昭一〇・三・二八裁判例九民八四頁）。家主の妻の伯父が室使用の対価として家主に支払っていた低額の金員は、単なる謝礼であって賃料ではなく（最判昭三五・四・一二民集一四巻五号八一七頁（建物につき家主の設定した仮登記担保権が実行された事例））、また建物所有者がその再従弟夫婦にその建物を含む不動産の固定資産税を納入させるという条件で使用させていた事例でも、特別の事情のない限り使用貸借となる（最判昭四一・一〇・二七民集二〇巻八号一六四九頁）。但し、無償の土地使用権の設定の場合は使用貸借ではなく、地上権の設定が認められることも少なくない。

(ロ)　親族間の不動産利用

夫婦、親子などの間で夫または親の所有財産を妻、子が利用する関係は、扶養ないし協力扶助義務の履行として捉えられ、使用貸借関係とはみられないが、親族間の利用関係でも相互に扶養または協力扶助義務が認められない場合、例えば、独立した娘や息子または独立した弟妹に土地の一部の使用を許容するなどの場合は、使用貸借の関係を認めるしかない（最判昭四七・七・一八判時六七八号三七頁）。この場合親族間に不和が生じたり、親について相続が開始したりしたときは紛議を生じる。裁判例によれば、夫の兄弟から夫名義で借りた家屋に親子が居住していたが、夫が死亡した場合は、借主の死亡により使用借権が消滅する（民五九九条）のではなく、遺族がそれを相続により承継する（東京地判昭五六・三・一二判時一〇一六号七六頁）。共同相続人の一人が遺産である建物において被相続人と同居してきたときは、相続開始後遺産分割により建物の所有関係が最終的に確定するまでの間、共同相続人間に同居相続人にこれを無償で使用させる旨の合意が推認される（最判平八・一二・一七民集五〇巻一〇号二七七八頁）。土地と地上建物の所有者が建物のみを妾に贈与して死亡した場合に、妾の敷地利用権を使用貸借と認定した判例もある（最判昭四一・一・二〇民集二〇巻一号二二頁）。

三　使用貸借の効力

(1)　貸主の権利義務

(イ)　使用収益許容義務

貸主は借主に使用貸借期間中物の使用収益を許容する義務を負う。この義務は、借主が目的物を使用、収益することを妨げてはならないという消極的義務であるのが一般である。使用貸借では、賃貸借におけるとは異なり、物が毀損して使用収益に適さない状態になっても、使用貸主は特約のない限り修繕義務を負わない。但し、貸主が事実的行為または第三者への目的物の譲渡など法律的行為によって借主の使用、収益を妨げたときは、借主に対して損害賠償義務を負う場合もありうる。

(ロ)　担保責任

使用貸借は無償契約であるから、原則として貸主は担保責任を負わないが、贈与契約におけると同様貸主がその瑕疵または欠缺を知って告げなかった場合にのみ担保責任を負う（民五九六条、五五一条一項）。貸主が不知でもそれにつき重過失があれば担保責任を肯定する説もある（山中・新版注民(15)一一五頁）。借主が権利または物の瑕疵を知っていた場合は、貸主は担保の責に任じない。この場合の損害賠償の範囲は、信頼利益のみが認められるとする説もあるが（山中・新版注民(15)一一五頁）、このように制限する必要はなく、瑕疵惹起損害も含みうる。但し、履行利益の賠償は、理論的にはこれを含みうるとしても、実際上はこれを認めるべきでない場合がほとんどであろう。担保責任の存続期間は、民法六〇〇条準用説もあるが（山中・新版注民(15)一一五頁）、悪意に基づく責任は通常の時効期間内は存続せしめるべきであろう。なお、担保責任免除の特約は、貸主悪意の場合は効力を生じないと解される（山中・新版注民(15)一一五頁）。

負担付使用貸借の場合は、貸主はその負担の限度で有償契約におけると同様の担保の責に任じる（民五五一条二項準用）。この場合の「負担の限度において」もまた、借主が負担を履行することによって損失を被らない限度においてという意味である。これらと異なる担保責任の特約があるときは、それに従う。

(2)　借主の権利義務

(イ)　使用収益権

(a)　法的性質

使用借主は使用貸借期間中目的物を使用収益する権利を有するが、これは貸主が借主に目的物の使用、収益を許容していることに対応して借主が貸主に対して取得する債権である。古くはこの権利が純粋の支配権であるとか

（石田文次郎・債権各論一一八頁）、貸主の物権的使用収益権を代わりに行う一種の形成権であるという見解もあったが（末弘厳太郎・債権各論五四四頁）、債権行使の過程上（末川・契約法下巻九六頁）またはそれに付随して生ずる（我妻・債権各論中巻一、三八〇頁）債権的な準支配的権能だとする見解が通説化した。但し、この借主の使用収益権は第三者に対抗する方法がない。

(b) 範　囲

借主は、契約またはその目的物の性質によって定まった用法に従ってその物の使用または収益をなすことが必要である（民五九四条一項）。借主がこれに違反したときは、貸主は違反行為の差止を請求しうるだけでなく、直ちに無催告で解約告知することもできる（民五九四条三項）。借主の契約の本旨に反する使用または収益によって生じた損害は、貸主がその賠償を請求することができるが、この賠償請求権は、貸主が返還を受けたときから一年内に行使することが必要である（民六〇〇条）。判例は、この一年内に裁判上または裁判外で請求権を行使すればよいとしている（大判昭八・二・八民集一二巻六〇頁）。他方において貸主の損害賠償請求権は、権利を行使しうるときから、すなわち、貸主が期間中に損害を知りうる状況にあったときまたは目的物の返還を受けたときから一〇年の時効に服すると解すべきである（民一六七条一項）。

使用借主はまた、貸主の承諾がなければ第三者に目的物の使用または収益をさせることはできない（民五九四条二項）。借主が無断で第三者に事実上目的物の使用、収益をさせる場合も、それが契約上予定されている場合を除いて、本条項に触れると解すべきである。借主がこれに違反したときは、貸主は、違反行為の差止、契約の即時告知（民五九四条三項）、損害賠償、不当利得返還などを請求しうるが、この場合も損害賠償の請求は民法六〇〇条の適用を受け、返還を受けたときから一年内に裁判上または裁判外の請求をなすべきだと解すべきである。損害賠償請求権の一〇年の時効は、貸主が借主の違反を知りうる状況になったときから進行を開始すると解される。

(ロ)　目的物保管義務

使用借主は他人の物を無償で使わせてもらっているのだから、目的物を返還するまで善良な管理者の注意をもってこれを保管しなければならない（民四〇〇条）。借主がこれに違反したときは、貸主に対して債務不履行に基づく損害賠償義務を負担する。この損害賠償請求権には民法六〇〇条が適用される。債務の本旨に適った使用、収益の結果生じた目的物の自然的減耗については借主は責任を負わない（同旨：ド民六〇二条、フ民一八八四条）。

(ハ)　必要費負担義務

借主は、借用物の通常の必要費を負担するものとされている（民五九五条一項）。通常の必要費とは、修繕維持費、動物の飼養費、目的物の保管費用などであり、公租公課も不動産の使用貸借などでは通常の必要費とみるべき場合もあるであろう。使用貸借は無償であるから、通常の必要費は自ら負担すべきものとされたのである。使用借主がこれを負担しない場合は、用法違反として即時告知（民五九四条）、損害賠償の問題となりうる（民六〇〇条の適用あり）。

しかし、その他の費用、すなわち、天災、事故による破損部分の修理費など臨時または非常の必要費及び有益費（改良費）を借主が支出したときは、借主は貸主に対して償還を請求しうる（民五九五条二項）。すなわち、必要費についてはその全額を、有益費についてはその価額の増加が現存する場合に限り、貸主の選択に従い出捐額または増価額を借主は請求しうる。但し、有益費については裁判所は貸主の請求により相当の期限を許与することができる（民五八三条二項、一九六条）。この費用償還請求権についても、借主は貸主が返還を受けたときから一年内に裁判上または裁判外の請求をなすべきである（民六〇〇条）。費用償還請求権そのものは原則として出捐時から一〇年で時効にかかる。

(ニ) 目的物返還義務

使用借主は、使用貸借終了時に目的物を返還する義務を負う（民五九三条）。逆に貸主は終了時に目的物の返還を請求する権利を有する。借主が目的物を受け取った後で付加物を付属させたときは、借主は借用物を原状に復して付属物を収去することができる（民五九八条）。貸主は付属物の収去を請求しうると解すべきである。これに対して、目的物が適法な借主の使用、収益によって自然的に損耗したにすぎないときは、特別の合意のない限り、現状のままで返還するをもって足りる。

四 使用貸借の終了

(1) 終了原因

使用貸借は、借主の違約による解約（民五九四条三項）、合意解約、取消、解除条件の成就（民一二七条二項）、借主の期限の利益の放棄（民一三六条）、目的物の滅失などの法律行為または契約の一般的終了原因だけでなく、存続期間の満了、期間の定めがない場合の貸主の告知、借主の死亡という使用貸借に固有の終了原因によっても終了する。

(2) 存続期間の満了

(イ) 返還時期の到来

使用貸借の借主は、契約に定めた時期が到来したときに目的物を返還することを要する（民五九七条一項）。この時期は確定期限であると不確定期限であるとを問わない。返還時期到来とともに使用貸借は終了する。

(ロ) 使用収益の終了

当事者が返還の時期を定めなかったときは、借主は、契約に定めた目的に従って使用及び収益を終ったときに返還をすることが必要である（民五九七条二項）。夏祭り会場として使用する目的で土地を提供したときは、夏祭りが終われば借主はその土地を貸主に返還すべきである。しかし、実際上は契約に定めた目的に従い使用、収益が終わったか否かに関する判断が困難な場合が少なくない。

夫の所有地上に妻が建物を新築したが、その後離婚した場合には、使用貸借が目的の終了により消滅するとも考えられるが、婚姻中の妻の夫の不動産の利用関係は、夫婦間の相互扶助義務に基づくもので、単なる使用貸借とみるべきではなく、本条項の適用を否定し、離婚後の妻の生活保障の観点から妻の土地利用権を肯定する方向で理論構成を図るべきである。

㈧　告　知

(a)　当事者が返還の時期を定めなかったときは、貸主は借主が使用及び収益をなすに足るべき期間を経過したときは、借主が使用、収益を続けている場合でも直ちに告知することができる（民五九七条二項）。例えば、他に適当な家屋に移るまでの一時的使用貸借では、現実に適当な家屋をみつける前でも、みつけるのに相当な期間が経過すれば、貸主は告知をなしうると解すべき場合もありうる。

(b)　当事者が返還の時期も使用及び収益の目的も定めなかったときは、貸主はいつでも告知して目的物の返還を請求することができる（民五九七条三項）。

(c)　借主が契約または目的物の性質によって定まった用法に反する使用、収益をなしまたは無断で第三者に目的物を使用、収益させたときも貸主が告知をなしうることは前述した（民五九四条三項）。法文は解除としているが、使用貸借は継続的契約であるから、その事由が生じたときから解約告知を許容するのが合理的である。

(d)　負担付使用貸借の場合に借主が負担を履行しなかったときは、双務契約上の不履行に準じて解約告知をなしうると解すべきである（民五五三条参照）。父母がその所有地を長男に無償で貸したが、父母、兄弟を扶養する義務が課せられた長男が途中で扶養をやめたため解約告知した事例では、裁判所は、本件のように使用貸借当事者間における信頼関係が破綻した場合は、民法五九七条二項但書を類推し、使用貸主が使用貸借を解約しうるとしたが（最判昭四二・一一・二四民集二一巻九号二四六〇頁）、負担の不履行による解約告知を認めるべきであろう（柚木・松川・新版注民(14)六六六頁）。この場合信頼関係の破綻による用法違反を理由として債務不履行による告知（民五九四条）も可能であったとする説（後藤静思・最判解説民昭和四二年度一〇六事件六〇四頁）や事情変更の原則の適用によるべしとする説（平野・契約法［第二版］三三五〇頁）もある。

(二)　借主の死亡

使用貸借は借主の死亡によってその効力を失う（民五九九条）。使用貸借は、主に貸主と借主の間の個人的な信頼関係を基礎として締結されるものであり、使用借権の相続による承継は一般的に認めないとの趣旨である。しかし、借主の死亡によっても使用貸借が終了しない旨の特約をなすことは可能である。貸主が死亡した場合は、借主の使用借権を当事者の予期しない事情により当然に消滅させるべきではないと考えられるがゆえに、別段の特約のない限り、使用貸借の終了原因とみるべきではない。

第三節　賃貸借

第一款　民法上の賃貸借

一　賃貸借

(1)　賃貸借とは、当事者の一方（賃借人）が相手方（賃貸人）にある物の使用及び収益をなさしめることを約し、相手方が賃借人にその対価（賃料）を支払うことを約することによって成立する契約である（民六〇一条）。借主への所有権の移転を伴わない点で消費貸借と異なり、また借主が賃料を支払う義務を負う点で使用貸借と異なる。有償、双務契約であり、また諾成契約である。

⑵　わが民法は、賃貸借の節を賃貸借の目的物や目的によって分けることをしなかったが、フランス民法は建物の賃貸借と農地の賃貸借とを区別し、またドイツ民法は使用賃貸借と用益賃貸借とを分けて規定している。また賃貸借上の使用、収益権は、わが民法を初め多くの近代民法ではこれを債権としているが、わが国の旧民法のようにこれを物権として構成し、賃貸借を物権編で規定する立法例もある（旧民財一一五条以下）。賃貸借を債権としているわが民法でも不動産を目的とする賃貸借については明治の末頃から特別法が制定され、賃借人の権利の強化が図られた。不動産賃借権の物権化といわれるものである。不動産賃貸借は、それが不動産を所有していない数多くの人々の居住に直接関わる以上は、民法の規定が不十分である限り、特別立法による救済が特に要請される分野である。

⑶　民法は賃貸借の客体を物としているが（六〇一条）、物以外に無体財産権などについても、禁止規定がない以上賃貸借が成立すると解されている。但し、かような場合は無名契約となるという説もある。無体財産権のうち特許権などの場合は、他人に専用実施権を設定し（特許七七条）または通常実施権を許諾しうる（特許七八条）旨の規定がある。後者は経済的に賃借権の設定に近い機能を果たす。

物であれば動産、不動産の区別なく賃貸借が成立する。但し、金銭のような代替物や消費物は、原則として消費貸借の目的となるだけで賃貸借の目的とはならない。物は賃貸人の所有に属するのが普通であるが、賃貸人以外の者の所有物についても賃貸借契約は成立しうる。賃貸借は債権契約だからである。しかし、第三者所有物の賃貸借では、賃貸人の追奪担保責任が問題となりうるし（民五五九条）、賃貸人と所有者との間で清算関係が生じる。

(4) わが民法は、使用賃貸借と用益賃貸借を区別していないが、居住目的の不動産賃貸借は使用賃貸借に、また農地の賃貸借は用益賃貸借に分類されうる。しかし、わが民法は両者を区別していないため、両者を含んだ賃貸借も可能である。住宅付きの店舗の賃貸借などがこれにあたる。賃貸借では借主からの賃料の支払が要素となっている。しかし、金銭以外の物、例えば米を対価とすることも、禁止規定（農地旧二三条）のない限り有効とされている。

二 賃貸借の成立と存続期間

(1) 序　説

賃貸借は、わが民法上動産を目的とする場合だけでなく、不動産を目的とする場合も、諾成契約とされており、当事者間の合意のみで成立する（民六〇一条）。不動産の賃貸借については書面の作成を効力要件とする立法例もある。また戦後の判例によれば、不動産賃借権の時効取得も認められうる。

(2) 短期賃貸借

物の賃貸借は、物の処分行為ではないが、それが長期間にわたるときは、賃貸人から事実上物が逸出したも同然となるため、民法は、処分の能力または権限を有しない者が賃貸借をなす場合は、その賃貸借の期間は目的物の種類に従って一定期間を越えないものとした（民六〇二条）。処分の能力を有しない者とは被保佐人が代表的であり（民一三条九号）、処分の権限を有しない者とは、例えば権限の定めがない代理人がこれにあたる（民一〇三条）。成年被後見人は管理及び処分の能力を有さず、成年被後見人の締結した賃貸借契約は、契約そのものが取消されうる（民九条）。短期賃貸借として認められうる期間は、樹木の栽植または伐採を目的とする山林の賃貸借は一〇年間（民六〇二条一号）、その他の土地の賃貸借は五年間（同二号）、建物の賃貸借は三年間（同三号）、動産の賃貸借は六ケ月（同四号）である。民法典は、これらの期間を越えない賃貸借は管理行為といえるが、これらを越える賃貸借は処分行為に準じて扱うことにした。これらの期間は更新することができる（民六〇三条本文）。但し、その期間満了前土地については一年内、建物については三ケ月内、動産については一ケ月内にその更新をすることが必要である（民六〇三条但書）。

⑶　賃貸借の期間

賃貸借には最短期の制限は特に法定されていないし、解釈上も最短期の制限はないと解されている。但し、建物所有目的の土地の賃貸借の場合は、後述するように特別法によって短期の期間制限の効力は否定され、三年、五年といった短期の期間が定められた場合は、これを地代据置期間と解するのが一般である。これに対して、借家契約の場合はこのような短期の期間制限の規定は存しない。そのため借家契約の存続期間は一般に二年間とされている場合が多い。

これに比して、最長期については、民法は二〇年という期間制限を置いている。これより長い期間の賃貸借を合意したときは、その期間は二〇年に短縮される（民六〇四条一項）。賃貸借の期間はこれを更新することができるが、更新後の賃貸借は更新のときから二〇年を越えることができない（民六〇四条二項）。民法六〇四条の存在理由については、民法典起草者の述べたあまりに長期間にわたる賃貸借を認めるとどちらが所有者かわからなくなるという説明に遡ることになろう。もっとも起草者は、地上権や永小作権のような用益物権については二〇年以上五〇年以下の範囲で存続期間を定めるものとし（民二六八条二項、二七八条）、債権契約である賃貸借との間で一線を画している。

⑷　敷　金

(イ)　不動産賃貸借、特に借家契約では、賃貸借契約の際に敷金、権利金等の名目で賃借人から賃貸人に一定額の金銭の授受が行われることが多い。普通借家契約締結に際して交付される敷金は、家賃の一～三ケ月分であることが多いが、その法的性質は、賃貸借関係から生ずる賃借人の債務を担保するために条件付きでなされる金銭所有権の移転と解されている。保証金の名目で敷金が交付されることもある。敷金を交付する約定（敷金契約）は、判例によれば、賃貸借契約に付随するものではあるが、賃貸借そのものではないとされている（最判昭四九・九・二民集二八巻六号一一五二頁）。学説上はその他、賃借人の敷金返還請求権に質権を設定したものとみる債権質説や相殺予約の合意とみる説（三宅・債権法（各論）下巻八三六―八三七頁）がある。

昭和六一年に廃止された地代家賃統制令には敷金額に制限を加える規定も置かれていたが（一二条）、同令は適用範囲が次第に制限され、実効性を失っていった。

賃貸借終了の際に家賃の延滞、建物の賃借人の毀損による損害賠償その他の債務がなければ、賃借人は敷金返還請求権が認められる（大判大一五・七・一二民集五巻六一六頁）。これとは逆に、これらの債務がある場合は、敷金から充当され、賃借人は残額の返還請求権を有する。敷金だけでは不足する場合は、残存債務に弁済充当の規定によって充当し（民四八九条、四九一条）、不足分を弁済する義務を負う。但し、賃貸人はこれら債務を敷金から充当する義務はなく、延滞賃料や損害額を賃借人に請求することもできる。賃借人がそれに応じた場合は、賃借人は敷金の返還を請求することができる。

今日でも京阪神地方を中心に敷金の一部を上記のような事由がなくても賃貸人が賃貸借終了時に賃借人に返還しない取引の慣行がある（敷引の特約）。しかし、これには合理的な理由はなく、その効力を一般的に否定すべきである。裁判例もその効力を制限的に解する傾向にある。

(ロ)　敷金返還請求権の発生時期については、賃貸借終了時説（末川・契約法下巻一四二頁）と賃借物明渡時説（我妻・債権各論中巻一、四七三、四七六頁）の対立がある。賃貸借終了時説によれば、敷金によって担保される賃借人の債権は、賃貸借契約存続中に生じた賃料債権や損害賠償請求権に限られることになるが、明渡時説によれば、それに加えて契約終了後に生じた賃料相当の損害金なども含まれることになる。判例は後説をとり、敷金返還請求権は、賃貸借終了後でも建物明渡前においてはその発生及び金額の不確定な権利であって、券面額のある債権（民執一五九条参照）にはあたらないから、賃借人の債権者がこれについて転付命令を得ても無効だとする（最判昭四八・二・二民集二七巻一号八〇頁）。この立場では賃借人による明渡が先履行の関係になるため、賃借人は明渡請求に対して敷金の返還との同時履行を主張することができなくなる（前掲最判昭四九・九・二）。しかし、大審院は終了時説をとりながら、終了後明渡までの賃料相当額の当然充当を認めていた。学説上も、返還請求権の発生時期と被担保債権の範囲とは必ずしも直結しなければならないものではないとし、終了時説に立ちながら、明渡までの間に賃貸人が取得した債権と敷金返還請求権の間で相殺が可能だとして、明渡時説と同じ結論を導く見解も有力である（幾代通「敷金」総判民(1)一五九頁）。

(ハ)　賃貸借契約が終了した場合に、賃借人が敷金の返還と引換での賃貸借の目的物の返還を主張しうるかどうかが問題になる。判例は、賃借人のかような主張に対して、前記の如く、敷金契約は賃貸借契約に付随するものではあるが、賃貸借契約そのものではないから、両者は一個の双務契約によって生じた対価的関係にある債務ということはできないとして、特別の約定のない場合は、賃借人は同時履行の抗弁権または留置権を行使することはできないとした（前掲最判昭四九・九・二）。しかし多数説は、賃借人の保護を理由にこれに反対する（広中・不動産賃貸借法の研究四三一頁、水本浩・契約法二二七頁など）。

(ニ)　建物賃貸借が継続している間に建物所有者に変動があり、賃借人が賃借権を新所有者に対抗しうる場合に、旧賃貸人の敷金返還債務もまた承継されるか。古い判例には、それを売買当事者の意思にかからしめ、例えば、建物の売買代金が敷金相当額を控除して決定されたような場合に、敷金の承継を認めるものもみられたが（大判昭二一・一二・二二民集六巻七一六頁）、これでは賃借人の地位が著しく不安定なものになるという理由で、爾後の判例は、敷金返還債務は、敷金の多寡、敷金差入についての新所有者の善意、悪意、新所有者が旧所有者から現実に敷金を受け取ったかどうかという事情などは問わず、新賃貸人に当然に承継されると解している（大判昭五・七・九民集九巻八三九頁（競売）、大判昭一一・一一・二七民集一五巻二一一〇頁、最判昭四四・七・一七民集二三巻八号一六一〇頁）。新旧所有者間において賃貸人の地位を旧所有者に留保する旨の合意する旨の合意をした場合も同様である（最判平一一・三・二五判時一六七四号六一頁）。もっとも既に延滞賃料があれば、それを差し引いた残額のみが引き継がれる。学説も、賃借人の関知しない賃貸人の変更によって賃借人の地位が影響を受けるのは不当だという理由で判例の立場を支持している（鈴木・民商六二巻五号九〇三頁、平野・契約法［第二版］四〇一頁）。

これに対して、賃貸借終了後明渡前に賃貸人が交替したときは、明渡時敷金返還請求権発生時説をとる者も、敷金返還義務は新賃貸人には継承されないと解している（前掲最判昭四八・二・二）。

賃貸借存続中に賃借権が有効に譲渡された場合は、賃貸人側の交替の場合とは異なり、判例は敷金に関する権利義務は原則として新賃借人に承継されないとする（最判昭五三・一二・二二民集三二巻九号一七六八頁）。学説上は、新旧賃借人間の敷金関係の継承の問題を免責的債務引受の法理になぞらえることにより、また不動産賃借権の物権化論の観点から反対説もあるが、賃貸借継続中の賃料不払や賃貸物の毀損による損害賠償の計算は、原則的に各賃借人との間でなすべきだと考えられるから、判例のように解すべきであろう。

(5) 権利金

(イ)　権利金は、本来都会地における店舗の賃貸借に付随して交付されたといわれるが、今日では借地、借家契約一般の締結に際して広く交付される。住宅難を契機として広く行われるようになったとされ、その額も相当に巨額な場合が少なくない。権利金については民法になんらの規定もなく、その法的性質の決定や規制は解釈論に委ねている。かつては戦時中に制定された地代家賃統制令（昭和六一年廃止）が権利金の授受を禁止したが（同令一二条ノ二、一八条）、戦後は同令の適用範囲が制限され、実効性を失っていた。

権利金が授受されるのは主に(a)賃料の前払として支払われる場合、(b)店舗などを経営するために場所代ないし備え付け什器、調理器具などの使用の対価として支払われる場合、(c)賃借権譲渡の対価として支払われる場合の三つを挙げうるが、これらが複合的に目的とされる場合も多いであろう。

権利金に関して実際上最もよく問題になるのは、賃貸借が終了した場合に賃借人がその返還を請求しうるかどうかである。(a)の場合は、少なくとも予定された賃貸借期間の途中で解約した場合は、残りの期間に応じた額が返還されるべきことになろう。もっとも、不動産賃貸借契約当事者間の力関係を考慮すると、そもそも賃料の前払は一般的に認めるべきではない。(b)の場合も、長期間経過した後では原則として返還する必要はないが（最判昭二九・三・一一民集八巻三号六七二頁（営業施設の対価と認められる場合））、予定された賃貸借期間の途中で解約したときは、残存期間に応じた額が返還されるべきである。賃借人は残りの期間につき利益を得ていないためである。この場合は賃借人の自己都合や用法違反によって解約されたときは、残余期間につき返還請求できないと解すべきであろう。(c)の論拠は、実際上はむしろ権利金を交付し、それが返還請求できないために賃借権譲渡が行われ、それを賃貸人が暗黙裏に認める慣行が生成してきたとみるべきだと思われるが、それならば、権利金交付の対価の回収は賃借権譲渡に際して事実上なされるとみるべきことになろう。賃借権譲渡の方法によらないで賃貸借の解除という形で賃借人が契約関係から離れる場合は、賃借権の譲渡が実現されなかった以上、権利金を賃貸人に帰属させるのは合理性を欠く。賃貸人が新たな借主をみつけることがそう困難でない場合が多いことを考慮するとなお更である。もっとも賃借人が自己都合で解約するとか、自ら賃借権の譲受人をみつけ出すことがそう困難でなかったなどの事情がある場合は、相当額を減額すべきであろう。

(ロ) 近時貸ビル業を営もうとする者が、ビルの建設に際して建築後のビルの貸室予約者から貸ビル建設協力金を徴して、予約者に優先権を保証することが行われている。貸ビル業者は、この場合予約者から無利息ないし低利で借りた金員を一定の据置期間後月賦または年賦で返還するが、建設完成後予約者は賃貸借を締結する権利を取得する。かような貸ビル建設協力金の法的性質や効力については議論があるが、優先権付与の対価として予約者から賃貸人に対してなされる消費貸借と解すべきであろう。したがって、賃貸人の地位の承継があった場合でも、新賃貸人はその返還義務を承継しないとするのが判例である（最判昭五一・三・四民集三〇巻二号二五頁）。しかし、賃借人保護のために旧賃貸人と新賃貸人が連帯して債務を負担すると解すべきであろう。この立場では、ビル取得者は旧所有者の負債の状況も把握しておくことが必要となる。賃借権の譲渡がなされる場合は、賃借権の譲渡当事者間で残存協力金債務の引継の有無に関して取決めをなしておくべきであろう。譲渡人がそれについてなにも説明しなかった場合は、新賃借人は貸主に対して返還義務を負わない。

三　賃貸借の効力

(1) 賃貸人の義務

(イ) 使用、収益させる義務

賃貸人は、賃料支払と引換に賃借人に目的物の使用及び収益をなさしめる義務を負う（民六〇一条）。これが賃貸借の本体的な効力である。この賃貸人の義務は、賃借人が目的物を使用、収益することを賃貸人が妨げないという消極的な形をとる場合が多いが、賃貸人がまだ目的物を引渡していない場合は、目的物引渡義務をも負担する。

(ロ)　賃貸人の修繕義務

賃貸借契約が有償契約であることから、賃貸人は、目的物が故障、毀損等した場合は、目的物の使用、収益に必要な修繕をする義務を負う（民六〇六条一項）。この賃貸人の修繕は、目的物の保存行為ともなりうるが、賃貸人が保存に必要な行為をするときは賃借人はこれを拒みえないとされている（民六〇六条二項）。もっとも、賃貸人が賃借人の意思に反して保存行為をしようとする場合に、そのために賃借人が賃貸借契約を締結した目的を達しえなくなるときは、賃借人は契約の解除をすることができる（民六〇七条）。

賃貸人の修繕義務不履行のため全面的に用益が妨げられた場合は、賃借人は賃料の支払を拒絶できる。それに対してそのために用益が部分的に妨げられたにすぎない場合には、賃借人はその割合に応じて賃料減額請求権を有する（大判大五・五・二二民録二二輯一〇一一頁（魚類飼養のための池沼の賃貸借に関する）、最判昭三八・一一・二八民集一七巻一一号一四七七頁）。賃借人の責に帰すべき事由により目的物が毀損した場合については、賃貸人の修補義務否定説（来栖・契約法三一一頁以下など）と肯定説（我妻・債権各論中巻一、四四四頁など）が対立している。後説でももちろん賃貸人の賃借人に対する損害賠償義務は認められる。

(ハ)　賃貸人の必要費、有益費償還義務

賃貸目的物の修繕、改良は、もともと賃貸人の負担に帰すべき事柄であるから、賃借人が賃貸物に関して出捐した必要費や有益費は、賃貸人に対してその償還を請求することが認められるべきである。民法は、必要費と有益費を区別し、賃借人が賃貸人の負担に属する必要費を出捐したときは、賃貸人に対して直ちにその償還を請求しうるが（民六〇八条一項）、賃借人が有益費を出捐したときは、賃貸人は賃貸借終了のときに出捐した費用または工事による増価額のいずれかを償還する義務を負う。但し、裁判所は賃貸人の請求によりこれに相当の期限を許与することができる（民六〇八条二項）。期限が許与されると賃借人は期限が到来するまで留置権（民二九五条一項）を行使することはできない。占有者、回復者間でも、占有者が目的物占有中に費用を出捐した場合は同様の問題を生じるが、必益費を出捐した場合に賃借人が直ちにその償還を請求できる、賃貸借の場合は短期の除斥期間の定めがあるなどの違いがある。

賃借人の費用償還請求権は、民法六〇〇条の準用により賃貸人が返還を受けてから一年以内に行使しなければならない。この期間の法的性質については、出訴期間説（我妻・債権各論中巻一、四四六頁）、短期時効期間説（川島・判民昭和八年度一八頁以下、石田穣・民法V二二〇頁）もあるが、売買の担保責任におけると同様権利保存期間とする立場も考えられる。この立場では費用出捐後（必要費）または賃貸借終了後（有益費）通常の時効も進行を開始することになる。

(二) 担保責任

ドイツ民法のように賃貸借契約について固有の賃貸人の瑕疵担保責任を定める立法例もあるが、わが民法はこのような規定を有しない。しかし、賃貸借にも売買に関する規定が準用されるため（民五五九条）、賃貸人は売主のように追奪担保責任や瑕疵担保責任を負担する。したがって、賃貸借の目的物の全部または一部が他人に属する場合は、賃借人は賃料の減額、解除または損害賠償請求権を（民五六一、五六三条）、目的物に隠れた瑕疵があるときは、契約解除または損害賠償請求権を（民五七〇、五六六条）行使しうる。賃貸人の修繕義務（民六〇六条）や減収による借賃減額請求権、契約解除権等（民六〇九―六一一条）は、特別規定として賃貸人の担保責任に優先して適用される。賃貸人の担保責任の法的性質についても売主の担保責任と同様に構成されうる。

(ホ)　保護義務

賃貸人の付随的義務として賃借人の安全に対する保護義務もまた考えられる。賃貸人所有建物の一階部分を店舗として使用するために賃借した場合において賃貸人の失火で建物及び賃借人の商品及び備品が焼失した事例で、賃貸人の賃借人の所有動産類に対する安全管理義務違反を認めた裁判例も出ている（最判平三・一〇・一七判時一四〇四号七四頁（不法行為でいくと失火責任法により賠償を求められない事例））。従来はかような保護義務は、特約に基づく義務とされるのが一般であったと考えられるが、本判決のような事情がある場合は、特約がなくても賃貸人の賃借人に対する保護義務を認めることも考えられよう。

(2)　賃借人の義務

(イ)　賃料支払義務

(a)　賃料支払時期

賃借人は、目的物使用、収益の対価として賃貸人に対して賃料を支払う義務を負う（民六〇一条）。賃料の支払時期は、動産、建物及び宅地については毎月末、その他の土地については毎年末とされている（民六一四条本文）。但し、農地賃貸借など収穫季節があるものについては、その季節後遅滞なくこれを支払うことを要する（民六一四条但書）。すなわち賃貸借では賃料は後払が原則である。なお、不動産賃貸借では賃料債権等につき動産先取特権が認められている（民三一二条以下）。

(b)　地代、家賃の統制

地代、家賃については、太平洋戦争直前に戦時経済統制立法の一環として地代家賃統制令（昭一五勅令六七五号）が制定されていたが、終戦後これは昭和二一年地代家賃統制令（勅令四四三号、いわゆるポツダム勅令）に受け継がれた。同令は、地代、家賃の最高限度を規制するものであるが、昭和二五年七月一一日以後に新築に着手した建物、延べ面積が九九平方メートルを越える建物、事務所、店舗等及びそれらの敷地のような大幅な適用除外例が定められ（二三条）、実効性が失われていた。そして遂に昭和六一年には中曽根内閣の民活政策によって同統制令は廃止された（法一〇二号、許可、認可等民間活動にかかる規制の整理及び合理化に関する法律）。

(c) 事情変更と賃料支払義務

収益を目的とする土地の賃借人が不可抗力によって借賃より少ない収益を得たときは、その収益の額に至るまで借賃の減額を請求することができる（民六〇九条本文）。但し、宅地の賃貸借についてはこの規定は適用されない（民六〇九条但書）。またかかる用益賃借人が不可抗力によって引き続き二年以上借賃より少ない収益を得たときは、契約の解除をすることができる（民六一〇条）。いずれも小作人保護のための規定である。

居住目的の土地または建物の賃貸借において物価その他の経済的事情の変動による賃料変更の請求が認められるかは、民法典中に規定がなく、かつては問題とされていた。判例は、比較的早くから一定の地方（主に都会）には経済的事情の変動に応じて相当の地代の値上げを要求しうる慣習があることを認めていた（事情変更の原則）。かような判例法理は、その後借地法、借家法、農地法にとり入れられるところとなった。

(d) 目的物の全部または一部の滅失

賃借物の一部が賃借人の過失によらないで滅失したときは、賃借人はその滅失した部分の割合に応じて借賃の減額を請求することができる（民六一一条一項）。危険負担の一般論からいえば、滅失の割合に応じて当然に対価額が減少すべきことになるが（民五三六条一項）、それを賃借人の請求にかからせている。この場合に残存する部分だけでは賃借人が賃貸借をなした目的を達しえないときは、賃借人は契約の解除をすることができる（民六一一条二項）。賃借人が瑕疵が修補されるまで賃料を支払わなかった場合に、賃貸人はそれを理由として契約を解除することはできない（大判大一〇・九・二六民録二七輯一六二七頁）。賃借物の全部が滅失したときは、賃貸借は履行不能となり、終了する。滅失が賃貸人の責に帰すべき事由によるときは、賃貸人は賃借人に対して損害賠償義務を負い、両当事者の責に帰すべからざる事由によるときは、両当事者は義務を免れる。

(ロ)　使用、収益上の義務

(a)　善管注意義務

賃借人が賃貸人から目的物を受取ったときは、返還までの間善良な管理者の注意をもってその目的物を保管しなければならない（民四〇〇条）。賃借人は他人の物を自己のために使用、収益するのであるし、賃貸借終了後は自然的減耗や経年変化等によるものを除き、賃貸借締結時の原状で返還すべきだから、賃貸借期間中目的物保存義務を負わせるべきだからである。特に集合住宅の一室の賃貸借では、賃借人の失火により賃貸人所有の他の部屋にも燃え移って損害を与えた場合に、賃借人は賃貸人に対してその損害についても債務不履行責任を負い、失火につき故意、重過失がなくても失火責任法による免責を受けないと解されている（東京高判昭四〇・一二・一八判タ一四二号五九頁。但し、横浜地判昭五六・三・二六判タ四四八号一二三頁は、延焼部分については不法行為の問題となるにすぎないとする）。

民法典によれば、賃借物が修繕を要しまたは賃借物につき権利を主張する者があるときは、賃借人は遅滞なくこれを賃貸人に通知することを要する。但し、賃貸人が既にこれを知っている場合はこの限りではない（民六一五条）。これらの事情を速やかに賃貸人に知らせて賃貸人がそれに適切に対処することを容易ならしめるとともに、賃貸借締結の目的をより速やかに実現しようとするものである。

(b)　用法遵守義務

使用借人は、契約またはその目的物の性質によって定まった用法に従ってその物を使用、収益しなければならないが（民五九四条一項）、本条項は賃貸借に準用される（民六一六条）。賃借人もまた契約またはその目的物の性質によって定まった用法に従ってその物の使用及び収益をすることを要する。賃借人の専恣な目的物の使用を禁ずる趣旨である。賃借人が用法遵守義務に違反した場合は、賃貸人はどのような措置をとりうるか。使用貸借の場合は使用借人は民法五九四条三項により契約を解除しうるが、賃貸借には本条項は準用されていない。かつてはかような場合も一般の債務不履行の一場合として賃貸人は不当な使用、収益をやめるべきことを催告して解除し（民五四一条）、損害があればその賠償を請求しうる（民五四五条）と解された。しかし今日の多数説は、賃貸借のような継続的債権関係では信頼関係が重要であり、それが破壊された場合は催告を要せず、即座に解除しうるとする（民五九四条三項準用）。賃貸借契約当事者間に使用、収益に関する特約が結ばれていたときは、それによるべきことになる。実際上問題となるのは、土地賃貸借契約に伴う建物の無断増改築禁止特約の効力である。判例によれば、無断増改築がなされた場合でも、増改築が借地人の土地の通常の利用上相当であり、土地賃貸人に著しい影響を及ぼさないため、賃貸人に対する信頼関係を破壊するおそれがないと認められるときは、解除権の行使は認められない（最判昭四一・四・二一民集二〇巻四号七二〇頁）。

契約の本旨に反する使用、収益によって生じた損害の賠償請求権は、貸主が返還を受けたときから一年内に行使すべきものとされている（民六〇〇、六二一条）。この一年の期間の法的性質につき、出訴期間説、短期消滅時効期間説、権利保存期間説が対立している。

(c) 無断譲渡、転貸の禁止

賃借人は、賃貸人の承諾がなければ賃借権を第三者に譲渡しまたは賃借物を第三者に転貸することはできない

（民六一二条一項）。賃借人が賃貸人に無断で第三者に賃借物の使用または収益をさせたときは、賃貸人は契約の解除をすることができる（民六一二条二項）。使用貸借の場合も同旨の規定が置かれている（民五九四条二、三項）。いずれの場合も、貸借は当事者間の信頼関係に基礎を置くものであり、借主が目的物を貸主に無断で第三者の使用、収益に委ねることは一般的には予定されていないためである。賃貸借が有償契約であることはこのことに影響を与えない。もっとも、賃貸人の承諾を得ない賃借権の譲渡、転貸は当然に無効なのではなく、賃貸人は賃貸借契約を解除する権利を取得するにとどまる。賃借人の無断譲渡、転貸によって賃貸人が損害を被ったときは、賃貸人は賃借人の義務違反を理由としてその賠償を請求しうる。

(3)　不動産賃借権の対抗力

特に不動産の賃貸借では、目的物の所有者が交替するといわゆる「売買は賃貸借を破る」という原則により賃借人は新所有者からの明渡に応じなければならなくなり、居住権や耕作権を奪われて極めて不利な状況に置かれる結果になる。わが民法の起草者は、建物所有のための土地利用権としては地上権が用いられるであろうと考えていたといわれるが、土地所有者と利用者の力関係によりこの場合でも賃借権が設定されるのが一般となった。他方において、わが民法の起草者は、用益賃貸借等を含めて、不動産の賃借権者がこれを登記したときは（不登一条八号参照）、以後その不動産について物権を取得した者に対してもその効力を生ずるという規定（民六〇五条）を置いた。この規定では、不動産賃借人が賃貸人に対して登記請求権をもつことが前提となる。しかし判例は、これとは逆の立場をとり、賃借権は例え不動産に関するものでも債権にすぎないから、登記を請求できるのは賃貸人が特にそれを承諾した場合に限るとした（大判大一〇・七・一一民録二七輯一三七八頁）。この立場では賃借人は当然には登記請求権はない。そのため判例の見解に従う限り、民法六〇五条はほとんど実効性のない規定となる。

しかし、明治の末から大正時代にかけて、資本主義経済の浸透とともに始まった労働者の都市ないし都市近郊への定住に伴って、労働力の確保及び労働者及びその家族の生活権の保障のために建物保護法及び借地法、借家法が制定され、土地及び建物賃借権に比較的容易に対抗力を付与する方法が講じられた。その他船舶についても所有権のみならず、賃借権を登記することが認められており（商七〇三、七〇四条）、登記ある賃借権は第三者に対抗することができる。

(4) 賃借権の譲渡、転貸

(イ) 無断譲渡、転貸

(a) 既述のようにわが民法は賃借権の無断譲渡、転貸を禁じ、賃借人がそれに違反した場合に賃貸人に賃貸借契約の解除権を付与している（民六一二条）。しかし判例は、戦後の未曽有の住宅難に際会して、特に居住目的の不動産の賃貸借につき解除の要件を厳格化した。それによれば、本条の定める解除は、賃借権の無断譲渡、転貸が、個人的信頼関係を基礎とする賃貸借関係では背信的行為にあたる場合に認められるにすぎず、形式的には無断譲渡、転貸にあたる場合でも、背信的行為と認めるに足りない特段の事情があるときは、賃貸人の解除権は発生しない（最判昭二八・九・二五民集七巻九号九七九頁）。本件は、敷地賃借権の譲渡を受けた者が過誤により地主の承諾を受けていない部分にまたがって建物を建てたという事案に関するものである。背信行為と認めるに足らない特段の事情の立証責任は賃借人にあると解されている（最判昭四一・一・二七民集二〇巻一号一三六頁）。

これまで判例上背信的行為にあたらないとされた事例としては、①土地の賃借人の共同相続人の一人が賃貸人の承諾なく他の共同相続人からその賃借権の共有持分を譲り受けた場合（最判昭二九・一〇・七民集八巻一〇号一八一六頁）、②賃借人が個人営業を法人組織にしたため形式上無断譲渡の形になったが、実体は賃借人の個人営業である場合（最判昭三八・一〇・一五民集一七巻九号一二〇二頁、最判昭三九・一一・一九民集一八巻九号一九〇〇頁など）、③土地賃借人が地上の所有建物を自己の親権に服する子との共有とし、賃借権の持分を譲渡した場合（最判昭三九・一一・一六民集一八巻一号一一頁）、④土地の賃借人の内縁の妻が、賃借人死亡後その相続人から地上建物とともに借地権の譲渡を受け、従前と同一の営業を継続する場合（最判昭三九・六・三〇民集一八巻五号九九一頁）、⑤夫が借地権を有し、妻が建物を所有していたが、離婚後借地権を妻に譲渡した場合（最判昭四四・四・二四民集二三巻四号八五五頁）などがあるが、多くのケースで無断譲渡、転貸前とその後とで賃貸物の使用、収益の形態が実質的に異ならないことが特徴的である。これに対して、小規模で閉鎖的な有限会社が賃借人である場合において、持分の譲渡及び役員の交代により実質的な経営者が交替したときでも、法人格の同一性が失われていない場合は、敷地賃借権の譲渡にあたらないから賃貸人は解除しえない（最判平八・一〇・一四民集五〇巻九号二四三一頁）。

借地上の建物が譲渡担保に供された場合は、譲渡担保権設定者が引き続き建物を使用している限り、敷地について民法六一二条にいう賃借権の譲渡、転貸がされたと解することはできないが（最判昭四〇・一二・一七民集一九巻九号二一五九頁）、譲渡担保権者が建物の引渡を受けて使用収益をする場合は、敷地賃借権の無断譲渡、転貸となり、信頼関係を破壊すると認めるに足りない特段の事情のない限り、敷地賃借権は解除されうる（最判平九・七・一七民集五一巻六号二八八二頁）。

(b)　賃借権の無断譲渡、転貸とは、賃貸の目的物自体を譲渡、転貸する場合を指す。したがって、土地の賃借人が地上に建てた建物を第三者に賃貸した場合は、右敷地賃借権が転貸されたものではない。賃借権の無断譲渡、転貸の場合、判例によれば、賃貸人は、民法六一二条二項に基づいて原賃貸借を解除すると否とに関わらず、また原賃借人の承諾を要しないで、転借人（占有者）に対して直接土地の明渡を請求しうる（最判昭二六・四・二七民集五巻五号三三五頁)。賃借人が賃貸人に無断で賃借権を譲渡、転貸するという非違行為をなしている以上、賃貸人が賃借人への引渡しか求めえないとすることは賃貸人の利益を損う結果となるからである。

(ロ) 適法な賃借権の譲渡、転貸借

(a) 転貸借

① 賃借権の第三者への譲渡または転貸につき賃貸人が承諾を与えた場合、すなわち賃借権の譲渡、転貸が有効になされた場合は、どのような効果が発生するか。まず有効な転貸借がなされた場合、民法典によれば、転借人は賃貸人に対して直接に義務を負う(民六一三条一項)。転貸借契約は賃借人と転借人との間の契約であり、賃貸人との間には契約関係はなく、したがって本来からいえば、転借人と賃貸人との間には直接的な権利、義務は生じないはずであるが、民法は賃貸人の利益を考慮して賃貸人が転借人に対して直接権利を行使しうるものとした。その結果賃貸人は転借人から直接に賃料を請求することができる。但し、この場合に賃貸人が請求できる賃料額の範囲は、原賃借料の方が転貸料より高いときは転貸料、転貸料の方が原賃借料より高い場合は原賃借料の額に制限される(篠塚昭次・新版注民(15)二八九頁)。但し学説上は、賃貸人が転借人に対して直接の賃料債権を有するのではなく、賃貸人の賃借人に対する賃料債権につき、賃借人の転借人に対する賃料債権に対して賃借人の他の債権者に対する優先権(一種の法定の担保権)を与えるという趣旨だとするものもある(平野・契約法[第二版]四一五頁)。いずれの立場に立つにせよ、この場合転借人は賃料の前払をもって賃貸人に対抗しえない(民六一三条一項二文)。賃貸人を保護するためである。ここにいう前払とは、転貸借で約定された支払期以前の意味だと解されている(大判昭七・一〇・八民集一一巻一九〇一頁(小作に関する))。

民法六一三条一項の規定は、賃貸人が賃借人に対してその権利を行使することを妨げない(民六一三条二項)。本条項は、転貸借によって賃貸人の本来の賃借人に対する賃料請求権が影響を受けないことを注意的に規定したものである。賃貸人が賃借人から賃料の支払を受ける限りは、転借人に対して二重払を請求することを認めるべきではないことは当然である。

民法六一三条一項からは、転借人が目的物の使用につき賃貸人に対して直接に善管注意義務を負うこと（民四〇〇条）や無断で転借権を譲渡、再転貸しない義務を負うこと（民六一二条）なども導き出されうる。転借人の過失で目的物が滅失、毀損した場合、民法六一三条一項により転借人は賃貸人に対して直接債務不履行責任を負うと解されているが、賃貸人が賃借人の転借人に対する債務不履行責任を追求する権利を代位行使しうるにすぎないとする説もある（平野・契約法［第二版］四一五頁）。またこの場合賃借人が、自己の側に転借人に対する選任、監督上の過失がなくても賃貸人に対して責を負うかどうかの議論がある（利用補助者の行為による債務者の責任）。

② 有効に転貸借された場合は、賃貸人または賃借人は、原賃貸借契約を合意解除しても転借人に対抗することができない（最判昭六二・三・二四判タ六五三号八五頁など）。借地人が地上建物を第三者に賃貸した場合も、借地人は借地契約の合意解除を建物賃借人に対抗しえない。転借人または建物賃借人の利益が一方的に奪われることを防ぐ趣旨である。この場合賃貸人と転借人（建物賃借人）との関係につき、(i)賃貸借契約の合意解除後は、転借権（建物賃借権）を存立させるのに必要な範囲で賃貸借契約が存続するとする説と(ii)賃貸人が賃借人（建物賃貸人）の地位を引き継ぐとする説（多数説）が対立している。

これに対して、賃借人の賃料不払等の債務不履行による解除の場合は、賃貸人は転借人（最判昭三六・一二・二一民集一五巻一二号三二四三頁）または建物賃借人に対して解除の効力を主張しうる。しかし、賃借人の債務不履行の事実は当然には転借人等がこれを知りえないし、転借人等はもとの賃貸人の解除により大きな影響を受けるから、賃貸人がその事実を善意の転借人等に知らせて第三者弁済の機会を与えなければ解除を対抗しえないと解すべきである（星野・借地・借家法三七五頁、鈴木・借地法上巻五七五頁。反対：平野・契約法［第二版］四一七頁）。

(b) 賃借権の譲渡

賃借権の譲渡につき賃貸人の有効な承諾があったときは、賃借権の譲受人（新賃借人）が譲渡人（旧賃借人）の法的地位を継承する。そしてそれとともに旧賃借人は賃貸借関係から離脱する。新賃借人は、目的物の使用、収益権を取得するとともに賃料支払義務を負担する。それ以外の賃貸借から生じる付随的権利義務についても同様である。但し、前記無断譲渡がなされても信頼関係を破壊するとはいえない特段の事由がある場合は、旧賃借人が譲受人とともに併存的に賃料債務を負担するとする説もある（平野・契約法［第二版］四一一頁）。

四　賃貸借の終了

(1) 終了原因

(イ) 通常の場合

賃貸借に期間の定めがあるときは、賃貸借はその定められた時期が到来したときに終了する（民六一六条、五九七条一項）。当事者が賃貸借の期間を定めなかったときは、各当事者は原則としていつでも解約の申入（告知）をすることができ、この場合賃貸借はこの申込から一定の猶予期間が経過したときに終了する（民六一七条一項）。この猶予期間は、土地の場合は一年、建物の場合は三ケ月、貸席及び動産については一日である（民六一七条一項一〜三号）。もっとも、収穫季節がある土地の賃貸借については、その季節後次の耕作に着手する前に解約の申入をすることが必要である（民六一七条二項）。収穫前の中途解約を認めない趣旨である。

(ロ)　特別の場合

(a)　当事者が賃貸借の期間を定めた場合であっても、当事者の一方または双方がその期間内に解約する権利を留保したときは、解約権者はいつでも解約の申入をすることができ、この場合は民法六一七条一項一〜三号の区別に従って一定の猶予期間が経過したときに賃貸借が終了する（民六一八条）。

(b)　民法旧六二一条は、賃借人破産の場合の賃貸人または破産管財人による解約申入権を定めていたが、新法では、借地、借家を問わず、賃借人破産の場合、破産法五三条（旧五九条）により、破産管財人による賃貸借契約の履行請求または解除の選択がなされることとなり、より一層賃借人の保護が図られることになった。

(c)　当事者の一方が死亡したときに、賃貸借は消滅するかどうか。賃貸借の節にはこれに関する規定はないが、賃貸借では、使用貸借（民五九九条）におけるとは異なり、当事者の一方の死亡により消滅せず、相続人に承継されると解されている。賃貸借は有償契約であり、人的要素が使用貸借よりも後退するためである。

(d)　その他民法の定める一定の事由が生じたときも、期間の定めの有無を問わず、当事者の一方は告知をなしうる。賃借人の側から告知することができる場合としては、賃貸人が賃借人の意思に反して保存行為をしたとき（民六〇七条）、用益賃貸借につき不可抗力によって引き続き二年以上賃料より少ない収益を得たとき（民六一〇条）、賃借物の一部が賃借人の過失によらないで滅失し、残存部分だけでは契約の目的を達成することができないとき（民六一一条二項）が挙げられる。

次に、賃貸人の側から告知することができる場合としては、賃料の延滞、不払や賃借人の用法違反のほか、賃借人が賃貸人の承諾を得ないで第三者に賃借権を譲渡、転貸したときがある（民六一二条二項）。これらの場合、民法六一二条の場合を除き、賃貸人が催告、解除（民五四一条）をなすことを要するかどうかが問題になる。かつては、特に賃料不払につき民法五四一条適用説が支配的であったが、戦後賃借人の用法義務違反につき無催告解除を有効とする判例が登場した（最判昭二七・四・二五民集六巻四号四五一頁）。本判決は、主人が出征中にその家族が極めて放縦な建物の使用をした事例で、賃貸借は当事者間の信頼関係を基礎とする契約だから、当事者の一人にその信頼関係を裏切り、その継続を著しく困難にするような不信行為があったときは、即時に解除しうるとした。このような信頼理論は、賃借権の無断譲渡、転貸については、戦後の未曽有の住宅難に際会して賃貸人の解除権の行使を抑制するように作用した（前掲最判昭二八・九・二五）。そして無断譲渡、転貸について展開された判例法理は、爾後他の債務不履行類型にも拡大された。

判例によれば、建物の無断増築がなされた場合でも、増築部分が一日で撤去でき、かつ賃借建物が賃借人が自己の費用で適宜改造して使用するという趣旨で借りたものであるときは、賃借人の行為は背信行為にあたらない（最判昭三六・七・二一民集一五巻七号一九三九頁）。賃料不払では、本来一度でも賃料の延滞や不払があれば一般原則に従って賃貸人は催告解除しうるはずであるが（民五四一条）、近時の判例は、債務の不履行により賃貸借の継続を期待することができないまでに両者の信頼関係が破壊されたとは認められないときは、解除できないとしている（最判昭三九・七・二八民集一八巻六号一二二〇頁）。その他、ショッピングセンターとしての建物賃貸借契約で、特約条項に反して賃借人が他の賃借人に迷惑をかける商売方法をとる場合（最判昭五〇・二・二〇民集二九巻二号九九頁）や借地人が借金に追われ、建物を債権者に賃貸したまま八年間も行方不明になっている場合（最判平三・九・一七判時一四〇二号四七頁（債権者が地代を支払っていても変わらないとされた））は、信頼関係破壊による契約解除が認められる。信頼関係破壊による即時解除の法的根拠としては、雇傭関係に関する民法六二八条を類推適用する立場や民法五四一条を修正して適用するとする立場（山中康雄・総判民(10)六頁以下）が考えられる。

(2)　賃貸借の更新

賃貸借の期間が満了した場合でも、当事者間の合意で契約関係を継続すること（更新）は可能である。またこのような更新の合意がなくても、賃貸借期間満了後賃借人が引き続き賃借物の使用、収益を継続し、賃貸人がこれを知って異議を述べないときは、前の賃貸借と同一の条件で更に賃貸借をしたものと推定される。賃貸借契約当事者の通常の意思に適合するためである。但し、各当事者は、更新後前記民法六一七条の規定により解約の申入をすることができる（民六一九条一項）。更新前の賃貸借について当事者が担保を供していたときは、その担保は前の賃貸借の期間満了によって消滅し、賃借人はその返還を請求することができるが、敷金はこの限りではなく、期間の満了によって消滅せず、更新後の賃貸借に引き継がれる（民六一九条二項）。

更新に際してまたは更新以前に契約の更新に伴って賃借人から賃貸人に更新料が支払われるべきことが合意されることがある。このような合意は一般的には有効と解されている。法定更新の場合にも更新料の支払を約することは可能であるが、このような合意がなければ更新料の支払義務は認められないと解されている（最判昭五一・一〇・一判時八三五号六三頁）。約定更新料を賃借人が支払わない場合は、賃貸人は契約を解除しうる（最判昭五九・四・二〇民集三八巻六号六一〇頁）。

(3)　終了の効果

(イ)　目的物の返還義務

賃貸借が終了したときは、賃借人は賃貸人に賃貸物を返還する義務を負う。期間の定めのある賃貸借が更新されなかったときは、期間が満了したとき（民六一六条、五九七条一項）、期間の定めのない賃貸借が告知されたときは、猶予期間の終了したとき（民六一七条）、賃料不払や用法違反による告知の場合は、告知が効力を生じたときに各々返還義務が発生する。なお、使用貸借で返還時期の定めがない場合は、使用借人が使用または収益を終わったときに返還義務が生じる（民五九七条二項）。賃貸借は有償契約であるため、契約関係の終了は一方の告知にかからしめられ、かつ返還義務の発生時期は猶予期間の徒過時とされて、賃借人が善後措置をとりやすいように配慮されている。

(ロ) 付属物の収去

賃借人は、賃貸借が終了したときは、賃借物を原状に復してこれに付属させた物を収去することができる（民六一六、五九八条）。賃借人が目的物の引渡を受けた後でそれに加えた付属物を賃貸借終了時に収去しうることは当然なことである。また法文には明示されていないが、賃借人が賃貸借終了時に付属物を収去しないときは、賃貸人はその収去を賃借人に対して請求しうると解すべきである。賃借人は一般的に原状回復義務を負うと解されるからである。

(ハ) 解除の非遡及

賃貸借の節には、賃貸借の解約という語も用いられているが（民六一七条以下など）、賃貸借の解除という表現もある（民六〇七条、六二〇条以下）。解約は遡及効を伴わない契約関係の解消の場合に、解除は遡及効を伴う場合に用いられるのが一般である（民五四五条）。しかし、継続的契約関係である賃貸借の場合は、解除の効果は遡及しない。すなわち、賃貸借を解除した場合、その効果は将来に向かってのみ生じることが明示されている（民六二〇条本文）。継続的契約関係の場合に解除の遡及効を認めると、既に経過し、履行が完了している部分についても効力を失わせなければならなくなり、いたずらに法律関係を複雑にするためである。

賃貸借が解除される場合において解除されることになった原因につき当事者の一方に過失があったときは、これに対する損害賠償の請求を妨げない（民六二〇条二文）。契約が解除されると否とを問わず、また解除が遡及効をもつと否とを問わず、当事者の一方の過失により相手方が損害を被ったときは、その賠償を請求しうるのは当然であるから、本条但書は注意規定にすぎない。また解除後賃借人が目的物の使用、収益を継続したときは、賃貸人は実際に明渡すときまでの不法使用に対して不払賃料相当額の不当利得返還請求または損害賠償請求をなしうる。

㈡　賠償、償還請求権の期間制限

賃貸借の場合も、使用貸借におけると同様賃借人の契約の本旨に反する使用または収益によって生じた損害の賠償及び借主が賃貸物について出捐した費用の償還請求権は、貸主が目的物の返還を受けたときから一年内に行使することが必要である（民六二一、六〇〇条）。この期間は時効期間ではなく除斥期間と解されているが、この一年の期間内に裁判外でも権利行使をすれば、通常の時効期間内権利が保存されると解すべきである。

第二款　特別法上の賃貸借

一　借　地

(1)　適用法規

平成三年制定の借地借家法は、借地権を建物所有を目的とする地上権及び賃借権と定義する（二条一号）。建物所有を目的とする土地の賃貸借は、日本に資本主義経済が勃興した頃から重要な社会問題となった。工場労働者が都市周辺への定住を図ったためである。そして地主の横暴からこれら労働者を守るために、借地人の権利を厚くするための特別法が制定された。明治四二年には借地権者が敷地の譲受人に対して借地権を対抗することができるようにするための法律である「建物保護ニ関スル法律（法四九号）」が、また大正一〇年には地主と借地権者との間の法律関係を期間、更新等に関して後者に有利に規定する「借地法（法四九号）」が制定されたが、大正一一年には借地借家調停法も制定された（法四一号）。これらの法律は、その後社会経済事情の変化により幾度か修正や変更を被った。昭和一六年には戦時経済体制を維持するために借地法が改正され、もともと東京、京都、大阪等都市部にのみ適用されるべき法律として制定された同法の適用領域が日本全国に拡大されるとともに、初めて地主の更新拒絶の要件としての正当事由が導入された（法五五号）。また昭和四一年には居住権保護の要請の高まりを受けて、借地人の権利保護を更に伸長するための法改正が行われた（法九三号）。

しかし、昭和六〇年代に入ると列島改造論の動きに乗って宅地の供給を高めるために地主が土地を貸し易くするための法整備の要求が強まり、逐に平成三年にそれまでに積み上げられてきた借地人の権利の後退を余儀なくする新たな「借地借家法（法九〇号）」が制定された。本法は借地法のほか、建物保護法、借家法をも取り込むものであり、それまでの上記三法は廃止されたが（付則二条）、借地借家法施行前に締結された契約については、旧法の規定が適用される場合が少なくない（付則三条以下参照）。本法はまた、自己借地権や定期借地権のような新しい制度に関する規定も含む。

⑵　借地権の対抗力

㈠　対抗力発生の要件

民法の定める賃貸借では、土地賃借人は賃借権の登記をしない限り、これを第三者に対抗しえないため、明治の末には仮装で土地を買い受け、立ち退き請求で揺さぶりをかけて法外な地代値上げを認めさせるいわゆる地震売買が横行し社会問題となった。そこで政府は建物保護法を制定し、建物の所有を目的とする地上権または土地の賃借権により地上権者または土地の賃借人がその土地の上に登記した建物を有するときは、地上権または土地の賃貸借は、その登記がなくてもこれを第三者に対抗しうると規定した（一条、借地借家一〇条一項）。土地賃借権の登記は、賃借人が単独ですることはできないため、賃借権そのものの登記ではなく、賃借人が単独でなしうる建物の登記をすればその土地利用権をも対抗しうるとしたものである。判例によれば、この建物登記は、権利の登記に限られるのではなく、建物の表示登記（不登一条参照。昭和三五年に不登法が改正され、それまでの家屋台帳の記載が建物表示登記となった）でもよいと解されている（最判昭五〇・二・一三民集二九巻二号八三頁）。

(ロ)　建物所有目的

建物所有目的の土地の賃貸借に限り、借地借家法第二章が適用される。建物であれば居住用か事業用かを問わない。鉄道の高架を屋根とした高架下施設物に借地法の適用を認めた判例もある（最判平四・二・六判時一四四三号五六頁）。テレビ塔や広告塔のような建物以外の単なる土地の工作物の所有目的の土地の賃貸借には適用がない。建物所有が土地賃貸借の従たる目的である場合も適用がない。ゴルフ練習場として使用するために借りた土地の一部に事務所を建てたり（最判昭四二・一二・五民集二一巻一〇号二五四五頁）、バッティングセンターとして用いるために土地を借り、管理人事務所を建てているような場合（最判昭五〇・一〇・二判時七九七号一〇三頁）がこれである。園舎と隣接する幼稚園の運動場について借地借家法の適用を否定した判例もある（最判平七・六・二九判時一五四一号九二頁）。

(ハ)　借地人と建物所有名義が相違する場合

借地人が借地上に自己の名義で登記した建物を所有すれば、その土地の借地権を第三者に対抗しうることは既にみた通りであるが、借地権者と地上建物の所有名義に齟齬のあるような場合はどうなるかが問題になる。従来の判例は、いずれも旧建物保護法適用下のものばかりであるが、建物の登記が建物が隣地上にあるかのように誤記されている場合は、建物の同一性をたやすく認識でき、更正登記を容易にすることができる限り、借地権の対抗力を認めうるとするのに対して（最大判昭四〇・三・一七民集一九巻二号四五三頁）、借地人が建物を子供や妻の名義で登記した場合は、他人名義の登記では建物保護法一条の法意に照らし、同法の保護を受けるに値しないとして対抗力を否定するのが一般である（最大判昭四一・四・二七民集二〇巻四号八七〇頁）。しかし、借地人につき相続が開始したが、建物登記が被相続人名義のままであった場合は、判例は借地権の対抗力を肯定する（前掲最判昭五〇・二・一三）。これに対して学説上は、本人が家族名義で建物を登記した場合には、不動産売買では現地検分が行われるし、本人が家族名義で建物登記をすることは必ずしも非難されえないという理由で、判例に反対するものが多い（水本浩・契約法二四九―二五〇頁、平野・契約法［第二版］三六四頁など）。

㈡　建物の滅失の場合

建物保護法は当初、建物が地上権消滅前または土地の賃貸借期間満了前に滅失または朽廃したときは、その後の期間は地上権または賃借権を対抗しえないという規定を置いていたが（一条二項）（大判大一四・七・三民集四巻六〇六頁〔滅失の事例〕）、昭和四一年の改正によって削除された。その趣旨は、賃貸借期間中に建物が朽廃した場合はともかく、滅失した場合はなお借地権を存続させるというものであったと考えられる。

平成三年の借地借家法によれば、更に、建物が滅失しても、建物を特定するのに必要な事項、その滅失があった日及び建物を新たに築造する旨を土地の上の見易い場所に掲示したときは、借地人はなお借地権を第三者に対抗することができる（一〇条二項本文）。但し、その期間は建物滅失後二年間に限られる（一〇条二項但書）。これは、借地上の建物が滅失して借地借家法が本来予定していた対抗要件が喪失した場合に、暫定的に明認方法によって対抗力を付与しようとするものである。

㈭　借地権付き敷地の売買

借地借家法一〇条により対抗力ある借地権付きの土地を善意で買った者は、売主に対して契約解除権または損害賠償請求権を行使することができ（民五六六条一項）、この権利は買主が事実を知ったときから一年内に行使することを要する（民五六六条三項、借地借家一〇条三項）。またこの場合民法の同時履行の抗弁権に関する規定（五三三条）が準用されるため、買主が売主からまだ損害の賠償を得ていないときは、代金の支払を少なくともその限度で拒絶することができる。買主が売買をした目的を達しえないため契約を解除したときに、借地権付き土地の返還義務と既払代金の返還義務及び売主の損害賠償義務とが同時履行の関係に立つことは当然である（民五四六条）。

(ヘ)　借地借家法一〇条の規定に反する特約で借地権者に不利なものは無効である（借地借家一六条）。

(3)　借地権の存続期間

(イ)　法定存続期間

民法が賃借権の最長期間を二〇年としているにもかかわらず（六〇四条）、大正時代に制定された借地特別法は、建物所有目的の土地の賃貸借につき賃借人保護のためにそれよりも長い存続期間を法定した。平成三年の借地借家法までは、借地権の存続期間は、石造り、土造り、煉瓦造りまたはこれに類する堅固な建物の所有を目的とするものについては六〇年、その他の建物、すなわち木造の建物等の所有を目的とするものについては三〇年とされ、建物がこの期間の満了前に朽廃したときは、それより前でも借地権は消滅するものとされた（旧借地二条一項）。但し、契約によって堅固な建物について三〇年以上、その他の建物について二〇年以上の存続期間を定めたときは、借地権は、二条一項の規定にかかわらず、その期間の満了によって消滅した（旧借地二条二項）。従って、契約で期間を定める場合でも、普通の建物については二〇年未満、堅固な建物については三〇年未満の存続期間を約定することはできなかった。もっとも、かような存続期間を合意した場合にどうなるかについては議論があり、とにかく期間の定めがある場合だから、普通の建物は二〇年、堅固な建物は三〇年になる（旧借地二条二項）と解する見解とかような合意はそもそも無効だから、約定のない場合として、普通の建物は三〇年、堅固な建物は六〇年になる（旧借地二条一項）と解する見解（最大判昭四四・一一・二六民集二三巻一一号二三二一頁）とが対立していた。旧借地法は、堅固建物の所有を目的とする場合と普通建物所有を目的とする場合に区別していたが、契約によって借地権を設定する場合に建物の種類及び構造を定めなかったときは、借地権は堅固な建物以外の建物の所有を目的とするものとみなされた（旧借地三条）。

借地借家法は、契約でより長い期間を定めうることを留保しつつ、堅固な建物と非堅固な建物との区別を廃し、借地権の存続期間を一律に三〇年とした（三条）。したがって、その限度で借地人の権利は弱体化されることになった。借地借家法はまた、建物の朽廃によって期限前に借地権が消滅するという旧規定（旧借地二条一項但書）も廃した。木造建物であっても人が居住している場合は補修を加える等により朽廃は実際上一般に防がれること等を論拠とするものであろう。

(ロ) 更　新

(a) 旧借地法の規定

民法は当事者間の合意による契約の更新を許容するとともに（六〇三条、六〇四条二項）、法定更新に関する規定（六一九条）もまた設けていることは前述した。借地契約の場合は、借地特別法はこれについて借地人をより厚く保護する規定を置いている。旧借地法によれば、借地権消滅の場合に借地権者が契約の更新を請求したときは、建物がある場合に限り、前契約と同一の条件で更に借地権を設定したものとみなされた（四条一項本文）。地主は契約の更新を拒絶することができるが、そのためには正当事由のあることを要した（四条一項但書）。本条項は昭和一六年の改正でそれまでの消滅原則を更新原則に変更したものである。契約の更新のない場合は、借地権者は時価による建物の買取請求権を行使しえた（旧借地四条二項）。この建物買取請求権は、借地権者の投下資本の回収を可能にするとともに、間接的に地主をして契約の更新を強いるものである。当事者が契約を更新する場合は、借地権の存続期間は、更新のときから、堅固な建物については三〇年、その他の建物については二〇年であった。但し、建物の朽廃及び当事者がこれより長い存続期間を定めた場合はこの限りでないとされた（旧借地五条一、二項）。また借地権者が借地権消滅後土地の使用を継続する場合において地主が遅滞なく異議を述べなかったときは、前契約と同一条件で更に借地権を設定したものとみなされた（法定更新）。地主が遅滞なく異議を述べるためには、借地上に建物があるときは、借地人の更新請求の場合と同様に正当事由のあることを要した（旧借地六条二項）。法定更新後の借地権の存続期間は、旧借地法五条一項の場合に準じた（六条一項但書）。

(b)　借地借家法の規定

借地借家法は、借地権の存続期間が満了する場合において借地権者が契約の更新を請求したときは、建物がある場合に限り、従前の契約と同一の条件で契約を更新したものとみなすと定めた（五条一項本文）。借地権の存続期間満了後借地権者が土地の使用を継続するときも、建物がある場合に限り、従前の契約と同一の条件で契約を更新したとみなされる（五条二項）。これらの場合借地権設定者は、遅滞なく異議を述べることができるが（五条一項但書）、正当事由があることを要し、これに関して立退料提供の申出の有無も考慮されることが明記されている（六条）。契約の更新がない場合の借地権者の建物買取請求権は、新法でも存置せしめられているが（一三条一項）、今日では中古建物の経済的価値は低い評価しか与えられないし、敷地賃借権の価格は建物買取請求に際して考慮されないから、借地契約の更新を地主に間接的に強制するという当初の立法目的はほとんど機能していない。

当事者が借地契約を更新する場合の更新後の借地期間は、借地権設定後の最初の更新にあっては更新の日から二〇年、それ以外の場合は更新の日から一〇年であるが、当事者がこれより長い期間を定めたときはそれによる（四条）。最初の更新後の二〇年の期間は国会で追加されたものである。旧法で定められていた建物朽廃による借地権の消滅は廃止された。

(八) 正当事由

昭和一六年までは借地権は期間満了後消滅するのが原則とされ、地主はただ建物買取義務を負わされることにより間接的に契約の更新を強制されたにすぎない。しかし、戦時統制経済の下で昭和一六年に、軍需生産の増大のために生じた都市の住宅難とそれに伴う借地借家紛争の増加に対処するために、借地契約の存続期間についての強化が行われた。その一つは、借地期間満了の場合に借地権者が契約の更新を請求したときは、原則として更新が認められるが、土地の所有者が自ら土地を使用することを必要とする場合、その他正当な事由がある場合で、遅滞なく異議を述べたときはこの限りでないとした点である（旧借地四条一項）。またこの場合にも合意更新後の賃貸借の存続期間に関する規定（旧借地五条一項）が準用されるものとした（旧借地五条三項）。昭和一六年の改正点の第二は、法定更新の場合にも建物があるときは、土地の所有者は、正当な事由がある場合で遅滞なく異議を述べた場合にのみ更新されないとした点である（旧借地六条）。法定更新の場合も更新後の期間につき（旧）借地法五条一項が準用される（旧借地六条一項二文）。

正当事由とは地主の更新拒絶を正当ならしめる事由であり、地主が自らその土地を使用することを必要とする場合が例示されているが、それだけには限らない。借家契約についても、借家権の消滅のためには借家人の更新請求に対する建物所有者の更新拒絶を正当ならしめる事由が必要だと規定され（旧借家一条ノ二）、判例は、この正当事由の範囲を借地、借家契約の両者について借地、借家人の保護の観点の下に拡大してきた。もっとも判例は、借家契約に関するものが多い。借地契約については、地主が個人会社で隣地で商売を営み、狭いため貸地を併せて店舗として使いたいと主張したのに対して、借地人は鞄製造、小売業者で借地上の建物で居住、営業し、他に資産がない場合に正当事由を否定したものがある（最判昭二七・六・六民集六巻七号一二六五頁）。借地上の建物が賃貸されている場合に、建物賃借人の事情まで借地契約更新拒絶の正当事由の中に織り込んで考えなければならないかどうかについては、最高裁は、土地と建物は別個の不動産だからという理由で、借地契約が当初から建物賃借人の存在を容認したものであるとか、実質上建物賃借人を借地人と同一視することができるなどの特段の事情の存在しない場合は、建物賃借人の事情を斟酌することを要しないとしたが（最判昭五八・一・二〇民集三七巻一号一頁）、建物賃借人保護のためにこの判決に批判的なものも少なくなかった（石外克喜・民商九一巻三号三七九頁など）。

昭和五〇年代以後になると、正当事由の有無を地主、家主の提供する立退料の有無、額を勘案して判断する裁判例が増加した。このような裁判例の展開は、平成三年の借地借家法に結実した。借地契約については同六条がこれを定める。それによれば、更新に対する異議は、借地権設定者及び借地権者が土地の使用を必要とする事情、借地に関する従前の経過及び土地の利用状況、並びに借地権設定者が土地の明渡の条件としてまたは土地の明渡と引換えに借地権者に対して財産上の給付をする旨の申出をした場合におけるその申出を考慮して、正当の事由があると認められる場合にのみ述べうるものとされている。

正当事由の判断時期は、従来借地契約終了時または地主が遅滞なく異議を述べたときと解されてきた。もっとも旧借地法の適用された事例であるが、平成六年には正当事由を補完する立退料等金銭の提供ないしその増額の申出は、原則として事実審の口頭弁論終結時までにされればよいとする判例が出ている（最判平六・一〇・二五民集四八巻七号一三〇三頁）。

㈡　期間中の建物の滅失、朽廃

(a)　建物の滅失

借地期間満了前に建物が火災その他の事由により滅失することは少なくない。旧借地法によれば、借地権の消滅前に建物が滅失した場合に、借地権者が残存期間を超えて存続すべき建物を築造しようとしたのに対して、土地の所有者が遅滞なく異議を述べないときは、借地権は、建物滅失の日から起算して、堅固の建物については三〇年、その他の建物については二〇年存続するが、残存期間がこれより長いときはそれによるとされた（七条）。右の場合に土地所有者が遅滞なく異議を述べたときは、借地権は当初の残存期間しか存続しないが、残存期間終了時に土地所有者に更新拒絶の正当事由がなければ契約は更新されえた。

借地借家法は、賃貸借期間中の建物滅失につき、従来よりも借地人にとって不利な条項を定めた。同法の下では、借地権の存続期間が満了する前に建物の滅失ないし取壊しがあった場合において、借地権者が残存期間を超えて存続すべき建物を築造するにつき借地権設定者の承諾がある場合に限り、借地権は承諾があった日または建物が築造された日のいずれか早い日から二〇年間存続するが、残存期間がこれより長いときまたは当事者がこれより長い期間を定めたときは、その期間による（七条一項）。借地権者が借地権設定者に対し残存期間を超えて存続すべき建物を新たに築造する旨を通知した場合において、借地権設定者がその通知を受けた後二月以内に異議を述べなかったときは、その建物を築造するにつき借地権設定者の承諾があったものとみなされる。但し、契約更新後、本条一項の期間延長の場合は、当初の存続期間が満了すべき日の後に通知がなされた場合はこの限りでない（七条二項）。契約更新後に建物が滅失した場合は、借地権者は地上権の放棄または土地の賃貸借の解約の申入れをすることができる（八条一項）。この場合において借地権者が借地権設定者の承諾を得ないで残存期間を超えて存続すべき建物を築造したときは、借地権設定者は地上権の消滅請求または土地の賃貸借の解約の申入れをすることができる（八条二項）。これらの場合（八条一、二項の場合）、借地権は地上権の放棄もしくは消滅の請求または土地の賃貸借の解約の申入れがあった日から三月を経過したときに消滅する（八条三項）。第一項に規定する借地権者が地上権の放棄または土地の賃貸借の解約の申入れをする権利は、これを制限することができるが、第二項に規定する借地権設定者が地上権の消滅または土地の賃貸借の解約の申入れをする権利を制限する場合に限られる（八条四項）。本条項は、借地人と地主が同等の力を有することを前提にした規定であり、その実効性は疑問である。但し、新法でも、契約更新後借地権者が残存期間を超えて存続すべき建物を新たに築造することにつきやむを得ない事情があるにもかかわらず、借地権設定者がそれを承諾しない場合は、一定の条件の下に裁判所が借地権設定者の承諾に代わる許可を与えうるものとされている（一八条）。

(b)　建物の朽廃

旧法の下では、建物が法定借地期間中に朽廃したときは、建物滅失の場合とは異なり、土地所有者が異議を述べるまでもなく当然に借地権が消滅したことは既述の如くである（旧借地二条一項、五条一項）。これに対して契約で期間を定めた場合は、法律がこのことを明示しなかったため（旧借地二条二項、五条二項）、この場合には建物朽廃によっては借地権は消滅しないとする見解（最判昭三七・七・一九民集一六巻八号一五六六頁）とこれは単なる書き落としにすぎず、この場合にも建物朽廃によって消滅するとする見解に分かれていた。借地借家法は旧法の朽廃によって借地権が消滅するという規定を削除したため、この場合どうなるかは法文上は明らかではなく、朽廃した建物の保存は考える必要はないから、従来と同様に考えるべきだとするものもあるが（小野幸二編・債権各論一八四頁［柳沢秀吉］）、朽廃も滅失に準じて処理すればよいと解すべきであろう。

(ホ)　片面的強行規定等

借地権の存続期間、更新、建物再築による借地権の期間の延長等に関する規定（旧借地二条、四条〜八条、借地借家三条〜八条）に反する特約で借地権者に不利なものは無効である（旧借地一一条、借地借家九条）。

なお、廃止前の借地法の規定により生じた効力は借地借家法により影響を受けないため（附則四条）、借地借家法施行前に設定された借地権に関する当初の存続期間は否定されないし（広中・新版注民(15)別冊九九七頁）、また本法施行前に設定された借地権には、建物朽廃（旧借地二条一項、五条一項）、借地契約の更新（旧借地四条以下）、建物再築による借地権の期間延長（旧借地七条）等につき旧規定が適用され（附則五、六、七、一一条）、かつ借地借家法の借地契約更新後の建物再築の許可の裁判に関する規定（一八条）は適用されない（附則一〇条）。

(4) 地代増減額請求権

借地契約のように長期間継続する契約の場合は、特に賃料に関する当初の取り決めが、時間の経過とともに貨幣価値の下落や都市化の進行などにより妥当性を欠くようになることが多い。そこで旧借地法は、それまでの判例法を成文化して、一定の期間地代または借賃を増加しない特約があるときを除いて、地代または借賃が土地に対する租税その他の公課の増減もしくは土地の価格の高低によってまたは比隣の土地の地代もしくは借賃に比較して不相当になったときは、契約の条件にかかわらず、当事者は将来に向かって地代または借賃の増減を請求することができるとした（一二条一項）。この地代、借賃増減額請求権は形成権と解されているが、請求とともに当然に増減額が効力を生じるものとすると、借地人がその間の要求された地代、賃料を支払っていない限り、地主、賃貸人はそれを根拠として契約を解除することができることになり、問題とされていた。そこでこの昭和四一年の改正で、当事者間に地代、賃料額について争いがあるときは、請求を受けた借地人は自ら相当と考える額の支払または供託をすれば足り、その間の不足分は地代、賃料額に関する裁判の確定後に年一割の利息を付して支払えばよいものとされた（一二条二、三項）。このような地代、借賃の増減額請求に関する旧借地法の規定は、ほとんどそのまま現行借地借家法に受け継がれた（一一条）。

ところで平成の初めにバブルがはじける直前においては、地価の高騰傾向に鑑みて、三年毎に地代を一〇パーセント増額するといった地代の自動増額改訂特約が結ばれることがしばしばみられ、バブル崩壊後のその効力が問題となった。最高裁は、平成一五年に同特約通りの効力を認めることが借地借家法一一条一項の趣旨に照らして不相当になったときは、当事者は同特約には拘束されずまた同項に基づく地代増減額請求権を行使しうるとした（最判平一五・六・一二判時一八二六号四七頁）。

⑸　地主の先取特権

民法は不動産の賃貸人にその不動産の賃料その他賃貸借関係から生じた賃借人の債務につき賃借人の動産に対する先取特権を認めているが（三一二条以下）、借地特別法は、地代、賃料の不払から地主を保護するためのその他の規定をも置いている。それによれば、土地所有者または賃貸人は、弁済期に至った最後の二年分の地代または借賃について借地権者がその土地に所有する建物に対して先取特権を有する（旧借地一三条一項、借地借家一二条一項）。この先取特権は不動産を目的とするが、先取特権に関する特別の登記ではなく、単に地上権または賃貸借の登記をすることのみによってその効力が保存される（旧借地一三条二項、借地借家一二条二項）。現行法上借地上に借地人名義で登記した建物があれば借地権は対抗力が認められているが（旧建物保護一条、借地借家一〇条一項）、借地権自体の登記（民六〇五条）が実際上ほとんど行われていないことに鑑みて、この借地借家法一〇条一項の要件を満たせば一三条二項の要件もまた満たすと解される（同旨：鈴木・生熊・新版注民⒂六五三―六五四頁）。この先取特権は、共益費用、不動産保存、不動産工事の先取特権（民三三五条一、二号）及び地上権または賃貸借の登記の前に登記した質権、抵当権には遅れるが、他の権利には一般的に優先する（旧借地一四条、借地借家一二条三項）。国税徴収法により徴収しうべき債権もこの先取特権に優先する（国税二〇条、地税一四条参照）。借地借家法は、地主の先取特権に関する旧借地法の規定を基本的にそのまま継承するとともに、これらのルールが転借地権者がその土地において所有する建物について準用されることを明示した（一二条四項）。

(6) 建物買取請求権

旧借地法が地主の更新拒絶の場合に借地人からの時価をもってする建物の買取請求を認めることによって借地契約の更新を間接的に強制しようとしたこと（四条一項）は既に述べた。建物買取請求権はこの他、建物の社会経済的効用の保持及び借地人の投下資本の回収という目的をも有するものであった。しかし、昭和一六年に地主の更新拒絶につき正当事由が要件とされると、建物買取請求権の地主に対する更新への事実上の強制という作用は、補充的なものへ後退した。更に今日では中古建物の価値は低く、また敷地賃借権価格が建物価格に算入されないため、建物買取請求権の存在意義すら疑われるところであるが、借地借家法はこれを受け継いだ（一三条一項）。この建物買取請求権は、更新後期間が満了する場合にも認められるが、建物が借地権の存続期間が満了する前に借地権設定者の承諾なしに残存期間を超えて存続すべきものとして新たに築造されたものであるときは（借地借家七、八条）、裁判所は、借地権設定者の請求によって代金の全部または一部の支払について相当の期限を許与することができる（一三条二項）。これによって借地権者は留置権ないし同時履行の抗弁権を主張しえなくなる。

建物買取請求権は期間の満了の場合に認められているだけで、合意解除（最判昭二九・六・一一判タ四一号三一頁）や賃借人の債務不履行の場合にはこれは認められない（最判昭三五・二・九民集一四巻一号一〇八頁。反対：我妻・債権各論中巻一、四九〇頁）。もっとも合意解除の場合は、当事者間で建物を相当価格で地主に譲渡することも付帯的に合意しうる。次に、借地人が借地上の建物を賃貸している場合に、借家人が借地人に代位して建物買取請求権を行使しうるかが問題になる。判例は一般にこれを否定する（最判昭三八・四・二三民集一七巻三号五三六頁）。建物買取請求権は借地人保護のための制度であり、借家人を保護するためのものではないからである。

旧借地法は、借地権の譲渡、転貸に地主が承諾を与えなかった場合にも借地権の譲受人、転借人に地主に対する建物買取請求権を付与したが（一〇条）、新法はこれもまた受け継いだ（一四条）。

これらの建物買取請求権に関する規定も片面的強行規定であるとともに（旧借地一一条、借地借家一六条）、借地借家法施行前に設定された借地権には旧規定が適用される（附則九条）。

(7)　借地条件の変更

(イ)　事情変更による借地条件の変更

わが国でも防火対策は比較的古くから行われており、昭和二年には、借地が防火地域に指定され、借地権者が防火建物を建築しようとする場合に当事者の協議が整わないときは、裁判所が防火地域内の建物建築許可のための借地条件の変更などを命じうるとする法律が作られた（防火地域内借地権処理法（法四〇号））。戦後になると防火、防災対策の見地からだけでなく、都市の再開発、土地の有効利用という観点から建物の構造や強度に対する行政法上の要請がしばしばみられるようになった。そのため昭和四一年にこの問題に対応するために事情変更による借地条件の変更に関する規定が借地法中に設けられ（昭和二年法律四〇号は廃止）、借地借家法は基本的にこれを継承した。

それによれば、土地が防火地域に指定され、また防火地域に指定されなくても付近の土地の利用状況の変化、その他の事情の変更によって、現に借地権を設定するとすれば、その借地条件と異なる建物の所有を目的とすることを相当とするに至った場合に、借地条件の変更について当事者間に協議が整わないときは、裁判所は、当事者の申立によりその借地条件を変更することができる（旧借地八条ノ二、第一項、借地借家一七条一項）。また増改築を制限する旨の借地条件が存在する場合に、土地の通常の利用上相当とすべき増改築について当事者間に協議が整わないときは、裁判所は、借地権者の申立によりその増改築についての土地所有者または賃貸人の承諾に代わる許可の裁判をなすことができる（旧借地八条ノ二、第二項、借地借家一七条二項）。裁判所がこれらの裁判をするには、当事者間の利益の衡平を図るため、必要があるときは、他の借地条件を変更し（存続期間の延長や地代の増額）、財産上の給付（変更許可料の支払）を命じ、その他相当の処分をすることができる（旧借地八条ノ二第三項、借地借家一七条三項）。裁判所は、以上の裁判をするには、借地権の残存期間、土地の状況、借地に関する従前の経過、その他一切の事情を考慮することを要する（旧借地八条ノ二第四項、借地借家一七条四項）。裁判所は、この場合特に必要がないと認める場合を除くほか、以上の裁判をする前に鑑定委員会の意見を聞くことを要する（旧借地八条ノ二第六項、借地借家一七条六項）。

(ロ) 建物の再築

既述のように、借地借家法では更新後の賃貸借期間中に原則として残存期間を超えて存続すべき建物を築造することはできないが（八条二項）、契約の更新後に借地権者がその残存期間を超えて存続すべき建物を新たに築造することにつきやむを得ない事情があるにもかかわらず、借地権設定者がその建物の築造を承諾しないときは、借地権設定者が地上権の消滅の請求または土地の賃貸借の解約の申入れをすることができない旨を定めた場合を除き、裁判所は、借地権者の申立により借地権設定者の承諾に代わる許可を与えることができる（一八条一項）。

この場合裁判所は、当事者間の利益の衡平を図るため必要があるときは、延長すべき期間として七条一項の定める期間（二〇年間）とは異なる期間を定め、他の借地条件を変更し、財産上の給付を命じ、その他相当の処分をなしうる（一八条一項）。そして裁判所がこの裁判をするには、建物の状況、建物の滅失があった場合には滅失に至った事情、借地に関する従前の経過、当事者が土地の使用を必要とする事情その他一切の事情を考慮しなければならない（一八条二項）。また裁判前に鑑定委員会の意見を聴かなければならない（一八条三項）。

(ハ) 片面的強行規定等

借地借家法一七条及び一八条の規定に反する特約で借地人または転借地人に不利なものは無効である（二一条、旧借地一一条照）。なお一八条が同法施行前に設定された借地権に適用されないことは前述した（附則一一条）。

(8)　借地権の譲渡、転貸

(イ)　適法な譲渡、転貸

地上権が地上権者から第三者に譲渡された場合は、借地借家法の定める借地権者の権利、義務は、新借地権者に移行する。土地の賃借権者が賃借権を他に譲渡した場合も同様である。これに対して、地上権が適法に賃貸借された場合及び賃借権が適法に転貸借された場合は問題である。

賃借権の適法な転貸借があった場合、民法は転借人は賃貸人に対して直接に義務を負うと規定する（六一三条一項）。この規定が不動産の転貸借にも適用されることについて特に疑問はもたれていなかったが、どの範囲まで適用されるか、またその具体的な結果がどうなるかは必ずしも明らかでなかった。旧借地法上は本来法定更新（六条）及び滅失建物の再築による期間延長（七条）に関する規定が転借地権に準用されるという規定があったにすぎない（八条）。本条は地上権者を含む借地権者が更に借地権を設定した場合における借地（転借地）関係についてこれらの規定を宅地所有者と（転）借地人との間に準用したものだと解されていた（水本・遠藤編・新借地借家法［第二版］一八〇頁［明石三郎］など）。借地借家法は、転借地権及び転借地権者について定義規定を置き、土地賃借権者からの転借人と地上権の賃借人が同法の適用については同様に扱われうることを示すとともに（二条四五号）、借地契約の更新請求や借地権の存続期間の延長、更新後の解約申入れにつき、転借地権のある場合の法律関係を明らかならしめるための規定を置いた（五条三項、六条、七条三項、八条五項）。それによれば、これらの場合転借地権が設定されている場合は、転借地権者がする土地の使用の継続または建物の築造を借地権者がする土地の使用の継続とみなして、借地権者と借地権設定者との間の法律関係が決せられる。その他借地権設定者の先取特権は転借地権者所有建物に準用されるし（一二条四項）、契約期間満了後の建物買取請求権も転借地権者と借地権設定者との間に準用される（一三条三項）。また借地条件の変更及び増改築の許可及び借地契約更新後の建物の再築の許可の裁判は、転借地権者が設定されているときは、必要がある場合は、転借地権者の申立てにより転借地権とともに借地権につきなされうる（旧借地八条ノ二、第五項、借地借家一七条五項、一八条三項）。土地賃借権の譲渡または転貸の許可の裁判に関する規定は、転借地権者と借地権設定者との間について準用されるが、借地権設定者が自ら建物の譲渡及び賃借権の譲渡、転貸を受ける旨の申立てをするには、借地権者の承諾を得なければならないとされている（旧借地九条ノ四、借地借家一九条七項、二〇条五項（建物競売の場合））。

(ロ) 無断譲渡、転貸

(a) 地上権の場合は、物権である以上譲渡、転貸は自由であり、譲渡、転貸禁止の特約をしても、それは単に債権的な効力を有するにとどまり、その登記をすることもできないと解されている。永小作権については、設定行為で譲渡、賃貸を禁じうる旨の明文の規定がある（民二七二条）。

これに対して賃借権については、既述の如くその譲渡、転貸は賃貸人の承諾を必要とし（民六一二条）、この理は土地の賃借権の場合もあてはまると解されている。しかし、借地人が契約期間満了前に借地関係を解消する必要に迫られる場合も少なくない。そこで旧借地法は、借地人が地上建物を第三者に譲渡し、その第三者に借地権を譲渡、転貸した場合において、地主がそれを承諾しないときは、その第三者が地主に対して時価で建物その他もとの借地権者が権限によって土地に付属させた物を買い取るべきことを請求することができるとした（一〇条）。本条は借地借家法により引き継がれている（一四条）。しかし、この建物買取請求権が、立法当初はともかく、更新拒絶が認められるための地主の正当事由が制度化され（借地借家六条）、中古建物の価格が低い今日ではほとんど機能していないことは前述した。

(b)　昭和四一年には、借地人の地位を高めるために、地主が承諾しない場合に裁判所が地主に代わって借地権譲渡、転貸の許可を与える制度が導入された。この制度は借地借家法にも採り入れられている。それによれば、借地権者が借地上の建物を第三者に譲渡しようとする場合に、その第三者が賃借権を取得しまたは転貸しても賃貸人に不利となる虞れがないにもかかわらず、賃貸人がその譲渡または転貸を承諾しないときは、裁判所は、借地権者の申立により賃貸人の承諾に代わる許可を与えることができる。そしてその際に、裁判所は、地代の増額など借地条件の変更または名義書換料の支払を命じることができる（旧借地九条ノ二、第一項、借地借家一九条一項）。また裁判所がこの許可の裁判をなすにあたっては一切の事情を考慮することが必要であり（旧借地九条ノ二、第二項、借地借家一九条二項）、必要のない場合を除き、鑑定委員会の意見を聴くことも必要とされている（旧借地九条ノ二、第六項、借地借家一九条六項）。第一項の申立があった場合に、裁判所が定める期間内に賃貸人が自ら建物の譲渡及び賃借権の譲渡または転貸を受けるべき旨の申立をしたときは、裁判所は、以上の規定にかかわらず、相当の対価及び転貸の条件を定めて建物の賃貸人への譲渡を命ずることができる（一種の先買権）。この裁判では当事者双方に各々の義務の同時履行を命じうる（旧借地九条ノ二、第三項、借地借家一九条三項）。賃貸人の買取請求の申立は、第一項の許可の裁判の申立が取り下げられたときまたは不適法として却下されたときは、その効力を失う（旧借地九条ノ二、第四項、借地借家一九条四項）。他方において、第三項の買取の裁判があった後は、許可の裁判または買取の裁判の申立は、当事者の合意がある場合でなければ、取り下げることはできない（旧借地九条ノ二、第五項、借地借家一九条五項）。

これらの土地賃借権の譲渡、転貸に関する許可及び賃貸人の買取申立ての裁判に関する規定は、既述のように土地の転借人と賃貸人との間にも準用されるが、賃貸人が買取の申立をするには転貸人の承諾を得ることを要する（旧借地九条ノ四、借地借家一九条七項）。なお、借地借家法一九条の規定は片面的強行規定である（二一条、旧借地九条ノ二、四につき、旧借地一一条も同旨）。

賃借権の目的たる土地の上にある建物を競売または公売によって取得した第三者にも、上記の土地賃借権の譲渡、転貸の許可、賃貸人の買取申立て及び転貸借の場合の裁判に関するルールが準用される（旧借地九条ノ三、第一、二項、借地借家二〇条一、二項）。但し、譲渡、転貸の許可の申立は、建物代金支払後二月以内に限りこれをなしうる（旧借地九条ノ三、第三項、借地借家二〇条三項）。なお近時、借地借家法二〇条に基づく許可の裁判をする場合において、同条一項後段の付随的裁判として相当な額の敷金を差し入れるべき旨を定め、その交付を命ずることができるとする判例が現れている（最判平一三・一一・二一民集五五巻六号一〇一四頁）。

⑼　借地借家法による新制度

(イ)　自己借地権

戦後普及したマンションなどの建物の区分所有では、土地所有者がデベロッパーに借地権を設定するとともに、デベロッパーの建設したビルの一室または一区画の所有権を等価交換によって取得する場合が少なくない。このような場合土地所有者は他の建物所有者とともに自己の所有地につき共同借地人となるわけである。新法はこの点について明文の規定を置き、借地権を設定する場合に、他の者とともに有することとなるときに限り、借地権設定者が自らその借地権を有することを妨げないとした（一五条一項）。借地権が借地権設定後借地権設定者に帰した場合も、借地権設定者が他の者とともにその借地権を有するときは、その借地権は消滅しない（一五条二項）。このような場合の借地権を自己借地権という。

(ロ)　定期借地権

旧借地法で認められた借地権は、借地期間の定めがあっても、地主側に更新拒絶の正当事由のない限り、実際上無制限に借地人が契約の更新を続けうるもののみであった。しかし、それでは地主が一旦借地権を設定すると事実上半永久的にその土地を失ってしまうに等しいため、借地借家法では地主による借地の供給を促進するため、アメリカなどで既に制度化されていた定期借地権が導入された。この定期借地権は、一定の存続期間を超えて契約関係が存続しないものとして設定された借地権である。

借地借家法によれば、存続期間を五〇年以上として借地権を設定する場合には、片面的強行規定である前記九条及び一六条の規定にもかかわらず、契約の更新及び建物の築造による存続期間の延長がなく、また一三条の規定による建物の買取請求権がないものとする旨を定めることができるが、この特約は公正証書等の書面によってすることが必要である（一般定期借地権）（二二条）。借地借家法施行以来この定期借地権付住宅の売出しが増加しており、一定の購買層が存在している。この定期借地権付住宅では設定時に借地人に支払が義務づけられる相当額の保証金の当否も問題となりうる。

これとは別に、借地権を設定する場合に、片面的強行規定である九条の規定にかかわらず、借地権を消滅させるため、その設定後三〇年以上経過した日に建物を相当の対価で譲渡する旨を定めることができる（建物譲渡特約付借地権）（二三条一項）。但し、借地人がその使用を継続するときは、期間の定めのない賃貸借とみなされる（二三条二項）。その他、もっぱら事業の用に供する建物の所有を目的とし、その存続期間を一〇年以上二〇年以下として設定された借地権には、存続期間に関する規定（三条〜八条）、建物買取請求権に関する一三条及び建物の再築に関する一八条の規定は適用されない（事業用借地権）（二四条一項）。もっともこの特約は公正証書によってすることを要する（二四条二項）。

⑽　借地借家法の適用範囲

(イ)　一時使用のための借地権

上記の借地権の存続期間に関する規定（三条〜八条、一三条、二二条〜二四条）や借地条件の変更に関する裁判についての規定（一七条）は、博覧会用の建物やダム工事用の建物など臨時設備の設置その他一時使用のために借地権を設定したことが明らかな場合には適用されない（二五条）。借地上の建物に生活の拠点を有し、そこに居住する者の保護を目的として借地借家法が制定されているためである。

(ロ) 経過規定

平成三年の借地借家法は、それまで借地人保護に極めて厚かった旧借地法を改訂し、地主による良質な借地の提供の増大という旗印の下に借地人の既存の利益をかなりの程度制限するものであったため、立法に際して妥協が図られ、同法の施行前に既に設定されていた借地権については、かなりの部分同法ではなく、旧借地法のルールによるべきものとされた。これについては個々の制度の説明に際して既に触れたが、もう一度整理すると、既に旧法下で効力を生じた借地期間には変更がなく、また建物朽廃による借地権の消滅や契約の更新、建物の再築による期間の延長、建物買取請求には、借地借家法施行後も旧法が適用される（付則五条～七条、九条～一一条）。

二 借家

(1) 適用法規

地主から土地を借りて建物を自ら建築する資力のない者は、既に建てられた家屋やアパートを借りて居住するしかない。その意味で借家契約は人々のいわば最低限度の生活ないし居住を保障する最後のとりでとしての意味をもち持っている。しかし、借家人の保護を図る立法は、大正一〇年に借家法（法五〇号）が借地法とともに制定されるまでわが国には存在しなかった。借家法はその後借地法とともに昭和一六年（法五六号）及び昭和四一年（法九三号）の二度の改正を経て、平成三年には借地借家法に統合された。また平成一一年にはそれまで懸案であった定期借家権が導入された。

(2)　解約または更新拒絶の制限

(イ)　民法の修正

借家法は借地法とは異なって借家契約の存続期間を定めていない。これは借家契約が借家人の資本投下なしでも比較的容易に締結されうるものであり、また借家人としても長期間の入居を予定していない場合も多いためである。しかし、借家法は借家人の利用を強化するために幾つかの規定を設け、借地借家法はそれらの規定を基本的にそのまま継承した。まず第一に、賃貸借の期間が定められていない場合に、当事者が期間満了前六月ないし一年内に相手方に対し更新拒絶の通知または条件を変更しなければ更新しない旨の通知をしないときは、期間満了の際前賃貸借と同一の条件で更に賃貸借をしたものとみなされる（法定更新）（旧借家二条一項、借地借家二六条）。上記の通知をした場合でも、期間満了後賃借人が建物の使用、収益を継続し、これに対して賃貸人が遅滞なく異議を述べなかった場合も同様である（旧借家二条二項、借地借家二六条）。賃貸人の解約申入も借地借家法上は期間満了の六月前になさねばならないが（旧借家三条一項、借地借家二七条）、賃貸借の解約申入による終了の場合も、賃借人が建物の使用、収益を継続するときは、前記法定更新の規定が準用される（旧借家三条二項、借地借家二七条）。

その他借家の場合は、一年未満の期間の定めある賃貸借は、期間の定めのないものとみなされる（旧借家三条ノ二、借地借家二九条）。また賃貸借終了時に借家人に家主に対する造作買取請求権を認めて、家主の更新拒絶または解約申入を間接的に制限している（旧借家五条、借地借家三三条）。もっとも借家人の有する造作買取請求権も、例えば収益目的の店舗ののれんなどの価格は含まれないとされ、実効性の弱いものになっている。また造作買取請求権は平成三年の改正で任意規定とされ（三七条）、借地契約におけると同様賃借人の債務不履行による解除の場合は、造作買取請求を認めていない（大判昭一三・三・一民集一七巻三一八頁）。但し、学説上は肯定説が多い（水本・契約法二三九頁など）。

(ロ) 正当事由

借家契約についても昭和一六年に軍需産業に従事している都市労働者とその家族の居住権を保障し、戦争遂行を容易にするために更新拒絶の場合はもとより解約申入れの場合にも、建物の賃貸人は建物を自ら使用することを必要とする場合その他正当な事由がある場合でなければ、これをなしえないとされた(旧借家一条ノ二)。立法の際の議論からすれば、賃貸人の側に自ら使用することを必要とする事由があれば、当然に正当事由にあたるとする趣旨であったと考えられるが、終戦直後の厳しい住宅難に直面して、賃借人保護の立場が明確にされ、戦後は賃貸人の側の必要度と賃借人の側の困窮度とを比較衡量して更新を認めるかどうかを決する立場が支配的になった。

判例によれば、家主が住居及び歯科医診療所として使用する場合(最判昭三六・一一・七民集一五巻一〇号二四二五頁)や家主が自らの生活を維持するため店舗として利用する場合(最判昭二五・五・二民集四巻五号一六一頁)、家主が若年の婦女の身で母を顧みなければならず、当該家屋に住んで商売を営むほか生活をたてる道がない一方では、借家人が経済的に余裕があり、ほかに家屋を所有する場合に(最判昭二六・四・二四民集五巻五号三〇一頁)更新拒絶の正当事由が認められた。正当事由は解約申入の時点で存在すれば足り、その後に正当事由が消滅しても正当性を失ういわれはないとした判例があるが(最判昭二八・四・九民集七巻四号二九五頁)、昭和四一年には、解約申入をした当時には正当事由が存在しなくても、訴訟継続中に事情が変更して正当事由が具備した場合には、その時から六ケ月の経過により賃貸借契約は終了するとする判例が現われた(最判昭四一・一一・一〇民集二〇巻九号一七一二頁)。

主に昭和四〇年代以降は、両当事者の家屋に対する必要度のほかに、賃貸人からする立退料の提供も正当事由の判断の重要な要素と認められるに至っている(最判昭四六・一一・二五民集二五巻八号一三四三頁)。借地借家法もこのような判例法理を導入し、両当事者の建物に対する必要度のほか、建物の従前の経過、建物の利用状況及び建物の現況並びに建物の賃貸人が建物の明渡の条件としてまたは建物の明渡と引き替えに建物の賃借人に対して財産上の給付をする旨の申出をした場合におけるその申出が正当事由の判断にあたって考慮されるとした（二八条）。

(ハ)　片面的強行規定

更新拒絶または解約の制限、法定更新、解約申入期間、一年未満の期間の定めの制限に関する規定に反する特約で賃借人に不利なものは無効である（旧借家六条、借地借家三〇条）。なお、旧借家法では造作買取請求権に関する規定も片面的強行規定とされていたが、新法では認められていない。

(ニ)　経過措置

借地借家法施行前にされた建物の賃貸借契約の更新の拒絶の通知及び解約の申入れに関しては、旧借家法が適用される（附則一二条）。

(3)　対抗力

賃借権の登記による対抗力の付与の方法は実効性がないことは前述した。旧借家法は、借家契約については最も簡便な対抗手段を定め、建物の引渡さえあれば、建物賃借権を第三者に対抗しうるものと定めた（一条）。借地借家法はこれを引き継ぎ、建物の賃貸借はその登記がなくても、建物の引渡があったときは、以後その建物について物権を取得した者に対してもその効力を生ずると規定した（三一条一項）。したがって、建物賃借権の対抗方法は不完全なものであり、抵当化は実際上困難といえる。

対抗力ある建物賃借権付きの建物が譲渡された場合も、買主は売主の担保責任（民五六六条一、三項）を追求でき（旧借家一条二項、借地借家三一条二項）、またこの場合損害賠償を請求する買主は、民法五三三条により売買代金の支払を拒絶しうる（旧借家一条三項、借地借家三一条三項）。旧借家法一条及び借地借家法三一条の規定は片面的強行規定である。

⑷　家賃の増減額請求権

建物の賃料についても地代と同様に事情変更による賃料の増減額請求権が認められている（旧借家五条一項、借地借家三二条一項）。昭和四一年には、賃料の増減について争いがある場合には、借家人は賃料額についての裁判の確定まで相当と考える額を弁済、供託すればよく、それ以前の不足分は、裁判の確定後に年一割の利息を付して支払えばよいとする改正がなされた（旧借家五条二、三項、借地借家三二条二、三項）。

⑸　借家権の譲渡、転貸

借家人による借家権の譲渡、転貸についても民法六一二条が適用され、家主のそれに関する承諾がなければ適法とはならないが、戦後の未曽有の住宅難に際会して信頼関係の破壊の法理が導入され、家主の解除権の行使が制限される場合があることは前述した。また借家人に造作買取請求権がある場合に、それが間接的に譲渡、転貸に対する家主の承諾を強制する場合があることも前述した（借地借家三三条）。

借家特別法にはその他、適法な転貸借がなされている場合に、転貸借関係を合理的に処理しまたは転借人を保護するために若干の規定が置かれている。まず、原賃貸借が解約の申入れまたは期間の満了によって終了するときは、建物の賃貸人は建物の転借人にその旨の通知をしなければ、その終了を建物転借人に対抗することができない（旧借家四条一項、借地借家三四条一項）。しかも建物の賃貸人がこの通知をしたときは、建物の転貸借は、その通知がされた日から六月を経過したときに終了する（旧借家四条二項、借地借家三四条二項）。もっとも、建物の原賃貸借期間満了後または解約申入れによる賃貸借終了後の契約の更新については、建物の転借人がする建物の使用の継続を建物の賃借人がする建物の使用の継続とみなして、建物の賃借人と賃貸人との間について契約の法定更新に関する規定が適用される（借地借家二六条三項、二七条二項）。本条に相当する規定は旧借家法にはなかったが、新法はこの点を明確にした。

これに対して、適法な転貸借がなされている場合でも、転貸人の債務不履行を理由として賃貸人が賃貸借契約を解除したときは、原則として転貸借は、賃貸人が転借人に対して目的物の返還を請求したときに、転貸人の転借人に対する債務の履行不能により終了するとするのが判例である（最判平九・二・二五民集五一巻二号三九八頁）。学説上は、賃貸借契約解除時終了説、事実上転借人の用益が不能になったときに終了するとする説、転貸借契約解除時終了説もある。

なお、旧借家法四条、借地借家法二六条三項、二七条二項、三四条は片面的強行規定である（旧借家六条、借地借家三〇、三七条）。また借家人の有する造作買取請求権に関する規定は、建物の賃貸借が期間の満了または解約申入れによって終了する場合の建物転借人と賃貸人との間にも準用される（借地借家三三条二項）。本条項もまた転貸借がある場合の法律関係を明確にするものである。但し、本条項は借地借家法施行前にされた建物の転貸借には適用されない（附則一三条）。

(6)　借地上建物の借家人の保護

借地上の建物が第三者に賃貸されている場合、建物賃借人の側に債務不履行がなくても、敷地の賃貸借契約が消滅すれば、建物はその存在の基盤を失い、建物賃借人は退去を余儀なくされるため、建物賃借人のためにそれを免れるためのなんらかの手だてを講じておくことが望まれる。この点につき旧借家法には規定がなかったが、学説上は土地や建物の転貸借の場合と同様、契約を解除する賃貸人に建物賃借人に対する催告義務を課して、その居住権を保護すべきだという見解が有力であった。借地借家法はこれにつき新たに規定を設けた。それによれば、借地権の存続期間の満了によって建物の賃借人が土地を明渡すべきときは、建物の賃借人が借地権の存続期間が満了することをその一年前までに知らなかった場合に限り、裁判所は、建物の賃借人の請求により、建物の賃借人がこれを知った日から一年を超えない範囲内で土地の明渡について相当の期限を許与することができる（三五条一項）。本条項によって裁判所が期限を許与したときは、建物の賃貸借はその期限が到来することによって終了する（三五条二項）。本条の規定も片面的強行規定であるが（三七条）、借地借家法施行前または施行後一年以内に借地権の存続期間が満了する場合には適用されない（附則一四条）。

(7) 借家権の相続

(イ) 相続人がある場合

死亡賃借人に相続人がいる場合には、賃借人が内縁の妻や事実上の養子とともに賃借建物に居住していた場合でも、賃借権はその相続人に承継される。もっとも判例は、このような場合に賃借人と同居していた者が直ちに家屋から退去すべきことを命じるのではなく、家主が死亡賃借人の同居者に退去を求めた場合には、その同居者による相続人の賃借権の援用を肯定するものがある（最判昭三七・一二・二五民集一六巻一二号二四五五頁（事実上の養子）、最判昭四二・二・二一民集二一巻一号一五五頁（事実上の妻））。しかし、相続人が死亡賃借人の同居人に賃借権の相続による取得を理由として退去を請求する場合には、この構成はあてはまらない。そこでこのような場合は、判例、学説上①相続人、更には家主からの明渡請求を権利濫用として否定する見解（権利濫用説）、②相続人のみへの賃借権の相続性を否定し、賃借権を承継する主体は、事実婚配偶者を含む家庭共同体だとする見解（星野英一・借地・借家法五八〇頁以下）、③賃借権は生存事実婚配偶者と死亡配偶者の相続人とが準共有するとする見解（人見康子・民法の争点I二三九頁）、④借家権は相続性ある財産的側面と一身専属権である用益権とに分かれ、後者は事実婚配偶者に承継されるとする見解（高島良一・判タ四九号一一頁以下）、⑤事実婚配偶者の財産分与請求権を肯定し、これを根拠として相続人への遺産分割手続へのチェックを通じて賃借権の帰属を肯定する見解（長岡敏満・法協八五巻五号一五二三頁）などが対立している。

(ロ)　相続人がいない場合

昭和四一年の旧借家法改正によって死亡賃借人に相続人がいない場合に、同居人が賃借権を承継することが明記され（旧借家七条ノ二）、そのルールが新法にも継承された。それによれば、居住の用に供する建物の賃借人が相続人なくして死亡した場合に、その当時婚姻または縁組の届出をしていないが、賃借人と事実上夫婦または養親子と同様の関係にあった同居者があるときは、その者は賃借人の権利義務を承継する。但し、相続人なくして死亡したことを知った後一ケ月内に賃貸人に対し反対の意思を表示したときはこの限りではない（三六条一項）。本条項の承継が生じる場合に、建物の賃貸借関係に基づいて生じた債権または債務があるときは、その債権または債務はこれらの者に帰属する（三六条二項）。

(8)　一時使用のための建物賃貸借

旧借家法ないし借地借家法の借家規定も、一時使用のために建物の賃貸借をしたことが明らかな場合には適用されない（旧借家八条、借地借家四〇条）。一時使用目的の建物の賃貸借では、借家人を保護すべき要請が特に生じないためである。旧借家法では、一時使用目的以外の建物の賃貸借は、半永久的に更新が継続される通常の賃貸借しかありえなかったが、平成三年の新法は、家主の便宜を考慮して二つの特別規定を置いた。

先ず、建物所有者が転勤、療養、親族の介護その他のやむを得ない事情によって建物を一定の期間自己の生活の本拠として使用することが困難であり、またその期間の経過後はその本拠として使用することが明らかな場合に、契約の更新がないものとすることができる。その期間は一年未満であってもよい（三八条旧一項）。もっとも、この場合にはそれらのやむを得ない事情を記載した書面によって契約を締結しなければならない（三八条旧二項）。次に、法令または契約によって一定の期間を経過した後に建物を取壊すべきことが明らかな場合に、取壊し時に賃貸借が終了する旨を定めることができる（三九条一項）。もっとも、この場合にも建物を取壊すべき事情を記載した書面によって契約を締結しなければならない（三九条二項）。但し、このうち建物所有者のやむを得ない事情による一時的賃貸借の規定（三八条）は、平成一一年に定期借家権が導入されるのに伴って廃止された。

⑼　定期借家権の導入

平成一一年一二月に借家契約の存続を保障する借地借家法の基本的ルール（二八条）を根本的に変更する法律である「良質な賃貸住宅の供給促進特別措置法」が成立した（平成一二年三月一日より施行）。本法は、従来型の借家契約では、契約更新の繰り返しによっていつまでも借家契約が存続することを余儀なくされ、家主が賃借人側のニーズに適切に対応できる住宅の提供に躊躇してしまうという理由で制定されたものであり（阿部ほか編・定期借家権（平成一〇年）など参照）、公正証書等の書面で契約する限り、契約の更新がないこととする旨を定めうるものとされている（借地借家三八条一項）。この特約を締結するにあたっては、賃貸人は予め賃借人に対して契約の更新がない旨を記載した書面を交付する義務が課されており、それを怠ったときはその特約は無効となる（借地借家三八条二、三項）。その他本改正法は、一定の要件の下で賃貸人が六ケ月前までに賃貸借終了を告知すべき義務（借地借家三八条四項）や転勤、療養、親族の介護その他賃借人の側にやむを得ない事由がある場合の賃借人の解約申入権（借地借家三八条五項）を定めている。一定期間経過後に取り壊すべきことが明らかな建物の賃貸借についても、前記のような特則がある（借地借家三九条）。但し、本改正法施行前の賃貸借の更新には三八条の規定の適用はなく（附則（平成一一年法一五三号）二条一項）、改正法施行前の建物賃貸借契約を合意解約し、引き続き賃貸借を締結する場合も、当分の間同条は適用されない（附則（平成一一年法一五三号）三条）。

起草者は、零細な借家人に対しては、良質な公共賃貸住宅の供給を促進したり、賃貸住宅等に関する情報の提供、相談等の体制の整備をすることによって対処する意図であったが（良質な賃貸住宅の供給促進特別措置法三、四条）、本改正法に対しては、学説上は、零細な借家人の居住権を保障するための法技術である正当事由をあまりにも性急に切り捨てたという批判を加える者が多い。

自宅を持たない高齢者については、家賃の不払い、病気、事故等に対する不安感から高齢者の入居を拒否することが多く、高齢者の居住の安定が図れない状態にあったため、平成一三年四月に「高齢者の居住の安定確保に関する法律」が制定された。同法には、高齢者向け優良賃貸住宅の建設、リフォームにおける優遇措置、登録を受けた賃貸住宅についての高齢者住居センターが行う家賃債務保証、高齢者の終身建物賃貸借（生涯借家権）などが定められている。

⑽　借家に関する章の適用範囲

(イ)　はじめに

旧借家法ないし借地借家法の借家に関する章は、建物の賃貸借に関する。ここにいう建物は、独立して人の生活の拠点となすにふさわしい設備を有する建造物の意味であり、炊事等の設備を備えていることを要する。従って、間貸や建物の一部の賃貸借は一般にはこれに含まれないことになろうが、その部分が独立しているときは、建物の賃貸借として借家に関する法の適用があると解されている。これからすると、デパートなどでみられる、商品什器を置き商品販売等の目的で建物の一定場所を占有使用するいわゆるケース貸しは、建物の賃貸借とはいえないことになろう。

(ロ)　社宅の使用関係

社宅は、雇傭関係のあることが前提となって使用者（会社）が従業員に住居として貸与する家屋である。従業員の専用寮であっても、その使用料が特に低廉とはいえない場合ないし世間なみの家賃相当額である場合は賃貸借とみてよいとする最高裁判例もあるが（最判昭三一・一一・一六民集一〇巻一一号一四五三頁）、それが家屋の世間並みの賃料に比し非常に低廉である場合に使用貸借として扱いうるか否かが問題になる。これを肯定する下級審判例もあるが、民法学上は、社宅使用料が低額であっても、賃金の一部がその残額にあてられているとみられ、対価性が認められるから、賃貸借として扱うべきだ（我妻・債権各論中巻一、五一一頁）、あるいは、無理に使用貸借、賃貸借という図式の中にあてはめず、一つの無名契約として適切に対処すべきだとされている（星野・民法概論Ⅳ一七八頁、平野・契約法［第二版］三四三頁）。これに対して労働法学上は、社宅の使用関係は、その使用料の多寡に関係なく、労働者の募集、労働能率の増進、労務管理の効果を目的としているから一般に営利性が認められ、広く賃貸借関係と捉えうるとするものが多い（池田直視・契約法大系Ⅲ二三一頁以下）。この立場では、社宅の使用関係にも借地借家法が更新拒絶の要件（二八条）も含めて一般的に適用されることになる。

しかし、民法学上は一般に、社宅契約の終了につき、借地借家法は適用にならず、借主たる地位と被用者たる地位は不可分だから、被用者たる地位を失うと使用関係も終了するとされている（我妻・債権各論中巻一、五一一頁）。社宅の使用者も善管注意義務を負い、その違反を理由とする解除も考えられるが、目的物の転貸や賃借権の譲渡はその性質上当然に禁止されているとみるべきである。

㈥　公営住宅、公団住宅の使用関係

昭和三〇年に設立された公団住宅の使用関係は、私法上の賃貸借関係とすることに争いはない。賃借人の募集方法、資格、決定方法、家賃の決定、変更、権利金の受領禁止などに関する施行規則の定めは、右の性質を変えるものではない。判例は、特別の必要がある場合に（日本住宅公団法施行規則一五条一項）、公団が主務大臣の承認を得て賃貸住宅を第三者に譲渡することを適法としている（最判昭五五・五・三〇判時九七一号四八頁）。

これに対して、公営住宅の使用関係の法的性質については議論がある。判例は、公営住宅法（公法）及びこれに基づく条例が特別法として民法及び借家法に優先して適用されるが、公営住宅法及びこれに基づく条例に特別の定めがない限り、原則として一般法である民法及び借地借家法の適用があるとする（最判昭五九・一二・一三民集三八巻一二号一四一一頁）。学説上も公法上の使用関係説がないではないが、通説は判例と同様に解している（星野・借地借家法四六六頁、遠田新一・民商四一巻四号五三八頁など）。

個々の問題についてみていくと、判例、通説によれば、入居者が賃料の（一部）不払や建物の無断増築をした場合は、家主と賃借人間の信頼関係破壊の法理に従って解除されうるが（前掲最判昭五九・一二・一三）、公営住宅の割増賃料の請求について旧借家法七条（借地借家法三二条）は当然には適用されない（清永利亮・最判解説民事篇昭和五九年度五一二頁）。入居者死亡の場合も、その相続人が公営住宅を使用する権利を当然に承継することは認められない（最判平二・一〇・一八民集四四巻七号一〇二一頁）。

三　借地借家の調停、臨時処理

(1)　借地借家調停

既に大正時代に建物所有目的の借地、借家の紛争については借地借家調停法（大正一一年法律四一号）が、小作紛争については小作調停法（大正一二年法律一八号）が制定された。戦後これら二法は民事調停法（昭和二六年法律二二二号）に吸収された。同法によれば、宅地建物調停事件もまた他の民事調停事件と同様、簡易裁判所または地方裁判所が管轄裁判所であり（二四条）、原則として裁判官一人及び民事調停委員二人以上で組織される調停委員会で調停が行われる（五条〜八条）。地代借賃増減額請求事件は調停前置主義が採られている（二四条の二）。当事者が調停委員会の定める調停条項に服する旨書面による合意をしたときは、調停条項の記載は、調停における当事者間の合意の調書への記載と同様、裁判上の和解と同一の効力を有する（一六条、二四条の三）。

⑵　借地借家の臨時処理

(イ)　はじめに

大地震や戦災により都市部の住宅地が大規模に焼失し、借地、借家人もまた住むところを失うことが少なくない。わが国では既に大正時代に、住居を失った借地、借家人を保護するための立法が成立した。関東大震災の罹災者を保護するために制定された借地借家臨時処理法（大正一三年法律一六号）がそれである。日本の各都市が空襲による被害を受けた太平洋戦争中には、やはり同様の目的をもった戦時罹災土地物件令（昭和二〇年勅令四一一号）が制定されたが、戦後はこれらの法律を統合して、大災害時の借地借家に関する特別法として罹災都市借地借家臨時処理法（昭和二一年法律一三号）が制定された。

本法は、その後の法改正で適用範囲が拡げられ、まず法律の指定による大災害に（昭和二二年法律一〇六号）、次いで政令の指定する大災害に適用されることになった（二五条ノ二、昭和三一年法律一一〇号）。最近の適用事例としては、平成七年一月の神戸大震災への本法の適用が村山内閣によって指定されたことが記憶に新しい。

(ロ)　罹災都市借地借家臨時処理法

本法は、なかんずく借家人保護のための諸規定を置いている。すなわち、本法の適用を受けることが政令によって指定された大災害により借家が滅失したときは、従来の借家人は、政令施行の日から二年間は優先的にその敷地の借地権の設定を受け（二条）、またはその譲渡を受けて、そこに建物を建て居住することができる（三条、四条）。但し、これらの場合の賃借権の存続期間は一〇年である（五条）。罹災建物の敷地に借家人以外の者によって建物が再築されたときは、従来の借家人は優先的にその建物を借り受けることができる（一四条）。他方において罹災地の従来の建物所有者の地上権または賃借権は、なんらの登記がなくても、政令施行の日から五年内は第三者に対抗することができる（一〇条）。これは、災害の被害者たる借地人のために公示の原則の例外を認めるものである。

これに対して、本法二条及び三条によって優先的に借地権を取得しうる従来の借家人が、借地権設定または譲受後一年を経過しても正当な理由なしに建物所有目的で罹災地の使用を始めないときは、土地の所有者はその借地権を消滅させうる（七条、九条）。また土地の所有者は、従来の借地権者に対して政令施行の日から二年以内に一ケ月以上の期間を定めて借地権存続の意思があるかどうかを申出るように催告することができ、その申出がなければ、その期間の満了時に借地権は消滅する（一一条、一二条）。その他、本法に基づいて成立した借地、借家契約で著しく不当な地代、家賃、敷金などの約定がなされたときは、当事者の申立により裁判所はその変更を命じうる（一七条以下）。

四　小作契約

(1)　意義、歴史

農地の賃貸借は伝統的に小作契約と呼び習わされてきた。農地の賃貸借もまた、民法上は対等の当事者間であることを前提とした賃料請求権等に関する若干の規定があるにすぎない。民法典制定後農地の利用権者には、制限物権としての永小作権の設定が認められた場合もあるが、地主は一般に賃借権の設定しか認めず、また判例が農村における小作関係を一般に賃借小作と推定したため（大判昭一三・五・二七新聞四二九一号一七頁）、圧倒的に多くの小作関係は賃借小作であった。そのため小作人の法的地位が極めて弱く、戦前には全国で小作争議が頻発する原因となった。大正一三年には紛争処理のための手続法である小作調停法（法律一八号）が、昭和一三年には農地調整法が制定されたが（法律六七号）、必ずしも十分な効果をおさめることができなかった。

しかし戦後は、進駐軍の指導下、わが国で小作人に不在地主から国が土地を買い上げてその所有権を移転させるいわゆる農地解放が行われ（自作農創設特別措置法）、その後昭和二七年には、右農地調整法及び自作農創設特別措置法を統合して、農地の譲渡、賃貸借、地目の変更等に関する規定を整備した農地法が制定され（法律二二九号）、農地賃貸借についても賃借人の保護が明確化された。もっとも、戦後の農地改革によって全国的に自作農の創設が行われたため、小作問題は今日では著しくその重要性を失っている。他方において、農家の後継者難や農業の集団化の動きを反映して、専業農家への農地の賃貸や請負耕作の問題が全国的に生じている。

⑵　賃貸借の成立

農地について賃借権を設定するには、当事者間の合意だけでは不十分で、それ以外に原則として農業委員会または都道府県知事の許可を受けなければならない（農地三条一項）。農地を保全し、農地を他の用途に使ったり、農地を荒廃させることを防ぐ趣旨である。許可基準は法律上明記されていないが、他用途の使用の虞れなど許可をすることができない場合が定められている（三条二項）。許可のない賃借権の設定は無効であるだけでなく（三条四項）、罰則の適用もある（九二条）。農地を自ら他の用途の土地に転用すること（五条）や転用目的での権利の移動も、賃貸借の場合と同様に許可を受けることを要する（五条）。しかしそれにもかかわらず、現在（平成一五～一六年）農地の非農地化が毎年かなりの規模で進行しているといわれる。その他農地の賃貸借契約は、書面によってその内容が明示されなければならないが（二五条）、書面の作成は契約の成立要件ではないと解されている。

(3)　賃借権の譲渡、転貸

農地賃借権についても民法六一二条が適用され、地主の譲渡、転貸借に対する承諾がなければ、地主は賃貸借を解除しうる。これに対して永小作権は、物権である以上原則として譲渡、転貸を自由になしうるはずであるが、民法は、地上権の場合とは異なり、譲渡、転貸禁止の特約をなしうると規定し（民二七二条）、その登記も認められている（不登一一二条）。右特約の登記がなされた場合は、これを第三者に対抗しうると解される。

農地法は、賃借権の譲渡につき地主の承諾がある場合及び永小作権が有効に譲渡される場合を通じて、農業委員会または都道府県知事の許可を受けなければならないとしている（三条）。これに対して、賃借権の転貸借や永小作権の賃貸借については議論の余地のあるところである。

(4)　賃借権の対抗力

農地法は、農地の賃借権については賃借人の利益のために、その農地の引渡があれば第三者対抗力を取得すると定めた（一八条一項）。借家権の対抗要件の規定（旧借家一条、借地借家三一条）に倣ったものである。しかし、単なる引渡を対抗要件としたため、農地賃借権の担保化は困難である。賃借権の設定された農地の売買には、売買目的物に用益的権利等の制限がある場合の売主の担保責任に関する規定（民五六六条一、三項）が準用される（農地一八条二項）。またこの場合損害賠償請求権を有する買主は、売買代金の支払を拒絶しうる（農地一八条三項）。旧建物保護法二条（借地借家一〇条三、四項）に倣ったものである。

(5)　賃借権の存続期間

農地法は農地賃借権の存続期間を法定していない。したがって、期間の約定は当事者に委ねられている。期間を定めない賃貸借も有効である。

民法は土地の賃貸借期間満了の場合、各当事者が一年前、収穫季節ある土地の場合はその季節後次の耕作に着手する前に解約の申入をしない限り、黙示の更新が生じると定めたが（六一七条）、農地法は、一方の当事者がその期間の満了の一年前から六ケ月前までの間に相手方に対して更新をしない旨を通知しないときは、賃貸借は原則として更新されたものとみなすと定めている（一九条）。しかも、本条の通知には原則として都道府県知事の許可が必要であり（二〇条一項）、知事がこの許可を与えうるのは、賃借人が信義に反した行為をしたこと、その土地を農地以外のものにすることを相当とすること、両当事者の事情を考慮して賃貸人が自らその農地を利用することを相当とすることなどの正当の事由がある場合に限られる（二〇条二項）。賃貸借期間の定めがない場合の解約申入や賃借人の債務不履行を理由とする解除、更には地主の圧力によって仮装的な合意解約が行われることを防止するために、合意による解約もまた、更新拒絶の場合と同様、農地法は正当事由を要件とする都道府県知事の許可を必要としている（二〇条一、二項）。農地法二〇条一項の許可を受けないものは無効である（二〇条五項）。また罰則の適用がある（九二条）。その他、賃貸借につけた解除条件や不確定期限はつけないものとみなされる（二〇条八項）。

上記の農地法の規定により農地賃借人の地位は安定したものとなっているが、昭和四五年の法改正は、更新拒絶等に都道府県知事の許可を要しない幾つかの例外的事例を導入した（一九条但書）。

⑹ 小作料

かつては小作料は原則として定額かつ金納であることを要するという規定があったが（農地旧二一条）、削除された。しかし今日でも小作料は金銭で支払うのが普通であろう。農業委員会は小作料の標準額を定めることができる（二三条）。そして標準額に比較して著しく高額の小作料についてその減額を勧告しうる（二四条）。小作料の額が農産物の価格、生産費の上昇または低下、その他の経済事情の変動によりまたは近傍類地の小作料に比し不相当となったときは、当事者は小作料の増減額を請求しうる（二一条。昭和四五年追加）。しかし、小作地に対していわゆる宅地並み課税がされたことによって固定資産税及び都市計画税の額が増加したことを理由として小作料の増額を請求することはできない（最大判平一三・三・二八民集五五巻二号六一一頁（但し、六名の裁判官の反対意見がある））。

また民法の規定によれば、収益を目的とする土地の賃貸借で賃借人が不可抗力により賃料より少ない収益を得たときは、その収益の額に至るまで借賃の減額を請求しうるが（六〇九条）、農地法は、小作の実態により適した規定を置き、不可抗力の結果小作料の額が、田にあっては収穫された米の価格の二割五分、畑にあっては収穫された主作物の価格の一割五分の割合を超えるに至ったときは、その割合まで小作料の減額を請求しうるとしている（二二条）。民法は、用益賃借人が不可抗力で引続き二年以上賃料より少ない収益を得たときは解約しうるとする（六一〇条）。

第三款　賃貸借類似の契約

一　リース契約

(1)　はじめに

今日では建設機械や観光バスのような高額の機械や自動車、技術革新の激しいコンピューターや自動販売機のような動産についてリース（lease）という賃貸借類似の取引が発達している。このリースはアメリカで登場し、わが国では昭和四〇年代から一般に普及を遂げたものである。単なる賃貸借ではなく、目的物件を必要とする者（ユーザー）が売主（ディーラー）から直接に買う代わりに、リース会社に当該物件を買い取って貰い、それをリース会社から賃借するという形をとる。リース業者は、ユーザーが約定期間中に支払うリース料によって物件購入代金、金利、諸手数料などを回収する。かようにリースは金融的な側面を有し、物融と呼ばれることもある。ユーザーにとっては、物件の所有権が帰属しないため、節税をもたらすなどの利点がある。

⑵　リースの法的性質

初期においては、リースを売主とリース業者間の物件の売買契約とリース業者とユーザー間の物件の賃貸借契約とから成るものとし、後者をリース契約と捉える見解（賃貸借契約説）（来栖・契約法二九五頁）とリースの本質を物融と捉え、賃貸借またはそれに類似した契約としてではなく、一種の無名契約ないし混合契約と捉える見解（無名契約説、混合契約説）（松田安正・自由と正義三一巻二号二六頁）が主張されたが、リース業者がユーザーのために自己の所有する物件上に物権的利用権を設定する契約だとする見解（物権的利用権供与契約説）（広中・私法三八号三八頁など）やリース業者がユーザーに対して有するリース料債権を担保するためにリース物件上に担保物権（所有権担保）を取得する契約だとする見解（物的担保権設定契約説）（片岡義弘・リース一一巻九号四頁以下）もみられた。今日ではリースでは三当事者が登場することから、リース契約は売主、リース業者及びユーザーの三当事者関係と捉えるのが適切だという見解が多数となっている（神崎克郎・現代契約法大系五巻二六九頁など）。リース会社に目的物の購入や所有者としての事務処理が委託されるとともに、信託的に所有権が帰属し、それと融資が結びついているとする信託的契約説もある（平野・契約法〔第二版〕三五五―三五六頁）。これらのいずれの立場に立つかにより、当事者間の法律関係の法的性質や適用法条、更には説明の仕方などに違いが出てくる（詳しくは、潮見・契約各論Ⅰ三八六頁以下）。

一般的にいえば、リースは賃貸借に類似したものとして捉えられることが多いが、むしろ物融的な実質を有するものであり、また三当事者が関与することを特徴とすることを看却すべきではない。以下ではこれらの三面関係の各々について順次説明を加えたい。

⑶　売主とユーザー間の法律関係

㈠　売主とユーザー間では、通常の売買の場合と同様に物件の選定、価格、保守、サービス等、物件の売主と買

主間で協議、決定されるべき事項が取り決められる。しかしリースでは、それにもかかわらず通常売主とユーザー間にはなんら正式な契約は締結されない。もっとも売主とユーザー間には実質的売買関係があり、売主はユーザーに便益の供与と義務の履行をなすべきものと解されている。その論拠とされているものは、リース取引における公知の商慣行、英米法上の実質的当事者関係（privity）の法理、第三者のためにする契約の理論などである（松田安正・リースの理論と実務［改訂版］七四～七七頁）。

(ロ)　売主がユーザーに引渡した物件の規格、性能等が当初の契約内容に合致せず、またはユーザーの特定使用目的に適合しないとき、あるいは物件にその他の瑕疵が存在したとき等には、ユーザーは、売主との実質的売買関係によりまたはリース業者と売主間の約定中の第三者約款の効力として、売主に対して救済を求めることができると解されている（松田・前掲書七九―八〇頁）。リース契約の条項中には、リース業者が売主に対する損害賠償請求権をユーザーに譲渡する旨規定していることも多い。また判例中には、ユーザーの売主に対する損害賠償請求権の根拠として、売主がユーザーの使用目的への適合性を保証し、損害を被らせないことを約束する、損害担保契約の黙示の成立を認めるものもある（大阪地判昭五一・三・二六判タ三四一号二〇五頁）。ユーザーが物件の瑕疵等のためにリースをした目的を達しえないときでも、ユーザーは契約を解除して目的物を売主に返還しえない。この場合ユーザーは、リース業者に物件の瑕疵等の事由を証明してリース業者に契約を解除させるしかない。リース物件の売買契約は、売主とリース業者との間で締結され、所有権はリース業者に帰しているからである。

リース物件に瑕疵があるためユーザーが売主に引取を求めたが、リース業者が契約を解除してくれない場合、その後の目的物件の滅耗、価値下落の損害は誰が負担すべきかという問題がある。この場合ユーザーは、目的物が使用目的に合致しなければ、リース料の全額と物件導入費用等の損害を被ったものといえ、売主にその賠償を請求できるが、損害賠償請求権発生後の物件の価値の下落、滅失等は、特別事情による損害として売主に請求しえないとするのが判例である（最判昭五六・四・九判タ四四二号一〇二頁）。しかし、ユーザーから物件の性能等につきクレームがあったのにそれを放置した売主に物件の価値下落等の危険を負担させるのは妥当でないと考えられる。

(4) リース業者とユーザー間の法律関係

(イ) ユーザーからリース業者に借受証が交付されたときに当事者間に権利義務が発生し、ユーザーはその日から物件の利用を開始しうるとともに、リース料支払義務が生じる。引渡された物件が約定された性能等に合致しなかったにもかかわらず、ユーザーがこれらの事実を記載しない無条件の借受証をリース業者に交付した場合は、それによってリース業者が売主に対して代金の減額、不払の措置をとることができなくなったときは、リース業者に対するリース料の支払について一切の抗弁が許されなくなる（松田・前掲書八六―八七頁）。売主からユーザーへ物件の全部または一部が引渡されていないのにユーザーがリース業者に借受証を交付した場合も同様である。売主とユーザーが通謀したかどうかを問わない。

(ロ) ユーザーがリース業者に借受証を交付すると、リース業者はユーザーに対して物件を平穏に使用収益させる義務を負担するが、リース契約中に物件の使用収益につき物理的なまたは第三者による侵害があった場合にこれを排除する義務は負わないと約定されているのが通常である。リースが物融であることを反映したものである。

これに対してユーザーは、リース期間中リース料の支払義務を負うにとどまらず、物件の保守、保全義務も負担する。その結果ユーザーは、リース期間中物件の現状変更や付合は禁止され、第三者の侵害行為の排除義務も課せられる。ユーザーは更に、期間中契約を解約することはできず、また物件の滅失の場合を除き、その利用ができたかどうかにかかわらず、リース料支払義務を負う。近時の判例も、リースの実体は物融であり、月々のリース料の支払という方式により期限の利益を与えるものにすぎないから、ユーザーによるリース物件の使用が不可能になったとしても、これがリース業者の責に帰すべき事由によるものではないときは、ユーザーは月々のリース料の支払を免れないとする（最判平五・一一・二五金法一三九五号四九頁）。

ユーザーの責に帰すべき事由によると否とを問わず物件が滅失したときは、リースでは、ユーザーは滅失時の規定損害金、すなわち、その時点におけるリース業者の未回収金額を支払う義務を負う。

ユーザーが契約上の義務に違反したときは、ユーザーは物件の返還義務に加えて、残リース料の即時支払義務が課される。そうするとリース業者は、予定された期間満了時における物件の価額と返還時の物件の価値との差額について不当に利得することになり、その返還義務をリース業者に命じた判例もあるが（最判昭五七・一〇・一九民集三六巻一〇号二一三〇頁）、物件がコンピューターであるような場合は、中古の処分価格が極めて低廉であるため、ユーザーにとっては利益の返還はあまり期待できない。

(ハ)　リース契約の期間が満了したときは、ユーザーは契約を終了させて物件を返還するか、それともリース契約を更新するかを任意に決定しうるものとされている。後者は再リースと呼ばれる。再リースは一年毎に更新され、再リース料も当初のリース料の一〇分の一程度とされることが多い。これは基本リース期間終了時までにリース業者が出損金額のほとんどを回収できるようにリース料の計算をしているためである。

(5)　リース業者と売主間の法律関係

(イ)　リース業者は、ユーザーが売主との間で交渉、約定した売買条件に従って売主との間で売買契約を締結する。そしてリースでは、物件は売主からユーザーに対して直接に引渡され、リース業者は通常物件の引渡には関与しない。リースでは、それが物融であることに基づいて、ユーザーが相当期間内にリース契約の締結または実行をしないときは、リース業者が無条件で売買契約を解除できる旨特約されているのが普通である。この場合ユーザーは、リースの利用により代金の延べ払いの利益を得ようとしたのだから、ユーザーの義務違反により、潜在的なものとされていた売主とユーザー間の売買関係は確定的に売買契約に転化し、売主はユーザーに対し売買代金の支払を求めうると解されている（東京地判昭五七・一一・一二判時一〇七一号八二頁、松田・前掲書一〇六―一〇七頁）。

(ロ) 購入希望者のリースの利用が多く、売主と特定リース会社間の取引実績が高まる場合は、両者間に業務提携がなされる場合が多い。この場合ユーザーに対する関係で売主とリース業者が経済的に一体とみなされ、ユーザーが売主に対する抗弁をリース業者に対するリース料支払拒絶の理由となしうるかという問題が生じる。判例上は、リース業者が製造業者の子会社であり、製造業者の商号の一部を使用している等の事情がある場合に、信義則上のユーザーの支払拒絶を認めるものもあるが（大阪高判平三・五・二九判タ七八〇号二〇三頁）、①現在のリース取引ではユーザーは事業者でかつユーザーにとっても通例商取引となっていること、②売主がその販売促進の手段としてユーザーにリースの利用を薦め、リース業者を紹介、斡旋したとしても、これらは売主が利益追求目的で行った媒介行為と評価すべきで、リース業者の代理人として行動したものではないこと、③リース業者と売主間の業務提携により、リース業者にとって経費節減となり、借主が低廉なリース料の利益に浴しうるという面もあること等から、支払拒絶をなしえないとする見解が有力である（松田・前掲書一一二―一一三頁）。

二　サブリース契約

(1)　はじめに

バブルの時代に、土地所有者（オーナー）から委託を受けた不動産会社（サブリース会社）が当該土地の上にビルを建設し、そのビルを一括して借り受けた上で、個々の部屋を他に転貸するという契約が特に都市部で数多く行われた。この契約では、土地、建物所有者にとっては遊休地を有効に利用して賃料収入が確保でき、サブリース会社にとっては物件管理手数料と転貸賃料と原賃貸借の賃料の差額が得られる。しかしバブルがはじけてから、サブリース会社がオーナーに最低賃料を定額で保証している場合は、転貸収入が大きく減少したため、右保証額を支払ったのではサブリース会社が逆ざやとなり、保証額の減額をめぐる紛争が増加した。

(2)　サブリースの法的性質と法律関係

サブリース契約の法的性質については、建物賃貸借契約説、不動産事業の受託契約を含む複合契約であるが、その中に賃貸借的要素も含まれるとする説（加藤雅信・NBL五六八号二一頁、五六九号二六頁）、用益を目的とする重層組織型の無名契約説（鈴木禄弥・ジュリ一一五一号九〇頁）、更には建物賃貸借とは異なる性質を有する事業委託的無名契約説などがある。

サブリース契約が建物の賃貸借だとすると約定賃料額ないし最低保証賃料額が経済の実勢から乖離するようになった場合は、借地借家法三二条一項の適用を認めるべきことになる。学説上は従来、この場合の賃貸借的側面の存在を肯定して同条の適用を肯定する見解（道垣内弘人・NBL五八〇号二七頁、近江幸治・早稲田法学七六巻二号五七頁、加藤雅治・NBL五六八号二一頁、五六九号二六頁など）とサブリースでは建物所有者が契約の全期間にわたって予定した賃料収入が得られることを重要な要素とする事業的性格が強くみられるから、賃貸借規定は原則として適用されないという適用否定説（内田勝一・ジュリ一一五〇号六〇—六一頁、池田恒男・判タ九四〇号七三頁、金山直樹・民事研修五一二号五六頁（損害担保契約説））が拮抗していた。

従来の下級審判例は当初、サブリース契約の中心部分である建物部分の使用関係の法的性質は賃貸借であって借地借家法が適用されるとし、経済事情が著しく変更し、賃料が不当に高額となるなどの特段の事情がある場合には、借地借家法三二条に基づき賃料減額請求権を行使しうるとするものが多かったが（東京地判平七・一・二一判時一五五七号一〇八頁など）、サブリース契約は事業委託的無名契約の性質をもつと解すべきで、当然に借地借家法の全面的適用があると解するのは相当でないとするものもみられた（東京高判平一二・一・二五判タ一〇二〇号一五七頁（借地借家法三二条は、限定された範囲でのみ適用がある））。最高裁は、サブリースも賃貸借だから同法三二条が適用され、同条は強行規定だから賃料自動増額特約があっても同条の適用はあるとしたが、同特約は賃貸人が賃借人の転貸事業のために多額の資本を投下する前提となったものだから、同条による賃料減額請求の当否及び相当賃料額を判断するにあたって十分に考慮されるべきだとした（最判平一五・一〇・二一判タ一一四〇号六八頁）。

サブリースにおいても、賃借人が賃貸借を当然更新できるのに敢えて更新を拒絶したような場合は、賃貸人は転借人に賃貸借の終了を信義則上対抗することができないとされている（最判平一四・三・二八民集五六巻三号六六二頁（被告が再転借人である事例））。

第三章　サービス供給型契約

第一節　雇　傭

一　意義と性質

(1)　意義及び沿革

(イ)　雇傭は、被傭者が使用者に対して労務に服することを約し、使用者が被傭者にその報酬を与えることを約することによって効力を生じる（民六二三条）。雇傭は、他人の労務を利用することを目的とする契約（労務供給契約）である。類似した契約として請負、委任、寄託があるが、請負は、労務の提供というよりも一定の仕事を完成することを（民六三二条）、委任は、依頼者の指揮、監督から離れた受任者の自主的なサービスの提供によって一定の事務を処理することを（民六四三、六五六条）各々目的とするものであり、また寄託は、物の保管のみを目的とするから（民六五七条）、使用者の指揮、監督の下で労務の提供をすることを目的とする雇傭契約とは異なる。

雇傭の目的たりうる労務には制限がなく、会社員、工場労働者、教師、看護士、家政婦はもとより、病院や弁護士事務所に勤務している医師や弁護士、一般事務に服している公務員など数多くの職種を含む。使用者は多様な職種に属する被傭者を傭い入れ、それらを糾合して多大な経済的、公共的活動を行う組織体に編成し、巨大な利潤をあげるとともに社会的貢献をなすことが可能となる。労働者もまた労働を通じて国家社会、地域社会に経済的、社会的貢献をする一方では、生活の資である報酬を得ることができる。

(ロ)　ローマ法では、雇傭契約（locatio conductio operarum）と請負契約（locatio conductio operis）及び賃貸借（locatio conductio rei）が広義の賃貸借ないし賃約と総称されていた。このことは、雇傭や請負が自由人が自己またはその奴隷、家族の労務、労力を賃貸借するものと観念されていたことを意味する。ローマ法でも、請負は諾約者（請負人）による仕事の完成を要素とするものと考えられていたが、他方においてローマ法では、雇傭の目的となるべき労務は単純な肉体労働ないし不自由労務に限定され、医師、弁護士、教師などの労務、いわゆる自由労務は、無償を原則とする委任契約の目的になるものとされた。近代法ではフランス民法を除いて雇傭や請負を賃貸借の一種とみるやり方はとられていない。また労務の種類によって雇傭となる場合を制限する立場（旧民財二六六条一項参照）も近代法ではとられていない（ド民六一一条二項参照）。

古代社会では法的人格を有しない奴隷による労働が重要な社会経済的役割を果たした。中世には、領主、地主と身分的な隷属関係にあった農奴の労働が経済を支えた。ブルジョア革命により市民社会が成立してからは、建前の上では雇傭関係も平等な当事者間の契約関係とされたが、実情は、経済的社会的に優位に立つ使用者が一方的に労働者に不利な条件を押しつけ、労働者を搾取する関係にすぎないことが特に一九世紀において明らかになり、二〇世紀には（わが国では主に戦後）労働者保護のための諸立法が先進資本主義諸国において展開した。

(ハ)　今日の民法では雇傭、請負、委任の各契約類型は前記のように理念的には区別されているが、裁量労働時間制度の採用の拡大傾向、労働基準法の適用を回避するための請負、独立事業者契約の利用の増加は、ますますこれらの間の境界を曖昧なものにしている。これまでの裁判例によれば、証券会社の外務員が有価証券売買の勧誘を行い、会社を通じて売買を成立させ、成約数に応じて報酬を受けるのは委任または委任類似の契約であるが（最判昭三六・五・二五民集一五巻五号一三二二頁)、キャバレーの専属楽団員がキャバレーの経営会社の指揮監督下で演奏業務に従事する場合(大阪高判昭五五・八・二六判時九八六号一一九頁)や芸能プロダクションと歌手志願者との芸能出演契約の場合は(東京地判平六・九・八判時一五三六号六一頁)、雇傭契約とされている。

(2) 労働関係法規による労働者の保護

(イ) 民法上は雇傭契約も他の契約におけると同様契約自由の原則が支配し、対等当事者間で締結されるものとされているが、雇傭の実際はこれとは大きく様相を異にし、使用者は巨大な資本力を擁し、人的な組織も支配しているだけでなく、就労後も被傭者に指揮命令を下すことができる。これに対し労働者の側では、多くの場合雇傭契約によって得られる報酬が生活の唯一の糧であるにもかかわらず、労働者は雇傭契約の条件決定について自由な発言を事実上封ぜられ、使用者側の提示する条件をそのままのむことを余儀なくされる。更に、好況期を除いて技術革新や労働力の集約により労働力が供給過多となる傾向が強い。このことは更なる労働条件の低下をもたらす。そこでわが国では戦前から既に工場法(大正五年施行)による労働者保護が図られたが、戦後は憲法が労働者のいわゆる労働三権(団結権、団体交渉権、争議権)を保障し(憲二八条)、労働者の地位の向上に努めている。

労働者保護のための法規制としてまず第一に、労働者の団結権の保障があげられる。労働者が使用者と対等な立場で交渉するには、労働者が団結してその代表者が使用者と交渉するのが最も適当である。このような代表者との交渉によって得られた合意が労働協約であり、個々の労働者が締結する労働契約はこの労働協約に依拠してなされる。労働者の団結権を助成する法律が労働組合法(昭二四法一七四号)、使用者と労働者との間の労働争議の合理的な解決を図る法律が労働関係調整法(昭二一法二五号)である。しかし、現在では労働組合の役割は大幅に低下しているといわれる。

労働者保護のための立法の第二の類型は、国家が後見的な立場から労働条件の基準を法定し、個々の労働契約がその最低基準を守るようにすることである。このような目的で制定されたのが労働基準法（昭二二法四九号）である。労働者が業務上の災害によって死傷した場合の補償制度も必要であるが、労働者災害補償保険法（昭二二法五〇号）がこれについて定めている。昭和三四年には最低賃金を確保するための最低賃金法（法一三七号）が制定された。昭和六〇年には、国際的な女子労働者の法的地位の高揚を受けてわが国でも男女雇傭機会均等法（正式名称は「雇傭の分野における男女の均等な機会及び待遇の確保等女子労働者の福祉の増進に関する法律」（法四五号））が制定された。しかし、同年（昭和六〇年）に労働者派遣法が制定されるなどその後は労働者の権利を弱める法改正が目立っている。

(ロ)　平成一六年四月には、厚生労働省が、労働者の採用から解雇を含めた雇傭の終了までの労働契約全般に関わるルールの法制化のための活動に着手した。今日解雇や転籍、賃金引下げなど労資間の紛争が増加してきているが、雇傭契約をめぐるルールは、現在労働基準法などで賃金の現金払いや週四〇時間の労働時間、契約時の就業条件明示などを定めているだけで、採用や転籍などに関する法律はほとんどなく、民法や判例に委ねられている。そこで労働契約法を制定して、採用段階での内定の効力や取消の方法、採用後の試用期間の定め方、出向、転籍における本人同意の必要性、懲戒処分のルール、賃下げなど労働条件が労働者に不利益に変更される場合のルールを定めようというものであり、平成一七年九月を目途に立法化することが予定されている。

(3)　雇傭契約と労働契約

民法上は雇傭契約という用語を用いているが、労働関係法規上はこれは労働契約と呼称される。ところで労働基準法は、同居の親族のみを使用する事業所や事務所の場合と家事使用人については適用が除外され（八条但書）、その限度で同法に関する限りでは、労働契約は雇傭契約より範囲が狭いことになる。

他方において、従来の労働法学の通説によれば、民法上は請負または有償委任であっても、実質的な使用、従属の関係が認められれば、労働関係法規の適用が認められうるとされてきた。これは労働法が実質的に従属的な労務提供者といえる者を出来る限り広く救済するという立場をとっているためである。しかし今日では、いかなる事情が認められれば指揮監督下の労働といえるのかの判断は非常に困難だとされ、特に建設業従事者、運送業従事者、芸能関係者などにつき議論が生じている（東京大学労働法研究会編・注釈労働基準法上巻（平成一五年）一四七頁以下（橋本陽子））。

⑷　現在の労働契約の特徴

平成元年頃に起こったバブル経済の崩壊後日本の経済、財政の後退、足踏みの傾向が顕著になり、労働者の就労環境も激変の時代を迎えている。その特徴は、終身雇傭制の見直し、パートタイム雇傭（短時間就業）の増加、雇傭主以外の者のもとでの就業を目的とする派遣労働、労働契約ではなく請負契約、単独事業契約という形での実質的労働を強いる契約関係の増大などである。これらのいわゆる非典型雇傭は、経営合理化の見地より安価な労働力の採用、景気変動の調節弁として企業により今日積極的に導入されている。今日ではコンピューターの導入による飛躍的な技術革新により人間の手作業の比重が相対的に低下し、また現在は経済が長期不況の中にあり、リストラ圧力が強いため、このように典型雇傭契約を減らして非典型雇傭でその部分をカバーすることが可能になっているのである。

パートタイム労働における問題は、パートタイム労働者に正規社員との間で労働条件に関して生じる較差の是正である。パートタイム労働以外の短期間の雇傭についても同様な問題が生じる。パートタイム労働についてはいわゆるパートタイム労働法（短期間労働者の雇傭管理の改善などに関する法律）が制定され（平成五年）、年々改訂を受けているが、今日でも労働条件を明示した雇入通知書の交付は、事業主の努力義務にとどまっている。

派遣労働は、中間搾取を禁止するために定められていた有料職業紹介事業及び労働者供給事業の解禁（昭和六〇年の労働者派遣法）に伴って認められた雇傭形態である。派遣労働においては、正規社員との雇傭条件の較差、使用者責任の不明確化、中間搾取などの問題が生じている（中野麻美・労働者派遣法の解説（新訂版）（平成一五年）参照）。

労働契約以外の契約形態を用いた実質就労の問題の一つに、企業の業務の一部を丸ごと外部企業へ委託する、業務の外部委託化（アウトソーシング）がある。企業は経営合理化のためにこれを利用しているが、労働者の労働条件の低下の問題が生じる。今日ではその他、バブル崩壊以後も外国人労働者ならびに外国人の不法就労者の増加という社会現象があり、労働法の保護がこれら労働者にどこまで及ぶかが問題になっている（清正寛・菊池高志・労働法〔第三版〕（平成一四年）四三頁以下）。

また昭和六二年には、ホワイトカラー層を対象に、業務の遂行の手段及び労働時間配分の決定を労働者の裁量に委ね、その場合の労働時間については一定の時間労働したものとみなすという裁量労働時間制（労基三八条の三、三八条の四）が導入された。この制度は、賃金を時間ではなく労働の成果に応じて決定することを可能にする一方では、使用者の実労働時間管理を免除することにより、結果的に労働者の長時間労働及びサービス残業を助長する可能性があると指摘されている。

(5)　法的性質

(イ)　有償、双務契約

雇傭契約では労働者の労務の給付に対して使用者が賃金を支払い、両者は互いに対価的関係にあるから有償契約といえる。また労務給付義務と報酬支払義務とは相互に対立関係にあるから双務契約である。無報酬でまたは対価的意義を有さない給付と引換に労務を給付する契約は、本節の雇傭契約ではなく、贈与に類似した無償、片務契約である。

(ロ) 諾成契約

雇傭契約は被傭者が労務に服し、それに対して使用者が報酬を支払うことにつき当事者間に合意が成立するだけで効力が生じるため（民六二三条）、諾成契約であり、書面などの方式は要求されていない。もっとも、労働者代表と使用者との間で締結される労働協約は、書面の作成を要求している（労組一四条）。合意の内容に客観性をもたせ、後日の紛議を防止するためである。雇傭契約の内容が労基法、労働協約または就業規則に違反するときは、その部分は無効となり、労基法、労働協約または就業規則の定めるところにより補充される（労基一三、九三条、労組一六条）。

(ハ) 継続性

雇傭は通常期間をもって定められ、使用者と被傭者の間の人的関係に基づく継続的契約関係である。そのため雇傭で一般に問題となるのは解約告知である。雇傭契約の無効、取消の場合も、既往の部分については契約は効力を失わないとするのが通説である。

二 雇傭契約の成立

(1) はじめに

雇傭契約は、被傭者が使用者に対して労務に服することを約し、使用者がこれに対して報酬を与えることを約することによって効力を生じる（民六二三条）。但し、労働法学上は、労務者が使用者の経営組織の中に編入ないし組み入れられて就業するという事実によって労働関係が成立するとみる説（編入説）も説かれている。この立場では、契約に無効、取消原因がある場合でも、既往の就労部分は有効に成立する。しかし、同じ結果が通説からも導かれうるし、なにより編入説は、労働者の人格的主体性を没却する虞れがあると批判されている（広中・債権各論講義［第六版］二四九頁）。

雇傭契約では、普通使用者が労働者を募集し、労働者がそれに応募して、しばしば一定期間内の採用内定及び試用期間を経て本採用に至り、ここに始めて雇傭契約が成立する。この場合申込、承諾に応答するものは何かが問題となりうるが、それと関連して採用内定の法的性質も問題となりうる。学説上は採用内定後の法律関係を契約締結の一過程とか労働契約を締結すべき予約と解する説、本来の労働契約とは別個独立の契約だとする説、解除条件つきの労働契約とする説があったが、判例は、労働者の応募が労働契約の申込、採用内定通知がこれに対する承諾であり、それによって就労の始期を学校卒業直後とする労働契約が成立し、採用内定期間中は採用内定取消事由に基づく解約権が留保されているにすぎないとする（最判昭五四・七・二〇民集三三巻五号五八二頁）。この立場では内定取消は解雇とは区別されるべきことになるが、それも無制限ではなく、内定当時使用者が知りえなかった事情で、それに基づく解約が合理的で社会通念上相当とされる場合でなければならない（最判昭五五・五・三〇民集三四巻三号四六四頁（内定者が公安条例違反で逮捕、起訴猶予になったことが判明した事例））。

(2)　労務の意義と労働時間

労務に服するとは、使用者の指揮、監督に従って労務に従事することである。労務の種類には制限はなく、肉体労働、事務的労働、精神的ないし知的労働のいずれであるかを問わない。民法上は、労務に服する時間ないし期間につきなんら制限を置いていないが、労働基準法は、労働時間につき一日八時間労働の原則を定めているほか（労基三二条）、休憩（労基三四条）、休日（労基三五条）についても規定を置き、また労働契約の期間も原則として一年を超える期間を定めてはならないとした（労基一四条）。いずれも労働者を保護するために定められた規定である。労働基準法一四条の規定は、労働者の拘束が長期間にわたらないようにする趣旨であるが、平成八年、一五年には改正され、今日では最長期間は原則として三年に延長された。

また昭和六二年にはいわゆる裁量労働時間制が導入された（労基三八条の三、三八条の四）。この制度の下では、労働者は使用者による他律的な時間管理を免れて、時間配分の自由をもって自律的に働くことが可能となるが、実労働時間と賃金との連動関係は切断され、結果的に労働者の長時間労働及びサービス残業が増大する虞れがあるといわれている。この裁量労働時間制は、当初研究開発業務などの専門業務について労使協定の締結により導入しうるものとされたが、その後適用対象が拡大され、事業場における企画、立案、調査、分析の業務についても、新たに導入される労使委員会の決議により認めうるものとされた（労基三八条の四）（平成一〇年）。

(3) 報酬の支払

使用者が労務の給付の対価として報酬支払義務を負担することを約することもまた雇傭契約の要素である。民法上は報酬の種類につきなんら制限を設けていないため、物の使用、サービスの提供などでもよいことになるが、労働基準法は通貨払いの原則を設けた（二四条）。報酬額の決定基準についても制限がなく、時給、日給、月給、年棒のような時間払いでも、製品の数量など仕事の出来高に応じて報酬を支払う出来高払いでもよい。しかし労働基準法は、出来高払いにつき労働者の賃金の最低限は最低賃金法によって規制されている（労基二八条、最低賃金法）（昭三四法一三七号）。もっとも平成一六年には、それまでの産業別最低賃金と地域別最低賃金の二重基準を後者の低い水準に一本化することが計画されている。なお労働基準法は、男女同一賃金の原則を規定する（四条、一一九条一号）。

労働者に支払われる賃金も、厳密にいえば、現実に給付された労務の対価たる意味をもつものと家族手当、住宅手当、通勤手当のように労働契約における労働者たる地位の保有そのものから派生するとみられるべきものとの二つに分かれるとするのが今日の労働法学上の通説である。両者の区別は、労働が予定通りなされなかった場合の賃金債権の有無に関して実益をもってくる。

(4)　年少者の労働

雇傭契約は諾成、不要式の契約であるが、無制限に有効なのではなく、年少者に重労働を課する雇傭契約や女性の自由を拘束する雇傭契約は、公序良俗違反として無効となる（民九〇条）（我妻・債権各論中巻二、五五三頁）。労働基準法は、原則として満一五歳に満たない児童を労働者として使用してはならないとしている（五六条一項）。但し、一定の職業で児童の健康及び福祉に有害でなく、かつその労働が軽易なものについては、行政官庁の許可を受けて、満一二歳以上の児童をその者の修学時間外に使用することができる。映画の製作または演劇の事業においては、満一二歳に満たない児童についても同様である（五六条二項）。

雇傭契約についても民法総則の行為能力に関する規定（民四条以下）が適用されるが、労働基準法は更に、親権者または後見人が未成年者に代わって労働契約を締結してはならないと定めた（五八条一項）。児童の保護のためである。本条項違反行為は無権代理行為となるとするのが通説である。

(5)　労働条件の明示

労働基準法は、使用者は労働契約の締結に際し労働者に対して賃金、労働時間その他の労働条件を明示しなければならないと規定している（一五条一項）。平成一〇年の労基法改正では、明示すべき労働条件の範囲や書面により明示すべき労働条件の範囲が拡大された（労基則五条）。就業規則を作成して、これを労働者に提示するのでもよい（昭二九・六・二九労働省労働基準局長通達（基発）三五五号）。使用者がこの明示義務に違反するときは、三〇万円以下の罰金に処せられるが（労基一二〇条）、契約の効力には影響はない。これに対して明示された労働条件が事実と相違するときは、労働者は即時に労働契約を解除することができる（労基一五条二項）。しかし、実情は提示された労働条件と雇傭条件が相違することが少なくなく、労働者は生活のためにやむなく提示された労働条件とは異なった労働条件の下で労働することを余儀なくされる場合が多い。

三　雇傭契約の効力

(1)　労働者の義務

(イ)　労務給付義務

(a)　労務給付の内容

労働者は、使用者の指揮命令に従って労務を給付しなければならない（労働の従属性）。しかしこの従属性とは、労働力の処分を使用者に委ねるというだけであって、労務者の使用者への人格的隷属を意味するものではないことは当然である。労働者はまた労働協約や就業規則にも従わなければならない。使用者の指揮命令が契約の趣旨や労務の慣行、信義則、更には労働協約や就業規則に反するときは、労働者はその指揮命令に服しなくてもよい。労働時間、休憩、休日及び有給休暇については民法は規定していないが、労働基準法が詳細な規定を設けている（三二～四一条）。

労働者は労働ないし労務給付に際しどのような注意義務を尽くすべきか。労働者は労務給付の関係では債務者であるから、有償契約の義務者に一般に課される善良な管理者の注意義務を負担すると解される（通説）。しかし、被傭者の負担する義務は善管注意義務とは異なるとする学説もある（来栖三郎・契約法四二五頁）。被傭者は通常継続的に使用者の指揮命令下に労務給付をなすのであり、その内容は、単純労務、単純事務から裁量権を伴う職務にまで幅広く及んでいる。したがって、これを善管注意義務と呼びうるかどうかは別として、労働者は、その服する労務の種類や地位において一般に要求される相当な注意を自己の経験、知識に応じて果たさなければならないといえる。他方これとは別に、労働者は使用者に対して誠実義務（忠実義務）を負担すると主張される（ス債三二八条一項参照）。これは、労務給付が労働者の意思的行為によって行われかつ継続性、人格的支配、服従を伴うため、特に要請されるものである。

(b)　一身専属性

①　はじめに

雇傭では、使用者は労働者の個人的な知識、経験、能力、体力、性向、職場への近住性等を考慮して個々の労働者を雇い入れるのであるし、また逆に労働者の側でも、賃金、企業の安定度、成長性、収益性、労働条件、職種、その他様々な要素を考慮して就職先を決定するのが一般であるから、雇傭契約の当事者は、相互に一身専属的な立場に立っているといえる。そのため、使用者は、労働者の承諾がなければ労働者に対する労務給付請求権を第三者に譲渡することができない（民六二五条一項）。労働者の承諾なしに右請求権が譲渡された場合でも、労働者は解約告知権を有しないが、使用者に対して従前通り元の使用者のもとで労務に服することを請求しうる（相対的無効）と解されている。

労働者もまた、使用者の承諾がなければ第三者を自己に代わって労務に服せしめることができない（民六二五条二項）。労働者が使用者の承諾なしに第三者を自己に代わって労務に服させたときは、使用者は契約を解除または解約することができる（民六二五条三項）。この解除または解約は、使用者に対する背信の程度が高いため、無催告でなしうる。しかし、労務の性質上他の者が代わってなしてもなんらの影響もない場合で、被傭者にやむをえない事情があったときは、信義則上解約権を否定すべき場合もあると考えられる。

② 適法な労務給付請求権の譲渡、第三者の就労

労働者の承諾を得てなした労務給付請求権の譲渡及び使用者の承諾を得てなした第三者の就労はいずれも有効である。問題となるのは、労務給付請求権の移転に伴って労働者に対する報酬支払義務も譲受人に移るかどうか、また就労した第三者が使用者に対して報酬請求権を取得しうるかである。いずれも譲渡または第三者の就労に際しての当事者の意思が問題になるが、当事者のこれとは反対の意思が明らかな場合でも、労務給付請求権の譲渡の場合は新旧使用者が連帯して報酬支払義務を負うと解すべきである。元の使用者は譲渡先の会社の資力を担保すべきだと考えられるし、労働者の承諾は元の使用者の報酬支払の担保責任を免除するものとは解されないからである。単なる労務給付請求権の譲渡ではなく、使用者の雇傭契約上の地位の移転とみられる場合も同様に解すべきである。但し、この場合地位移転後六ケ月ないし一年間くらいで元の使用人の担保責任は消滅すると解すべきである。これに対して第三者の就労の場合は、第三者の使用者に対する報酬支払請求権を確保すべきであろう。実際に就労した者に報酬請求権を許容すべきだからである。

③ 出　向

労働者が本来の使用者の従業員たる地位は保持しつつ、労務が使用者の事業所以外の場所で他の使用者の指揮、監督下にかなり継続的に行われる場合（いわゆる出向）は、当該労務者は、現実には第三者（出向先）の事業所でその就業規則等に従って労働に従事するが、それは使用者の権利ないし地位の譲渡なのか、それとも元の使用者に対する労務提供の一態様にすぎないのかが問題になるが、いずれであるにせよ、このような出向を使用者が命じるには、労働者の同意が必要だと解されている。労働条件の重要な変更とみられるためである（最判昭四八・一〇・一九労判一八九号五三頁）。もっとも、就業規則や労働協約に「会社は業務上の必要あるときは出向を命ずる」という

如き記載がある場合の出向命令を労働者が拒絶しうるかについては議論がある。

④　派遣労働

従来民間人または民間企業による労働者供給事業は、中間搾取を招く等の理由で禁止されていたが、昭和六一年に一定範囲の業務について所定の要件と規制の下に労働者派遣事業が公認されることになった（労働者派遣法（昭和六〇年法八八号））。同法の下では、労働者を雇傭する企業Aがその労働者を他企業Bに派遣してBの指揮の下に労務を提供させることも可能である。本法の下では、労働者は、派遣後もA企業との間の雇傭関係を継続するのであり、B企業の従業員となるわけではない（労派遣二条一項）。派遣中はAに帰属する指揮命令権の全部または一部がBに委ねられるにすぎない。しかし、派遣労働者の実質的な労働条件は派遣先によって大きく左右されるため、労働者派遣法は、派遣元事業主が労働者に労働者派遣の対象であることを明示しなければならないものとしている（三二条）。

⑤　営業譲渡

企業または営業の譲渡の場合は、個々の労働者の承諾がなくても雇傭関係は一体となって譲受人に移転する（多数説）。組織化された企業または営業では、使用者の個人的色彩が薄れ、使用者の交替は当該企業または営業の実体及びその雇傭関係にほとんど影響を及ぼさない場合が多いためである。企業または営業の譲渡を肯じない労働者は、譲受人に対して即時告知をなしうると解すべきである（我妻・債権各論中巻二、八一八頁）。

⑥　会社分割と労働契約の承継

近時企業間の国際的な競争が激化しており、その競争力を強化するため、企業がその組織を簡易迅速に再編成して経営の効率性を高めることを目的として会社分割制度が導入されたが、会社分割に伴う労働関係の承継にかかる問題を解消するため、「会社の分割に伴う労働契約の承継等に関する法律（労働契約承継法）」が公布された（平成一二年法律一〇三号）。それによれば、分割会社は、労働者に対し一定期間内に労働契約が設立会社に承継されるかどうかを書面により通知する義務を負う（二条二項）。分割により承継される営業に主として従事する労働者の労働契約であって、分割計画書等に承継させる旨の記載があるものは、分割の効力が生じたときに設立会社等に承継される（三条）。分割計画書等にその労働契約を承継させる旨の記載がないものでも、その労働者が一定の期日までに書面で異議を述べたときは同様な結果になる（四条一、四項）。分割により承継される営業に主として従事する労働者以外の労働者の労働契約が設立会社に承継されることになっていた場合は、一定期間内に書面により異議を述べることによりその労働契約は分割会社に残留する（五条一項、四条三項）。

(c)　給付義務の不履行

労働者が使用者の指揮命令に従って雇傭給付を履行しない場合ないし自らの責に帰すべき事由によって契約上定められた給付をなさない場合は、使用者が相当期間報酬を支払っていないような場合を除いて、使用者は債務不履行に基づく損害賠償請求（民四一五条）または契約解除（解約）をなしうる。解約をするときは、不履行の事実が生じるまでの期間の雇傭関係は影響を受けない（遡及しない）（民六三〇条）。労働者の責に帰すべき事由の中には、労働者の罹患した疾病は入らないと解すべきである。また一時的な履行不能の場合も、使用者は雇傭関係の特性から契約を告知しえないと解すべきである。労働者の多くは労働関係に依存し、それから得られる報酬を生活の糧としている。他方において、労務給付はある意味で労働者の全人格の提供であるから、それを強制することは必ずしも好ましくない。労働基準法は、使用者が労働契約の不履行について違約金を定めまたは損害賠償額を予定する契約をしてはならないと定めている（一六条）。なお、就業規則に制裁の定めを設けるときは、使用者はその種類、程度に関して行政官庁に届け出なければならないとされ（労基八九条九号）、また減給の制裁には制限が設けられている（労基九一条）。

（ロ）　付随的義務

(a)　誠実義務

既述のように雇傭契約では使用者と被傭者とは人的関係で結ばれているから、被傭者は労務給付の提供に際して誠実義務が課されていると主張されるが、通説によればそれとともに被傭者は労務の提供に際して善管注意義務をも負い、これら両義務は実際上区別し難い場合が多い。但し学説上は、被傭者は業務上の過失によって使用者に損害を与えた場合は責任を負わず、責任を負うのは単に重過失ある場合だけだとする見解もある（三島・新労働法講座七巻一二六頁）。

労働者の誠実義務に付随して、労働者には職務に従事中知りえた業務上の秘密を他に漏らしたり、職務上知りえた業務上のノウハウを自ら利用して使用者の利益を侵害してはならない義務を負う。

(b)　競業避止義務

これも労働者に課される誠実義務から導かれるが、労働者は使用者の承諾なしに他の者に雇傭され、または労働者が平素労務に従事している営業と業務内容を共通にし、それと競合する営業を行うことは許容されない。支配人には明示的に競業避止義務が課されているが（商四一条）、それ以外の労働者にも、これと類似した状況にある場合には、同様な義務が課されると解すべきである。労働者の負うかような義務は、雇傭関係が終了するまで継続するとするのが通説である。労働者が生計を維持するために雇傭関係終了前と同様な営業をなす場合は、それを一般的には許容すべきだと考えられるからである。雇傭関係終了に際して使用者は競業避止義務を約束させることができるが、相当な範囲を超えるものであってはならない。

(c) 職務上の発明

特許法によれば、労働者がその性質上使用者の業務の範囲に属し、かつその発明をするに至った行為が労働者の職務に属する発明（職務発明）について特許を受けたときは、使用者はその特許について通常実施権を有する（三五条一項）。労働者がした職務発明については、契約、勤務規則等で予め使用者に特許権を受ける権利もしくは特許権を承継させまたは使用者のために専用実施権を設定することを定めることができるが（三五条二項）、これらの場合労働者は相当の対価の支払を受ける権利を有する（三五条三、四項）。相当の対価の支払を定める特許法三五条三、四項は強行規定である（東京地判平一四・九・一九判時一八〇二号三〇頁（青色発色ダイオード特許権持分確認請求訴訟））。もっとも、労働者がした職務発明に基づく特許権の価額が高額である場合、労働者が受けるべき相当の対価をどのようにして算定するかについては議論が多い。特許権に関する上記の記述は、実用新案権及び意匠権についてもあてはまる（実用新案九条三項、意匠一五条三項）。

近年は特に特許権につき、職務上の発明の対価の高額化に鑑みて、ドイツの職務発明制度（ガイドライン）に倣い、最低補償額を定額化し、その余は雇傭者との個別契約に任せるべきだとの見解も有力であるが、研究開発へのインセンティブを高めるという職務発明制度の趣旨から反対論が説かれている（青山紘一・慶応大学法学研究七六巻一号二一九―二二〇頁）。

(ハ) 身元保証、身元引受

雇傭契約を締結するにあたって、昔から労働者側に身元保証人または身元引受人を立てさせることが多い。これは使用者が被傭者を雇い入れるときは、その性格、能力、資質、信用等を通常知りえないことに備えたものであるが、前述の被傭者の使用者に対する誠実義務を担保するものといってよい。

身元保証は、身元保証人が労働者（身元本人）の雇傭契約上の債務不履行や不法行為などによって使用者に生じた損害の賠償債務を保証することを使用者との間で約束するものであるが、身元引受は、このような損害賠償債務だけでなく、労働者の疾病、性向、未経験など一身上の事情で生じた使用者の損失もまた身元引受人が引受けるものである。身元保証契約の法的性質は、したがって将来生ずることのあるべき債務の保証であり、身元引受契約は、身元本人が損害賠償義務を負担しない事項にも及ぶから、一種の損害担保契約である。しかし、身元保証人または身元引受人の責任の範囲が制限されない限り、使用者が自己の監督懈怠や勤務条件の劣悪さが原因で不詳事や欠勤が生じた場合でも、その損害を身元保証人や身元引受人に転稼できることになるため、身元保証人や身元引受人の責任を制限するために、昭和八年に「身元保証ニ関スル法律」が制定された（法律四二号）。

㈡　身元保証金

使用者は、被傭者を傭い入れるにあたって、雇傭に関連して使用者に被傭者の債務不履行または不法行為によって生じることあるべき損害の賠償を確保するために、予め被傭者または第三者に金銭や有価証券を差し入れさせることがある。これを身元保証金という。身元保証金の差入は、通常は行われないようであるが、損害発生の可能性の大きい会計や出納など金銭を扱う地位に就く者に要求されることがある。

身元保証金の法的性質及び効力は、敷金と同様に解されている。身元保証金の交付によって使用者にその所有権が移転し、使用者にその被傭者の行為により損害が生じれば、その額を控除した残額が、損害が生じなければ、交付した金額が雇傭終了時に労働者に返還される。すなわち身元保証金の法的性質は、停止条件付返還債務を伴う金銭等の所有権の移転である（我妻・債権各論中巻二、五七七頁以下）。

わが民法典によれば、身元保証金は、雇傭契約に期間の定めがあるときでも、雇傭のための単なる担保の提供の場合とは異なり、黙示の更新があるときはその効力を持続するものとされている（六二九条二項）。但し、第三者が身元保証金を交付したときは、その第三者の同意を得なければ、期間満了時に第三者に返還されると解すべきである。

(2) 使用者の義務

(イ) 報酬支払義務

(a) 支払時期

雇傭契約では使用者は労働者に報酬を与える義務を負う（民六二三条）。民法は報酬の支払時期につき、被傭者はその約した労務を終った後でなければ報酬を請求することができないと定め（民六二四条一項）、後払の原則を明らかにした。但し、これとは異なった特約の効力を否定するものではない。また月、週、日など期間をもって報酬を定めたときは、その期間の経過した後にこれを請求することができるものとされている（民六二四条二項）。

これに対して労働基準法は、労働者及びその家族の生活の安定を図るために、労働者の賃金は、毎月一回以上一定の期日を定めて支払わなければならないとしている（定期日払の原則）（二四条二項）。但し、臨時に支払われる賃金、賞与等についてはこの限りではない（二四条二項但書）。賃金支払時期の間隔が開きすぎたり、支払期日が不定であったりすると、労働者の生活の計画性や安定性を損い、生活の困窮を招く虞れがあることを考慮したものである。また使用者は、労働者が出産、疾病、災害その他命令で定める非常の場合の費用に充てるために請求する場合は、支払期日前であっても、既往の労働に対する賃金を支払わなければならないとされている（非常時払）（労基二五条）。これらの規定に違反する使用者は、三〇万円以下の罰金に処せられる（労基一二〇条）。これらの規定に違反する契約は、その部分につき無効とされている。

(b)　支払方法

民法には報酬の支払方法についての規定は存しない。したがって、当事者は支払方法につき任意に合意することができるし、使用者が被傭者に対して前貸金債権や損害賠償請求権を有するときは、報酬債権と相殺することも可能となる。しかし、月々の賃金の支払に自己及び家族の生活が依存している一般の労働者にとって、その生活の糧を容易に失うことは認めるべきではない。

労働基準法は、法令または労働協約に別段の定めがある場合を除いて、通貨で直接労働者にその全額を支払わねばならない（通貨払、直接払、全額払）と規定している（二四条一項）。従って、報酬請求権が第三者に譲渡された場合でも、使用者は譲受人に支払うことができないと解されている（最判昭四三・三・一二民集二二巻三号五六二頁）。また労働基準法は、使用者は前借金その他労働することを条件とする前貸の債権と賃金とを相殺してはならないと定めている（労基一七条）。前貸金債権と賃金債権との相殺を認めると、労働者及びその家族の生活への脅威を招きかつ労働者をその使用者に拘束する結果になる虞れがあるためである。このような場合でなくても、労働者の報酬請求権の四分の一を超える部分は、使用者はこれを受働債権として相殺することができない（民執一五二条、民五一〇条）。もっとも労働法学上は、全額払の原則から前借金以外であっても、損害賠償債権など使用者が労働者に対して有する凡ゆる債権との相殺が広く禁止されている（最判昭三一・一一・二民集一〇巻一一号一四一三頁、最大判昭三六・五・三一民集一五巻五号一四八二頁）。

(c)　労働者の報酬請求権

労働者の報酬請求権は、基本債権としてのそれは雇傭契約の効力発生時に生じるが、具体的な報酬請求権は労務に服さなければ生じないと解されている（多数説）。期間を定めて報酬の支払を約したときは、原則としてその期間の全部について労務に服さなければ、報酬全額を請求できないが、これと反対の特約を結ぶことはなんら妨げない。具体化した報酬請求権については、民法は一般の先取特権を付与して労働者を保護している（三〇六条二号、三〇八条）。また労働者の生活を守るため、労働者の債権者は原則として報酬請求権の四分の三に相当する部分は差し押えてはならないとされている（民執一五二条）。なお、労働者の報酬請求権は二年の消滅時効にかかる。退職金請求権は五年間である（民一七四条、労基一一五条）。

(d) 使用者の責に帰すべき事由による履行不能

① 使用者が正当な理由がないのに労働者の就労を拒絶した場合、労働者は報酬請求権を失わない。ドイツ民法は、かような場合を使用者の受領遅滞と捉え、労働者はそのために給付しえなかった労務に対する報酬を請求しうるとしてきた。この報酬に相当する分の労務は後で給付する必要はないが、労働者が労務に就かなかった間に他で報酬を得たなど利得があれば控除される（ド民六一五条）。ドイツ民法が受領遅滞構成を採用したのは、受領遅滞が債権者の帰責事由を必要としないため、労働者が使用者の帰責事由を証明しなくても、報酬請求権を取得しうる点にあったとされてきた。しかし、継続的契約である雇傭契約では、使用者が就労を拒絶するとそれによって就労できなかった期間の労務給付は、期間の経過によって不能に帰したというべきだから、債権者の責に帰すべき事由による履行不能の問題として処理すべきである（民五三六条二項）（同旨：幾代・新版注民(16)三七頁以下）。

② 使用者の過失によって工場が焼失したとか、原材料が調達できなかったために労働者が就労できなかった場合も、債権者（使用者）の責に帰すべき事由による履行不能（民五三六条二項）の問題になる。しかし、使用者の責に帰すべき事由によるか否かの判断が困難な場合が多い。これに関しては、労働者の給付を不能ならしめた原因が両当事者のいずれの作用領域ないし影響範囲で生じたかを基準として民法五三六条一項と同条二項の適用を分ける考え方

（いわゆる領域説）が日独で有力であるが、この立場では民法五三六条二項の適用される範囲が広くなる。わが国では労働者の適法なストライキは、使用者の責に帰すべき事由による履行不能の事例と解されている。

③　債権者の責に帰すべき事由による履行不能の場合は、債務者（労働者）は反対給付を受ける権利を失わないが、その間他に就労するなどして利益を得たときはこれを債権者に償還しなければならない（民五三六条二項）。しかし、生活の糧を労働の報酬に依存することを余儀なくされる通常の労働者にとって、元の勤務先に就労できないときは他の就労機会を求めなければ生活できないし、使用者との間の訴訟を継続するためには訴訟費用を工面しなければならない。そこで労働基準法は、使用者の責に帰すべき事由による休業の場合、使用者は休業期間中当該労働者にその平均賃金の一〇〇分の六〇以上の手当を支払わなければならないと定めた（二六条）。使用者がこれに従わないときは三〇万円以下の罰金に処せられる（労基法一二〇条）。民法五三六条二項と労働基準法二六条とは競合関係に立つ。判例によれば、労働基準法二六条にいう使用者の責に帰すべき事由は、民法五三六条二項の債権者の責に帰すべき事由より範囲が広い（最判昭六二・七・一七民集四一巻五号一二八三頁など。反対：星野編・民法講座第五巻一〇九頁〔半田〕）。

判例によると、使用者側に起因する経営、管理上の障害は労基法二六条の帰責事由に含まれるが、自己の所属する組合の他の組合員によってストライキが行われることにより労務の履行が不可能となった場合（部分スト）は、休業手当の請求はできない（最判昭六二・七・一七民集四一巻五号一二八三頁。但し、学説上は反対説あり）。当該労働者の所属しない組合によりストライキが行われたことにより労働の履行が不可能となった場合（一部スト）は、議論が分かれている。また労働者側の争議行為に対抗するための作業所閉鎖は、それが社会通念上相当である限り、労基法二六条の帰責事由は認められない（最判昭五〇・四・二五民集二九巻四号四八一頁）。

(e) 両当事者の責に帰すべからざる事由による履行不能

工場が類焼により焼失したとか、電力の供給が停止したため工場が稼動できない等の場合は、古典的な民法理論からいえば、債務者危険負担主義（民五三六条一項）が適用され、労働者は報酬を請求することができなくなる。しかし、賃金のうち労働者の生活保障的部分は、両当事者の責に帰すべからざる事由による就労不能の場合もそれを請求しうるという考え方も可能である。かつては、被傭者の責に帰すべき事由による労働給付の不能の場合も、賃金のうちの労働者たる地位の保有そのものから派生する生活保障的部分はなお発生するとする見解すらみられた（西村信雄他・労働基準法論（昭和三四年）一四三頁［本多淳亮］）。しかし今日の労働法学では、かような場合に賃金請求権の存続を一般に認めるべきだとする見解はほとんどみられない。したがって、この場合に労働者を救済する法的構成としては、前記領域説に従い使用者の責に帰すべき事由の範囲を広く捉える立場をまず第一に挙げるべきことになろう。その他わが国の学説上、比較的短期間の労働不給付につき、労働者がその責に帰すべからざる一身上の理由で労務に服することができない場合は、なお報酬請求権を失わないとする立法例（ド民六一六条、ス債三二四a条）に従って、わが民法の解釈としてもこれと同趣旨の黙示的合意ないし慣習を認めうるとする見解もある（広中・債権各論講義［第六版］二五五頁、幾代・新版注民(16)三八頁）。

(ロ) 付随的義務

(a) 保護義務

① 安全配慮義務

使用者は、労働者が安全な環境裡に労働することができるようにないしは労働者の生命及び健康に危険が生じないように職場の安全と衛生を確保する義務を負う。労働安全衛生法（昭和四七年法律五七号）も、職場における労働者の安全と衛生とにつき詳細な規定を置いてこの義務を明確化し、行政的監督によって義務の実現を図っている（労基法四二条）。わが民法上は、かような労働者を安全な環境裡に就労させる使用者の義務を民事上の責任に結びつけることはかつては認められていなかったが、使用者は、労務の性質上できる限り、労務給付に関連して労働者の生命及び健康に危険を生じさせないように配慮しなければならないと定めるドイツ民法の規定（六一八、六一九条。同旨：スイス債三二八、三二八a条）などを手がかりとして、わが国でも使用者の一般的安全配慮義務を認めるべきことが学説によって主張され（我妻・債権各論中巻二、五八六頁）、ついに昭和五〇年には、最高裁が付随義務としての安全配慮義務を使用者に課すべきことを明らかにした（最判昭五〇・二・二五民集二九巻二号一四三頁）。本判決によれば、安全配慮義務とは、ある法律関係に基づいて特別な社会的接触の関係に入った当事者間において、当該法律関係に付随して当事者の一方または双方が相手方に対して信義則上負う義務として一般的に認められるべきものである。この昭和五〇年最判は、自衛隊員（公務員）と国との関係についてかような義務を認めたものであるが、その後の判例は、民間企業とその従業員との関係についても広くこれを認めている（最判昭五九・四・一〇民集三八巻六号五五七頁）。被傭者は、使用者の安全配慮義務違反の場合、損害賠償請求だけでなく、契約を解除することもできると解すべきである（平野・契約法［第二版］四三二頁）。

②　災害救済義務

使用者は、労働者がその労務給付に関連して死亡、負傷しまたは疾病に罹患した場合に（いわゆる労働災害）、その災害を救済する義務がある。労働者は、使用者の指揮、監督の下に、場合によっては危険な労務に従事し、かつそれによって使用者が利益を受けるという関係にあるからである。

労働基準法は、労働者の業務上の災害につき使用者の無過失責任に基づく災害補償制度を定めた。それによれば、業務上の傷病の場合、使用者は、被傭者に療養保護を与えるべき義務（労基七五条）及び平均賃金の六割の休業補償をなす義務を負う（労基七六条）。その他使用者は、労働者災害補償保険への加入が強制されている（労働者災害補償保険法）。労働基準法の適用のない家事使用人等については、労災保険制度の適用はないが、報償責任の原理から無過失責任とすべきだという見解が有力である（稲本他・民法講義五、一四三頁〔上井長久〕）。

(b) 使用証明書交付義務

労働基準法によれば、労働者が退職の際に使用期間、業務の種類、その事業における地位及び賃金について証明書を請求した場合には、使用者は遅滞なくこれを交付しなければならない（二二条一項）。これは労働者の再就職を有利にするためのものである。労働基準法の適用のない場合でも同様に解すべきだという見解が有力である（幾代・新版注民(16)五六頁など）。使用者はまた、労働者の再就職を妨げてはならない義務を負っている（労基法二二条二、三項）。それだけでなく、使用者は、解雇の予定期間中労働者が他の職を探すために相当な時間を与える等これに便宜を与える義務を負うと解すべきである（幾代・新版注民(16)五六頁）。

四　雇傭の終了

(1) はじめに

雇傭もまた契約であるから、取消、解除条件の成就、一般の債務不履行による解除（解約）（民五四一条以下）のような一般的な契約の終了原因によって終了することはいうまでもないが、雇傭契約特有の終了原因も認められうる。それらは労務の終了、期間の満了、解約告知及び当事者の死亡に大別されうる。

(2)　労務の終了

紛失物の発見のために雇われた作業員や映画のエキストラのように雇傭契約上または労務の性質上ある特定の労務の給付を目的としまたはある特定の目的の達成のために雇傭契約が締結されたときは、その労務の給付の完了または雇傭契約締結の目的の達成とともに契約は終了する。しかし、報酬については、極めて短期間で契約が終了したような場合も、成功報酬が加算されるべきであるし、一日労働者を拘束したに近いようなときは、一日分の報酬が支払われるべきであろう。

(3)　期間の満了

雇傭の期間を定めているときは、その期間の満了によって雇傭は終了する。但し、黙示の更新の場合、すなわち雇傭期間満了後労働者が引続きその労務に服する場合において、使用者がこれを知って異議を述べないときは、報酬の額、労務の種類その他の点につき前の雇傭と同一の条件で雇傭を継続したものと推定される。もっとも更新後の雇傭は、期間の定めのない雇傭となり（民六二九条一項）、また前雇傭について当事者が提供した担保は、身元保証金を除いて期間満了によって消滅する（民六二九条二項）。期間の満了による労働契約の終了には労働基準法二〇条の解雇の予告は不要とするのが一般であるが、更新後の雇傭や短期の期間以外の場合につき必要説をとる者もある（三宅・新版注民(16)七三頁以下）。期間の定めが形式化している場合は、前記不要説もまた労基法二〇条の適用があるとする。

形式上期間の定めある契約とされながら、同じ内容の契約が何度も反復更新されることによって長期間の雇傭が維持されている場合がある。使用者が更新拒絶（いわゆる雇止め）の意思表示をした場合、判例は、実質的に解雇の意思表示にあたるとして解雇の法理を類推すべきだとするが（最判昭四九・七・二二民集二八巻五号九二七頁）、簡易な採用手続で短期的有期契約を前提とする臨時工の場合は、人員整理にあたって本工と異なる取扱を受けることはやむを得ないとする（最判昭六一・一二・四判時一二二一号一三四頁）。

(4) 解約告知

(イ) はじめに

労働者の理由のない長期欠勤などの場合に、使用者が民法五四一条以下の規定によって解除（解約）しうると解されるが、民法は相互的な信頼が重視される継続的契約関係である雇傭の特性に着眼して、第三者の無断労務給付による解除、予告期間付解除、解約の申入、即時解除、使用者の破産による解除という五つの解除原因を定めている。雇傭の解除は、解除をしたときから将来に向かってのみ効力を生ずる（非遡及効）のが原則である（民六三〇、六二〇条）。したがって、雇傭の解除は解約告知としての性質を有する。なお、解除原因について当事者の一方に過失があるときは、相手方は損害賠償の請求をすることができる（民六三〇条、六二〇条但書）。

(ロ) 第三者の無断労務給付

労働者が使用者の承諾を得ないで自己に代わって第三者を労務に服させたときは、既述の如く使用者は契約の解除をすることができる（民六二五条三項）。

(ハ) 雇傭期間の定めある場合

当事者が雇傭期間を定めた場合において、雇傭の期間が五年を超過しまたは当事者の一方もしくは第三者の終身間継続すべきときは、当事者の一方は五年（商工業見習者については一〇年）を超過した後いつでも契約を解除することができる（民六二六条一項）。これは労働者が同じ使用者の下で長期間拘束されることを避ける趣旨の規定で、本来労働者保護規定であるが、使用者にもかかる権利が付与されている。当事者はこの五年（一〇年）の期間が経過すると特別の理由なしに解約告知することができる。当事者がこの解除権を行使するときは、三ケ月前にその予告をしなければならない（民六二六条二項）。通説によれば、この予告は解除（告知）権発生のための要件ではないため、必ずしも本条項の告知は必要ではなく、解除の意思表示後三ケ月の期間が経過すれば当然に雇傭は終了する。

なお、労働基準法は、当事者に雇傭開始後一年経過したときから解除権を認めていたため（一四条）、労働者については原則的にこの労基法の規定が適用された。但し、学説上は一年経過後に解約しうるのは労働者だけで、使用者は五年経過しなければ解除しえないとする見解もあった（石田穣・民法Ⅴ三一三頁）。労働基準法一四条の規定は、平成一〇年の改正を経て、平成一五年には労働契約の最長期間を原則として三年とし、専門的知識等を有する労働者及び満六〇歳以上の労働者との間に締結される労働契約については五年とする旨改められた。これによって労資双方が有期労働契約を締結することが容易になったといわれる。

㈡　雇傭期間の定めのない場合

当事者が雇傭の期間を定めなかったときは、各当事者はいつでも解約の申入をすることができる。この場合は雇傭は解約申入後二週間を経過したときに終了する（民六二七条一項）。これは、解雇並びに退職の自由の原則を認めたものであり、当事者は解約の理由がなくてもいつでも雇傭を解約することができるとされている。この二週間は、前条二項と同様予告期間ではなく、解約申入後二週間の経過によって当然に雇傭は終了する（通説）。使用者は、二週間の予告期間を置くことに代えて二週間分の報酬を支払って即時に雇傭を終了させることもできると解されている。労働基準法は、使用者が解雇しようとする場合は、原則として三〇日前にその予告をするか、三〇日分以上の平均賃金を支払わねばならないと定め、民法の規定を修正している（二〇条一項）。

民法は、突然の解約による労働者の生活上の不安を除去するために、六ケ月未満の期間をもって報酬を定めた場合（月給、週給など）は、解約の申込は、当期の前半にした場合にのみ次期（翌月、次週）以降についてすることができ（後半にした場合は、次々期以降についてのみ許容される）（民六二七条二項）、六ケ月以上の期間をもって報酬を定めた場合（年棒など）は、解約の申入は三ケ月前にしなければならないと定めている（民六二七条三項）。これらの予告期間を任意規定とする判例もあるが（大判大七・一二・一四民録二四輯二三二二頁）、強行規定と解するのが通説である。

　更に労働法は、労働者及びその家族の生活のために使用者からの解雇を様々に制限している。労働基準法は、使用者が業務上負傷しまたは疾病にかかり療養のために休業する期間及びその後三〇日間並びに産前産後の女性が休業する期間（六五条）及びその後三〇日間は、原則として解雇してはならないとしている（一九条一項）。また労働組合法は、使用者は労働者が労働組合の組合員であることなどを理由に解雇してはならないと定めている（不当労働行為）（七条一号）。更に、解雇の理由や手続について就業規則（労基九三条）や労働協約（労組一七条）によって制限が設けられている場合は、それに従わなければ解雇は無効である（通説）。

　従来わが国では終身雇傭の慣行が広く行われてきた。これにつき通説、判例は、使用者は労働関係継続義務を負わず、期間の定めのない雇傭契約となるだけで、使用者が解雇しても、単に就業規則や労働協約による解雇事由の制限がいかなる効力をもつかの問題になるにすぎないとする。実際上問題となるのは、解雇事由を制限的に列挙する場合と解雇につき労働組合との協議ないしその同意を要するとする場合である。判例は、解雇制限が労働条件に関する基準に関する場合は解雇無効とし、協議条項違反の場合も一般的には無効とするが、人員整理が会社にとって必要やむを得ないものであり、組合の了解を得るために会社として尽くすべき処置を講じた場合は解雇を有効とする（最判昭二九・一・二一民集八巻一号一二三頁）。また普通解雇事由にあたる場合でも、当該具体的事情の下で解雇することが著しく不相当、不合理であるときは、解雇は無効とされる（解雇権の濫用）（最判昭五〇・四・二五民集二九巻四号四五六頁）。平成一五年には労働基準法に明文の規定が置かれ、「解雇は、客観的に合理的な理由を欠き、社会通念上相当であると認められない場合は、その権利を濫用したものとして、無効とする」と規定された（一八条の二）。またそれ以外にも、就業規則における解雇事由の記載の要求（労基八九条三号）、解雇予告段階での解雇理由証明書の交付義務（同二二条二項）など、解雇をめぐる諸規定が新たに加えられた。

㈭　即時解除

当事者が雇傭の期間を定めたときであっても、やむをえない事由があるときは、各当事者は直ちに契約の解除をすることができる。但し、その事由が当事者の一方の過失によって生じたときは、相手方に対して損害賠償の責に任じる（民六二八条）。本条は期間の定めのない雇傭にも適用がある（大判大一一・五・二九民集一巻二五九頁）。

やむをえない事由とは、即刻雇傭関係を終了させなければ労働者またはその家族の生存に著しい影響を及ぼし、または企業がその社会的、経済的信用を失墜し、もしくは使用者が巨額の損失を被る虞れがあるなどの事情がある場合を指す。使用者が労働者を著しく虐待するとか、労働者が職務に従事し続けると健康を著しく害する、労働者が会社または使用者の金を横領した、ひき逃げ事故その他の破廉恥行為を惹き起したなどの場合がこれにあたる。その事由を生じさせたことについて解除者に責任の一端があることは本条の適用を妨げない。しかし、労働者の病気による長期の就業不能や適法な同盟罷業（労組七条一号）は、本条の即時告知の事由にはあたらないと解されている。

労働基準法は、天災事変その他やむを得ない事由のために事業の継続が不可能となった場合または労働者の責に帰すべき事由に基づいて使用者が解雇する場合は、予告なしの解雇が可能だとしている（二〇条一項）。但し、使用者はその事由について行政官庁の認定を受けなければならない（二〇条三項、一九条二項）。本条は、使用者が即時告知する場合に関する民法六二八条の特別規定であり、両者が競合する場合は、本条が優先的に適用されると解すべきである。

(ヘ)　使用者の破産

使用者が破産の宣告を受けたときは、雇傭に期間の定めがあると否とを問わず、労働者または破産管財人は、前記民法六二七条の規定によって解約の申込をすることができる（民六三一条前段）。従って、期間の定めのない場合は、六ケ月に満たない期間をもって報酬を定めたか、六ケ月以上の期間をもって報酬を定めたかによって猶予期間は異なる。この場合各当事者は、相手方に対して解約によって生じた損害の賠償を請求することはできない（民六三一条後段）。

(4)　当事者の死亡

(イ)　労働者の死亡

雇傭は、労働者と使用者との間の個人的な信用に基づいて締結され、第三者による交替も当然には認められないから、被傭者たる地位は一身上の専属性を有するとみるべきである。労働者の死亡は、雇傭の終了原因となる。相続人が同じ使用者に雇傭される場合は少なくないが、別個の雇傭契約が締結されるのであり、被相続人の雇傭契約とは同一性をもたない。

(ロ)　使用者の死亡

これに対して、使用者の死亡は原則として雇傭の終了原因とはならない。今日では労働者は、使用者との個人的関係というよりも、企業の組織体の一員としての地位を有し、使用者の死亡は、企業の側にもまた労働者の側にも組織または地位の変動をもたらさないのが普通だからである。人的色彩の濃い雇傭で使用者の死亡によって雇傭関係が終了すると解すべき場合でも、使用者死亡後相当期間内は雇傭関係の存続を認めるべきである。

(5)　退　職　金

通常の雇傭契約では、労働協約や就労規定により被傭者が一定期間以上就労を継続しかつ一定の事由が被傭者の側に生じなかった場合には、被傭者が退職に際して使用者から所定の計算によって算出された退職金を受取る場合が多い。この退職金の法的性質は、功労報償説、生活保障説、賃金後払説などがあるが、現実に支給されている退職金はこれら様々なものが含まれると解されている。もっとも労働の対価として支給基準の明確なものは、給料の後払的性格をもつとされている。もっとも、労働者が退職金債権を保全するために先取特権を行使する場合は、判例は、先取特権によって担保されるべき給料は、額を問わず総てこれに含まれるのではなく、退職金のうちの給料相当額が先取特権の対象になるにすぎないとする（最判昭四四・九・二民集二三巻九号一六四一頁（民法三〇八条改定前の事例であるため、最後の六ケ月間の給料のみが問題とされている））。

第二節　請　負

一　意義と性質

(1)　意　義

請負は、当事者の一方がある仕事を完成することを約し、相手方がその仕事の結果に対してこれに報酬を与えることを約束することによってその効力を生じる契約である（民六三二条）。請負は、注文者の依頼に応じて請負人が一定の仕事を完成する義務を負うもので、本来は請負人が自ら仕事完成のための労務に服するが、第三者の労務を糾合して仕事を完成させる場合でもよい。仕事の内容には制限はなく、道路、橋梁、建物の建築のような土木建築の請負から、物品の製造、修理、印刷、出版、洋服や靴の仕立など広い範囲に及び、今日の経済社会で重要な機能を果たしている。運送契約や仲立契約も本来は請負契約に属するが、商法上の典型契約として特別に規定している。

請負は、委任や雇傭と同様に他人の労務を利用することを目的とする契約であるが、委任は他人に一定の事務の処理を委託するもので、仕事の完成は要素とはなっていないし（民六四三、六五六条）、雇傭は使用者の指揮命令の下に労務に従事するだけであるのに対し（民六二三条）、請負は、依頼された仕事の完成を目的としており、請負人の労務は仕事完成のための手段であるから、これらの契約は相互に異なる。請負は仕事の完成を要素とするため、仕事を完成しなければ労務提供の事実があっても報酬を請求できない。

完成した物の引渡を伴う請負は、売買との区別が問題となることが少なくない。売買は、もっぱら財産権の移転を目的とする契約であるのに対して（民五五五条）、請負は、仕事の完成と場合によってはその引渡を目的とする契約である。しかし、完成した仕事の引渡が財産権の移転を伴う場合は、その限度で売買の要件と重なり合う。従来仕事の材料の全部または主たる部分を注文者が提供する場合は、仕事が完成すると直ちにその所有権は注文者に帰属し、債務者による財産権の注文者への移転は問題にならないから、請負契約となるが、材料の全部または主たる部分を請負人が供給する場合は、売買契約となりうると解されてきた。旧民法は、後者の場合一般的に売買契約になるとしたが（財取二七五条）、ドイツ民法はこの場合でも代替物を製作するときは売買の規定が、不代替物を製作するときは請負と売買の規定が適用されるとした（六五一条）。ドイツ民法ではこれらの場合は製作物供給契約と呼ばれている。近時わが民法でも、請負人が材料の全部または主要部分を提供する場合は、製作物供給契約として売買と請負との混合契約となるとする説が有力化している。もっとも、注文建築（建売住宅）や特別仕様による代替物の製造販売のような場合は、原材料の全部または主要部分を請負人（売主）が提供していても、請負契約規定によって請負人（売主）の責任の範囲や責任期間を定めるべき場合が多いであろう。

(2)　請負契約に類似した契約

(イ)　製作物供給契約

製作物供給契約とは、債務者が相手方からの注文に応じて材料の全部または主要部分を自ら提供して製作した一定の型式、仕様の物品を供給することを約し、相手方がこれに対して報酬を支払うことを約する契約とされている。この契約は、既述のように単に仕事の完成を目的とするだけでなく、製作した物の所有権の移転をも目的としているから、請負と売買との混合的な性質を有する。ドイツ民法は、製作物が代替物であるときは売買の規定を適用し、不代替物であるときは請負に関する規定と売買に関する規定の両者が適用されるという立場を現在でもとっている（ド民六五一条）。わが民法上は、かつては代替物を目的とするか不代替物を目的とするかにより、または仕事の完成を目的とするか目的物の所有権の移転を目的とするかという当事者の意思を基準として、当該製造物供給契約が売買か請負かを決定する立場が支配的であったが、今日では混合契約としての製造物供給契約を認め、請負規定と売買規定の相互の適用関係を柔軟に処理する見解が有力である（広中・新版注民(16)一一六頁）。

この立場によれば、製作物が代替物である場合は、基本的には売買に関する規定の、補充的に請負に関する民法六三四条、六三六条、六四一条の適用を認めるべきであり、製作物が不代替物である場合は、請負契約的要素が強いため、請負契約に関する規定が適用されるが、有償契約である以上性質の許す限り売買に関する規定も準用されると解すべきことになる（広中・新版注民(16)一一七頁）。問題になるのは、注文者の任意解除を認める民法六四一条の適用の可否と製造者の瑕疵担保責任が売買の規定（民五七〇条）の適用を受けるのかそれとも民法六三八条によるべきかである。今日では民法六四一条の適用を肯定し、売主の瑕疵担保責任と請負人の瑕疵担保責任の接近を根拠に民法六三八条の適用もまた肯定する見解が有力である（平野・契約法［第二版］四四二頁）。

(ロ) 請負耕作

耕地の所有者が、面積の大小にかかわらず他人にその耕地における農作物栽培作業の全部または一部を委託し、これに対して依頼者(地主)が報酬を支払うことを約する契約であり、経営委託、全作業委託、作業単位の委託などの形態がある。請負耕作は、債務者に耕作を請け負わせるものであって、地主が農地を貸与するものではないから、小作人(農地賃借人)が厚く保護される農地法上の農地賃借人に関する規定は適用されないとされている。学説上田植とか草刈だけの部分的作業請負は請負とみることができるが、田植、種蒔から収穫までの一貫した耕作を目的とした請負耕作は、収穫物の一定割合ないし一定量を地主が徴収する場合には、実質的にみれば農地の賃貸借であり、これに対して収穫物を地主が取得し請負料を支払う場合は耕作の請負となるとされるが(来栖・契約法四五〇頁)、後者は委任となるとする見解もある(宮崎俊行・慶応義塾大学法学研究三六巻九号一頁)。

農業従事者の高齢化、更にはその後にくる農業の後継者難による耕作放棄地の増加現象の著しい今日では、農業経営主体の法人化、集団化の問題と並んで請負耕作、農地賃貸借の問題が顕著になってきている。しかも今日の請負耕作は、専業農家が耕作者がいなくなった農地について行う場合が多いといわれ、その結果機械化、大規模化している。このような現状をみると、請負耕作では、耕作者の保護というよりも、近代的な等価交換の法理の貫徹が要請される場合が多いのであり、このような場合は端的に請負契約と構成することができよう。

(ハ) 斤先掘契約

斤先掘契約とは、鉱業権者が鉱業権者でない第三者(斤先人)に鉱区を利用させて鉱物を採掘させることを約する契約である。従来斤先人が鉱物の売却権をもち、一定の料金を鉱業権者に支払う場合は、鉱業権の賃貸借であり、斤先人に売却権がなく、鉱物は鉱業権者に引渡され、斤先人は請負料を受け取る場合は、採掘の請負と解されてきた。鉱物の採掘は、掘削、抗道の確保、安全設備などに巨費を要し、政府の認可を受けた事業者しかこれをなしえないとされているにもかかわらず、斤先掘は私的にかような資格をもたない者に採掘させる契約であり、法律上は禁止されている（鉱業一三条）。他人の鉱区で鉱物を適法に採掘するためには、正式に認可を受けて租鉱権を設定することが必要である。

(3)　請負に関する特別法上の規制

(イ)　はじめに

請負は、報酬額も多額になることが多く、実社会で極めて重要な役割を営んでいるため、特に運送営業や土木建築請負では特別法によって規制が加えられている。運送営業は商法上の契約類型であるため本書では割愛し、以下には土木建築請負について述べよう。

(ロ)　土木建築請負

建設業法（昭二四法一〇〇号）によれば、杜撰工事を防ぐため建設請負工事業は許可制とされ（三条）、建設工事請負契約が締結されたときは、一定の重要事項を記載した書面の作成と交付が要求される（一九条）。また不当に低い請負代金（一九の三条）や一括下請負（二二条）は禁止される。

更に本法により設置が認められた中央建設業審議会は、公共工事標準請負契約約款、建設工事標準下請負契約約款及び民間建設工事標準請負契約約款を公表して契約の適正化を試みている。なお、建設工事請負契約約款としてはその他に、民間の四団体（日本建築学会、日本建築協会、日本建築家協会、全国建設業協会）が作成した民間（旧四会）連合協定工事請負契約約款がある（民間（旧四会）連合協定工事請負契約約款委員会、民間（旧四会）連合協定工事請負契約約款の解説（平成一二年）参照）。

建設請負契約に関する重要な特別法規としてその他、公共工事の際に公共団体が請負人に支払う前払金を保証事業会社に保証させるために請負人に保証料の支払義務を負わせる「公共工事の前払金保証事業に関する法律（昭二七年法一八四号。平成一一年、一四年に大改正を受けた）」、「下請代金支払遅延等防止法（昭三一年法一二〇号）（後述）」等が挙げられる。

⑷ 性　質

請負契約では、請負人による仕事の完成と注文者のこれに対する報酬の支払とが相互に対価関係にあるから有償契約であり、また契約締結後これらの義務が契約当事者間で相互に対立関係にあるから双務契約である。また請負契約は、当事者の一方の仕事の完成の約束と他方のこれに対する報酬の約束によって成立し、なんら特別の方式が要求されないから、諾成、不要式契約である。

二　請負の成立要件

⑴ 仕事の完成の約束

仕事とは、労務によって生じた結果である。仕事の種類については民法はなんら制限していない。したがって、道路、橋梁、建物のような土木建築はもとより、船舶、機械、家具の製作、書籍の作成、旅客や物品の運送、講演、翻訳、演奏のような無形的なもの、洋服の仕立や洗濯物のクリーニング、自動車や自転車の修繕など数多のものを含む。仕事の完成とは、これらの仕事を仕上げることである。

⑵ 報酬の支払の約束

報酬は、金銭で支払われるのが普通であるが、労務の提供や物品の交付、物の使用の許容などでもよいと解されている。報酬の種類や額は請負契約中に明示されるのが普通である。通常は報酬額は実費の見込額に利潤を加えて算定されるが（定額請負）、当初は概算額を決めておくだけで、後で具体的な額を確定する場合もある（概算請負）。

特に土木建築請負では、昭和四九～五〇年の石油危険の時期に諸物価及び人件費が短期間で値上がりし、工事請負人が契約当初の請負額で工事したのでは大幅な赤字を出す状況が続出した。それによって建設工事請負契約約款には物価スライド条項が一般に挿入されるに至った。

(3)　合意の成立

請負では、一定の仕事の完成とそれに対する報酬について合意が成立すれば、契約は効力を生じ（民六三二条）、書面の作成は必要とされない。しかし建設工事請負では、請負金額も多額に上り、また請負工事期間も相当長期に及ぶことが多く、工事に伴う紛争がしばしば生じるため、当事者に書面作成が義務づけられている。建設業法によれば、建設工事請負契約の当事者は、工事内容、請負代金額、工事着手時期及び工事完成時期等重要事項を書面に記載し、相互に交付しなければならない（一九条）。また下請代金支払遅延等防止法には、下請負人保護のため元請負人に一定の事項を記載した書面の交付義務が課されている（三条）。もっとも、これらの規定は取締法規であり、書面を作成しなくても契約上の効力に影響はない。

三　請負の効力

(1)　請負人の義務

(イ)　仕事完成義務

(a)　仕事着手時期

請負人は、仕事を完成する義務を負う（民六三二条）。そのため請負人は、仕事に着手しなければならない。契約上定められた着手時期が到来しているのに請負人が仕事に着手しないとか、仕事の性質上仕事に着手しなければ完成予定時期までに完成できないのに仕事に着手しないときは、注文者は仕事の着手を強制しうるだけでなく（民四一四条）、催告の上契約を解除して損害賠償を請求することもできる（民五四一、五四五条）。請負人が仕事に着手した後に途中で工事を中止した場合も同様である。

(b)　仕事の方法

請負人は、特約または仕事の性質上自らの労務によるべきものとされている場合を除いて、第三者の労務を用いることも可能である。請負人は、自己の労務に代えて履行補助者、履行代行者を用いうるし、下請負人に仕事をさせることも一般的には可能である。

仕事の材料や施設を当事者のいずれが提供するかは、契約または慣行によって決まる。注文者が材料を提供した場合でも、請負人はそれを用いないで仕事を完成させることも可能であるが（不規則請負）、それによって相手方に対して債務不履行責任を負担しなければならなくなる場合もある。また注文者から工事について指図がなされる場合、原則として請負人はそれに従って仕事を進めなければならないが、専門家としての立場からその指図に従って工事をしたのでは注文者に不利益を生ずる虞れがあることを知りえた場合は、その旨注文者に説明すべきであろう

（民六三六条）。

(c)　仕事完成時期

仕事の完成につき期限が定められている場合は、その期限までに仕事を完成するのが原則である。注文者はその完成時期を前提にして様々な予定を立てているのが普通だからである。仕事の完成が遅延した場合は、注文者は損害賠償を（民四一五条）、完成まで待つことができない事情があるときは、催告解除のうえ損害賠償を請求できる（民五四一、五四五条）。但し、土地工作物の請負の場合は、解除を認めるにしても、注文者に工事の出来形を評価したうえでの清算を義務づけるべきであろう。この場合、注文者にとって利益のある既施行部分は契約を解除することができず、未施行部分についてのみ一部解除をなしうるとすることも可能であろう（最判昭五六・二・一七判時九九六号六一頁）。

(d)　目的物引渡義務

請負人は、物の製作など場合によっては仕事の完成義務の他に、完成した目的物の引渡義務を負う。目的物の引渡義務に目的物の財産権移転義務が伴う場合もある。請負人が材料の全部または主要部分を提供したような場合にこれが問題となりうる。

(e)　請負人の品質保証

請負人は、請負契約に従って仕事を完成する義務を負うが、近時問題となったのは、住宅建築工事の請負人がいわゆる欠陥住宅を引渡すことの多発である。消費者の住宅に関する意識が高まる中、良質の住宅ストックの形成のために、平成一一年に住宅の性能に関する表示基準及びこれに基づく評価の制度を設け、住宅による紛争の処理体制を整備するための法律（住宅の品質確保の促進等に関する法律）が制定された。

それによれば、指定住宅性能評価機関は、申請により設計または建設された住宅について住宅性能評価を行い、その上で評価書を交付することができ（五条一項）、住宅の建設工事の請負人が、設計された住宅に係る住宅性能評価書またはそのコピーを請負契約書に添付しまたは注文者に交付したときは、それに表示された性能を有する住宅の建設工事を行うことを契約したものとみなされる（六条一項）。

同法は、新築住宅の請負人に構造耐力上主要な部分または雨水浸入防止部分として政令で定めるものについて一〇年間の担保責任を課しただけでなく（八七条一項）、建設大臣に住宅型式性能認定権限（二二条一項）や規格化された型式の住宅の部分または住宅の製造または新築をする者についての認証権（二五条一項）を与え、認証型式住宅部分等製造者に型式適合義務及び検査義務を課し（三二条）、その他指定住宅紛争処理機関の指定等に関する規定（六二条）も置いている。

(ロ) 目的物の所有権の帰属と危険負担

(a) 目的物の所有権の帰属

完成した仕事（物）の所有権の帰属及びその移転の問題は、以前は基本的には材料の供給者が誰であるかによって決せられた。

① 材料の全部または主要な部分を注文者が提供した場合

この場合は、請負人がその材料に工作をして完成させるだけだから、完成した物の所有権は、特約なき限り当然原始的に注文者に帰属すると解されている（大判昭一〇・一一・六法学五巻六三五頁）。したがって、請負人が建築した建物に自己名義の保存登記をしてもなんら効力がない（大判昭七・五・九民集一一巻八二四頁）。判例は、加工に関する規定（民二四六条）がこの場合には適用されないとの立場をとっている。しかし、その理由ははっきりしない。そもそも完成した仕事の所有権の帰属が問題になるのは、注文者が報酬を支払わないとか、注文者または請負人の債権者が差し押えたとかの場合であろう。加工に関する規定を適用するといずれが所有者かを決めるのが困難な場合も少なくないと思われるが、材料の価値が比較的小さく、加工による価値増加が著しい場合にまで材料供給者たる注文者の所有権を肯定すべきではあるまい。現在の判理法理からすれば（後述参照）、この場合もまた当事者間に完成した物の所有権を注文者に原始的に帰属させる合意があったとみるべきことになろうが、請負人（ないし下請負人）の保護という点からは問題の余地がある。

② 材料の全部または主要な部分を請負人が提供した場合

α 目的物が動産である場合は、製造物供給契約の問題となりうるが、特に建物建築請負の場合、判例は当初、特約のない限り完成した建物の所有権は請負人に帰属し、引渡によって注文者に移転するとしていた（大判明三七・六・二二民録一〇輯八六一頁）。下請負人が建物を完成した場合は、完成建物は元請負人への引渡があるまでは下請負人の所有に属するとされた（大判大四・一〇・二二民録二一輯一七四六頁）。

しかし、その後の判例は、注文者に即時に所有権を帰属させる旨の反対の合意を広い範囲で認めている。すなわち、建物建築の完成前に請負代金を完済したときは、特別の事情のない限り、建物の所有権は完成と同時に注文者に帰属させる暗黙の合意があったと認められるし（大判昭一八・七・二〇民集二二巻六六〇頁）、更に棟上げのときまでに建物工事代金の半額以上が支払われ、その後も工事の進行に応じて残代金の支払をしてきたときは、建物の所有権は、引渡をまたないで完成と同時に原始的に注文者に帰属する（最判昭四四・九・一二判時五七二号二五頁）。注文者から請負代金額相当の約束手形の交付を受けたので（その後手形は不渡となった）、請負人が建物建築確認通知書を交付した事例でも、判例は、完成と同時に注文者にその所有権を帰属させる旨の合意があったとした（最判昭四六・三・五判時六二八号四八頁）。

しかし、本件では請負人は代金が支払われたものと誤信して建築確認通知書を手交したのだから、不渡手形をつかまされたのである以上、右通知書の交付は真意によるものとはいい難い。注文者（本件では土地付分譲住宅の販売業者）から善意で不動産を買い受けた者の保護の問題は残るが、少なくとも注文者からの買受人に悪意または重過失があるときは、請負人は所有権を対抗しうると解すべきである。

β　建物建築請負で下請負人が棟上げを終えた後に下請負代金不払を理由に工事を放棄した事例で、注文者が元の請負人との間の請負契約を合意解除したうえ、他の請負人に残工事を続行させて完成した場合、右下請負人と第三者たる請負人との間では、加工に関する規定（民二四六条二項）に従って建物所有権は新請負人に帰属し、新請負人と注文者との間では特約により注文者に帰属するとした判例もある（最判昭五四・一・二五民集三三巻一号二六頁）。

学説上は、かつての判例のような原則的な請負人帰属説を支持するものもあるが、今日ではむしろ注文者原始取得説が多数といえる。その論拠は、注文者の敷地上に建物を建てる場合は、請負契約は注文者のために建物または建前を建設させるものだという点に求められている（星野・民法概論Ⅳ二六一頁、広中・債権各論講義［第六版］二六七頁、平野・契約法［第二版］など）。しかし、注文者が請負人に代金の全額または主要部分を支払っていない場合にもかような注文者への所有権の即時帰属を認めてよいのであろうか。当事者の意思としては代金の支払が前提となっているとみてよいようにも思われる。代金を払ってもらっていない請負人は留置権を認めることにより保護されうると主張されるが（平野・契約法［第二版］四五一頁）、所有権の留保を認める方が請負人の保護に厚いことは当然である。請負人が工事途中で工事の続行を拒否した場合は、注文者が既になされた工事の部分に相当する代金を支払っている限り、完成部分の所有権は注文者に帰し、注文者は残工事を他の請負人に完成させることができる。注文者が右代金をまだ支払っていない場合は、他の請負人に残工事を完成させた場合、完成した工事の所有権は付合の法理（民二四二条以下）によって解決されるべきか、それとも加工の法理（民二四六条）によって解決されるべきかが問題となりうる。後説では、既工事分の価値と残工事によって付加された価値（及び新たに付加した材料の価値）の大小によって所有権の帰趨が決まる。もっとも、注文者が出来形相当分を当初の請負人に支払っていない場合でも、完成した工事の所有権は注文者に帰属するとの立場に立つときは、これらの問題は生じない（平野・契約法［第二版］四五二頁）。

γ　下請負人が全部の原材料を提供して建物を建設した場合において元請負人が倒産したときは、その建物の所有権が代金を元請負人に支払った注文者に帰属するか、下請代金の支払を受けていない下請負人に帰属するかという問題が生じている。元請負人が倒産したことによって工事が途中でストップした場合の出来形についても同様な問題が生じうる。後者につき近時の判例は、注文者と元請負人との間に契約が中途解除された場合の出来形部分の所有権が注文者に帰属するという約定があるときは、その所有権は注文者に帰するとする。下請負人が元請負人の履行補助者的立場に立つことを論拠とする（最判平五・一〇・一九民集四七巻八号五〇六一頁）。学説上報酬の支払を受けていない下請負人の保護の方法として、注文者が代金をまだ支払っていない場合は債権者代位権の直接訴権への転用を、注文者が代金を支払っている場合は、他人物についての留置権を認めるべきことが説かれている（平野・契約法［第二版］四五四頁）。

(b)　目的物の滅失、毀損とその負担

目的物が仕事の完成前ないし引渡前に滅失、毀損した場合に、請負人は仕事を最初からやり直さなければならないか（給付危険）、給付義務を免れるとしても、報酬の支払を請求しうるか（対価危険）が問題となる。

①　目的物が仕事完成前または完成後引渡前に滅失、毀損したときでも、なお仕事の完成が可能である場合は、請負人は自己の費用で最初から仕事をやり直さなければならない。滅失、毀損が不可抗力による場合でも同様であ

る。しかし、注文者の責に帰すべき事由により滅失、毀損したときは、注文者はそれについて損害賠償の責任を負担するから、請負人は損失を被らない。原材料の全部または主要部分を注文者が提供した場合において目的物が不可抗力で毀滅したときも、原材料は再度注文者が提供すべきであろう。但し、当事者の責に帰すべからざる仕事の滅失、毀損の場合は、請負人は無駄になった費用の賠償は請求できない。

② 目的物が仕事完成前または仕事完成後引渡前に滅失、毀損した場合において、仕事の完成または引渡義務の履行が不能であるときは、

α 請負人の責に帰すべき事由によるときは、請負人は債務不履行責任を負担し、注文者は契約を解除したうえで（民五四三条）、損害賠償（塡補賠償または履行利益の賠償）（民五四五、四一五条）を請求しうる。

β 両当事者の責に帰すべからざる事由によるときは、完成までに生じた危険は、民法五三六条一項により請負人が負担する。完成した仕事の引渡が必要である場合は、かつては仕事完成後引渡までに生じた危険は、民法五三四条一項を準用して注文者が負担し、請負人は報酬請求権を失わないとする見解もあったが、今日では引渡主義を適用し、引渡までに生じた危険は請負人が負担するとする見解が通説となっている（大判大三・一二・二六民録二〇輯一二〇八頁（傍論））。

γ 注文者の責に帰すべき事由による場合は、民法五三六条二項が適用され、請負人は報酬請求権を失わない。近時は民法五三六条二項の柔軟な適用を認めて請負人負担の結果を制限する主張が有力である（笠井修・成城法学五一号八七頁以下）。注文者が受領遅滞に陥った後で債務者の責に帰すべからざる事由により履行不能が生じた場合も同様に解されている。

③ 仕事の進行に従って請負代金の全部または一部が段階的に支払われる場合は、出来形部分の所有権が注文者

に帰属するとともに危険も注文者に移転すると解すべき余地がある。しかし、危険移転を認めるためには、注文者がその出来形部分だけでもその支配下に置き、なんらかの形で使用、収益をなしえたことが必要と解すべきであろう。もっとも建設請負工事については、注文者、請負人、監理人が協議して重大なものと認め、かつ請負人が善良な管理者としての注意をしたと認められるものは、注文者がこれを負担するとされている（民間（旧四会）連合協定二一条一、二項）。

㈧　請負人の担保責任

(a)　法的性質

仕事の目的物に瑕疵があるときは、請負人は担保責任を負う（民六三四条）。請負は有償契約であるから、売買の担保責任規定の適用も考えられるが（民五五九条参照）、工事の瑕疵は請負人の仕事上の不完全が原因であることが多く、また一般的に請負人に瑕疵修補義務を負わせることが可能であるなど、売買の場合とは異なった利益状況にあるため、民法は諸外国の民法典に倣って請負人の瑕疵担保責任について特則を設けた。

仕事の目的物の瑕疵とは、目的物が契約内容とされている性能、性状を欠いているとか目的物自体が不完全であることをいうが、その原因が仕事の不完全によるか、材料の欠陥によるかを問わない。マンション建築工事請負契約で耐震性の高い建物にするために、三〇センチ×三〇センチの鉄骨を使用することが約定されたのに、二五センチ×二五センチの鉄骨を使用した場合も瑕疵が認められる（最判平一五・一〇・一〇判時一八四〇号一八頁）。また売買の場合とは異なり、隠れた瑕疵である必要はない。

請負人の担保責任もまた、売主の担保責任と同様、請負人の責に帰すべき事由によって生じたことを要せず、目的物に瑕疵があれば、請負人は無過失でも責任を負わねばならないというのが民法典の立場である。売主の瑕疵担保責任については、これを不完全履行責任の特則と構成する見解は、ようやく昭和三〇年代になって打ち出されたにすぎないが、請負人の瑕疵担保責任は、これを古くから不完全履行の特則と解するのが通説である（我妻・債権各論中巻二、六三三頁など）。請負は、売買と違って仕事の完成を目的としており、仕事の完成の概念の中には、請負人において労務を供給する義務を負担する要素が加わっているというのがその論拠である。通説の立場では、請負人の瑕疵担保責任は無過失責任であるが、請負人は信頼利益ではなく、履行利益の賠償責任を負う（内山尚三・新版注民(16)一三八頁など）。売主の瑕疵担保責任を法定の無過失責任ではなく、不完全履行責任の特則とみる立場からは、請負人の瑕疵担保責任もまた不完全履行責任として捉えることになんら問題はない。この立場ではまた、瑕疵ある仕事を履行不完全と捉えることから、仕事の完成と仕事の瑕疵との明確な分離は否定され、完成済みでただ瑕疵があるだけの場合は、注文者は報酬支払義務を免れず、ただ請負人の瑕疵担保責任を追求しうるだけだという主張も認められない。他方において、既述の如く売買につき、狭義の損害の賠償については、売主に瑕疵ある物の給付につき帰責事由のある場合に限定しようとする説（二分説）が登場しているが、請負契約についても、担保責任のうち損害賠償責任に関しては請負人に帰責事由のあることが必要だとする見解が近時は有力化している（平野・契約法［第二版］四六六頁など）。二〇〇一年のドイツ債務法現代化法もこの立場を採用している（ド民六三四条）。

(b)　担保責任の内容

①　瑕疵修補請求権

仕事の目的物に瑕疵があるときは、注文者は請負人に対し相当の期間を定めてその瑕疵の修補を請求することができる。但し、瑕疵が重要でない場合でその修補が過分の費用を要するときはこの限りでない（民六三四条一項）。この場合は注文者は、代金減額請求権及び損害賠償請求権を行使するしかない。売主に一般的に瑕疵修補義務が認められていないのに請負人にそれが法定されているのは、売主には一般的に瑕疵修補の能力があるとは考えられないが、仕事を製作した請負人は一般に修補を期待でき、かつそれが比較的容易だと考えられるためである。
判例によれば、瑕疵修補請求権は、完成した目的物の引渡を受けた後でも、また既にその目的物を他に譲渡した後でも行使することができる（大判大四・一二・二八民録二一輯二二九五頁）。瑕疵が比較的容易に発見できる場合でも、注文者が明示的に担保責任を放棄した等の事情がない限り、請負人の担保責任を認めるべきであるし、目的物を他に譲渡した場合でも注文者は転買主に対して責任を負担するからである。

注文者は相当な期間を定めて瑕疵の修補を請求しなければならない。請負人に修補のための相当な期間を与えて請負人を保護するためである。その期限内に請負人が修補すれば、請負人は注文者からの解除（民六三五条）や瑕疵修補に代わる損害賠償の請求を免れるが、修補とともにする損害賠償の請求は免れない。履行期を徒過している限り、修補のために定められた相当期間内であっても請負人は履行遅滞の責任を負うからである。

修補が完了するまでは、注文者は給付の実現がまだなされていないとみられる以上は、報酬の支払を拒絶することができる。なお、判例は、目的物に瑕疵があるというだけの理由で、瑕疵の修補の請求も、修補に代わる損害賠償の請求もしないで、報酬の支払を拒絶することはできないとするが（大判大元・一二・二〇民録一八輯一〇六六頁、大判大八・一〇・一民録二五輯一七二六頁）、修補すべき瑕疵がある場合は、債務は完全に履行されていないから、少なくとも瑕疵に相当する請負代金の支払は拒絶しうると解すべきである。瑕疵の存在を知った請負人は、早急に修補するか、修補をなさない（請負代金の減額に応じる）かの態度決定を迫られると解すべきである。

瑕疵修補請求権は、請負人に瑕疵ある物の給付につき過失のない場合にも認められるが、請負人による瑕疵の修補が瑕疵による代金の減額分を上回る費用を必要とする場合でも無過失の請負人にこれを命じうるのであろうか。考え方としては、(i)請負人に過失がない以上代金の減額分を越えて修補を命じえないとする立場、逆に(ii)請負人は瑕疵のない物を給付する義務を負うから、請負人に瑕疵ある物の給付につき過失のない場合でも修補を命じうるとする立場がありうるが、瑕疵修補費用が不相当に高額となる場合は、注文者は瑕疵による減価または契約解除の請求しかなしえないと解すべきである。瑕疵ある物の給付につき請負人に過失がある場合は、この限りでない。

② 代金減額請求権

完成した仕事に瑕疵があった場合には、民法六三四条一項但書によって請負人が修補義務を負わないときだけでなく、注文者が瑕疵の修補を請求しうる場合でも、注文者は瑕疵の修補に代えて瑕疵に応じた代金減額請求権を行使することができると解される。これは瑕疵の修補に代わる損害賠償請求権の主要な内容を成すものでもある。もちろんこの場合注文者は、請負人に瑕疵ある仕事の完成につき帰責事由がある場合は、その他に瑕疵惹起損害、履行利益等の狭義の損害の賠償をも請求しうる（二分説）。民法典は代金減額請求権をこの場合に法定していないが、損害賠償請求権の中に含ませる趣旨で代金減額請求という言葉を規定しなかったとも考えられる（広義の損害賠償請求権）。

③ 契約解除権

仕事の目的物に瑕疵があってそのために注文者が契約を締結した目的を達することができないときは、注文者は契約を解除することができる（民六三五条本文）。仕事の目的物に重大な瑕疵があって請負人がその修補ができないとか、修補が不能ではないとしても長期間を要しまたは注文者が使用を予定していた時期に間に合わないという場合がこれにあたる。これらの場合は注文者は無催告で解除しうるが、相当期間内に修補されうる瑕疵であるときは、原則として催告に定めた相当期間経過後にのみ解除しうると解する。軽微な瑕疵の場合は注文者は瑕疵修補、代金減額、損害賠償の請求のみをなしうる。催告によって指定された相当期間内に瑕疵修補をしない場合でも解除をなしえないと解する（反対：内山・新版注民(16)一五一頁）。注文者は解除をした場合でも、瑕疵ある仕事の給付によって被った損害の賠償を請求することができる（民五四五条三項参照）。

民法六三五条但書によれば、建物その他土地の工作物の建設請負の場合は、注文者は解除しえない。解除を許容して請負人に原状回復を命ずると請負人は巨額の損失を被ることになるし、社会経済的にも損失となるからである。もっとも請負人が工事を途中で中止したような場合は、既に出来上がった部分を清算し、残部は解除（一部解除）すべきことになる。また建物基礎部分の工事が杜撰で最初からやり直さなければならない場合で、請負人の対応が信義にもとり、別の請負人に工事を施行させなければならないようなときは、全部解除をなしうると解する。

④　損害賠償請求権

注文者は、瑕疵修補に代えまたはそれとともに損害賠償を請求することができる（民六三四条二項）。注文者は、瑕疵修補請求権と瑕疵修補に代わる損害賠償請求権のいずれを選択することも可能であるが、注文者がいずれかを選択した場合に、請負人のそれとは異なった方法によりたい旨の抗弁を認めるべきかどうかが問題になる。いずれの主張に合理性があるかによって異なった結論が導かれよう。注文者が瑕疵修補に代わる損害賠償を請求してきた場合に、請負人が修補したい旨の抗弁（修補権）を行使したときが問題とされるが、請負人が注文者の指定した相当期間内に修補をしない場合は、修補に代わる損害賠償と遅延損害の賠償の請求が認められるべきである（下森定・司法研修所論集一九九三—Ⅱ一五頁）。

瑕疵の修補に代わる損害賠償は、瑕疵による目的物の減価に相当する損害の賠償請求（代金減額請求）がその中心をなすが、他の業者に修補させた場合の費用との差額を含みうる。これに対して瑕疵修補とともにする損害賠償請求は、瑕疵惹起損害、瑕疵による逸失利益、信頼損害、なかんずく、仕事の完成ないし修補の遅れによる遅延損害などを含む。民法はこれらの損害についても請負人の帰責事由を不要としているが、代金減額以外の損害（狭義の損害）については、一般の損害賠償責任と同様請負人の帰責事由を要件とすると解すべきである。

建築請負の目的物である建物に重大な瑕疵があるためにこれを建て替えるしかない場合に、注文者が請負人に対し建物建替費用相当額の損害賠償を請求しうるかについては、判例は、このような請求が民法六三五条但書の趣旨に反しないとしてこれを認める（最判平一四・九・二四判時一八〇一号七七頁（建替えに伴う引越費用や建替え工事中の代替住居の借賃も含む））。しかし、建物建築費用相当額については、それが当初の請負報酬額を不相当に上回らない限り、瑕疵ある請負給付につき請負人に過失がなくても賠償を命ずべきであるが、いわゆる瑕疵修補とともにする損害賠償請求については、請負人に過失がなければ注文者の賠償請求は認められないと解すべきである。

注文者の損害賠償請求権と請負人の報酬請求権とは同時履行の関係に立つ（民六三四条二項後段）。したがって、請負人から報酬を請求された注文者は、瑕疵によって被った損害の限度で報酬の支払を拒絶することができる。近時の判例によれば、瑕疵が重要とはいえない場合に注文者が報酬全額の支払を拒絶することはできない（最判平九・二・一四民集五一巻二号三三七頁）。また注文者が瑕疵に相当する損害賠償請求権を報酬請求権と相殺したときは、そのときから報酬の残債務について遅延損害金を負担する（最判平九・七・一五民集五一巻六号二五八一頁）。

(c)　担保責任の減免

①　注文者によって生じた瑕疵

仕事の目的物の瑕疵が注文者の供した材料の性質または注文者の与えた指図によって生じたときは、請負人がその材料または指図の不適当なことを知りながらこれを注文者に告げなかった場合を除いて、請負人は担保責任を負わない（民六三六条）。注文者の指図は、単に注文者が希望を述べるというだけでは足りず、積極的に指示することが必要だとする判例がある（大判昭一〇・五・三一判決全集二・二〇・二二）。

②　担保責任減免の特約

請負人が民法六三四条（瑕疵修補請求権、損害賠償請求権）及び六三五条（注文者の解除権）に定めた担保の責任を負わない旨を特約することは一般に有効である。しかし、このような特約がある場合でも、請負人が知っていながら注文者に告げなかった事実については責任を免れえない（民六四〇条）。この場合に請負人の免責を認めることはあまりに衡平に反するからである。特約が公序良俗に反する場合も同様に効力は認められない。

近時制定された消費者契約法では、請負契約が消費者契約である場合において当該請負契約の仕事の目的物に瑕疵があるときは、請負人（事業者）が代わりの物を給付しまたは瑕疵を修補する義務を負い、または他の事業者が瑕疵による損害の賠償義務、代物給付義務または瑕疵修補義務を負う場合を除いて、瑕疵により注文者に生じた損害賠償義務の全部を免除する特約は無効とされている（八条）。

(d)　注文者の無留保受領

既述のように注文者は、引渡を受けた仕事に隠れた瑕疵があった場合でなくても請負人の瑕疵担保責任を追求することができるが、表見的な瑕疵がある場合は、注文者が受領に際して瑕疵担保請求権または損害賠償請求権を留保しない限り、請求権を放棄したものとみるべきだとする説もある（我妻・債権各論中巻二、六三七頁、内山尚三・新版注民(16)一四七頁（竣工検査をする場合につき））。しかし、注文者が異議を留めないで受領した場合でも、当然には担保責任は消滅しないと解すべきである。製作された仕事の瑕疵の規模や程度がどうであるかないし瑕疵が法的責任を追求するに値するか否かは、受領しただけの段階ではわからないのが一般だからである。

(e) 担保責任の存続期間

① 原　則

瑕疵修補または損害賠償の請求及び契約の解除（民六三四〜六三六条）は、仕事の目的物の引渡のときから（民六三七条一項）、仕事の目的物の引渡を必要としない場合は、仕事終了のときから（民六三七条二項）一年内にその権利を行使しなければならない。長期間を経ると瑕疵の判定が困難になるためだとされている。この一年の期間の法的性質についても、出訴期間説や短期消滅時効期間説もあるが、多数説は、売主の担保責任におけると同様、注文者はこの期間内に裁判上であれ裁判外であれ権利を行使すれば、注文者がこれらの権利を行使しうるときから一〇年間の一般の消滅時効が完成するまで（民一六七条一項）、訴えを提起しうると解している（大判大五・二・一七民録二二輯四〇八頁）。従って、この一年の期間は、権利保存期間とでも称すべきであろう。請負人は、裁判外であれ、瑕疵の指摘と善処方の要望があれば、誠実にそれに対処すべきだと考えられるからである。なお、本条所定の期間を経過した注文者の損害賠償請求権を自働債権とし、請負人の報酬請求権を受働債権としてする相殺には民法五〇八条の類推適用がある（最判昭五一・三・四民集三〇巻二号四八頁）。

② 土地工作物の特則

請負の目的が土地の工作物であるときは、その工作物または地盤の瑕疵については、請負人は引渡後五年間その担保の責に任じる（民六三八条一項本文）。この期間は、石造、土造、煉瓦造、鉄筋コンクリート造または金属造の工作物については一〇年となる（民六三八条一項但書）。ブロック造の場合もこれに準じる。建物その他の土地工作物の瑕疵は、すぐには発見できないことが多いし、重大な結果をもたらすことが多いから、その存続期間を特に延長する趣旨だとされている。この五年または一〇年の期間は、権利保存期間としたのでは長すぎて実用に適さないため、消滅時効期間または権利保存期間ではない除斥期間と解すべきであろう。解除権を行使したときは、両当事者は原状回復義務を負担するが、その義務は解除時から一〇年の通常の時効に服すると解される。

土地の工作物がその工作物または地盤の瑕疵によって滅失または毀損したときは、注文者はその滅失または毀損のときから一年内に瑕疵修補または損害賠償の請求権を行使しなければならない（民六三八条二項）。この場合は瑕疵が明らかになったのだから、長期の期間制限に服せしめるべきではなく、速やかに解決すべきだという趣旨である。しかし、一年の間に訴えを起こすことを要求することは現状では非現実的であり、この一年の期間もまた権利保存期間と解すべきである。注文者がこの期間内に裁判外であれ権利を主張したときは、工作物の滅失、毀損時から一〇年の時効が進行を開始する。

③　住宅品質確保促進法

今日欠陥住宅問題が重大な社会問題となっていることは周知の如くであり、平成一一年に欠陥住宅問題に対処し、住宅の品質確保を促進し、かつ住宅取得者の適正な利益を保護するため、住宅の品質確保の促進等に関する法律が制定された。この法律の最大の眼目は、新築住宅の請負人に一〇年間の品質保証責任を課することであり、「住宅を新築する建設工事の請負契約においては、請負人は、注文者に引き渡した時から一〇年間、住宅のうち構造耐力上主要な部分又は雨水の浸入を防止する部分として政令で定めるものの瑕疵（構造耐力又は雨水の浸入に影響のないものを除く）について、民法六三四条一項及び二項前段に規定する担保の責任を負う（八七条一項）」と規定されている。本条項は強行規定である（八七条二項）。但し、本条項の適用にあたっては、民法六三八条二項に定める滅失または毀損から一年以内の権利行使制限の適用を妨げない（八七条三項）。

期間を一〇年にした根拠は、①建築基準法に適合する住宅においては、構造耐力上主要な部分及び防水上有効な部分について、通常劣化に起因して不具合が発生するようなことは、少なくとも引渡後一〇年程度では想定されないこと、②英米、フランスのような他の先進諸国においても、保証制度等を通して壁、柱、基礎等の構造耐力上主要な部分等については一〇年間の保証を行うことが一般的となっていること、③わが国でも、一部の業者が保証書の発行等により住宅取得者に対して一〇年間の瑕疵保証を行っていること、④民法六三八条一項の規定にもかかわらず、木造と非木造の耐久性の差は、少なくとも新築後一〇年は大きな差がないことに求められている（伊藤滋夫・逐条解説住宅品質確保促進法二三〇―二三二頁）。本法八七条は、一時使用のために建設されたことが明らかな住宅の請負契約には適用されない（八九条）。

④　特約による担保期間の伸長、短縮

請負人の担保責任の存続期間は、土地工作物が瑕疵により滅失、毀損した場合（民六三八条二項）を除いて、当事者間の特約で普通の時効期間内に限り契約によってこれを延長することができる（民六三九条）。請負人の担保責任の存続期間を出訴期間または短期時効期間と解する場合には、これらの期間の延長であるが、権利保存期間と解するときは、この期間の延長となる。建物建設請負においては、通常の時効期間内に限り延長できるとは、五年の期間が一〇年まで延長されうるとの趣旨に解するのが通説である。しかし、消費者保護の観点や現在の技術水準の向上、望ましい社会資本の形成などの顧慮の下に二〇年まで延長されうるとする説もある（金山直樹・ジュリ一一二六号二三四頁）。

しかし、特に建物建築請負の実務では、従来二年間の保証期間が定められることが多かった。住宅品質確保促進法の下でも、指定された駆体部分以外については今でもなお同様である。この二年の期間は、請負人の意思としては出訴期間である。もっとも、新築住宅などで二年間では瑕疵が明らかにならない場合が多いという理由で一般には歓迎されていなかった。そこで建築需要の落ち込んだ平成一〇年頃から一〇年間保証をうたった建築請負契約書が請負業者によって作成される場合もみられるようになり、平成一一年の前記住宅品質確保促進法につながっていった。なお住宅品質確保促進法では、住宅新築請負契約において請負人が住宅の指定駆体部分の瑕疵について同法八七条一項に規定する担保の責任を負うべき期間は、注文者に引き渡したときから二〇年以内の範囲で延長することができるとされている（九〇条）。これは、今日では建築技術の進歩によって建物の耐久性が著しく向上していること、担保責任の長期化について住宅供給者及び取得者双方のニーズがあること等を根拠としている。

(2)　注文者の義務

(イ)　報酬支払義務

注文者は、請負人が仕事完成義務を負うのと引換に請負人に対して報酬支払義務を負う（民六三二条）。報酬支払時期は、当事者間の約定または慣行が優先するが、それらが明らかでないときは、目的物の引渡がなされるべきときは、目的物の引渡と同時に支払うことを要し、目的物の引渡を要しないときは、仕事完成後に支払えば足りる（後払）とした（民六三三条）。判例、通説によれば、目的物の引渡を必要とする請負においては、請負人の仕事の完成は先履行の関係にあるが、目的物の引渡と注文者の報酬支払義務との間には同時履行の関係が成り立つ（大判大一三・六・六民集三巻二六五頁）。本件は、汽船の製作請負の事例で、製作義務は先履行義務だから、約定期日までに仕事が完成せず、そのため引渡ができない場合は、代金の提供がなくても当然に遅滞の責めがあるとする。建物建築請負では、従来わが国では報酬の支払は、工事着手時に三分の一、上棟時に三分の一、完成建物引渡時に残りの三分の一を支払うという慣行が広く行われてきた。請負人が工事着工前から報酬の支払を要求する事例では、工事着手前の請負人の倒産が問題になることが今日少なくない。

請負人の取得する報酬支払請求権は、弁済期が到来していなくても、債権としては請負契約が効力を生じている以上有効である。従って、請負人はそれを他に譲渡することもできるし、また請負人の債権者はそれを差押えまたは転付命令を受けることもできる（大判昭五・一〇・二八民集九巻一〇五五頁）。

報酬支払義務遅滞の場合は、遅延利息の支払義務が生じる。この場合特別の約定がなければ民法四一九条が適用される。下請業者が親事業者に対して有する報酬支払請求権については、親事業者の支払遅滞が六〇日間を過ぎると法定利率より高率の遅延利息（一四・六パーセント）を支払うべきものとされている（下請代金支払遅延等防止法四条の二）。なお、不動産に関して行った工事の費用については、その不動産につき先取特権が認められている（民三二七条）。但し、工事を始める前にその費用の予算額を登記しなければその効力が保存されないため（民三三八条）、実際に用いられることは稀である。

(ロ) 協力義務

(a) 一般の協力義務

請負契約によっては、注文者が請負人に対して設計書を交付し、その他必要な指示を与えたり、材料の供給、機械、設備の貸与などの協力義務を負っていることがある。この場合注文者が約旨に従ってこれらの義務を履行しない場合には、代替措置をとりえない限り、請負人は仕事の着手、遂行または完成ができない。しかし、請負人はそれによって注文者に対して債務不履行の責任を負わないばかりか、信頼損害等が生じた場合は、その賠償を請求することもでき、また催告のうえ解除して（民五四一条）、他の仕事をみつけることもできると解される。

(b) 目的物の受領義務

売買契約におけると同様、従来のわが国の判例は一般的に注文者の目的物受領義務を認めなかった。しかし、学説上は近時は、契約当事者間の信義則上の協力関係を重視する立場から、または注文者に仕事の目的物の引取義務を認めるドイツ民法六四〇条一項に従って目的物の受領ないし引取義務を肯定する者が多い（広中・新版注民(16)一三一頁）。硫黄鉱石売買事件によって代表される売買における買主の受領義務に関する近時の判例理論からすれば、仕事の目的物に市場性があり比較的容易に他に処分しうる場合は、受領義務を肯定すべき限りでないが、目的物が特注品であるなど市場性のない場合は、受領義務を肯定すべきことになろう。しかし、前者の場合でも一般的に請負人に相当期間を定めた受領の催告を認めて、受領義務違反による契約解除を許容することが取引の敏活に適するといえよう。もっとも注文者所有地上の建物建築とか、注文者の居住する建物の修理などの場合は、事実上受領義務違反による解除を問題とする余地はない。

⑶　下　請　負

請負人が注文者から請け負った仕事の全部または一部を自分で完成させることなく、第三者にその完成を委託することを下請負と呼ぶ。最初の請負人を元請負人、新たな請負人を下請負人という。仕事の性質上または当事者間の特約で元請負人以外の者による仕事を許さない場合を除いて、原則として下請は許されると解される。通常注文者にとって客観的な仕事の完成が重要だからである。下請負も請負契約であるから、契約の効力発生とともに下請負人は元請負人に対して仕事の完成義務を負い、元請負人は下請負人に対して報酬支払義務を負う。もっとも、土木建築請負業その他の下請業界では、元請企業がしばしば報酬を支払わずまたは支払遅延に陥るため、下請代金支払遅延等防止法（昭和三一年法一二〇号）が制定され、下請代金の支払遅延等を防止するとともに、下請事業者を保護するために下請代金の支払時期を規制している。平成一五年には、法の適用対象となる委託取引に情報成果物作成委託、役務提供委託及び金型の製造委託を追加するとともに、親事業者の禁止行為の範囲を拡大し、罰金の上限額を引上げる法改正がなされた（平成一五年法八七号）。元請負人には一定事項を記載した書面の交付義務も課されている(三条)。もっとも今日では受発注業務のコンピューター化に伴い、昭和六〇年に記録媒体の交付またはオンライン送信で書面の交付に代えることが認められるようになった(下請代金支払遅延等防止法三条の書面の記載事項等に関する規則三条)。

下請負人の仕事が元請契約の本旨に適っていなかったときは、元請負人は、下請負人の故意、過失につき結果責任を負うと解すべきである。下請負人は元請負人の履行補助者ないし履行代行者としての立場にあるからである。但し、注文者が自ら特定の下請負人に仕事の全部または一部を完成させることを命じたときはこの限りではない。下請負禁止の特約があるにもかかわらず、元請負人が下請負人を使用したときは、それだけで注文者に対する義務違反となる。しかし、その特約に違反しても、下請負契約そのものは無効とはならないと解されている(大判明四五・五・一六民録一八輯二五五頁)。

四　請負の終了原因

(1)　一般的終了原因

請負契約は、請負人の責に帰すべき事由による仕事の未着手、中途での放棄、遅滞、完成不能などにより注文者により解除されるだけでなく(民五四一、五四三条)、天災地変等請負人の責に帰すべからざる事由による仕事完成の不能によっても事情変更または履行不能により解除されうる。なお、履行不能による解除は債務者の帰責事由を必要としないという近時の有力説に従っておきたい。民法典は、注文者の随意解除、注文者破産の場合の解除という請負契約に固有の解除原因をも定めている。

(2)　注文者の任意解除権

請負人がまだ仕事を完成しない間は、注文者はいつでも請負人にその損害を賠償して契約を解除することができる（民六四一条）。これが注文者の任意解除権である。請負契約は、注文者が請負人に依頼した仕事を請負人が注文者の利益のために完成するものであるから、注文者がなんらかの事情でもはやその仕事の完成を必要としなくなったときは、その仕事の遂行を続けさせることは無意味であり、注文者が仕事を途中まで行っている請負人に損害を賠償して契約を一方的に解除することを認める趣旨である。しかし学説上は、本条の任意解除権が注文者の利益に偏したものとして非難するものもある（津曲藏之丞・法学一八巻三号二五頁）。注文者が本条の解除をなすためには、請負人に対してなんら理由を示す必要はないが、仕事が既に完成した後は注文者はもはや解除することはできない。請負人が仕事を注文者に引渡す義務を負っている場合に、仕事を完成しただけでまだ引渡をしていないときは、本条の解除を否定するのが通説である。この立場では、注文者はたとえもはやその仕事を必要としない場合でも代金を支払って仕事を引取らなければならない。二棟の建物の建築請負で一棟を完成した場合のように目的物に関する仕事の完成が可分であるときは、未完成の部分についてのみ解除が許されると解するのが一般である（大判昭七・四・三〇民集一一巻七八〇頁）。

本条にいう損害賠償は、債務不履行による損害賠償ではなく、法律の規定によって認められた特別のものであるが、少なくともその範囲については、前者と明白に異なるものとはいえないであろう。この場合に特筆されるのは、請負人の被った損失の他に正当な利益もまた賠償されるべき点である。そしてこの場合もまた、民法四一六条の規定ないし相当因果関係説によって賠償の範囲が画されるべきである。注文者がこの損害賠償義務の履行の提供をしないで解除しうるか、それともその履行の提供をしなければ解除をなしえないかが問題となる。通説、判例は、前説に従っているが（大判明三七・一〇・一民録一〇輯一二〇一頁）、請負人保護の立場から損害賠償金の提供を解除の要件とする見解もある（石田穣・民法Ⅴ三四一頁など）。

次に、注文者が請負人の履行遅滞や不完全履行を理由として契約解除を主張した場合において、それが理由なしとして否定されたときに、この解除の意思表示を民法六四一条による解除の意思表示として転換を許容すべきか。判例、通説は、これを認めると注文者に専恣を許すことになるという理由で、否定する（大判明四四・一・二五民録一七輯五頁、我妻・債権各論中巻二、六五一頁など）。なお、本条の解除も遡及効を有すると解されてきたが、特に建設請負契約につき、請負人に既工事分の報酬請求権を許容するために遡及効を認めない見解も有力である（打田・生熊・新版注民(16)一六六頁以下など）。建設請負契約が一般の請負とは異なり雇傭や委任の色彩を含んでいるためだとされている。

(3) 注文者の破産

(イ) 注文者が破産宣告を受けたときは、請負人または破産管財人は契約の解除をすることができる。この場合請負人は、その既になした仕事の報酬及びその報酬中に包含されない費用につき財団の配当に加入しうる（民六四二条一項）。この場合には破産管財人が解除した場合を除いて、請負人は相手方に対し解除によって生じた損害の賠償を請求することをえない（民六四二条二項）。本条の解除は、注文者が破産して支払能力に問題が生じている以上は、請負人が当初の契約通りの仕事を継続しても将来の報酬を受けられなくなる虞れが大きいし、注文者としても報酬の支払に応じきれないのが普通だから、請負人を保護するために認められたものである。また本条二項の趣旨は、実際上の便宜を図るとともに、各破産債権者に公平な弁済を受けさせるためだとされている。

本条の解除は、遡及効をもたず、当事者は解除後においてのみ請負契約上の義務を免れ、既になされた仕事については、請負人は注文者への引渡義務を、注文者はなされた仕事の価値に応じた報酬支払義務を負う（通説）。なお、学説上は、注文者破産の場合、本条ではなく、未履行の双務契約における一方の破産の場合に、破産管財人に契約解除か履行かのいずれかの選択権を付与する破産法五三条以下（旧五九条以下）を適用すべきだとする見解（伊藤眞・破産法一八九頁）や請負人からの解除には本条が適用されるが、破産管財人からの解除には、請負人破産の場合とのバランス上破産法五三条（旧五九条。以下同じ）の適用を認めるべきだとの見解もある（打田・生熊・新版注民⒃一九二頁）。

本条は注文者が破産宣告を受けた場合にしか適用されないが、注文者につき破産宣告が申し立てられ、その他注文者の支払能力が悪化し、請負報酬債務を支払えなくなる虞れが大きい場合は、請負人は不安の抗弁権を主張して仕事の遂行を拒絶しうると解される。また注文者につき会社更生手続または民事再生手続が開始した場合は、管財人または再生債務者等は、契約の解除または債務の履行の請求を選択しうると解される（会社更生六一条、民再四九条）。

(ロ)　これに対して、請負人が破産宣告を受けた場合は、従来の通説は、破産法五三条の適用はなく、請負契約そのものは依然として請負人たる破産者と注文者との間で存続するとしたが（破産法五三条不適用説）（加藤正治・破産法要論一二八頁、兼子一・新版強制執行法・破産法一九二頁など）、近時は(i)請負人の義務が請負人の個人的な労務である場合は破産法五三条は適用されないが、そうでない場合は同条が適用されるというように、請負契約の内容によって取扱を二つに分ける見解（谷口安平・倒産処理法〔第二版〕一七九頁など）や(ii)一般的に破産法五三条の適用を肯定する説（破産法五三条適用説）（伊藤眞・破産法一九〇頁、打田・生熊・新版注民⒃二〇一頁など）が優勢になっている。最高裁も、請負人破産の場合、請負契約の目的である仕事が請負人以外の者において完成することのできない性質のものでない限り、右請負契約について破産法五三条（旧五九条）が適用されるとする（最判昭六二・一一・

二六民集四一巻八号一五八五頁）。なお、請負人について会社更生手続または民事再生手続が開始された場合は、更生管財人または再生債務者等は、契約解除と債務の履行の請求のいずれかを選択しうると解される（会社更生六一条、民再四九条）。

第三節　委　任

一　意義と性質

(1)　意　義

委任は、当事者の一方（委託者）が法律行為をなすことを相手方（受任者）に委託し、相手方がこれを承諾することによってその効力を生ずる契約である（民六四三条）。講学上は法律行為をすることを相手方に委託する場合は狭義の委任とされ、法律行為以外の事務処理を委託する場合は準委任として、委任に関する規定が準用される（民六五六条）。わが民法が委任の対象を法律行為としたのは、代理の対内関係が委任だとした旧民法の立場を改め、受任者が自己の名で法律行為をすることを委託する場合も委任に含ませることを明らかにするとともに、委任の対象を法律行為に限ることによって、委任と同様に労働提供を内容とする雇傭契約との区別ができると考えていたことによる。しかし、草案審議の過程で、法律行為とはいえない事務を他人に委託する場合もありうることが指摘され、準委任に関する規定が追加されたといわれている（法典調査会・民法議事速記録第四巻（商事法務研究会版）五八三頁）。今日では、狭義の委任も準委任もその法的な取扱に違いがあるわけではなく、両者を区別する実益が特にあるわけではないし、また法律行為の処理の委任には代理権が伴うことが多いが、委任は当事者の内部関係であって委任と代理権の有無とは一応別問題であると考えられている。

委任も、雇傭や請負と同様、他人の労働力ないしサービス給付の利用を目的とする労務供給型契約に属している。

しかし雇傭契約では、労働者が使用者の指揮命令の下で労務給付をなす義務を負うのに対して、委任契約では、受任者は一応委任者の指図を受けるものの、仕事遂行の上で独立性を有し、自らの裁量によって事務処理を行う点で両者は区別される。請負契約と委任契約の区別については、前者が請負人による仕事の完成を目的としているのに対し、委任では受任者が委託された事務を処理すれば足り、必ずしも事務処理の目的達成は要素とされない点で相違点を見出しうる。もっとも、不動産業者による不動産の取引の仲介などでは、物件の取引の成約を得て始めて報酬請求権が生じるし（成功報酬）、請負でも建物建設工事請負などでは、工事を途中でやめても出来形評価による清算がなされるのが普通である。しかし、前者は、不動産仲介という委任の性質上報酬の支払を成功報酬に限る趣旨であり、後者も出来形が請負人の仕事の一部と評価されるがゆえに認められるものであって、不動産の仲介という給付の内容が本来的に事務の処理であること及び請負では仕事の完成が一般に要素とされることを妨げるものではない。

(2)　性　質

委任契約は、当事者の合意のみによって成立する諾成、不要式の契約である（民六四三条）。委任契約では、民法は特約がない限り、受任者は報酬を請求することができないと定め（民六四八条一項）、無償を原則としている。ローマ法では委任は被告人の弁護のような高級かつ名誉職的な自由労務を対象とし、報酬はとられなかったが、近代法の多くもこのようなローマの無償委任の流れを受け継いでいる。ドイツ民法では、弁理士契約や税理士契約、投資顧問契約のような有償の労務の提供を目的とする契約は、委任契約ではなく、自由雇傭契約という雇傭契約の範疇に属する契約に分類されている。しかしわが国では、これらの契約類型は有償の委任契約に分類されている。今日ではサービスないし労務が業として提供される場合はほとんど有償であり、無償である場合は稀である。

委任事務は通常継続的な事務であるから、委任契約は継続的契約だといえる。民法典も委任の解除の効果は遡及しないとしている（民六五二条）。委任契約において受任者が委任者の名で法律行為をすることが許されているときは、代理権が付与されているとみられる。受任者が自己の名で法律行為をすることが許容されているときは、間接代理が問題となる。委託者が自己の財産の所有権を受託者に移転し、受託者がそれを運用してその利益を委託者または委託者の指定する第三者に帰せしめる場合は、信託と呼ばれ、信託法の定める規律に服する。

⑶　委任とその周辺の契約

(イ)　準　委　任

わが民法上委任は法律行為をなすことの委託であるが（民六四三条）、法律行為でない事務の委任は準委任として区別されている（民六五六条）。法律行為とともにそれと関連する事実行為をも同一人に委託する場合も多いと考えられるが、かような場合はむしろ委任契約に吸収して解するをもって足りるであろう。

実際上は既述の如く、委任契約自体請負、雇傭、サービス供給契約その他の役務提供契約に近い関係にあるため、個々の役務提供契約がいずれの契約に分類されるべきか問題となる場合も少なくない。例えば、不動産取引業者と依頼人との間の不動産仲介契約は通常準委任であるが、仲介した契約が成立しなければ報酬請求権が生じない点では、請負の性質もあると解されている。また今日の建築生産システムでは、建物の設計契約、施行契約及び工事監理契約が区別され、建築主はそれぞれの契約を別個の業者との間で締結することが多いが、このうち建物設計契約は、請負契約説もあるものの準委任契約と、工事監理契約も準委任契約と解されている（大森文彦・判タ一一一七号六一七頁参照）。

(ロ)　診療契約

診療契約は今日社会的に重要な契約類型の一つとなっているが、その法的性質につき議論がある。診療契約は、患者またはその法定代理人と医師または病院との間で締結される患者の診療または治療を目的とする契約である。患者が無意識状態で病院にかつぎ込まれたような場合は、患者には受診する意思がないのだから事務管理とみるべきだとする見解もあるが、無償の治療は普通行われないため妥当でない。かような場合も患者本人の治療を受けたいという意思を推定しまたは法定代理人の本人に代わる契約締結意思を認めることができよう。

診療契約の法的性質については以下の見解が対立している。

(a)　準委任説（多数説）

診療契約ないし医療契約とは、患者が病気となりまたは事故に遭った場合に、その原因を究明するとともに、健康な心身の状態を回復するために、現代医学の知識、技術に従ってそのなしうる治療を施すことを内容とする契約である。したがって医師は、患者の病気、傷害の原因の究明、回復に向けて現代医学の水準の下で要請される診療、治療という事実行為をなす義務を患者に対して負担するにすぎず、この意味で医療契約は、一の手段債務を生ぜしめるにすぎないといえる。診療契約準委任説はこのような観点から主張されている。この立場では、医師は、患者の請求があるときはいつでも委任事務の状況を報告しなければならないから（民六四五条）、診療開始後はカルテの閲覧請求に応じなければならないし（植木哲・医療の法律学［第二版］一四六頁）、診療行為終了後は、受任者の塡末報告義務の一環として診療行為についての客観的資料であるカルテを患者に閲覧させるべきだという見解もとられうることになる（新堂幸司・判タ三八二号一〇頁）。しかし、通説、判例は、カルテの閲覧請求に対しては消極的な立場をとる。

(b)　請負契約説

(a)で述べたように診療契約は一般的に医師に病気や怪我の回復という結果の発生を義務づけるものではないが、例えば臓器の全部または一部の摘出や移植のような手術や抜歯の場合は、一定の結果の発生を目的とするものだから請負契約としての性質を帯びると主張されることが多い。しかし、臓器の摘出や移植その他の手術や抜歯といっても、医師が純粋にそれだけを請負うというのではなく、通常は患者や怪我人の病気や負傷の回復を目的として行われるのだから、場合によっては手術をする段になって他の治療手段に切り替えることも少なくないし、手術等に伴って身体の他の部分に医的侵襲を加えることも多い。このように治療の一環として行われる手術や抜歯は、患者や怪我人の健康の回復という大きな目的のためにその手段として行われるという要素をぬぐい去ることはできない。その結果治療の一環として行われる手術等に請負的要素を認めうるとしても、その程度は極めて小さいということができる。

(c)　混合契約説

学説中には、医療契約が準委任と請負との混合契約だとするものもある（中川（善）・兼子監修・医療過誤・国家賠償（実務法律大系5）（昭四八）一一頁〔定塚孝司〕）。しかし、既述のように医療では請負の要素は後退するため、準委任と請負との混合契約とすることにあまり大きな意味は認められない。

(d)　無名契約説

医療契約は、民法の典型契約に属さない無名契約だとする見解もある（野村好弘・医療事故の民事判例〔増補改訂版〕（昭五四年）三〇三頁）。医療契約という契約の種類は、民法典に規定がなく、その意味で無名契約であるが、学理上は、その法的性質を共通にする既存の契約があれば、その範疇に含め、またはその一環として説明するのが合理的であり、従来の学説はそのようなものとして準委任契約としてきたといえる。

二　委任契約の効力

(1)　受任者の義務

(イ)　資格保持義務

司法書士、弁護士、税理士等、他人の事務処理を業とするにあたって一定の資格が要求される場合が少なくない。これは、他人の事務処理の中でも高度かつ体系的な知識または技能が要求されるものについては、国家が一定の資格試験を課して依頼者の損失を防ぐとともに、その業種の信頼を高めるためである。受任者がこれらの資格を取得しないで契約を締結したときは、各種業法によって制裁を受ける。資格をもたないことにより顧客に損害を生ぜしめたときはその賠償義務を負担する。

医師や公証人のような公益的職務の場合は、正当な理由なくして受任を拒否してはならないという義務（締約義務）がある（医師一九条一項、公証三条）。しかし、これらの違反の場合には違反者に罰則を課する規定がない。実際上しばしば問題になるのは、急を要する患者が病院をたらい回しされて死亡しまたは重篤な後遺症が残ったというケースである。

(ロ)　善管注意義務

(a)　受任者は、委任の本旨に従い、善良な管理者の注意をもって委任事務を処理する義務を負う（民六四四条）。善良な管理者の注意（善管注意）とは、その事務を行うまたはその業務に従事する平均人ないし平均的職業人に通常要求される注意である。例えば、不動産仲介業者には、不動産売買の仲介に際して、通常要すべき書類を具備しているかどうか、当事者の代理人と称する者が代理権を有するかどうかを確認し、また目的土地に行政法上の規制が加えられているかどうかを調査すべき義務が課せられる。宅建業法は、数次の改正によって不動産仲介業者の職務上の義務を強化している。また司法書士には、保証書による登記申請の委任を受けたときは、身分証明書などで本人確認を行っていない場合は善管注意義務違反となる（名古屋地判平一二・四・一〇判時一七一七号一一九頁（但し、委任者の過失割合を八五パーセントとした））。

診療契約では、人の生命及び健康を管理するという医療の性質上、危険防止のために経験上必要とされる最善の注意義務が要求される（最判昭三六・二・一六民集一五巻二号二四四頁（東大輸血梅毒事件））。医療契約ではなかんずく、一連の未熟児網膜症裁判が医師の診療上の善管注意義務に関する法理の展開に貢献した。それによれば、右注意義務の基準となるべきものは、一般的には診療当時のいわゆる臨床医学の実践における医療水準であり、未熟児網膜症の発生した時期が有効な治療法が確立する以前であれば、医師の責任は問われないが（最判平四・六・八判時一四五〇号七〇頁）、早期発見法、治療法が普及しつつある時期において発症したときは、当該医療機関に右知見を有することを期待することが相当と認められるときは、その責任を認めうるとした（最判平七・六・九民集四九巻六号一四九九頁）。なお近時は、このような専門家の善管注意義務、信託受託者の誠実義務、取締役の忠実義務（商二五四条の三）などを統合して、義務の高度化の要請に応じるものとしての信認義務関係が問題とされることが多い。

(b)　有償委任については受任者に事務処理に際しての善管注意義務が課されることは当然であるとしても、無償委任についても同様に解すべきであろうか。民法典は、寄託の場合とは異なって特別の規定を置いていないため、その反対解釈から、また名誉職的な自由労務を対象としていたローマ法の伝統に従って、無償委任の場合にも受任者には善管注意義務が課されると解されてきた。判例も、委任者たる保険会社の審査医が加入申込者の肺疾患を見過ごしたため、保険会社が保険金を支払うことを余儀なくされた事例で、審査医はその受ける報酬の多寡にかかわらず、委任事務につき善管注意をもって処理すべき義務を負うとする（大判大一〇・四・二三民録二七輯七五七頁）。しかし学説上は、無償である場合は受任者の注意義務は軽減されるべきだとするものが多い（我妻・債権各論中巻二、六七二頁、谷口・五十嵐・新版注民(13)四五五頁。フ民一九九二条二項参照）。

思うに、他人の事務の処理を引受ける場合は、それが無償または極めて低廉な報酬の支払と引換であっても、事務の処理の方法如何によっては、委任者に権利の帰属や義務の負担、更には委任者などの生命、健康の状態に関して重大な結果を及ぼすことが少なくないため、事務の内容や性質などによって義務の程度を軽減しても支障を生じない場合を除いて、受任者に善管注意義務を負わせるべきだと考えられる（石田穣・損害賠償法の再構成一一七頁参照）。その他学説上、受任者が緊急の必要からした行為について注意義務の軽減を図るべきだとする見解（民六九八条類推）（稲本他・民法講義５二六七頁〔能美善久〕）、無償委任の場合は、受任者の注意義務違反の場合に責任額が信義則上相当な範囲に縮減されるとする見解（中川高男・契約法大系Ⅳ二七八頁）などがある。

(ハ)　自己執行義務

委任は、委任者と受任者との間の信頼関係を基礎とするため、委任者の承諾またはその旨の慣行があるか、事務の性質上誰が処理してもよい場合を除いて、受任者が自ら処理すべきだと考えられる。但し、事務処理のうち重要でない部分について履行補助者を用いることは一般に妨げないと解されている。受任者が自ら事務処理ができないといったやむをえない事情があるときにも、通説は、民法一〇四条（任意代理人の復任権）を類推適用して第三者に事務処理をさせうると解している。この場合受任者が履行代行者の事務処理上の過誤について結果責任を負うと解すべきか、それとも民法一〇五条一項を類推して選任監督上の注意義務違反についてのみ責を負うと解すべきか（多数説）が問題となるが、一般には後説の如く解すべきであろう。但し、やむをえない事情は容易に認めるべきではあるまい。これに対して、受託者が委託者の同意を得て第三者に事務処理を委託した場合は、委託者がその第三者と旧知の間であるようなときを除き、受託者は結果責任を負うと解すべきである。委託者は、通常受託者の紹介する第三者の資力、信用等を知るべき立場にないからである。

学説上その他、委任者と復受任者との間に民法一〇七条二項の定めるような直接の法律関係が生じるかどうかが議論され、通説、判例（最判昭三一・一〇・一二民集一〇巻一〇号一二六〇頁）はこれを否定する。本判決は、スイカの委託販売で、委託者が受託者（問屋）からの再受託者に対して売上代金の支払を請求した場合に、これを認めた原審判決を破棄したものである。再委託が法律行為の代理権の移転を伴う場合であれば、委任者が再受任者に対して受領物等の直接的な引渡請求権を取得すると解すべきであるが、それ以外の場合は委任者と再受任者との間に直接的な権利関係の発生を認める当事者間の合意のある場合を除き、委任の当事者間でしか権利義務が発生しないのが原則だと解すべきである。

(ニ) 報告義務

受任者は、委任者の要求があるときはいつでも委任事務処理の状況を報告し、また委任が終了した後は遅滞なくその顛末を報告しなければならない（民六四五条）。委任者は自己の事務の処理を受任者に委ねており、当然にはその処理の状況を知ることはできないからである。委任終了後委任者が事務処理を引き継ぐに際して知っておかなければ不測の損害を被るような事情は、受任者は委任者からの求めがなくても説明すべき義務を負うと解すべきである。

(ホ) 受領物等の引渡義務

受任者は、委任事務を処理するにあたって受取った金銭その他の物並びに収取した果実を委任者に引渡さなければならない（民六四六条一項）。委任者の事務または事務処理から生じる債権や果実は委任者に帰すべきものだからである。

受任者の委任者への引渡義務は現存利益に限られない。

受任者が委任事務処理にあたって委任者の名で行為したときは、通例受任者が第三者から受け取った物の所有権は直接委任者に帰属するため、受任者は単に受け取った物を委任者に引渡すをもって足りるが、代理権を授与されていない受任者が委任者のために自己の名で取得した権利や物の所有権は、これを委任者に移転する義務を負うのが通例である（民六四六条二項）。前者の場合は、受任者のもとで目的物が差押を受けたときは、委任者は第三者異議の訴を起こしうるが（民執三八条）、危険は委任者が負担する。後者では、形式的に解する限り、委任者は第三者異議の訴を起こしえないが、委任者保護のためにこれを肯定する余地がある（最判昭四三・七・一一民集二二巻七号一四六二頁（委託者の取戻権を肯定する））。危険負担についても受任者負担と解すべきことになるが、破産、差押の場合との均衡から、それとは逆に解する余地もある。

受任者が委任事務処理のために受け取った金銭については、受任者の責に帰すべからざる事由による滅失の場合も受任者の引渡義務は影響を受けないと解すべきである（反対：大判明三四・三・五民録七輯三巻一三頁）。

復委任がなされたときは、復受任者が第三者から受け取った物を受任者に引渡せば、委任者への引渡義務は消滅するのが通例だとされている（最判昭五一・四・九民集三〇巻三号二〇八頁）。

㈠　受任者の義務違反の効果

受任者が善管注意義務その他前記の義務に違反した場合は、委任者に対していかなる責任を負うべきか。委任者がこれらの義務違反によって損害を被ったときは、受任者は損害賠償責任を負う。その範囲は民法四一六条によることになろう。

委任者はそれ以外に民法五四一条以下の規定によって委任契約を解除しうるかが問題になる。学説上は、有償委任、無償委任を通じて委任者は民法六五一条による解約をすれば足り、民法五四一条以下の解除を認める必要はないとするものもあるが（広中・債権各論講義［第六版］二九二—二九三頁）、一時的契約関係たる委任につき（水本・契約法三四六頁）、また有償委任につき民法五四一条以下の解除を認めるべきだとするものもある（平野・契約法［第二版］四九二頁）。後説は有償契約については民法六五一条の解除が制限されることを論拠とする。

(ト)　金銭消費の責任

受任者は委任事務処理にあたり委任者または第三者から金銭を受取る機会も多い。受任者が委任者に引渡すべき金銭または委任者の利益のために用いるべき金銭を自分のために消費したときは、受任者は、その消費した金銭及び消費した日以後の利息を支払う義務を負う（民六四七条前段）。委任者に帰属すべき金銭を受任者が自己のために消費することは許されないことであり、この場合委任者は自己の側で損害が発生したことや受任者に金銭消費について故意、過失があったことを証明しなくても、本条前段の責任を追求することができると解されている。もっともこの場合の金銭の消費は、その消費のときにおいて受任者の資産、信用からみて同額の金銭を委任者に返還しまたは委任者のために支出することが不能または困難となる事情があることを意味するとされている。

本条後段は更に、委任者にそれ以上の損害が生じたときは、委任者の金銭を消費した受任者がその賠償の責に任じなければならないと定める。したがって例えば、委任者が委任事務の処理によって得られるべき金銭で不動産を取得する予定であったときは、他から金銭を調達するために余儀なくされた費用、余計に支払うことになった利息などの請求を、また受任者が委任者から預った金銭を私消したために物を購入することができなかったときは、得べかりし利益または信頼利益の賠償請求を各々なしうると解される。本条後段の場合は、損害賠償の一般原則に従い、委任者は発生した損害及び受任者の金銭消費についての故意、過失を証明しなければならないと解されている。

但し、無過失責任説もある（明石三郎・新版注民(16)二四六頁）。受任者が金銭以外のものを費消したときは、一般の債務不履行または不法行為によって責任を負う。

⑵　委任者の義務

(イ)　有償委任における報酬支払義務

(a)　報酬の特約

沿革的な理由からわが民法もまた、委任契約は無償を原則とし、特約がなければ、受任者は委任者に報酬を請求できないとしている（民六四八条一項）。しかし今日では、無償契約は特別の事情がない限り行われないのが一般であり、委任の場合もその例外ではない。商法では報酬の支払について特約がなくても、商人がその営業の範囲内で他人のためにある行為をしたときは、相当の報酬を請求することができるとされている（商五一二条）（民法の商化現象）。

(b)　報酬の内容、額、支払の時期

金銭以外のものを報酬として定めることも不可能ではないが、今日では金銭で報酬を支払うのが普通であろう。報酬の額をいくらにするかは、当事者間の合意によるが、合意のない場合は、相当額を報酬額として請求しうると解すべきであろう。この相当額は、事務処理の内容、受任者の労力の程度、同種の委任に通常支払われる報酬の額などを総合して判断される（最判昭三七・二・一民集一六巻二号一五七頁）。弁護士や司法書士、公証人、宅地建物取引業者については、会則などで報酬の標準ないし報酬基準が定められている。宅地建物取引業者の場合は、その基準を超える報酬を受取ることが法律によって禁止され（宅建業四六条二項）、基準を超える報酬契約は無効とされている（最判昭四五・二・二六民集二四巻二号一〇四頁）。

報酬の支払時期につき民法は、委任も後払の原則によるべき旨を定め、前払の特約がない限り、委任を履行した後でなければ受任者は報酬を請求しえないとする（民六四八条二項）。但し、期間をもって報酬を定めた場合には、雇傭の規定が準用され、受任者は期間の経過後に報酬を請求しうる（民六四八条二項但書）。

(c) 委任の途中終了と報酬支払義務

① 委任契約においては、受任者の責に帰すべからざる事由によって委任がその履行の途中で終了したとき、すなわち履行の途中で義務の全部の履行をすることができなくなったときは、受託者は既になした履行の割合に応じて報酬を請求することができる（民六四八条三項）。これは受託者の義務の内容が受託された事務の処理であるため、例えばビルの管理、訴訟追行の委任で中途でビルが倒壊しまたは相手方が訴訟を取り下げた場合でも、その時まで受託者が管理行為をしまたは訴訟追行のための事務処理をした以上は、目にみえる成果を残していない場合でも、そのときまで受託者が義務を履行したとみられるためである。したがって、本条項を民法五三六条一項の例外規定とみることは正しくない。

② 他方において、受託者の事務処理が中途で委任者の責に帰すべき事由によって終了したときは、(i)民法五三六条二項の債権者主義が適用され、受託者は自己の債務を免れたことによって得た利益を償還すればよいのか、それとも(ii)民法六四八条三項がこの場合にも適用され、受託者は委任の中途終了までにした事務処理の報酬を請求しうるのかが問題になる。(ii)説に従うとしても、委任者の責に帰すべき事由により受託者が事務処理を継続するために支出した費用などは、それが無駄になった限り、賠償させるべきであろう。このようにみてくると、(i)説と(ii)説の実際上の違いはあまり大きなものではないといいうる。

実際上問題になるのは、成功報酬を伴う不動産仲介契約で委任者（顧客）が直接相手方と取引して不動産を取得し、仲介者の事務処理を不能にしたような場合である。不動産仲介業は商法の仲立営業に属し、仲介した契約の当事業者間で契約が成立したときに初めて仲介者は報酬を請求することができる（商五五〇条）。学説上は、(i)仲介業者の報酬請求権は契約成立という停止条件にかかっており、この場合委任者は報酬支払の条件である契約の成就を故意に妨げたのだから、仲介業者は民法一三〇条により条件が成就したものとみなし、報酬全額の請求ができるとする見解（民法一三〇条適用説）（我妻・債権各論中巻二、六八八頁、最判昭四五・一〇・二二民集二四巻一一号一五九九頁）、(ii)委託者の行為により仲介業者の報酬請求権を全く失わせるのは仲介業者に酷だから、民法の規定（六四一、六四八、六五一条）を準用して割合報酬を認めるべきだとする見解（割合報酬説）（広中俊雄・契約法大系Ⅳ一八〇頁、明石三郎・新版注民(16)二六四頁）、(iii)委託者が契約を解除するより前の仲介業者の媒介行為と売買契約の成立との間に相当因果関係がある場合には、報酬請求権が認められるとする見解（相当因果関係説）（星野編・民法講座第五巻五〇二頁〔岡孝〕）、(iv)仲介業者の労力が売買契約成立の機縁となっているのに、売買契約当事者が報酬の支払を回避するため仲介の委託を解除して当事者間の直接交渉で契約を成立させた場合には、仲介業者は信義則に照らし委託の解除がなかったものとして報酬の請求ができるとする見解（東京地判昭三六・一〇・二〇判時二七九号一七頁、福岡地判昭四六・一・二九判タ二六一号三二二頁）に分かれている。

思うに、不動産仲介業者の仲介で事実上契約が成立したといえる場合は、売買契約当事者が仲介料支払を避けるために形式的に仲介契約を解除したとみられる場合であり、仲介契約の解除は信義則上認められず（(iv)説）、または故意による条件成就の妨害とみること（(i)説）も可能であろう。もっとも、場合によっては仲介業者の仲介行為が契約成立の一助をなしたにすぎず、割合的報酬を認めるをもって足りるとすべきケースも考えられる。弁護士選任契約でも成功報酬については、当事者が弁護士の同意を得ないで訴訟を取り下げ和解したような場合は同様の問題を生じる。

③ 受任者の責に帰すべき事由によって委任が途中で終了した場合、例えば、ビル管理者の管理義務の懈怠や訴訟受任者の不誠実な職務遂行による契約の解除等の場合には、受任者はそれにより委任者に生じた損害の賠償義務を免れないが（民四一五条）、委任終了までに受任者が行った事務処理に応じた報酬の請求権（民六四八条三項）は、当然には失われないと解される。

(ロ) 費用前払義務

受任者が委任事務を処理するにつき費用を要するときは、委任者は受任者の請求によりその前払をすることが必要である（民六四九条）。ここにいう費用とは、客観的に事務処理のために必要な費用であり、委任者が請求に応じないために受任者が事務処理をしなかった場合は、受任者の受託義務不履行とはならない。受任者が費用の前払を訴求しうるかについては、積極説、委任はいつでも解約しうるという理由で費用の前払を請求しえないとする消極説、更には、弁護士への訴訟委任契約のように委任が受任者の利益と密接に結合している場合を除き訴求しえないとする原則的消極説（明石・新版注民(16)二七〇頁）が対立している。

(ハ) 立替費用償還義務

受任者が委任事務を処理するのに必要と認めるべき費用を出捐したときは、委任者に対してその費用及び支出の日以後のその利息の償還を請求することができる（民六五〇条一項）。本条項にいう委任事務処理に必要と認めるべき費用は、判例によれば、必ずしも客観的な必要性は求められず、受任者が相当の注意をもって必要と判断した費用であれば足り、そのときには必要と思われたが、結果的には必要ではなかった調査などのために支出した費用なども償還の対象となる（大判昭二一・一・二六裁判例(2)民一〇一頁）。

㈡　債務の代弁済、担保供与義務

受任者が委任事務を処理するのに必要と認めるべき債務を負担したときは、委任者をして自己に代わってその弁済をなさしめ、またその債務が弁済期にないときは、委任者に相当な担保を供与させることができる（民六五〇条二項）。この場合の事務処理に必要と認めるべき債務も、受任者が相当の注意をもって必要と考えて負担した債務であれば足り、結果的には不必要なものであっても委任者に弁済させることができると解されている。

本条項は、受任者が委任事務処理のために相手方に対して自ら債務を負担した場合について、受任者が委任者に代弁済（第三者弁済）や担保供与を求めうるとしたものであって、受任者の事務処理によって委任者が直接相手方に対して義務を負担する場合は、本条の適用の余地はない。委任者が本条項により受任者に代わって弁済すべき債務と自己が受任者に対して有する債権とを相殺しうるかについて、判例は否定する（最判昭四七・一二・一二民集二六巻一〇号一九九一頁）。本判決は、手形の割引を依頼された者が、裏書人として弁済しなければならなくなったため、依頼者に代弁済を求めた事案で、本条項の定める代弁済請求権は通常の金銭債権とは異なる、相殺を許容すると受任者に自己資金をもってする費用の立替払を強いる結果となる等の理由で相殺を否定したものである。しかし学説は、相殺を肯定するものが多い（我妻・債権各論中巻二、六八四頁、明石・新版注民(16)二七五頁など）。思うに、受任者の委任者に対する代弁済請求権は、一般の金銭債権とはいえず、委任者、受任者間には通常の意味での金銭債権の対立関係があるとはいえないため、技術的意味での相殺は認められないが、委任者が代弁済をなすことにより受任者は利益を受ける関係にあるから、委任者が受任者に対して債権を有するときは、委任者は受任者に対して代弁済を拒絶することができると解すべきであろう。

(ホ) 損害賠償義務

① 受任者が委任事務を処理するために自己に過失なくして損害を受けたときは、委任者に対してその賠償を請求することができる（民六五〇条三項）。委任事務は、本来受任者にとって他人の事務なのだから、場合によっては受任者が業としてその事務を処理するときでも思いがけない事情で損害を被ることがあり、かような場合は少なくとも受任者にそれにつき過失がない限り、委任者に賠償義務を負わせるとの趣旨と解される。これに対して本条項の根拠を委任の無償性に求め、受任者が無償で委任者の事務を処理する以上は、自己の過失なしに損害を被った場合は、委任者に賠償させるのが公平だと説明する者もある。この立場では、有償委任である場合や受任者が業として事務を処理する場合は、本条は適用されない（来栖三郎・契約法五二七頁）。本条項は有償委任の場合を除外していないし、受任者が業として委託された事務を処理する場合や有償委任の場合は受任者の注意義務の範囲が高められ、自己の過失なしに損害を受けるという事例がかなり限られたものになるため、前説でも必ずしも不当とはいえないとも考えられる。しかし、委任者が委任事務の特殊な状況を故意、過失で告げなかったような場合を除き、受任者が業として委託事務を処理しまたは有償委任であるときは、事務処理に伴って生じた損害は一般的には受任者が負担すると解すべきではないかと思われる。したがって、後説を支持したい（同旨：平野・契約法［第二版］四九九頁）。

② 本条項によれば、委任者の損害賠償義務の発生には、委任者の故意、過失は要件とされない。委任者に故意、過失があれば、義務違反による損害賠償責任が発生すると解される（民四一五条）。

本条項は、受任者が過失なしに損害を被ったことを要件としており、受任者に過失がある場合は、損害賠償請求権は生ぜず、受任者自身が損害を負担すべきことになる。但し、この場合委任者に告知等につき過失があれば、受任者は損害賠償請求権を取得し、過失相殺されるとする学説がある（石田穣・民法Ｖ（契約法）三五七頁）。

三　委任の終了

(1)　委任の終了原因

(イ)　総　説

委任は、通例委任事務の終了により終了する。委任はその他、期間の定めがあるときは期間の満了により、また委任事務の履行不能や受任者の債務不履行による契約解除のような契約の一般的な終了原因によっても消滅する。更に民法は、委任に固有の終了原因を定めている（六五一、六五三条）。

(ロ)　任意の解除

(a)　任意の解除の認められる場合

①　委任は各当事者がいつでもこれを解除することができる（民六五一条一項）。但し、当事者の一方が相手方のために不利な時期に委任を解除したときは、やむを得ない事情がある場合を除いて、その損害を賠償しなければならない（民六五一条二項）。委任は当事者の個人的な信頼関係を基礎としているから、相手方を信頼できない事情が生じた場合などのために当事者がいつでも契約を途中で解除しうるとしたものである。しかし本条は、委任の当事者間の信頼関係が実際に破壊した場合にのみ適用されるのではない。

民法六五一条の任意解除は、有償委任を特に除外していないため、有償委任にも適用があると解される（末川・契約法下二一九頁など）。但し、広中教授は、民法六五一条の論拠を無償委任の法的拘束力の弱さに求め、本条が有償委任には適用されないと主張される（広中・債権各論講義［第六版］二六二頁以下）。この立場では、請負型には民法六四一条、雇傭型には民法六二七条、六二八条が、賃貸借的要素を含むものには賃貸借の解除に関する準則が適用される（同旨・平野・契約法［第二版］五〇〇—五〇一頁）。しかし、一般的には有償委任にも民法六五一条が準用されるとしつつ、不都合を他の方法で回避しようとする学説もある。一つは、有償委任については、信頼が失われたと思われる相当の事情がある場合にのみ解除できるという見解である（水本・セミナー債権各論中巻一二八頁）。他の一つは、委任者はいつでも解約しうるが、有償委任の場合は受任者が得べかりし報酬額に相当する額を（費用を控除したうえで）賠償請求しうるとする見解である（鈴木・債権法講義（三訂版）四五八頁）。私見はこの最後の見解を支持したいと考える。この立場は、近時フランスなどで採用されている見解に近く（中田裕康・継続的売買の解消三九六頁など）、また任意解除を認めることの代償として一般に合理的と考えられるからである。この場合の損害賠償として認められる報酬は、解約後一年間程度が目安となると考えられる。

② 民法六五一条は明示していないが、従来委任が受任者の利益のためにもなっている場合、例えば、AがBに対して金銭債務を負っていて、AのCに対する金銭債権につきBに取立を委任し、その取り立てた金銭をAのBに対する債務の支払に充てうるという約定の場合、委任者（A）は任意に受任者（B）との契約を解約しうるのであろうか。通説は委任者の解約を肯定するが、民法六五一条の適用を無償委任に制限する者はもとより（平野・契約法［第二版］五〇四頁）、そうでない者の中にもこの場合の任意の解約を認めない者もある（鈴木・債権法講義（三訂版）四五九頁）。判例は前記の事例で、事務の処理が委任者のためだけでなく受任者の利益をも目的とするときは、委任者は同条により委任を解除しえないとする（大判大九・四・二四民録二六輯五六二頁）。但し、事業不振に陥った会社が債権者の一人に再建のために経営を委任したところ、受任者の不誠実な行動により不渡手形を出すに至った事例で、事務処理が受任者の利益にもなる場合でも、受任者が著しく不誠実な行動に出た等の場合は、同条により委任を解除しうるとする（最判昭四三・九・二〇判時五三六号五一頁）。しかし、不動産業者に不動産の管理を委託するとともに右受託者が賃借人の納付した保証金を有利な条件で運用できるという契約では、本件管理契約を委任者と受任者

の両方の利益のためになされた委任と捉えたうえで、やむを得ない事由がない場合であっても、解除権を放棄したとは解されない事情があるときは、委任者は民法六五一条により契約を解除しうるとする（最判昭五六・一・一九民集三五巻一号一頁）。

思うに、委任の場合はそれが受任者の利益でもある場合でも、委任者は一般にこれを民法五六一条によっていつでも合理的な理由のない場合でも解除しうるが、債務者が自己の債権者にその満足のために自己の債権の取立を委任したような場合は、債権者が満足を受けるまでないし相当期間委任者が解除権を放棄したとみるべきであろう。但し、債権の取立委任が脱法行為である場合は、その例外となる。なお、前掲最判昭和五六年の事案は、保証金の融資と不動産管理とが結合したものとなっており、受任者の契約への固執が保証金（融資）の保持にあるとみられることから、委任者の任意の解除を否定することは妥当でないと考えられる。

③　当事者間の特約で委任契約の解除権を放棄することができるか。有力説は、民法六五一条の規定は任意規定だから、当事者が特約で解除権の放棄をすることは原則として許されるが、解除権の放棄が公序良俗違反や脱法行為となる場合は許されないとする（末川・続民法論集一五四頁、我妻・債権各論講義中巻二、六九二頁）。判例の中にも、このような立場に立ち、不解除特約を認めることが脱法行為となる場合（大判昭七・三・二五民集一一巻四六四頁）や受任者が著しく不誠実な行動に出る等やむを得ない事由がある場合（大判昭一四・四・一二民集一八巻三九七頁）には、不解除特約が無効となるとするものがある。これに対して、従来の多数説は、委任が信頼関係に基づくことから、原則として解約権の放棄を無効とし、受任者の利益のためにする委任については解約権の放棄の特約を有効だと解してきた（梅謙次郎・最近判例批評一三七頁以下など）。判例にも、フランスの判例に従って無償委任と有償委任とを区別し、委任者の利益のためにのみなされる無償委任では不解除特約は一般に無効であるが（大判大四・五・一二民

録二一輯六八七頁)、事務処理が委任者のためばかりでなく、受任者の利益をも目的とする場合に一般に分類されうるとされる有償委任では、不解除特約がある場合にそれを有効とみうるだけでなく、不解除特約がなくても委任者からの解除は一般的に制限されるとするものもあった(前掲大判大九・四・二四)。なお、有償委任を受任者の利益をも目的とする場合に一般に含めることについては、批判が強い(明石・新版注民(16)二八五頁)。学説上は、解除放棄特約が有効な場合でも解除は有効であるが、解除した者は特約違反による損害賠償義務を負うとする者もある(来栖・契約法五五一―五五二頁)。

④ 委任者が受任者に対して債務不履行があるとして民法五四一条により解除の意思表示をしたが、債務不履行の事実がない場合に、これを民法六五一条による解除としてその効力を認めることができるか。古くは否定説もあったが(鳩山・増訂日本債権法各論下巻六三一頁)、判例、多数説はこれを肯定する(大判大三・六・四民録二〇輯五五一頁、我妻・債権各論中巻二、六八九頁など)。委任は請負(民六四一条)とは異なり、当事者間の信頼関係を基礎として成立しているから、解除の意思表示をした以上たとえ債務不履行の事実がないとしても、委任関係を終了させることが通常の場合に適するというのがその理由である。

(b) 解除の効力

委任もまた継続的契約であるから、賃貸借と同様解除がなされてもその効力は将来に向かってのみ生じ、遡及効は認められない(民六五二条)。債務不履行による解除(民五四一条)の場合も、遡及効を有しないとするのが通説、判例である(大判大三・五・二一民録二〇輯三九八頁(受託者は解除の日から委託証拠金に利息をつけて返還すべきだとする))。もっとも学説上は、全く履行されていない場合は遡及効をもつとするものもある(明石・新版注民(16)二九一頁)。

(c)　損害賠償の範囲

委任契約では原則的に当事者の任意の解除が認められる反面、相手方のために不利な時期に委任を解除したときは、やむを得ない事情のある場合を除き、当事者はその損害を賠償しなければならない（民六五一条二項）。したがって、相手方にとって不利といえない時期に解除した場合は、当事者は損害を賠償する義務を負わない。もっとも税理士顧問契約などが解除されたときは、特にその税理士がその委任者に業務の大半を依存しているような場合は、費用を控除したうえで一年分程度の報酬を与えるべきだと考えられる。相手方の債務不履行を理由として解除するときは、本条の適用はなく、民法五四一条が適用される。

(ロ)　当事者の死亡

委任契約は、委任者または受任者の死亡によって終了するのが原則である（民六五三条）。委任は当事者間の信頼関係を基礎とするためである。但し、受託事務の性質上委任者につき相続が開始しても委任契約の存続を認めるべき場合、例えば、登記申請の委任や株券の名義書換の委任、葬儀費用の支払など委任者の死後の事務を含めた法律行為等の委任契約（最判平四・九・二二金法一三五八号五五頁）の場合は、委任は委任者の死亡によっても終了しないと解すべきである。商行為や訴訟行為の委任については、委任者の死亡によって委任が終了しない旨示唆する規定がある（商五〇六条、民訴五八条一項一号）。

(ハ)　当事者の破産

委任は、委任者または受任者の破産の場合も終了する（民六五三条）。委任は当事者間の信頼関係を基礎とするものであり、当事者の一方の破産はかような信頼関係を失墜せしめるからである。但し、受任者が委任者の破産の事実を知らないで委任事務を処理した場合は、受任者は報酬を破産債権として行使できると解される。委任者または受任者について会社更生手続または民事再生手続が開始した場合に、本条は当然には適用されないが、当事者の信用を失墜させるこれらの事由が生じたときもこれに準じて処理すべき場合もありえよう。

(ニ) 受任者に関する成年後見開始の審判

受任者が成年後見開始の審判を受けたときも委任は終了する（民六五三条）。成年被後見人は事務処理能力を失うため、委任事務処理が実際上できなくなるからである。これに対して、委任者が成年後見開始の審判を受けたときは、委任は終了しない。

(2) 終了に際しての特別措置

(イ) 受任者の応急措置義務

委任の終了により受任者が行っていた事務は委任者に復帰することになるが、委任終了に際して急迫の事情があるとき、すなわち、すぐに事務処理をしなければ委任者に不測の損害が生じるような事情のあるときは、受任者、その相続人または法定代理人は、委任者、その相続人または法定代理人が委任事務処理ができるようになるときまで必要な処分をなすことを要する（民六五四条）。すぐに時効中断措置をとらなければ委任者の権利が時効消滅する虞れがあるとか、短期間内に租税納入手続や上訴手続をする必要があるような場合である。この受任者の応急処分義務の性質は、事務管理なのか、委任契約の延長なのかが争われた。前説では、有償委任の場合受任者は報酬を請求することはできないが、これは取引の実際に適さないため、後説の如く解するのが今日の多数説である（我妻・債権各論中巻二、六九八頁）。

(ロ) 委任終了の通知

委任終了の事由が生じた場合、それが必ずしも相手方に知れるとは限らないため、それが委任者に生じた場合であると受任者に生じた場合であるとを問わず、これを相手方に通知しまたは相手方がこれを知ったときでなければ、委任の終了を相手方に対抗することはできない（民六五五条）。委任者に終了事由が生じても、受任者がそれを知らないで事務処理を続け、それによって受任者が損害を被ったり、または受任者に終了事由が生じ、受任者が事務処理を打ち切ったのに、委任者がそれを知らないで損害を受けることを防ぐ趣旨である。

第四節　寄　託

一　意義と性質

(1)　意　義

寄託契約は、当事者の一方（受寄者）が相手方（寄託者）のために保管をすることを約してある物を受け取ることによって成立する契約である（民六五七条）。このように寄託は物の保管を目的とする契約であり、受寄者は保管のためにその労務を提供すべきである。寄託物は動産であるのが通常であろうが、不動産を目的とすることも可能である。動産のうち金銭その他の消費物、代替物を目的とするときは、消費寄託、混蔵寄託が問題となりうる。他人物の寄託も有効である。

保管とは、寄託者から受け取った物を自己の所持のもとに置いてその滅失、毀損を防ぎ、その原状を維持、保存することである。債務者が物の保管のために労務を提供するのではなく、銀行の貸金庫、保護函貸付の利用、コイン・ロッカーの使用、駐車場への駐車のように単に物を置く場所を提供するだけの場合は、寄託ではなく場所等の賃貸借だといわれている。寄託の場合は、有償の場合と無償の場合とで程度は異なるが、受寄者は目的物が滅失、毀損しないようにする注意義務を負っていると考えられる。もっとも、保管者の義務が目的物の改良や利用に及ぶときは、委任や信託となりうる。

⑵　法的性質

(イ)　寄託の要物契約性

民法は、寄託は受寄者が物を受取ることによって成立すると規定する（六五七条）。寄託を要物契約としたのはローマ法以来の伝統によるものであるが（同旨：フ民一九一九条、ド民旧六八八条）、近時は、委任におけると同様に、寄託の予約はもとより、諾成的寄託も認められるとする見解が多い。要物契約性は無償寄託にのみ適用されるべきであって、有償寄託は諾成契約だとする見解も有力である（来栖・契約法五八九頁）。もっとも、この立場でも諾成的寄託の寄託者は目的物を寄託する義務を負わず、寄託者が約束に反して目的物を寄託しなかった場合に、受寄者が支出した保管の準備のための費用を償還すればよい（民六六五条、六五〇条一項参照）。また受寄者は、やむをえない事由があれば解約できると解されている（民六六三条二項参照）。しかし、諾成的寄託の効力がこのようなものにとどまるのであれば、敢えてそれを認める必要も実益もないといえよう。

これに対して商法上の倉庫寄託契約（商五九七条以下）の場合は、受寄者が業として日常定型的に契約を締結しているのであるから、物が受寄者に引渡されるか否かを問わず、倉庫寄託契約によって契約が効力を生じ、受寄者は合意された寄託期間中倉庫料を支払う義務を負うとするのが合理的であろう。空証券が交付された場合も、受寄者は契約上の責任を問われうる。商法上の倉庫寄託契約は、通説もこれを諾成契約と解している。

(ロ)　無償、片務契約性

寄託は、委任と同様原則として無償、片務契約であるが、報酬を特約することもできる（民六六五、六四八条）。報酬の支払が認められる場合には、委任は有償、双務契約となる。

二　寄託の効力

(1)　受寄者の義務

(イ)　目的物保管義務

受寄者は、寄託者のために目的物を保管する義務を負う（民六五七条）。保管をなすにあたって受寄者の負うべき注意義務の程度は、有償寄託と無償寄託とで異なり、有償の場合は善良な管理者の注意義務が要求されるが（民四〇〇条）、無償の場合は受寄者は自己の財産におけると同一の注意を払えば足りると規定されている（民六五九条）。但し、商人がその営業の範囲内で寄託を受けたときは、無償の場合であっても善管注意義務を負い（商五九三条）、また客の来集を目的とする場屋の主人が客から寄託を受けた物品については、その滅失、毀損につきそれが不可抗力によることを立証しなければ免責されないと規定されている（商五九四条一項）。後者の規定は、ローマ法のレケプトゥム責任に由来するものであり、古代は強盗、水害等免責事由の範囲が客観的、類型的に明示されていたが、今日では必ずしもそうではない。

受寄者の権利、義務は、目的物を保管することに尽き、寄託者の承諾なしに受寄物を使用することはできない（民六五八条一項前段）。また寄託も当事者間の信頼関係を基礎とするため、受寄者は寄託者の承諾なしに第三者に受寄物を保管させることはできない（民六五八条一項後段）。寄託者の承諾を得て受寄者が第三者に目的物を保管させる場合には、復代理に関する規定（民一〇五条、一〇七条二項）が準用される。したがって、この場合受寄者は第三者（復受寄者）の選任、監督についてのみ寄託者に対して責を負うのが本則であり、また第三者は寄託者に対して直接に権利、義務を有する。その結果、復受寄者は寄託者に対して返還義務だけでなく保管義務も負い、反面報酬も請求できることになる。

(ロ) 保管に付随する義務

(a) 通知義務

寄託物につき権利を主張する第三者が受寄者に対して訴を提起しまたは差押、仮差押もしくは仮処分をしたときは、受寄者は遅滞なくその事実を寄託者に通知しなければならない（民六六〇条）。受寄者のもとにある目的物につき訴が提起されたりした場合、必ずしも寄託者はその事実を知りえないため、受寄者に通知義務を課して権利者に権利行使の機会を与える趣旨である。

(b) 受取物引渡義務等

受寄者の受託事務の処理にあたっては委任に関する規定が準用されうる（民六六五条）。その結果、受寄者が事務処理にあたって受取った金銭その他の物または収取した果実は寄託者に引渡さねばならないし（民六四六条一項準用）、受寄者が寄託者のために自己の名で取得した権利も寄託者に移転しなければならない（民六四六条二項準用）。また受寄者が寄託者に引渡すべき金銭または寄託事務処理のために預った金銭を自己のために消費したときは、重い責任が課せられる（民六四七条準用）。

(c) 受寄物返還義務

受寄者は、寄託が終了したときは、寄託契約に基づいて受寄物を寄託者に返還する義務を負う。他方において、寄託者は、受寄者のもとに寄託物がある間も所有権を有し、寄託終了後は所有権に基づいて引渡を請求することができる。従来の判例は、これら二つの権利は各々別個の権利だから、寄託契約に基づく寄託物返還請求権が消滅時効にかかっていても、寄託者は物権的返還請求権を行使して寄託物の返還を請求しうるとする（大判大一一・八・二一民集一巻四九三頁）。しかし、近時有力な請求権規範競合説では、寄託終了後の返還請求権の法的性質を諸事情を考慮して決定すべきことになろう。

有償寄託では、一般に寄託事務処理後、すなわち寄託終了後に寄託者が受寄者に報酬を支払うべきものとされているため（民六六五条、六四八条二項）、寄託者が報酬を支払わないときは、受寄者は寄託物の返還を拒絶しうる（通説、判例）。同じことは、受寄者の有する留置権からも導かれうる。

民法は寄託終了後の返還場所についても規定を置いている。それによれば、寄託物の返還は、その保管をなすべき場所でこれをなすのが原則であるが、受寄者が正当な事由によってその物を転置したときは、現在それがある場所でこれを返還することができる（民六六四条）。

(2)　寄託者の義務

(イ)　有償寄託における報酬支払義務

寄託の場合も委任におけると同様、報酬支払の特約があるときは、寄託者は受寄者に対して報酬支払義務を負う（民六六五条、六四八条一項）。もっとも、商人がその営業の範囲内で他人のために物の寄託をなすときは有償となるのが原則で（商五一二条）、その旨の特約または慣行がなければ無償寄託とはならないと解すべきである。受寄者の報酬請求権は寄託終了後に初めて行使しうるのが原則であるが、期間をもって報酬を定めたときは、期間経過後に行使することができる（民六六五条、六四八条二項）。寄託が受寄者の責に帰すべからざる事由によってその途中で終了したときは、受寄者はその既になした給付の割合に応じて報酬を請求しうる（民六六五条、六四八条三項）。

(ロ)　損害賠償義務

寄託物の種類、内容によっては受寄者のもとで腐敗、爆発、放射能漏れ等を起こして受寄者に損害を及ぼすことがありうる。民法は、かような場合寄託者が寄託物の性質または瑕疵により生じた損害を受寄者に賠償する義務を負うとしている。但し、寄託者が過失なくしてその性質もしくは瑕疵を知らなかったときまたは受寄者がこれを知っていたときはこの限りではない（民六六一条）。民法はこの場合の寄託者の責任を過失責任とするとともに、受寄者が寄託物の瑕疵、性質を知っている場合は、当然にそれに対する措置を講ずべきだから、寄託者の責任を問いえないものとした。本条但書の挙証責任は寄託者にあると解される。学説上は無償寄託の場合は本条の適用を否定して、委任に関する民法六五〇条三項を類推し、寄託者に無過失責任を負わせるべきだとするものもある（来栖・契約法六〇〇頁）。

(ハ) その他の義務

既述のように寄託事務処理には委任に関する規定が準用されるため、寄託事務処理のために費用を要するときは、受寄者は寄託者に前払を請求しうるのみならず（民六四九条準用）、受寄者が受託事務処理のために必要な費用を出捐したときは、受寄者にその費用と利息の償還を請求し（民六五〇条一項準用）、そのために債務を負担したときは、寄託者に代弁済または担保の提供を要求しうる（民六五〇条二項準用）。

三 寄託の終了

(1) 寄託者の告知

寄託者が寄託物の返還時期を定めた場合に、期間経過後寄託者が返還を請求しうることは当然なことであるが、寄託者は、返還時期到来前でもいつでもその返還を請求しうる（寄託契約を告知しうる）（民六六二条）。返還時期前の返還請求は、無償寄託では寄託はもっぱら寄託者のためになされているのだから、寄託者にとっては単なる権利の放棄にすぎず、許容されうることで問題はない。有償寄託の場合も、寄託者は返還時期前に寄託物の返還を請求しうるが、この場合は少なくとも寄託者は返還時までの報酬を受託者に支払わねばならない（民六四八条三項）。これに対して、有償寄託は両当事者のためになされるのだから、寄託者が残りの期間の報酬を支払うのでなければ期限前の告知はなしえないとすることも考えられる（民一三六条二項）。しかし、この考え方があてはまるのは、残余期間につき受寄者が他からの寄託を受け入れることが期待できないような場合に限られると解すべきであろう。

(2)　受寄者の告知

受寄者の側からは、寄託物の返還時期の定めがない場合、いつでもそれを返還できる（寄託契約を告知しうる）（民六六三条一項）。これに対して返還時期の定めのあるときは、やむをえない事由がなければ期限前に返還することができない（民六六三条二項）。受寄者がやむをえず返還する場合は、返還時以後の報酬を請求することはできない。

(3)　その他の終了原因

民法典は、告知による寄託の終了を定めるのみであるが、普通は寄託期間の満了によって終了する。寄託期間が満了すると当事者は寄託物の返還の権利、義務を取得する。寄託物が滅失したときも寄託は終了する。これに対して当事者の死亡、後見開始、破産の場合は、委任におけるとは異なって寄託の終了原因とはならないと解されている。寄託は物の保管という比較的平穏な事務の処理を目的とするためと考えられる。

四　特殊の寄託

(1)　消費寄託

(a)　消費寄託は、受寄者が寄託物を消費し、これと同種、同等、同量の物を返還しうることを約する契約であり、不規則寄託とも呼ばれる。受寄者が寄託物の所有権を取得する点で、通常の寄託や次に述べる混蔵寄託とは異なる。今日最も社会的に重要な作用を営んでいるのは、銀行預金などの金銭の消費寄託である。学説上は、銀行預金は、消費寄託と消費貸借の両要素を含む特殊な契約だとするものもある（松坂佐一・民法提要債権各論［第四版］二〇六頁）。消費寄託の場合は、受託者がそれを自己のために消費しうるのだから、報酬も保管の対価ではなく、消費の対価という意味合いが強い。したがって、その限度で消費貸借との違いは小さくなる。両者の区別は、当事者が貸したのかそれとも預けたといえるのかによってなす以外にない。しかし、だからといって両者の混合契約とすることは意味が乏しいように思われる。金銭の預託の場合は、通常金銭に対する所有権の移転は実際上問題とならず、受託者への財産的価値の移転が問題となる。金銭消費貸借と金銭の消費寄託の違いは、前者が金を貸して一定割合の利息を収取することを目的とするのに対し、後者が受寄者による金銭運用の成果に期待し、妙味ある運用利潤の配分を受けることを目的とする点にある（東京地判昭四七・六・二七判時六八八号八四頁参照）。返還時期についても違いがある（後述）。

(b)　民法上は消費寄託も一般の寄託と同様要物契約とされている（民六六六条一項、五八七条）。学説上はこの場合も諾成的消費寄託を認めうるとするものが多いが、消費貸借や一般の寄託の場合と同様にその実効性は乏しく、むしろこれを否定すべきであろう。消費寄託の約束を強制的に実行させるまでもないと考えられるからである。判例は、預金をするために現金、小切手を銀行窓口内に差し出したところ、それらが窃取されたという事例で、銀行の係員が右申出にうなずいたとしても占有の移転は認められず、寄託関係も成立しないとするが（大判昭一二・一一・二〇新聞四二二六号四頁）、学説上はこの場合に消費貸借の成立を認め、過失相殺に準じて預金額を減額すべきだとするものもある（石田穣・民法Ｖ（契約法）三七六頁）。右の事例で引渡があったとみるべきかどうかは問題であるが、少なくとも使用者責任（民七一五条）ないし契約締結上の過失責任を肯定することができよう。銀行側は窓口に置かれた金銭その他の有価物の盗難被害から顧客を守るべき義務を負っていると考えられるからである。顧客側の過失もまた肯定されうるであろう（過失相殺）（民七二二条二項）（同旨：平野・契約法［第二版］五二六頁）。

小切手により預金がなされた場合は、小切手の取立完了を停止条件とする消費寄託の成立を認めるか（最判昭四六・七・一判時六四四号八五頁）、それとも小切手が金銭の代用として流通しうることに着眼して、不渡等の場合を解除条件として小切手を銀行等に交付したときに消費寄託の成立を認めるかが問題となりうる。預金債権の場合は預金者の認定が問題となる場合が多い。判例は無記名預金債権、記名式定期預金を通じて出捐者を預金者とするが（客観説）、銀行が預金者でない者に弁済した場合でも保護される場合が多い（民四七八条）。

その他、預金者が銀行に預金口座を開設している場合に、第三者が他の口座に入金するつもりで誤ってこの預金者の預金口座に入金することが起こりうる。この場合この預金者が銀行に対して右誤振込額につき預金債権を取得するかが問題となる。判例は、預金者の債権者が右額を差押えた事例で、預金債権の成立を有効とするが（最判平八・四・二六金判九九五号三頁）、偶々誤振込をした場合にそれが他人の預金債権となるような結果を認めるべきではあるまい。預金者の預金の取得が法律上の原因を有しない場合は、預金債権の成立を否定すべきである。差押債権者の利得は反射的なものであって保護に値しない。

(c)　消費寄託には消費貸借に関する規定が準用される（民六六六条一項）。しかし、消費貸借では返還時期の定めがない場合、貸主は相当な期間を定めて返還を催告しなければならないが（民五九一条一項）、消費寄託では、返還時期の定めのない場合寄託者はいつでも寄託物の返還を請求することができる（民六六六条二項）。消費寄託といえども受寄者が寄託者のために物を保管することが契約の本義とされていることによるものであろう。金銭の消費寄託では返還時期の定めのない場合、寄託者が返還請求して一定期間（例えば一ケ月）経過後受寄者が指定された額を返還することになっている場合が多い。預託された金銭は、通常株式や国債の購入等によって運用されている場合が多く、寄託者から返還請求されてもすぐに返還額を調達できない場合もありうるためである。

定期預金債権に自動継続特約が付された場合、それは、(i)期限到来の際の返還請求権を留保した継続的預金契約とみるか（我妻・債権各論中巻二、七三七頁）、(ii)定期預金債権の期限を自動的に延長させることを内容とする特約であるが、原則的に期限を延長するか否かの判断は満期日到来の都度なされるとみるか（吉田徹・民事研修四二三号三九―四〇頁）、(iii)定期預金の期日到来前に預金者の申出がない限り、期日到来の都度書替継続をする旨の合意とみるか（岡本雅弘・金法一四〇六号一八頁）、(iv)預入期間に関する合意として当初の定期預金契約の一部を構成するとみるか（吉原省三・金法一二九四号三頁）等の議論があったが、判例は(iv)説をとることを明らかにした（最判平一三・三・一六判時一七四七号九三頁（預金債権が仮差押を受けても自動継続の効果は妨げられない））。

なお、消費寄託の場合も消費貸借におけると同様、債務者の返還額につき事情変更の原則が適用されうるかが問題となりうる（判例は否定：最判昭五七・一〇・一五判時一〇六〇号七六頁（戦前の軍事郵便貯金の払い戻しに関する））。

⑵　混蔵寄託

混蔵寄託は、受寄者が複数の寄託者から寄託を受けた同種、同等の代替物を混合して保管し、その中から各寄託者に寄託を受けたのと同量の物を返還する契約である。このような寄託が許されるためには寄託者の承諾またはかかる取引慣行の存在が必要である。受寄者が寄託を受けた物自体を返還することを要しない点で消費寄託と同様であるが、混合物の所有権は寄託者に共有的に帰属し、かつ受寄者は寄託物を消費しえない点で消費寄託と異なる。受寄者の倉庫で保管している小麦が不可抗力で滅失した場合、その危険は共有者が共有持分に従って負担する。混蔵寄託もまた要物契約と解すべきである。もっとも今日では社会、経済条件の変化により混蔵寄託は実際上あまり用いられない。

第五節　サービス供給契約

一　意　義

わが民法典は、義務者が債権者に対して役務ないし役務を要素とする給付をなす義務を負う契約類型として雇傭契約、請負契約、委任契約及び寄託契約を定めるのみである。しかし、役務給付を目的とする契約はこれらにとどまるのではなく、今日の経済社会では、これら以外に重要な機能を果たしている役務給付契約が少なからずみられる。医療契約や弁護士、税理士選任契約などは、既述の如く、委任ないし準委任契約に含めることができるが、在学契約、英会話教室受講契約、エステティックサロンで美容指導を受ける契約、珠算塾、学習塾の入塾契約、スポーツジムでトレーニングを受ける契約などは、(準)委任というよりも、物品の提供や施設の利用などを含むサービスの提供契約であり、民法典には規定がない。

これらの契約はサービス供給契約と総称することができよう。これらの契約の多くは、比較的最近になって問題とされるようになったが、それは主に英会話学校やエステティックサロンが多額の授業料または利用料を顧客から徴収していながら、途中で倒産するとか、サービスの内容が当初主催者が説明していたものとは大きく異なっていて債権者が対価に見合った満足を受けられないといった消費者被害が生じた事案に関わるのが一般である。このようなサービス取引には、視認困難性、品質の客観的評価の困難性、復元返還の困難性といった特性のほか、信用供与的性格があるといわれている(松本恒雄「サービス契約」債権法改正の課題と方向(別冊NBL五一号)二一〇頁以下)。本節ではこれらの問題についてわが国の議論の状況を中心にして解説したい。

二　サービス給付と民法の適用

サービス給付を目的とする契約もまた一般的には双務、有償契約であるから、契約の成立や効力に関する規定の多くが適用されうる。申込と承諾による契約の成立（民五二一条以下）や同時履行の抗弁権（民五三三条）、危険負担（民五三六条）、契約解除に関する規定（民五四〇条以下）がそれである。もっとも、特定商取引法の適用を受ける指定役務提供契約や指定継続的役務提供契約では、消費者保護のために契約締結の前及び締結後に一定の事項を記載した書面を交付しなければ、給付義務者は一定の不利益を受ける。その限度で契約当事者には契約の自由な締結に制限が加えられているとみることができる。同時履行の抗弁権も契約の両当事者に一般に認められるが、エステティックサロンや英会話教室との間のいわゆる継続的役務提供契約では、しばしば事業者が顧客に報酬の前払義務を負わせている。また予定されたサービスが一部給付された後でなされた解除は、告知としての性質を帯びるが、実際上給付内容がどれだけ実現したか、解約手数料が合理的であるかなどが清算にあたって問題となろう。

民法では、売買に関する規定が性質の許す限り他の双務契約に準用されることになっているが（民五五九条）、提供されたサービスないし役務に瑕疵があった場合は、売買に関する瑕疵担保責任の規定（民五七〇条）が準用されうるかが問題となりうる。しかし、サービスないし役務は、物ないし形あるものではないため、瑕疵担保規定を準用して処理すべきではなく、不完全履行責任（民四一五条）の問題とするのが妥当であろう。約束されたサービスが約旨に反しまたは不十分な場合は、顧客はそれに応じた代金の減額を請求でき、場合によっては（義務者にその能力がある場合）追完を請求することも可能である、義務者がそれに応じない場合や義務者に約束されたサービスを提供する能力ないし資力がない場合は、顧客は解除できる。また顧客が給付不完全により積極的な損害（瑕疵惹起損害）を被ったときは、債務者に故意、過失がある限り、損害賠償請求を認めるべきであろう。責任追求期間は、一般の不完全履行責任の場合と同様一〇年間（民一六七条一項）と解すべきである。この場合顧客に担保責任の短期期間制限の規定の準用を認めるべき定型的な合理性を見出しえないためである。

継続的役務の提供を受ける権利を販売する場合にその権利に瑕疵、欠缺があれば、民法五六一条以下の担保責任規定が準用され、役務提供に関連する商品の販売においてその商品に瑕疵があれば民法五七〇条が準用されることはいうをまたない。これとは別に、例えばエステティックサロンの顧客が顔面エステ施術により皮膚炎に罹患したような場合は、顧客は、前記不完全履行責任の他、不法行為責任（民七〇九条）ないし使用者責任（民七一五条）を追求しうると解すべきである（東京地判平一三・五・二二判タ一一二〇号二一〇頁）。

三　サービス給付と消費者保護

(1)　割賦販売法、特定商取引法

割賦販売法の規制は、指定商品や指定権利の販売の場合だけでなく、指定役務の提供の場合にも適用される（二条）。したがって、指定役務の提供を目的とする契約においても代金が分割払いされる場合は、一定の条件の下で、役務提供業者は、割賦提供条件の表示、書面の交付の各義務が課され、クーリングオフ、解除の制限、賠償額の制限等に服する（三条以下）。ローン提携役務提供や割賦役務提供斡旋についても、ローン提携販売や割賦購入斡旋におけると同様の規制に服する（二九条の二以下）。同法の指定役務の提供への拡大は、昭和六三年の法改正によってなされたものである。平成一一年にはエステティックサロン、英会話教室などいわゆる特定継続的役務提供契約についても抗弁の接続規定が適用されることになった。

特定商取引法（旧訪問販売法）も、割賦販売法と同様当初は指定商品の販売の場合にのみ適用されたが、昭和六三

年の法改正で（法四三号）指定役務の提供を目的とする契約にも適用範囲が拡大された。指定役務とは、一定物品の貸与、一定施設の利用、清掃、整体施術、衣服の仕立、一定物品の取付、設置などである（政令三条別表第一）。したがって、役務提供事業者は、訪問販売をするときは、氏名等の明示、書面の交付等の義務を課されるとともに、クーリングオフや賠償額の制限規定に服する（三条以下）。クーリングオフがなされた場合、法は消費者保護を徹底するため、既に役務が提供されたときにおいても、事業者が対価その他の金銭を請求できないとしている（九条五項）。これによって役務提供契約において未払の債務があっても、名目のいかんを問わず請求することはできないことになる。また法は、事業者が役務提供契約に関連して金銭を受領しているときは、クーリングオフがあった場合、速やかにそれを返還すべきものとしている（九条六項）。役務提供事業者が電話勧誘行為や連鎖販売取引を行う場合も、商品の販売の場合と同様の規制に服する（一六条以下）。

他方これとは別に、前記エステティックサロン、外国語会話教室、学習塾、家庭教師派遣等の継続的役務取引について、長期多数回のコース契約の解約をめぐるトラブルが多発したため、平成一一年には当時の訪問販売法（現行特定商取引法）中に、特定継続的役務提供の章を設け、エステティックサロン、外国語会話教室、学習塾、家庭教師の四業種につき、政令で定める期間及び金額を越えるものについて、店舗契約も含めて規制が加えられた（四一条）。規制の内容は、広告規制（四三条）、書面交付義務（四二条）、クーリングオフ（四八条一項）、不実告知、威迫、困惑行為の禁止などの勧誘行為規制（四四、四六条）のほか、クーリングオフ期間経過後の中途解約権の確保と違約金の上限規制（四九条）である。クーリングオフ及び中途解約権の対象として、役務取引だけでなく、これに伴って購入する必要があるとして販売された関連商品も一緒に解約できることとされている（四八条二項）。更に、前払式の継続的役務提供業者は、業務及び財務書類の閲覧、謄本交付義務を負う（四五条）。

(2)　消費者契約法

サービス供給契約が消費者と事業者との間の契約であるときは、消費者契約法もまた適用されうる。判例によれば、飲食店との間のパーティ予約で予約をキャンセルした場合に一定の要件の下で一人当たり一定額の営業保証料を支払うという特約のある場合、この営業保証料は損害賠償額の予定または違約金にあたり、消費者契約法九条一号により平均的な損害額を超ええない（東京地判平一四・三・二五金判一一五二号三六頁（二ケ月前の解約であることなどを考慮して、一人当たりの料金の三割に予定人数を乗じた額を越ええないとする））。私立大学への入学が許可された後でそれを辞退した者の入学金、授業料返還訴訟については、裁判例は、会計年度が始まるとされている四月一日（私立学校法四八条）より前に入学を辞退した者についてのみ、入学金を含む学納金のうち入学金を除く部分ないし授業料相当額の返還を認めるものが多い。その論拠は、入学金が入学資格の取得の対価であることに求めるべきであろう（同旨：窪田充見・ジュリ一二五五号一〇〇―一〇一頁。反対：京都地判平一五・七・一六判時一八二五号四六頁）。入学金を除く学納金の不返還特約が消費者契約法九条一号に反しないかについては、同号の平均的損害が何を指すか及びその立証責任がいずれにあるかをめぐって議論が分かれている（野沢正充・法セ五八九号六〇頁以下参照）。

第四章　その他の契約類型

第一節　組　　合

一　意義と法的性質

(1)　組合の意義

民法上の組合（partnership, Gesellschaft）とは、二人以上の当事者が出資して共同の事業を営むことを約することによって成立する契約である（民六六七条一項）。したがって、民法上の組合は一の契約関係にすぎない。これに対して実社会には、農業協同組合、漁業協同組合のような各種の協同組合、健康保険組合、労働組合といった様々な組合が多数存在している。しかし、これらは各種の協同組合法を始めとする様々な特別法によって設立が認められた非営利法人であり、民法上の組合とは明らかに異なる。

組合契約当事者は二名以上であればよく、上限はないが、多勢の当事者を抱えるに至ったときは、商法上の合名、合資会社や前記各種の協同組合を始めとする特別法上の組合の結成のような法人化の道をとるのが実際的であろう。共同で営む事業の種類や内容についても特に制限はなく、営利事業のみならず、非営利ないし公益事業でも構わないと解されている。但し、公序良俗や強行法規に違反する場合はこの限りでない。事業は継続的であることを要せず、一時的なものでもよい。一時的な事業（仕事）を目的とする組合は、当座組合（Société momentanée, Gelegenheitsgesellschaft）と呼ばれている。

出資は、金銭だけでなく、その他の財産的価値があって共同事業目的達成を助長する財産、例えば動産、不動産、債権、無体財産権、信用（商八九条）、更には労務の提供をもってなすこともできる（民六六七条二項）。

(2)　組合契約の性質

(イ)　諾成、双務契約性

(a)　組合契約は、共同事業を営むために各当事者が相互に出資をなし、出資された財産を運営し、発生した債務を負担しかつ生じた利益を分配することを内容とする契約であり、当事者の合意で成立する諾成、不要式の契約である。各当事者が相互に出資義務や損益の分配義務、業務の運営に関与する義務等を負う点で有償かつ双務契約だとするのが多数説であるが、二当事者の対価的給付を内容とする通常の契約とはかなり性質を異にする。そのため、組合では双務契約の特質である給付が互に対価的意義を有するという性質がないから、双務契約ではないとする説もある（我妻・債権各論中巻二、七五九頁）。しかし、一般には組合の各当事者は出資義務その他の義務を負い、利益の分配にあずかりうるから、有償、双務契約性を失わないと解すべきである。無償性や片務性も問題となりうるが（獅子組合）、例外的に扱うをもって足る。

(b)　組合では、各当事者は特定の相手方に給付をするのではなく、共同事業のために給付を出し合うという関係を生じるため、双務契約の通則である契約総則に出てくる諸制度、なかんずく同時履行の抗弁権（民五三三条）や危険負担に関する規定（民五三四条以下）は当然には適用されない。他の組合員中に出資義務の未履行者があるからといって組合員の一人が出資義務の履行を拒絶することは一般的にはできない（通説）。そうでなければ、請求者は他の未履行組合員の給付と引換に出資せよとの判決を得べきことになるが、この判決で他の組合員に出資を強制することはできないからである。したがって、二人組合の場合に限って履行拒絶権を認める見解もある（三宅・契約法（各論）下一一二一頁）。また特定不動産の出資義務が不可抗力により給付不能になっても、その者が出資したことにはならない（民法五三四条は適用されない）。この場合その組合員が代わりの物を給付する義務を負うか否かは契約の趣旨によって異なる。場合によっては給付者は代物給付義務を免れる代わりに組合から脱退することも考えられる。

組合契約を合同行為と解する説でも、組合では社団設立行為とは異なり多分に契約的色彩を有すると解するが、契約の通則規定の適用を否定する（我妻・債権各論中巻二、七五八頁）。民法五五九条は、売買に関する規定が他の有償契約に準用されると定めるが、組合契約には準用が否定される。また組合員の一人が出資を履行しない場合に他の組合員が民法五四一条以下の規定に従って契約を解除しうるかも問題となりうるが、組合員の除名、脱退、解散請求などの規定は契約解除の特別規定にほかならないから、契約解除に関する総則その他の規定は適用されないと解されている（大判明四四・一二・二六民集一七輯九一六頁）。

(ロ) 組合の団体性

民法上の組合は、共同事業目的を達成しようとする人の結合体つまり団体の一種としての側面を有する。その限度で組合は社団に類似するが、社団は団体性が強く、構成員個々人を越えた別個独立の単一体として存在し、活動する。これに対して組合は、契約による人の結合関係にすぎず、個々の構成員の個性が前面に現れ、団体性は弱い。そのため組合が法人格をもつ道は開かれていない。社団の場合は、一般的に法人格をもつことが予定されており、その活動は機関によって行われ、その効果は法人に帰する。社団の資産、負債も法人自身に帰属する。負債は、合名会社や合資会社の有限責任社員などを除いて構成員の個人財産は引当てとならない。これに対して民法上の組合では、組合の行為は組合員全員でまたは組合契約上代理権、業務執行権を与えられた者が行い、その効果は全員に帰属する。組合の資産は組合員の合有となり、負債も組合員全員が共同で負担する。しかし判例は、代表者の定めのある民法上の組合は訴訟当事者能力があるとする（最判昭三七・一二・一八民集一六巻一二号二四二二頁）。

商法上は匿名組合（stille Gesellschaft）という契約類型がある。これは出資者がある企業家に出資して、その企業の活動から生じる利益の分配を受けるもので（商五三五条）、出資者はその出資する企業の背後に隠れ、各出資もその企業に帰する（商五三六条一項）。匿名組合は投資家と企業者との契約関係であり、団体性はない。

二　組合の成立要件

(1)　合意の成立

組合が成立するためには、二人以上の当事者の間での、各当事者が出資をして共同事業を営むについての意思の合致が必要である。法人でも組合員となりうる（ジョイントベンチャーはその代表例とされている）。組合契約時に当事者の一人が無能力であったり、意思の欠缺、詐欺、強迫などのために意思表示が無効であったり、取り消されたりしたときは、その者の組合加入契約は無効となるが、それによって組合契約全体が無効となるかどうかは、その者の出資ないしその者が組合契約全体の中で占める役割如何によると解すべきである。その者ないしその者の出資が比較的小さな役割しか有せずまたは代わりの者を比較的容易に求めうる状況にある場合は、組合契約全体を無効とすべきではないが、その逆の場合は、組合契約全体を無効とするしかないであろう。

組合契約が無効である場合に組合員の一人が第三者となした取引の効力が問題となりうる。第三者が債権を取得した場合については、第三者保護のために組合は組合契約の無効を主張しえず、当該組合員は脱退、組合への損害賠償により組合の被った損害を補塡するしかないとする（我妻・債権各論中巻二、七六五頁）。但し、第三者が組合契約の無効原因を知っていた場合はこの限りでない。これに対して、組合側が第三者に対して債権を取得した場合は、第三者は、組合契約の無効を理由として、組合を代表して取引した者からの債権の行使を拒絶しえないとされている（最判昭四一・一一・二五民集二〇巻九号一九五六頁）。

(2)　出資の合意

組合が成立するためには各当事者が出資義務を負担する合意があることが必要である。出資の種類、性質には制限はなく、金銭、動産、不動産、債権、無体財産権、信用、労務の提供など財産的価値のあるものであればよい。またその額、数量にも制限はない。判例によれば、組合の共同事業である仲買営業につき、身元保証金代用として取引所に納入した国庫債券は組合の出資に供されたものと推定され（大判大一三・九・一五新聞二三〇九号二〇頁）、また出資の額や時期が明示されていないときは、各組合員は随時平等に醵出する意思だと解すべきだとされる（大判大一四・五・一三新聞二四六六号一一頁）。金銭を出資の目的とした場合に組合員がその出資を怠ったときは、その利息を支払うほか、損害があればその賠償をしなければならないと規定されている（民六六九条）。

(3)　共同事業経営の合意

(イ)　組合が成立するためにはまた、当事者間に共同事業を営むことの合意が必要である。組合の共同事業は、営利的なものだけでなく、公益的ないし中間的なものを含みうる。また継続的なもの以外に一時的なものも含む（当座組合）。親の家業を子夫婦が手伝い、その利益によって営業財産が増加したときは、営業名義が被相続人となっていても、一種の組合契約があったものとみて、被相続人死亡に際し、子夫婦の寄与分は、組合の解散に準じ、その出資の割合に応じて遺産から除外し、被相続人の取得分のみが遺産として取扱われる（東京高判昭五一・六・二七判時八二七号五八頁（現在では昭和五五年に新設された特別寄与者の差引計算規定（民九〇四条の二）によって処理されよう））。

しかし、大網漁業権者が網干場に使用するため共有土地を共同で使用しただけでは共同事業を営むのにはあたらない（最判昭二六・四・一九民集五巻五号二五六頁）。また公序良俗、強行法規に違反する事柄を目的とする事業も許されない。

(ロ)　共同事業を営むとは、各組合員が共同で事業の執行をすることである。現実に事業の遂行に携わることのできない者は、業務執行の監督をすることによって、事業遂行に関与する権利を有する。そのため当事者の内部関係では共同の事業としての実態を備えているが、一部の組合員のみが事業を執行し、かつその名義でのみ取引を行っていて対外的には組合関係が明らかでない場合も組合契約として有効である（いわゆる内的組合）（東京高判昭六〇・二・二八判時一一四九号一〇七頁（単に資金を融資した場合とは区別される））。

営利を目的とする、すなわち各組合員に利益を分配する組合では、総ての組合員が利益の分配にあずかれることが必要である。一部の組合員のみが利益の分配を受けるいわゆる獅子組合は、民法上の組合ではないと解されている。ある組合員のみが利益の分配を受けないことを定めることは一般的には合理性がないといえよう。これに反して、ある組合員のみが損失を分担しないことを定めることは組合契約の性質に反しないと解されている（大判明四四・一二・二六民録一七輯九一六頁）。但し、右のような合意を善意の第三者に対抗しうるかという問題が残る。

(4)　法律上当然に組合関係が発生する場合

特別法には一定の法律関係にある者の間で法律上当然に組合関係が発生することを定めているものがある。例えば、共同鉱業権者は、組合契約をしたものとみなされるし（鉱業四四条五項）、船舶の共有者（商六九三条以下）や管理組合法人を結成していない建物区分所有者間にも組合契約関係が成立すると解されている。

三　組合の業務執行

(1) 対内関係

(イ) はじめに

組合は、組合員が共同事業を営むために締結された契約関係であるから、組合の意思決定、組合内部の組織、組合内部の業務執行担当者、対外的な業務執行担当者、責任関係等について定めを置かねばならない。民法上の組合では各組合員が業務執行権を有し、そのため社団法人よりも組合員の個性的、個人的側面が強く顕われるといわれる。

(ロ) 組合の意思決定

民法上の組合では、組合の業務執行の意思決定は、全組合員の過半数によって行われる。すなわち全組合員の過半数で決められた事項が全組合員によって執行される。表決は各組合員の頭数によるが、組合契約で出資額の過半数による旨定めた場合はそれによる（我妻・債権各論中巻二、七七八頁）。

組合の常務、すなわち日常反復されるべき重要度が比較的乏しい事務は、各組合員が単独で行うことができる（民六七〇条三項本文）。但し、その行為の終了前に他の組合員や業務執行者から異議が述べられたときは専行できず、過半数の決議によらねばならない（民六七〇条三項但書）。異議があったにもかかわらず専行して損害が発生した場合は、他の組合員に対して賠償義務を負うと解されている。

(ハ) 業務執行組合員を選任した場合

(a) 組合契約によって組合員の一人または数人に業務の執行を委任することができる。組合成立後でも全組合員の合意で業務執行者を定めまたは変更することができる。この場合業務執行の権利義務は、選任された業務執行者に帰属するが、業務執行権を有しない組合員は、業務や財産の状況を検査することができる（民六七三条）。業務執行者が数人あるときは、執行方法は執行者の過半数で決する（民六七〇条二項）。但し、組合の常務は各執行者が専行しうるのが原則である（民六七〇条三項）。

(b)　業務執行組合員と他の組合員との間には、民法の委任に関する規定（六四四条〜六五〇条）が準用される（民六七一条）。組合員全員が業務を執行する場合でも、組合員の一人が具体的な業務執行を委任されたときは同様な関係を生じる。委任の規定が準用される結果、①業務執行者は業務執行にあたって善管注意義務を負い（民六四四条）、②事務処理またはその顛末の報告義務（民六四五条）、③業務執行にあたって受け取った金銭、物品、果実等及び自己の名で取得した権利の組合員全員への引渡ないし移転義務（民六四六条）、④組合のために引渡しまたは使用すべき金銭、物品を自己のために消費した場合のその日以後の法定利息及び生じた損害の賠償義務（民六四七条）を負担する。また⑤業務執行者は、特約がある場合に報酬を請求することができ（民六四八条）、⑥事務処理のために必要がある場合の費用前払請求権（民六四九条）、⑦事務処理費用を出捐した場合の費用償還請求権、必要費を負担した場合の代弁済請求権または担保供与請求権（民六五〇条）を有する。

(c)　業務執行組合員は、正当の事由がなければ辞任できずまた解任されることもない（民六七二条一項）。正当事由による解任には他の組合員の一致がなければならない（民六七二条二項）。みだりに辞任を認めたり、また簡単に解任できるものとしたのでは、組合業務の遂行に支障をきたすためである。正当事由とは、業務執行者の重大な業務遂行上の懈怠、義務違反、業務処理に関する無能力、業務処理不能状態の発生などである。

(ニ)　第三者に業務執行を委任する場合

組合の業務執行は、組合契約によりまたは組合成立後組合員全員の合意により組合員以外の第三者に委任することができる。この場合は狭義の委任の問題となる。組合員が業務執行を第三者に委任した場合、各組合員は、組合の業務及び財産の状況を検査することができる（民六七三条）。

業務執行を委託された第三者は、委任契約に関する規定に従いいつでも辞任でき、また全組合員の合意によりいつでも解任できる（民六五一条一項）。組合員の一部が解任に賛成しなかったために他の組合員が損害を被ったときは、受任者及び反対した組合員に対して義務違反による損害賠償を請求しうると解される。受任者の辞任または解任により、組合または受任者が損害を被ったときは、組合または受任者は損害賠償を請求しうると解すべきである（民六五一条二項）。

⑵　対外関係

㈠　実体法上の代理

⒜　業務執行組合員を定めていない場合

民法上の組合は法人格を有しないため、その権利義務は全組合員に帰属する。したがって、対外的には組合員全員の名で法律行為をなすべきである。しかし、これは実際上不便であり、敏活性にも欠けるため、組合の常務以外の事項についても、ある組合員が単独で他の組合員を代理できるかが問題となる。

判例は、組合員の過半数の同意がなければ（民六七〇条一項）組合員の一人と第三者との間に成立した法律行為は他の組合員に対する関係では無権代理となるとする（大判明四〇・六・一三民録一三輯六四八頁）。業務執行組合員を定めていない場合、組合員の過半数の者は共同して組合を代理する権限を有するとする判例もある（最判昭三五・一二・九民集一四巻一三号二九九四頁）。これに対して学説上は、各組合員は原則として各自単独で、組合目的遂行に必要な範囲で総ての組合員を代理する権限を有すると解すべきであり、ある組合員が常務以外の事項を過半数の決定によらないで代理したときは、当然無効とならず、代理権限踰越の行為となるとする（民一一〇条）（我妻・債権各論中巻二、七八八―七八九頁）。各組合員が代理行為をする場合は、組合のためにすることを知りうる程度の表示をなせば足りる（顕名主義）（民九九条）。手形の受取人として組合の名義だけが表示されていた事例で、かような表示は実質上の権利者たる総組合員を表示するものとして有効だとする判例もある（大判昭一四・五・一二民集四巻二五六頁）。

(b)　業務執行組合員を定めた場合

組合員全員の同意で業務執行組合員が定められたときは、右業務執行組合員は、対外的に他の組合員を代表する権限を有すると解される（大判明四四・三・八民録一七輯一〇四頁、大判大八・九・二七民録二五輯一六六九頁、最判昭四三・六・二七判時五二五号五二頁）。法人の場合でも、理事の代理権に加えられた制限は善意の第三者に対抗しえないとされているが（民五四条）、民法上の組合でも、組合規約で業務執行者の代理権を制限しても、その制限は善意無過失の第三者に対抗しえないと解されている（最判昭三八・五・三一民集一七巻四号六〇〇頁）。

業務執行組合員が数人いる場合は、常務以外の対外的業務執行はその過半数で決する（民六七〇条二項）。業務執行組合員が権限外の行為をしたときは、代理権限外の行為となる（民一一〇条）。業務執行組合員も、組合代理の表示方法としては本来全組合員の名で行為をなすべきであるが、煩雑なため、全組合員の名を示す必要はなく、組合の代表者、業務執行者、組合長、総代などの肩書表示でよいとされている。組合代表者が組合のために組合代表者名義で約束手形を振出した場合は、全組合員が共同振出人として合同して責任を負うと解される（最判昭三六・七・三一民集一五巻七号一九八二頁）。

(ロ)　訴訟上の代理

業務執行組合員を定めていないときは、各組合員が組合員の過半数の決定に基づいて全組合員を代理して訴訟行為をなすことができる。組合員の過半数の決定がないのに訴訟行為をしたときは、追認を得て補正をしなければならない（民訴三四条）。

業務執行組合員を定めたときは、その過半数の決定で各執行組合員が総ての組合員を代理して訴訟行為をなすことができる（大判大八・九・二七民録二五輯一六六九頁）。判例によれば、民法上の組合でも、組合が継続的存在を有し、代表者の定めがあるものは、その名で訴えまたは訴えられうる（民訴二九参照）（大判昭一〇・五・二八民集一四巻一一九一頁、最判昭三七・一二・一八民集一六巻一二号二四二二頁）。学説上は、かような判例の立場を支持し、組合の団体性は訴訟についても認められるべきだとするもの（末川博・債権（末川法律論文集Ⅲ）四二三頁以下）と内部組織が組合であり、社団の実態をもたないものは、民訴法四六条の適用を受けず、構成員全員または全員の意思により業務執行者によって訴訟を遂行するしかないとするものに分かれている（我妻・債権各論中巻二、七九八頁）。

四　組合の財産関係

(1)　組合財産の法的性質

(イ)　組合財産

組合財産は、組合員が既に出資した金銭、動産、不動産等の各種の財産、組合の業務執行により取得した財産ないし債権、出資未履行者に対する出資請求権、第三者に対する損害賠償請求権、組合財産から生じた果実のような積極財産だけでなく、組合の業務執行から生じた債務などの消極財産を含む。組合の財産関係とは、このような組合財産が契約によって結合している組合員にどのような形で帰属するか、また業務執行から生じる損益をどのようにして分配するかの問題である。

(ロ)　組合財産の帰属

民法は、各組合員の出資その他の組合財産は総組合員の共有に属すると定めている（六六八条）。他方において、わが民法の物権編には、共同所有形態における純然たる共有について規定が置かれており、それによれば、各共有者は持分権を有するとともに、持分譲渡の自由や分割請求の自由が認められる。しかし、組合では、組合は共同の目的によって結合され、組合財産は総組合員の共有に属するとはいえ、各組合員の持分処分は制限され（民六七六条一項）、組合の清算前は組合財産の分割は禁止される（民六七六条二項）。組合財産に属する権利の行使も、組合員全員の意思が反映されていることが必要である。通説は、かような性質を有する組合財産の性質は共有ではなく、団体的性質を有する合有としている。

判例も、組合財産の帰属が純然たる共有関係とは異なる性質を有することを認めている（大判昭七・一二・一〇民集一一巻二三一三頁、大判昭一一・二・二五民集一五巻二八一頁）。もっとも、組合財産が理論上合有であるとしても、民法は組合財産の帰属が共有関係だとしているため、民法六六七条以下に特別の規定がない限り、民法二四九条以下の共有の規定が適用されるとしている（最判昭三三・七・二二民集一二巻一二号一八〇五頁）。本判決は、脱退組合員が脱退後組合財産たる建物に自己名義の保存登記をしたため、組合員の一人が民法二五二条に基づく保存行為としての保存登記の抹消登記手続を求めたのを許容したものである。

(ハ)　持分処分の制限及び分割請求の禁止

(a)　各組合員は組合財産に対して持分を有するが、組合は組合契約において定められた共同事業目的を有し、組合員の一部が勝手にその持分を他に処分するとこの共同事業目的の達成に支障をきたす結果となる。そこで民法は、組合員が組合財産の持分を処分しても、その処分は組合及び組合と取引をした第三者には対抗しえないと定めた

〔民六七六条一項〕。

組合員全員の合意ある持分処分は、組合員間では有効としても、組合と取引をした第三者には対抗しえないと解すべきである。組合と取引をする第三者にとっても組合員の異動、交替は重要な関心事であり、場合によっては以後の組合の事業遂行に支障を生じることもありうるからである。組合員全員の合意のない持分処分は、処分当事者間において債権的効力を有するにとどまる。組合員の債権者が行う組合員の持分の差押も許容されないと解されている（水本・契約法三八七頁）。

(b) 組合員はまた、組合結成の目的達成または目的達成不能による清算までは組合財産の分割請求をすることはできない〔民六七六条二項〕。組合財産は、それが組合の結成によって意図された共同事業達成の目的に必要である限り、容易に分割を認めるべきではないからである。もっとも、全組合員の同意があるときは分割できると解されている（大判大二・六・二八民録一九輯五七三頁）。この場合は、全組合員の同意で将来の組合事業の遂行にとってその組合財産が必要不可欠なものではないと判断されたことを意味する。

(2) 組合の債権及び債務

(イ) 組合の債権

組合債権とは、組合の業務遂行によって生じた各種の債権や第三者に対する損害賠償請求権などである。これらは金銭債権のように可分給付である場合でも、総組合員に合有的に帰属し、個々の組合員に分割して帰属するのではない。組合債権も、組合が共同事業を遂行している限りは、組合員全員に帰すべきであり、個々の組合員への最終的な帰属を認めるべきではないからである。

組合が個々の組合員に対して取引などにより債権を取得した場合は、債権者たる組合は、当該組合員の持分を控除することなく全額について弁済を受けうる。すなわちこの限度で混同は生じない。一部組合員の業務遂行上の義務違背や組合財産の不法処分に基づく損害賠償請求権も組合債権に属し、各組合員は他の組合員に対して自己の持分に応じた損害賠償請求権を自己の権利として行使することはできない（大判昭一三・二・一二民集一七巻一三三頁）。また組合の債務者は、その債務と個々の組合員に対する債権とを相殺することはできない（民六七七条）。組合債権は組合の財産に帰すべきものだからである。組合につき清算が開始し、組合債権が個々の組合員に分割された場合は、相殺が可能となる。

(ロ)　組合の債務

組合の業務遂行に伴って負担した借入金返還債務や買掛金債務、損害賠償債務その他の債務も、総組合員に合有的に帰属し、その債務が金銭債務のように可分給付を目的とする場合であっても、金額的に分割されることなく、総ての組合員が債務全額の負担に任じる。この場合不可分債務または連帯債務に関する規定ないしルールの準用を認めるのが合理的であろう。組合の債務は組合財産が引き当てとなるが、それと併存的に組合員の個人財産も引き当てとなり、個人的責任を負うからである（併存的責任説）。但し、学説上は、合名会社に関する商法八〇条を類推適用して、組合員は個人財産をもってする補充的責任を負うとするものもある（水本・契約法三八四頁）。

負担の割合は、組合契約で定められた損失分担の割合によるが、組合債権者がその債権発生の当時組合員の損失分担の割合を知らなかったときは、各組合員に対して等しい割合で権利を行使できる（民六七五条）。組合が個々の組合員に対して債務を負担したときは、組合は債権者たる組合員の負担部分に相当する額を控除することなく、債務全額を弁済しなければならない。すなわちこの限度で混同は生じない（大判昭一一・二・二五民集一五巻二八一頁）。

⑶　損益の分配

組合事業の遂行によって生じた利益は全組合員に分配され、生じた損失も全組合員が分担する。損益分配の割合は組合契約の定めるところによるが、組合契約に損益分配の定めがないときは、その割合は各組合員の出資の価額に応ずる（民六七四条一項）。利益の分配の割合のみを定めたときは、損失分担の割合も共通と推定され、損失の分担の割合のみを定めたときは、利益分配の割合も共通と推定される（民六七四条二項）。ある組合員が利益の分配を受けないことを定めることには一般に合理性がないと考えられるが、ある組合員が損失を分担しないと定めることは有効とする判例がある（大判明四四・一二・二六民録一七輯九一六頁）。

五　組合員の変動

⑴　脱　退

㈠　任意脱退

任意脱退とは、組合員の他の組合員に対する任意の脱退の意思表示（相手方のある単独行為）により認められる組合からの脱退である。組合契約で組合の存続期間を定めなかったときまたはある組合員の終身間組合の存続すべきことを定めたときは、各組合員はいつでも脱退をすることができるが、やむをえない事由がある場合を除き、組合のために不利な時期に脱退してはならない（民六七八条一項）。組合員が本条項に反して脱退したときは、他の組合員にそれによって生じた損害を賠償する義務を負う。やむを得ない事由があっても任意の脱退を許さない旨の組合契約は、組合員の自由を著しく制限し、公の秩序に反するものとして無効である（最判平一一・二・二三民集五三巻二号一九三頁（ヨットクラブを結成する組合契約で、費用負担をめぐって会員間に争いが生じた事例））。組合員の脱退につき他の組合員の承諾を必要とする旨の特約も、組合員を拘束する結果となるという理由で無効とした判例もある（大判昭一八・七・六民集二二巻六〇七頁）。学説上は、やむを得ない事由がある場合以外は脱退を制限できるとして本判決に反対する者が多いが（我妻・債権各論中巻二、八二九頁）、かような見解は組合員の活動の自由を阻害することになって妥当でないと考えられる。

組合の存続期間を定めたときでも、各組合員はやむをえない事由があれば脱退することができる（民六七八条二項）。組合決議の結果ある組合員の利益が著しく害されて、共同の事業を継続するに耐えなくなったときは、その組合員は本条項により脱退できるとされている（大判昭一八・七・二〇民集二二巻六八一頁）。

(ロ)　非任意脱退

組合員の非任意脱退とは組合員の意思によらない組合からの脱退をいい、その事由としては組合員の死亡、破産、被後見人の宣告、除名が挙げられる（民六七九条）。組合は人的契約関係であり、個人的な相互の信頼関係に依拠しているため、組合員たる地位の相続は原則として認められず、組合員が死亡した場合、相続人はその持分の払い戻しまたは他の組合員全員の同意を得て特定の組合員への譲渡を請求しうる。もっとも、組合員の死亡により相続人が組合員となる特約は一般に有効と解されるし、かような特約ないし規約がなくても、他の組合員全員の同意があれば、死亡した組合員の相続人が組合員たる地位を継承することは可能である（大判昭一三・二・一五新聞四二四六号一一頁）。組合解散後の組合員死亡の場合は脱退とならず、死亡者の相続人が残余財産の分配請求権を相続する（最判昭三三・二・一三民集一二巻二号二一一頁）。

組合契約は、個人的な相互の信頼関係を基礎とするものであるため、組合員が破産して経済的な活動を制限されるとともにその信用を失墜したときは、脱退事由となる。その組合員の持分は破産財団に属し、清算の対象となる。

組合員が成年被後見人の宣告を受けたときも、その組合員は行為能力を制限され、組合業務を遂行しまたは組合の意思決定に参加することができなくなるため、脱退事由となる。組合解散後清算中に組合員が成年被後見人となったときは、もはや脱退は問題とならず、残余財産分配請求をなしうるにとどまる（成年後見人が代理する）。

組合員の除名は、正当な事由のある場合に限り、他の組合員全員の一致によってなすことができる。但し、除名した組合員にその旨通知しなければそのことをその組合に対抗することはできない（民六八〇条）。正当事由には、出資義務の不履行、業務行為に関する不正行為または背信行為、著しく組合の名誉を毀損する行為などが含まれる。組合員が二人しかいないときは、除名に必要な他の組合員の一致がありえないため除名はできないと解されている。

(ハ) 脱退の効果

組合からの脱退により、脱退組合員は脱退のときから将来に向かって組合員たる資格を失い、組合と脱退組合員との間には財産関係清算の権利、義務が生じる。組合は、脱退組合員の有した組合財産に対する共有持分を計算して脱退組合員に払い戻さなければならない。持分価格の計算は、脱退の当時における組合財産の状況に従ってなさなければならない（民六八一条一項）。脱退組合員の持分は、その出資の種類如何を問わず、金銭で払い戻すことができる（民六八一条二項）。労務の給付など、出資の種類によっては脱退組合員への返還が事実上不可能なものもあるためである。脱退の当時まだ結了していない事項については、その結了後に計算をすることができる（民六八一条三項）。

脱退組合員の持分払戻請求権は、残存組合員の合有債務となり、脱退組合員の有した持分は、残存組合員に合有的に帰属する。その結果残存組合員の持分は拡張する。組合財産に属する債権の脱退組合員の持分も、残存組合員に当然に帰属し、脱退組合員からの債権譲渡の手続（民四六七条）は不要である（大判昭七・一二・一〇民集一一巻二三一三頁）。

組合の財産状況によっては負債の方が多い場合もある。この場合は脱退組合員は、損失分担の割合に従って自己の負担部分を払い込まなければならない。

(2)　加　入

民法には組合員の再度のまたは新たな加入について規定を置いていないが、他の組合員の同意がある限り、これを否定する理由はない（大判明四三・一二・二三民録一六輯九八二頁）。組合への加入は、加入しようとする者と組合員全員との間で締結される組合加入契約によりなされる。組合加入者も出資義務を負い、組合財産は加入組合員を含めた全組合員の合有となる。その結果従前からの組合員の合有持分は減少する。その反面加入組合員の取得した持分は、加入前から存在する組合債務の引当てとなる。しかし加入組合員の個人財産は、同人の同意のない限り、その引当てとはならないと解すべきである。これに反して、加入後に生じた組合債務については、持分の引当てで不足する場合は、併存的に加入組合員の個人財産によって責任を負うと解される（我妻・債権各論中巻二、八四〇頁）。加入後は、加入組合員は組合の意思決定、業務執行に参画するわけだから、組合債務について個人的責任を負わされてもやむをえないと考えられるためである。

(3)　組合員たる地位の譲渡

組合員たる地位の譲渡についても民法に規定はないが、組合契約で認めている場合や他の組合員全員の同意がある場合はそれを認めうると解されている。組合員たる地位の譲渡の結果、譲渡人は組合から脱退し、譲受人が譲渡人の組合持分を取得して、新組合員となりまたは譲受人が組合員である場合は、その持分が増加する。組合員たる地位の譲渡により、譲受人は組合の意思決定及び業務に参加する権利、組合財産の持分を取得するが、出資未履行の場合の履行義務、組合財産を引き当てとする組合債務（合有的債務）を負担する。そしてこの場合もまた、地位譲受後に発生した組合債務については譲受人は個人的責任をも負担すると解すべきである。

六　組合の解散と清算

(1)　解　散

組合の解散とは、組合成立の目的である業務の積極的活動を止め、財産関係の清算ないし整理に移ることである。民法上の組合の場合も、法人の解散と同様解散後も清算の範囲内で組合関係が存続する。組合は、その目的たる事業の成功またはその成功の不能によって解散する（民六八二条）。ある事業の遂行が法令または条例によって禁止された場合は後者に該当しよう。

これとは別にやむをえない事由のあるときは、各組合員は組合の解散を請求することができる（民六八三条）。組合財産の状態の悪化や組合員間の不和の場合に組合員が解散請求をすることが考えられる。この場合の解散請求は、他の組合員の同意のあることを要せず、一方的意思表示で足りるが、やむをえない事由があるかどうかは最終的には解散無効裁判などでの裁判所の判断によるべきことになろう。それ以外にも組合は、組合契約で定めた解散事由の発生、存続期間の満了、全組合員の解散の合意の成立、組合員が一人だけになるという事実によっても解散する。組合契約は、ある期間の存続が前提とされており、既に経過した期間については効力を失わせるべきではないため、組合の解散の効果は遡及しない（民六八四条）。

(2)　清　算

組合の清算とは、解散した組合の財産関係の整理である。組合の財産関係の整理は、第三者に対するものと組合員相互間とに分けられるが、第三者に対する債権または債務を行使ないし弁済したうえで、組合員相互間の立替金債務や預り金返還債務を清算し、残余財産ないし債務を分割または負担する。

清算は、総組合員が共同でまたは総組合員の過半数によって選任された者がこれをなす（民六八五条）。清算人が数人いる場合は、過半数の決議によるが、常務は各組合員が行いうると解されている（民六八六、六七〇条）。清算人の職務及び権限については、法人の清算人の職務権限（民七八条）に関する規定が準用される（民六八八条一項）。その結果清算人は、現務を結了するとともに債権の取立及び債務の弁済をなし、残余財産があるときは、これを組合員の持分に応じて各組合員に引渡す。そして清算人はこれらの職務を行うために必要な一切の行為をなす権限を有する。

七　無尽講（頼母子講）

(1)　無尽講の意義と法律関係

わが国で古くから農山漁村など村落共同体で盛んに行われた庶民の金融方法として講があった。これは、講員の互助精神に基づき、主に金融目的のため口数に応じてなされた拠出金を抽選や入札により順次講員に交付することを約することによって成立する。かように講は、講員（加入者）の契約により成立し、その法的性質は、加入者相互の金融のために締結され、各加入者が金員拠出義務を負うため、組合または組合類似の契約と解されている（大判大二・一〇・一一刑録一九輯九六五頁、大判大七・七・八民録二四輯一三五七頁、水本・契約法三六五頁など）。もっとも、頼母子講当選者の掛戻の権利関係に着眼して、これを消費貸借としたり（大判明三五・六・一二民録八輯六巻五八頁、大判明四一・一〇・一五民録一四輯一〇二二頁）、講規約書の記載に従って組合となったり消費貸借となったりするという説などもあった。

無尽講が組合の性質を有するとする立場に立つ以上、無尽講には業務執行者を置きうるし（但し、特別の規定ないし慣習のない限り、未取口者全員の同意を要すると解すべきである（大判昭一二・六・五判決全集四輯一一号三四頁）、講の業務執行者は、講の開催、抽選、金銭の保管などの業務及びそれに関連する裁判上の行為を含む行為をなしうる。講金の未取口者は、講掛金の払込義務を、既取口者は掛戻金支払義務を負う。

講は講員全員の合意で解散しうるが、講の進行とともに講金の既落札者と未落札者間の消費貸借の性質が増加するときは、未落札者全員のみで解散を決定することもできる。但し、この場合既落札者は掛戻金につき分割弁済の利益を失わない（最判昭四二・四・一八民集二一巻三号六五九頁）。

(2) 営業無尽

これに対して講元（親）が存在し、自己の事業として加入者を募集する場合は、営業無尽と呼ばれ、講元と加入者との個別的契約のみ存在し、加入者相互間の結合関係はない。営業無尽業者の中には加入者から金員を集めて不正営業を行う業者もあったので、その取締のため大正四年無尽業法が制定された（昭和六年改正）。今日では無尽営業は、資本額五〇〇〇万円以上の株式会社のみこれをなすことが可能であり（同法四条）、内閣総理大臣の免許を要する（同法三条一項）。また無尽会社は、他の業務の営業の禁止（同法六条）、資本運用方法の制限（同法一〇条）などの規制を受ける。

第二節　終身定期金

一　意義、性質

(1) 終身定期金の意義

終身定期金契約は、当事者の一方（定期金債務者）が自己、相手方または第三者の死亡に至るまでに定期に金銭その他の物を相手方または第三者に給付することを約するものである（民六八九条）。本契約により特定の人が死亡するまでその終身間給付が繰り返してなされる定期金債権が発生する。

終身定期金は、定期金債権者の老後の生活保障のために予定された制度であるが、今日ではわが国では老後の生活保障は（年金保険法の改正が議論されているものの）公私の各種年金制度によっており、民法の定める終身定期金契約は実際上ほとんど利用されていない。今日公的年金としては、特別法によって定められている国民年金、厚生年金、国家公務員、地方公務員共済年金制度等が、私的年金としては、契約約款によって定められている郵便年金、年金保険、各企業の退職年金等の制度がある。

⑵　終身定期金契約の法的性質

終身定期金契約は諾成契約であり、対価のないときは、無償、片務契約であって、定期の給付を目的とする贈与（民五五二条）としての性質を有する。これに反して、対価が支払われているときは、有償、双務契約となり、対価の種類により雇傭契約、金銭預託契約等の性質を有する。また給付を受ける者が契約当事者以外の第三者である場合は、第三者のためにする契約（民五三七条以下）になる。この他終身定期金契約では特定の人の終身間契約関係が存続すべきことが前提とされるため、継続的契約としての特徴を有する。

二　終身定期金契約の成立

終身定期金契約は、諾成、不要式の契約だから、当事者間の合意のみによって成立する。但し、無償であるときは、書面によっていないものは履行の終った部分を除いて各当事者がこれを撤回しうる（民五五〇条）。終身定期金は遺贈でこれを付与することもできる。この場合は終身定期金契約に関する規定が準用される（民六九四条）。遺贈でこれをなす場合は、有効な遺言書の方式を遵守することを要する（民九六七条以下）。

三　終身定期金契約の効力

(1)　基本的定期金債権と支分的定期金債権

終身定期金契約の成立によって一個の包括的債権である終身定期金債権が発生し、この基本的債権から毎期の弁済期の到来により各個の支分的終身定期金債権が生ずる。基本的債権は、第一回の弁済期から二〇年間、最後の弁済期から一〇年間で時効消滅するが（民一六八条一項）、各個の支分的債権は、基本的債権から独立して五年間で時効消滅する（民一六九条）。また各々の支分的債権は独立して譲渡その他の処分の目的となる。支分的定期金債務の弁済期は、特約があればそれによるが、特約のないときは、毎期の終了時とする説（多数説）と生活保障の観点から毎期の初めとする説が対立している。期間の途中で基本的な定期金債権が消滅したときは、その期の個別的な定期金債権は日割で計算される（民六九〇条）。

(2)　終身定期金債務の不履行

終身定期金債務の不履行がある場合、定期金債務者が元本を受領していないときは、定期金債権者は、履行の催告をし、債務者が期限内に支払わないときは、解除に関する一般の規定に従って終身定期金契約を解除することができる。損害があればその賠償を請求することもできる（民五四五条三項）。これに対して債務者が定期金の元本を受領していたときは、定期金債務者が定期金の給付を怠りまたは約定担保供与などその他の義務を履行しないときは、定期金債権者は、催告しないで直ちに契約を解除し、元本の返還を請求することができる（民六九一条一項一文）。この場合、一般の解除では定期金債務者は受領した元本に利息をつけて返還することになるが（民五四五条二項）、簡易に決済するために債権者は受領した定期金から元本の利息を控除した残額を債務者に返還すれば足りるものとされている（民六九一条一項二文）。解除した定期金債権者が損害を被った場合は、その賠償を請求することができ（民六九一条二項）、また債権者の返還義務と債務者の返還義務との間には同時履行の関係が認められる（民六九二条）。

四　終身定期金契約の消滅

終身定期金契約は、債務者、債権者または第三者の死亡によって消滅する（民六八九条）。しかし、その死亡が定期金債務者の責に帰すべき事由によって生じたときは、裁判所は、債権者またはその相続人の請求により相当の期間債権の存続することを宣告することができる（民六九三条一項）。この相当の期間とは、死亡した者が通常生存したであろう期間と解されている。債務者の責に帰すべき事由により、その者の死亡まで終身定期金が給付されるとされたその特定人が死亡したときは、当事者間の信頼関係が失われたものに他ならないから、債務者が定期金の元本を受領していたときは、債権者は前記民法六九一条に基づいて契約を解除し、元本の返還を請求することもできる（民六九三条二項）。

第三節　和　解

一　意義、性質

(1)　和解の意義

和解は、当事者が互に譲歩をしてその間に存在する争いを止めることを約する契約である（民六九五条）。近代の民法典は、当事者間の争いが裁判によって解決されることを前提として制定されているが、当事者間の話し合い、互譲により民事紛争を自主的に解決する方法である和解も、今日の社会で重要な機能を果たしている。

(2)　和解の法的性質

和解は当事者間の合意だけで成立する諾成、不要式の契約である。通説は、和解は当事者間の互譲によって成立するから有償契約であり、また和解により各当事者は争いを止める債務または合意を実現する債務を負うから双務契約であると解しているが、和解の成立により直接に争いは確定し、権利の放棄等の効果が生じるのであって、権利放棄等の債務が発生するのではないから、双務契約とはいえず、それらとは異なった独自の契約と解する以外にないとする見解も有力である（三宅正男・契約法（各論）下一二三二頁以下、石田穣・民法Ｖ（契約法）四一五頁）。後説では、和解契約の解除は一般的には認められないことになろう。和解では通例当事者間の互譲により権利者は請求額を減額させられたり、不利な条件を甘受させられるが、義務者は争いを継続したならば得られたかもしれない免責の可能性を失うのだから、有償契約に準ずるが、和解契約により当事者間に新たな権利関係が発生するにすぎないため、和解そのものは双務契約ではない。ただ当事者の一方が和解によって生じた義務を履行しないときに、相手方が契約を解除してもとの債務関係を復活させうるかは、場合によって異なるといえよう。判例には、債務の弁済に代えて不動産を移転する調停条項を遵守しなかった場合に債務不履行解除を認めるものがある（大判昭一三・一二・七民集一七巻二二八五頁）。

⑶　裁判上の和解、調停、仲裁

(イ)　裁判上の和解

和解には裁判官が関与してなされる裁判上の和解もある。また調停も和解の一種に分類することができる。その他仲裁もまた裁判によらない争いの解決方法である。

裁判上の和解は、裁判官の関与の下にまたは裁判官の面前でなされる和解であり、現行民事訴訟法上は、訴訟の提起前に当事者により簡易裁判所に申し立ててなされる起訴前の和解（民訴二七五条）と訴訟係属中に裁判官の勧試によってなされる訴訟上の和解（民訴八九条）の二つがある。いずれも両当事者の和解案に対する受諾を必要とする。訴訟上の和解では当事者の共同の申立てがあるときは、裁判官が和解条項を定めうるものとされている（民訴二六五条）。なお、起訴前の和解と訴訟上の和解を通じて和解が成立し、調書に記載されると確定判決と同一の効力を有する（民訴二六七条）。

(ロ)　調停と仲裁

調停は、調停委員会の関与の下にまたは調停委員の面前でなされる和解ともいいうるものである。民事調停法による民事調停や家事審判法による家事調停のほかに、公害紛争処理法による公害紛争調停、労働関係調整法による労働争議調停等がある。調停成立のためには調停案に対する両当事者の受諾が必要であり、この点で民法上の和解と同様である。調停も調書に記載されると確定判決と同一の効力を有する（民調一六条、家審二一条一項）。

これに対して仲裁は、当事者双方が第三者（仲裁人）に紛争の解決を委ねる合意（仲裁契約）をなすもので、当事者双方が仲裁人の判断に拘束される点で和解とは異なる。現行法上は労働争議の仲裁（労調二九条〜三五条）や公害紛争の仲裁（公害紛一条）が主要なものである。労働法上の仲裁裁定は労働協約と同一の効力を有するものとされている（労調三四条）。

(ハ)　新しいＡＤＲ

今日では開かれた司法を旗印に、国民一般への良質な司法サービスの提供の促進のために、上記の裁判外紛争解決手続以外にも様々な裁判外紛争解決手続（alternative dispute resolution（ADR））のための機関が設置、運用されている。それらは、行政型ＡＤＲ機関である国民生活センター、消費生活センター、人権相談所、著作権紛争解決斡旋委員会、業界型ＡＤＲ機関であるＰＬセンター、証券苦情相談所、銀行よろず相談所、信託相談所、独立の民間型ＡＤＲ機関である交通事故紛争処理センター、弁護士会仲裁センター、国際商事仲裁協会などである。これらの機関では、交通事故紛争処理センターなどのように仲裁手続をもとり入れているところもあるが、委員が当事者双方の言い分を調整しながら合意点をさがして和解させるという調停手続が一般に採用されている。

二　和解の成立

(1)　争いの存在

和解が成立するためには、当事者間に争いが存在していることが必要である。従来の通説、判例は、争いとは当事者が法律関係の存否、態様、範囲について互いに反対の主張をすることであり、単に法律関係が不明確である場合に、当事者が法律関係を確定する契約をしても、それは和解ではなく、一種の無名契約だとする（大判大五・七・五民録二二輯一三二五頁）。しかし近時の有力説は、法律関係が不確実なだけである場合にも、当事者間にたとえ真実と異なっていても確定しようという意思があるときは、和解が成立するとする（我妻栄・債権各論中巻二、八七〇頁、広中俊雄・債権各論講義［第六版］三二一頁、松坂佐一・民法提要債権各論［第四版］二二四頁）。この立場では、権利関係の不確定、権利実現の不安定などの場合にも広く和解の成立が認められる。争いの存在は当事者にとって確定の必要があることを意味するにすぎず、和解がなされたことが争いが存在したということになりうるとする見解すらある（高梨公之・契約法大系V二〇九頁以下）。思うに、法律関係の不明確、権利実現の不安定等の場合も、当事者間に対立がある限りは、話し合いで合意にこぎつければ、和解があったものとみてよいのではないかと考えられる。これらの多くは当事者の権利関係に直接、間接に影響を及ぼすためである。

和解の対象となる法律関係の種類には制限がない。判決で確定された法律関係であっても事実上争いがある場合は和解が成立するとする判例もある（大判大七・七・一六民録二四輯一五三二頁）。しかし、親族関係の存否に関する争いのように当事者の自由な処分が許されない場合は、和解の対象となりえない。

(2)　当事者間の互譲

和解では、当事者間の互譲によって争いを止め法律関係を確定することがその要素であると解されてきた。この立場を厳格に貫くと、例えば、債権者が債務の弁済を要求し、債務者が債務の時効の主張をする場合に、債務者が債権者の要求に全面的に従うことは和解ではないが、債権者が債権の減額に合意し、または利息の要求を放棄したときは和解となる。しかし通説は、当事者の一方だけが権利、利益を放棄する場合は、和解ではなく、和解類似の無名契約となるとする（平野・契約法［第二版］五五九頁など）。この立場ではこの場合も和解についての規定が類推適用されることになる。これに対して高梨教授は、たとえ真実に反しても法律関係を確定するという合意があれば、一方だけの譲歩であっても和解は成立し、互譲とは法律関係再確定の必要があることの言換えないし例示にすぎないと主張される（高梨・契約法大系Ｖ二一四頁）。

⑶　紛争終結の合意

和解が成立するためには、たとえ真実に反しても一定の法律関係を確定することによって争いを終結させるという当事者間の合意が必要である。この合意をなすためには、当事者がその法律関係を処分できる権能をもつとともに意思表示ないし契約についての一般的要件が必要である。代理人によって行う場合は、有効な代理権がなければ無権代理となるし、詐欺、強迫による場合は取消しうる（民九六条）。

和解により争いが解決される範囲は、当事者の意思によって定まる。家主と借家人間の家屋明渡訴訟で、家主は明渡までの家賃及び損害金債権を放棄し、借家人は明渡に応じるという和解が成立した場合に、家主はその後敷金の返還を求めることができる（大判大一四・四・一五新聞二四一三号一八頁）。敷金返還については和解の対象となっていなかったためである。

三　和解の効力

(1)　和解の確定効

和解の効果として当事者間の法律関係は確定する。すなわち、和解によって争いのあった法律関係は和解条項に従って確定され、当事者はたとえ後になって和解の内容と異なる証拠が発見されたとしても、従前の法律関係を主張することはできない。民法はこの関係を、当事者の一方が和解によって争いの目的たる権利を有するものと認められまたは相手方がこれを有しないものと認められた場合において、その者が従来この権利を有しなかった確証または相手方がこれを有した確証が出たときは、その権利は和解によってその者に移転しまたは消滅したものとすると規定する（民六九六条）。

和解によって生じるこのような効果は、従来から存在した法律関係が確認されたもの（認定的）とみるべきか、それとも和解によって新たな権利関係が創設されたもの（創設的）とみるべきかが問題となる。そして前説では、和解によって確立された法律関係と従来の法律関係が同一性を有するとの立場をとりやすいのに対して、後説では逆の立場をとりやすい。判例は、和解が創設的効力を有することは当然だとするものもあるが（大判大五・五・一三民録二二輯九四八頁など）、和解の効力が認定的であるか創設的であるかは、和解契約の内容を調査して判断すべきであり、いかなる場合にも創設的であるとすることはできないとするもの（大判昭一一・一〇・二七新聞二七七五号一四頁）、更には、不法行為責任の存否及び損害額について和解が成立した場合につき、和解が認定的効力をもつにすぎないときは、消滅時効は本来の債務の三年の期間によるとするものもある（大判昭七・九・三〇民集一一巻一八六八頁）。

学説上は、法律関係の内容についての和解が従来のものとの同一性を失わせるほど強力なものか、それともそこまでの効力はなくただ条件や態様を変更するだけのものかは、当事者の合意の内容によって定められるべきであるが、原則として後者と推定すべきだとするもの（我妻・債権各論中巻二、八七八頁）やより端的に、和解の内容が真実の法律関係と異なる場合は創設的、一致する場合は認定的と解すれば足りるとするもの（石田穣・民法Ⅴ（契約法）四二〇頁）、更には、後日真実の法律関係が明らかになったときは石田説でよいが、真実の法律関係が不明のままの場合は、権利の存否が争われている場合は創設的、権利の範囲、額が争われているにすぎない場合は認定的と分類すべきだとするものもある（水本・契約法四〇一頁）。

従来の債務関係の属性をどこまで新しい債務関係に移すかは、和解契約当事者の意思によるというべきであるが、前記民法六九六条の趣旨等から、原則的には和解の効力は創設的だと解すべきであろう。但し、例えば交通事故の示談のような場合に和解で定められた賠償債権の時効は、民法七二四条に服すると解される。和解によって確定された額も、不法行為に基づく債権としての性質を失わないからである。起算点は和解時となる。

⑵　和解と錯誤

和解の意思表示に錯誤がある場合に、それが和解契約にどのような影響を及ぼすかは、二つの場合に分けて考察することを要する。一つは、当事者間で争われ、法律関係確定の合意がなされた事項自体に錯誤があった場合である。この場合は民法九五条ではなく、民法六九六条が適用され、和解は有効である。和解は権利関係の不明確な場合でも当事者間の合意で権利関係を確定させ、紛争を終わらせるという性質を有するため、当事者の一方に権利関係の認識について誤りがあっても考慮しないとするものである。但しこの場合、民法九五条の適用を肯定したうえで、重過失の運用により妥当な結論を導くべきだとする指摘もある（平野・契約法［第二版］五六四頁）。

これに対して争いの対象とされ、法律関係確定の合意がなされた事項の前提または基礎となっていた事項について要素の錯誤があった場合や和解のための譲歩の手段とされた事項につき錯誤がある場合は、民法九五条の適用があるとするのが従来の通説、判例である。従来の判例によれば、転付命令を得た債権者と第三債務者との間で訴訟上の和解がなされたが、被転付債権が既に差押え前に譲渡されており、差押及び転付命令が無効であった場合（大判大六・九・一八民録二三輯一三四二頁）、当事者間に立替金の求償債権があることを前提として裁判上の和解がなされたが、この求償債権が存在しなかった場合（大判昭一〇・九・三民集一四巻一八八六頁）、苺ジャムを代物弁済として引渡す和解契約が債権者、債務者間に締結されたが、そのジャムが価格の低いアンズジャムであった場合（最判昭三三・六・一四民集一二巻九号一四九二頁）のいずれも、民法九五条の適用が認められている。しかし、近時学説上このような分類を放棄し、いずれの類型も錯誤の問題になるとしたうえで、重過失の柔軟な適用により妥当な結論を導こうとする見解が主張されている（神田英明・（明治大学）法律論叢六六巻一・二合併号八二頁以下、平野・契約法［第二版］五六五頁）。

⑶　示談と後遺症

交通事故などの不法行為の場合に、加害者と被害者が損害賠償額及び支払方法等につき和解をなすとともに、被害者が爾後一切の請求をしない旨の合意（権利放棄条項）をすることが多い。しかし、後で事故による後遺症が出たり再手術をしたような場合に、被害者に追加請求権が認められるかが問題となる。判例は、被害者は示談で定めた請求以外の一切の請求権を放棄しているから、原則として追加請求はできないが、示談当時に予測できなかった損害については追加請求が可能だとする立場（別損害説）をとっている（最判昭四三・三・一五民集二二巻三号五八七頁）。学説も結果的にこのような立場を支持しているが、論理構成としては、別損害説のほか、例文説、錯誤説、解除条件説、事情変更説などがある。

(4)　不法の和解の効力

和解が確定効をもつためには、和解の内容が公序良俗（民九〇条）または強行法規（民九一条）に違反していないことが必要である。判例はかつて、賭博による債務か、現金取引による債務かについての争いを止めるために、その債権を有効なものと認めるとともに債権額を減額する趣旨の和解をした場合にこれを有効としたが（大判昭一三・一〇・六民集一七巻一九六九頁）、学説は和解により和解の前提となる法律関係の不法を除去することはできないと批判を加えた（有泉亨・判民昭和一三年度一二〇事件四五六頁以下）。最高裁はその後、賭博債務履行のために振り出された小切手の支払に関してなされた和解契約は公序良俗に反し無効だとした（最判昭四六・四・九民集二五巻三号二六四頁）。強行法規違反の和解契約は、借地借家契約に関してしばしばみられる。

(5)　和解と解除

和解が必ずしも明瞭でない法律関係を確定し、当事者に新たな権利、義務を発生させることは既述の如くである。債務者が和解によって定まった条項を履行しない場合は、債権者は和解契約を解除して和解前の法律関係に復帰させることができるのであろうか。一般的には当事者がこのような場合の解除権を約定していない限り、当事者の一方が債務不履行に陥っても相手方は損害賠償を請求できるだけで、解除して和解前の法律状態に復帰させることはできないと解されているといってよい。但し判例中には、一万五〇〇〇円の債務を二〇〇〇円の債務とし、残額を放棄するという示談契約につき法定解除を肯定するものもある（大判昭三・三・一〇新聞二八四七号一七頁）。これに対して、当事者が和解をするに際して一方が債務不履行に陥った場合に和解前の法律状態に復帰させうることを留保したときは、その合意の効力を否定する理由はない（大判大一〇・六・一三民録二七輯一一五五頁）。

事項索引

あ行

か行

さ 行

た行

な 行

は 行

ま 行

や 行

ら 行

わ 行

〈著者紹介〉
半田吉信（はんだ・よしのぶ）

現　在　千葉大学大学院専門法務研究科教授

■主要著作
『売買契約における危険負担の研究』（信山社・平成11年7月）
『ドイツ債務法現代化法概説』（信山社・平成15年3月）

契約法講義

2004年（平成16年）9月30日　第1版第1刷発行　5554-0101

著　者　半　田　吉　信
発行者　今　井　　貴
発行所　信山社出版株式会社
〒113-0033 東京都文京区本郷6-2-9-102
電　話　03（3818）1019
FAX　03（3818）0344
henshu@shinzansha.co.jp
〒309-1625 茨城県笠間市来栖2345-1
電　話　0296（71）0215
FAX　0296（72）5410
kurusu@shinzansha.co.jp
制　作　株式会社 信 山 社
Printed in Japan

出版契約No. 5554-01010
ISBN4-7972-5554-4 C3332
5554-012-050-010
NDC分類 324.520

既刊・新刊

中国労働契約法の形成　山下　昇 著　九三三三円

ドイツ社会保障論Ⅰ 医療保険　松本勝明 著　七五〇〇円

ドイツ社会保障論Ⅱ 年金保険　松本勝明 著　八〇〇〇円

ドメスティック・バイオレンスの法　小島妙子 著　六〇〇〇円

法政策学の試み 法政策研究第五集　阿部泰隆・根岸 哲 監修　四八〇〇円

インターネット・情報社会と法　松本博之・西谷敏・守矢健一 編　一五〇〇〇円

民法の世界2 物権法　松井宏興 著　二四〇〇円

商法改正 [昭和25・26年]GHQ/SCAP文書　中東正文 編著　三八〇〇〇円

信山社

価格は税別の本体価格

ブリッジブック

ブリッジブック憲法　横田耕一・高見勝利 編　二〇〇〇円

ブリッジブック商法　永井和之 編　二一〇〇円

ブリッジブック裁判法　小島武司 編　二一〇〇円

ブリッジブック国際法　植木俊哉 編　二〇〇〇円

ブリッジブック日本の政策構想　寺岡寛 著　二一〇〇円

ブリッジブック先端法学入門　土田道夫・高橋則夫・後藤巻則 編　二〇〇〇円

ブリッジブック先端民法入門　山野目章夫 編　二〇〇〇円